Ton Veerkamp

Autonomie und Egalität

Ökonomie, Politik und Ideologie in der Schrift

Ton Veerkamp

Autonomie und Egalität

Ökonomie, Politik und Ideologie in der Schrift

Alektor-Verlag

reihe im Lehrhaus
das vierte buch
herausgegeben von Till Wilsdorf und Ton Veerkamp

Für Elisabeth

Die Deutsche Bibliothek – CIP-Einheitsaufnahme

Veerkamp, Ton:
Autonomie und Egalität : Ökonomie, Politik und Ideologie in der Schrift / Ton Veerkamp. - Berlin : Alektor-Verl., 1993
(Reihe im Lehrhaus ; Buch 4)
ISBN 3-88425-057-4
NE: GT

ISBN 3 - 88425 - 057 - 4
– Printed in Germany –

Inhaltsverzeichnis

Vorwort

I

Dieses Buch ist das Protokoll einer ideologischen Praxis. Wir waren Menschen, die sozialistische Politik und theologische Reflexion miteinander zu verbinden suchten. Wir versuchten, die Autonomie beider Diskurse grundsätzlich zu wahren, und waren aus dem Grund grundsätzlich parteilos. Wir unterschieden uns deshalb von jenen, für die „Theologie" allenfalls eine taktische Chiffre war, die die Theologie als solche aber schon längst ad acta gelegt hatten, und von denen, die ihr Engagement in den Dienst eines Parteiprojektes stellten. Daß wir uns damit ein Problem einhandelten, war von vornherein deutlich. Nichtchristlichen Mitstreiterinnen und Mitstreitern war das nichttaktische Verhältnis zur Theologie, erst recht zur biblischen Theologie, nicht vermittelbar. T. Wilsdorf erfand dafür in jenen Jahren das Bild der „Binnenwährung". Das alles wird die Leserinnen und Leser in diesem Buch beschäftigen. Ich habe es „das Problem der zwei Diskurse" genannt. Es bot sich dabei die Gelegenheit, eine Schuld, die ich bei Aristoteles und Thomas von Aquin hatte, abzutragen, jenen zwei Säulenheiligen der katholischen Philosophie und Theologie bis zum zweiten Vatikanischen Konzil, die uns an katholischen philosophischen und theologischen Fakultäten eingetrichtert wurden – wie Lenin den Kadern der SED an Parteihochschulen. Ich möchte meine beiden „Heiligen" nicht wie einen toten Hund behandeln, so wie manche Kader heute den Genossen Lenin, den vordem Kanonisierten, dem man nie ein ehrliches Begräbnis gegönnt hatte.

In den achtziger Jahren zeigte sich, daß das eigentliche Problem nicht in der Verständigung zwischen vorwiegend intellektuellen, politisch relativ gleichgesinnten Kreisen im Norden liegt, sondern, nach dem Ausbruch der Revolution im Iran und der Schuldenkrise, in einem Zusammenbruch der Kommunikation zwischen zwei völlig verschiedenen Teilen der Welt. An dieser Stelle kommt das Buch Ijjob ins Spiel. Wir lasen Teile dieses Buches zum ersten Mal in der sog. „Sommerschule" 1979 der theologischen

Kommission der Studentengemeinden. Das Buch war Gegenstand einiger Seminare im Bereich der Studentengemeinden (das letzte Seminar zum Thema fand Januar 1992 statt); es wurde dann im Berliner Lehrhaus ganz gelesen, und zwar im Herbst und Winter 1989/90. Uns wurde deutlich, daß nicht nur die herkömmliche, sondern auch die sozialgeschichtliche Exegese voll und ganz an der Sache des Buches vorbeigeht. In den beiden Jahren zuvor hatten wir uns mit explizit ökonomischen Texten aus der Thora, mit Nehemia und mit Daniel auseinandergesetzt. So zeigte sich uns die Schrift als ein einheitliches, ganzes Buch und auch, wie diese Ganzheit gerade in der Widersprüchlichkeit erhalten bleibt: für Dogmatiker jedweder Couleur war hier nichts zu haben.

II

Exegese ist ein kollektiver Prozeß. Ohne die Menschen, die sich im Lehrhaus versammelten, hätte ich über vieles hinweggelesen, was sich oft gerade als der eigentlich springende Punkt erwies. Aber es gibt noch einen weiteren Prozeß. Die Menschen, mit denen ich im „Ausländerzentrum" der Berliner Studentengemeinden zusammen bin, zwingen mich täglich, auf „Sprache" einzugehen, die mir fremd ist. Sprache ist mehr als nur eine Grammatik und ein Vokabular; sie ist ein System von Zeichen und Symbolen, das erhalten bleibt, auch wenn die Wörter deutsche Wörter sind. Es sind Gesten, Blicke, eine Art des Gehens, des Grüßens, mit denen Botschaften verbunden sind, die man erst nach vielen, vielen Jahren verstehen lernt. Den meisten jener ausländischen Studierenden ist eine christliche Tradition und christliche „Sprache" völlig fremd; zu ihren eigenen Traditionen haben sie oft ein gebrochenes Verhältnis, und soweit sie christliche Hintergründe haben, erblicken sie in der Christianisierung ihrer Kontinente zunehmend einen rein destruktiven Prozeß. Durch den täglichen Umgang sowohl mit der Schrift wie mit diesen Menschen ist mir allmählich deutlich geworden, wie „unwestlich" (ich entschuldige mich für diesen häßlichen Neologismus) das Buch und wie „westlich" unsere Exegese ist. Das Buch ist das Dokument eines kleinen, armen und marginalisierten Volkes in einer Welt, die anfangs von einigen wenigen Mächten und schließlich von einer Zentralmacht beherrscht wurde, einer Zentralmacht, die mit der ganzen Palette der politisch-militärischen Absicherung, ökonomischen Ausbeutung und ideologischen Unterhöhlung ihre Herrschaft zu festigen suchte. Es ist ein Dokument der Anpassungsverweigerung (was Kompromißbereitschaft offensichtlich nicht unbedingt ausschließen muß) um des Erhalts der eigenen Identität oder vielleicht auch nur des eigenen

Überlebens willen. Tradiert in seiner ursprünglichen Gestalt wurde das Buch von einem zerstreuten Volk, das bis in unsere Tage die Existenz einer diskriminierten, verfolgten und massakrierten ethnischen Minderheit leben mußte, denn das, was die christlichen Kirchen tradierten, war nur „Altes Testament", die Prähistorie ihres Christentums. Das ist **wesentlich** etwas anderes als die Schrift der Juden, der **Tenakh.** Fazit: das Buch, dessen Texte wir hier auslegen, ist nicht **unser** Buch, es ist das Buch derjenigen, die wir **nicht** sind, und es handelt von Situationen, in denen **wir** (noch) **nicht** leben müssen. Und ist nun doch **unser** Buch, weil wir es zu einem Instrument „weißer" Dominanz verfremdet haben und diese Verfremdung nunmehr zur Geschichte „aller Völker" gehört. Das Buch ist eben nicht das Buch der Juden geblieben, und das ist nicht mehr rückgängig zu machen. So sind wir gezwungen, uns mit ihm zu beschäftigen. Es fragt sich dabei, ob die in Mode gekommenen Anleihen bei jüdischer Exegese nicht vielfach der Versuch sind, aus Gründen des schlechten Gewissens diesen Verfremdungsprozeß zu negieren. Das ist verantwortungslos; für die Folgen unserer ideologischen Kriege mit dem Buch, das uns nicht gehört, als Waffe gegen „alle Völker" müssen wir selber und müssen wir allein die Verantwortung übernehmen.

III

Ausgangspunkt ist also die Fremdheit dieses Buches. Rein optisch habe ich dieser Tatsache dadurch Rechnung zu tragen versucht, daß ich die Namen der Personen, die in diesem Buch ihre Rolle spielen, in ihrer ursprünglichen Gestalt wiedergegeben habe: Jesaja wird also Jescha`jahu, Ezechiel wird Jechezq'el usw. Um den Lesern und Leserinnen das Aufsuchen der Texte nun nicht allzu schwer zu machen, habe ich für die Textverweise die üblichen christlichen Kürzel beibehalten: das Buch „In der Wüste" ist „Num", das Buch „Er sprach" ist „Lev" usw. Die Umschrift verzichtet möglichst auf diakritische Zeichen. Die Schriftübersetzungen basieren alle auf der Verdeutschung von Buber-Rosenzweig.

Das Wort „Tenakh" habe ich, entgegen einer früheren Praxis, nunmehr vermieden, weil einige jüdische Theologinnen und Theologen hier einen weiteren Versuch sehen, ihr Buch christlich zu vereinnahmen. Ich sage daher „Schrift"; wenn Texte aus dem sogenannten Neuen Testament Verwendung finden, spreche ich von evangelischen oder apostolischen Schriften.

Die Anerkennung der Fremdheit muß Ausgangspunkt und Endpunkt aller Exegese bleiben. Damit verbunden ist ein hermeneutisches Problem. Diesem Problem ist das erste Kapitel gewidmet. Ziemlich unzeitgemäß taucht da ein „Kirchenvater" Marx auf. Das hat mit linker Nostalgie wenig zu tun. Man kann nicht andauernd hinter irgendwelche grundlegende Entscheidungen zurückgehen, in der Philosophie nicht hinter Kant, in der Theologie nicht hinter Barth und in der Ökonomie und den Sozialwissenschaften nicht hinter Marx. Das heißt natürlich nicht, daß diesen Herrschaften nicht widersprochen werden darf. Es heißt nur, was Marx betrifft, daß Texte wie die der Schrift, also Ideologien, in einem dialektischen Zusammenhang mit den sozial-ökonomischen Problemen stehen, die diese Menschen zu lösen hatten – und über die, wie zu zeigen ist, sie auch ausführlich und bis ins Detail gehend gesprochen haben. Und es heißt, was Barth betrifft, daß wir jeglichen Versuch abzuwehren haben, diese Texte „religiös" zu interpretieren. Wenn es Versuche gibt, das Weltchristentum religiös anzureichern, so ist das von der Seite verständlich, die nicht einzusehen vermag, weswegen griechisch-römisch-slavisch-germanische Synkretismen bevorzugt behandelt werden sollen, asiatische aber mit Empörung zurückgewiesen werden müssen, wie uns Chung Hyung-kyung beizubringen versucht. Wenn **wir** nunmehr **unsere** Aufgabe darin erblicken, unsere Gottesbilder ganzheitlich-postmodern – und notfalls asiatisch – aufzumöbeln, so ist das nicht nur albern, sondern zeigt die ganze Verkommenheit des abendländischen Christentums. Deswegen endet das Buch mit einem Grundtext der Schrift, dem vierten Kapitel des Buches Reden (Dtn 4,1-40). Wenn uns **das** nicht paßt, paßt uns das Ganze nicht, und wir sollten die Konsequenzen ziehen. Wir sollten aber unsere Aufgabe vielmehr darin sehen, auf dem von Barth und Bonhoeffer begonnenen Weg die „Aufhebung der Religion" schrittweise weiterzuführen, d.h. die Aufhebung unseres Glaubens und unserer Hoffnung als Weltreligion, als beschmutzte und verschlissene Bekleidung unserer Weltdominanz. Wir haben keine missionarische Aufgabe, weder in der Form der Predigt noch in der Form der Entwicklungshilfe.

Wenn wir die Fremdheit als Ausgangspunkt und Zielpunkt der Exegese nehmen, kann die Aneignung dieser Texte nur in der Anerkennung dieser Fremdheit liegen und das heißt, in einem sehr geduldigen Nachzeichnen ihrer Struktur. Das hat uns Frans Breukelman beigebracht, und ohne diesen Mann wäre dieses Buch nie entstanden. Die Erhellung der Struktur ist aber nur die eine, die Darstellung ihres Hervorgehens aus dem gesellschaftlichen Prozeß die andere Seite der Anstrengung. Auch das erfordert

Geduld. Der Mangel dieses vorliegenden Buches liegt ohne Zweifel in einem Mangel an Geduld. Da muß ich dann eben auf die Bereitschaft der Leserinnen und Leser vertrauen, das eine oder andere zu korrigieren oder doch noch einmal ganz anders zu versuchen. Ein Protokoll wird auf einer weiteren Sitzung verlesen, über die dann andere wieder andere Protokolle zu schreiben haben werden.

Das zweite Kapitel bringt eine Gruppe von Texten aus Thora und übrigen Schriftwerken unter dem Stichwort „Autonomie und Egalität". Es geht dabei um die Einsicht in das „weltliche" Projekt der Menschen, die diese Texte verfaßten. Sie wollten eine bestimmte Gesellschaft. Und dieses Projekt wollten sie durchhalten, auch als das Römische Reich es endgültig undurchführbar machte. Rom duldete nirgendwo Autonomie; es benutzte nur die jeweiligen Eliten zur Durchsetzung seiner Interessen. Wie das Projekt zusammenbrach und mit welcher Verzweiflung, aber dennoch Hoffnung Menschen dieses Volkes darauf reagierten, zeigen Ijjob und Daniel.

Im dritten Kapitel geht es dann um „Gott". Was leistet diese Vokabel in der ideologischen Struktur dieser Texte? Auch hier wird den Lesern und Leserinnen einiges an Marxismus zugemutet. Die Ausführungen dieses Teils führen notwendig zu der Frage, ob „Rede von Gott" oder „Theologie" auf der Grundlage jener Texte für uns noch möglich sei. Die Antwort auf diese Frage ist ohne eine politische Standortbestimmung nicht möglich, die in einem vierten Kapitel gegeben wird, nach zwei Essays über Aristoteles und über Thomas von Aquin. Es scheint so zu sein, daß eine homogene Theologie auf dieser Erde nicht mehr möglich ist. Wir haben im Norden und im Süden (um in der gängigen Topik zu bleiben) völlig unterschiedliche Aufgaben und zunächst wohl völlig unterschiedliche Ziele. Was uns verbindet, ist die Hoffnung, daß die Erde kein Schrottplatz, kein blutiges Durcheinander, kein *tohu wabohu* bleiben muß, sondern Schöpfung werden kann; daß Erde nicht *'erez mizraim*, Sklavenhaus, bleiben muß, sondern daß Exodus möglich werden kann, also: die ersten beiden „Glaubensartikel" eines schriftgemäßen Credos wirksam werden können. Aber damit hören die Gemeinsamkeiten auf und gehen wir zunächst getrennte Wege. Das Buch endet also nicht harmonisch.

IV

Ohne die Menschen, mit denen ich während der Entstehung dieses Buches politisch arbeitete, hätte ich es nicht schreiben können. Die Leute des Berliner Lehrhauses, die ausländischen Mitstreiterinnen und Mitstreiter, die

Redaktion der Zeitschrift „Texte und Kontexte“ und die wenigen noch gerade stehenden Berliner Linken sind Mitautorinnen und Mitautoren dieses Buches. Würde ich Namen nennen, so entstünde eine Liste, die mehrere Buchseiten füllen würde. Ich lasse es sein. Nur meine Kollegin im Ausländerzentrum, Thalia Kavazi, will ich erwähnen. Sie, griechische Volkswirtin, hat in stundenlangen Gesprächen, korrigierend und belehrend im besten Sinne des Wortes, mein Verständnis für ökonomische Fragen vertieft. Gewidmet ist das Buch dem Menschen, der für mich die nach uns kommende Generation repräsentiert.

Berlin, im September 1992

Eine Zeittafel zur Orientierung

a) Hegemonialgebilde

625 – 539 v.u.Z.	Neubabylonisches Reich
539 – 333 v.u.Z.	Persisches Reich
333 – 323 v.u.Z.	Großmakedonisches Reich
323 – 280 v.u.Z.	Diadochenkämpfe um Alexanders Erbe
304 – 30 v.u.Z.	Hellenistisch–ägyptisches Reich (Ptolemiden)
304 – 64 v.u.Z.	Hellenistisch-babylonisches Reich (Seleukiden)
263 – 133 v.u.Z.	Reich von Pergamon (Anatolien)
279 – 168 v.u.Z.	Makedonisches Reich (Griechenland).
247 v.u.Z. – 227 u.Z.	Reich der Parther (Iran, Zentralasien)
ab 30 v.u.Z.	uneingeschränkte Hegemonie Roms von der iranischen Westgrenze bis zum Atlantik

b) Israel

1000 – 840 v.u.Z.	Autonomie (Angaben unsicher)
840 – 800 v.u.Z.	unter der Herrschaft von Aram-Damaskus
800 – 722 v.u.Z.	Autonomie
722 – 622 v.u.Z.	unter assyrischer Herrschaft
622 – 609 v.u.Z.	Autonomie (König Joschiajahu)
609 – 597 v.u.Z.	unter ägyptischer Herrschaft
597 – 539 v.u.Z.	unter babylonischer Herrschaft
539 – 332 v.u.Z.	unter persischer Herrschaft
332 – 301 v.u.Z.	unter makedonischer Herrschaft.
301 – 198 v.u.Z.	unter ägyptisch-hellenistischer Herrschaft
198 – 164 v.u.Z.	unter syrisch-hellenistischer Herrschaft
164 – 63 v.u.Z.	Autonomie
ab 63 v.u.Z.	unter römischer Herrschaft

I. Allgemeine theoretische Überlegungen zum Verstehen fremder Texte

Wir begeben uns auf fremdes Gebiet. Was wir zu hören bekommen, entstammt weder unserer Zeit noch unserer Kultur. Wir aber gehören einer dominanten Kultur an; unsere Beziehungen zu anderen Kulturen und anderen Zeiten sind von dieser Dominanz geprägt. Diese Dominanz ist in unserer wirtschaftlichen Macht begründet; aber sie hat eine ideologische Wurzel in einem religiösen Superioritätswahn. Begeben wir uns als „Christen" auf dieses Gebiet, kommen wir als Eroberer. Wir eignen uns das Gebiet an, oder besser, das, was wir davon brauchen können.

Kommen wir aber als Eroberer, Missionare, Entwicklungshelfer oder auch nur als Touristen – was sich nur in der Intensität voneinander unterscheidet –, werden wir nichts verstehen. Für einen Menschen des Westens ist es aber so gut wie unmöglich, kein Eroberer, Missionar, Entwicklungshelfer oder Tourist zu sein. Sein Rassismus ist ihm wie angeboren.

Aber wir sind eingeladen, zuzuhören. Versuchen wir es.

Über die Vergleichbarkeit von Sprachen und Gesellschaften

1. Fremdsprachen

Die Verwendung einer auf Martin Buber zurückgehenden Übertragung biblischer Texte hat den Nachteil, daß die Texte sehr fremd wirken. Dieser Nachteil war und ist in meinen Augen aber ein Vorteil: vordergründiges Verstehen und vor allem Mißverstehen wird durchbrochen. Der Nachteil bleibt aber bestehen. Wie werden die Texte dann verständlich? Diese Frage hat die Exegese seit mehr als einem Jahrhundert gequält. Zahlreiche hermeneutische Theorien versuchten sie zu beantworten. In den letzten Jahren ist es um die Hermeneutik etwas stiller geworden.

Allgemein kann man sagen, daß beim Verstehen eines fremden Textes – und jeder Text ist mir „fremd", sogar der, den ich selber verfaßt habe – ein verstehendes Subjekt einem zu verstehenden Objekt gegenüber tritt. Man kann nun die Bedingungen untersuchen, die ein Subjekt erfüllen muß, um überhaupt verstehen zu können; man kann auch versuchen, das Objekt, den Text also, so aufzubereiten, daß er verstehbar wird. Ich könnte etwa so vorgehen, daß ich mich auf das „Verständigungsmittel“ konzentriere, auf die Sprache. Ich versuche dann, Wortbestände, Sprachstrukturen miteinander zu vergleichen. Da ich die eine Sprache in die andere zu übertragen habe, bleibt mir ja sowieso nichts anderes übrig. Bubers Verdeutschung, die ja eine bewußte Verfremdung ist, will uns diese Arbeit auf jeden Fall zumuten. Die gängigen Übertragungen scheinen uns diese Arbeit abgenommen zu haben; die „Gute Nachricht“ hat mit der Bibel nur noch wenig zu tun, sie ist ein Text aus **unseren** Tagen, sie will das geradezu sein. Dadurch wird der Ausgangstext aber vergewaltigt und so erst recht **unverständlich**, weil Vergangenes auf dem Prokrustesbett meiner Gegenwart verstümmelt wird; will ich einen Text verstehen, muß ich mir seine Fremdheit zumuten. Es kann sein, daß ich mich ob dieser Fremdheit von ihm abwende, aber dieses Risiko muß ich eingehen. Gleichwohl bleibt die hermeneutische Frage unbeantwortet: Wie gehe ich nun vor, wenn ich einen fremden Text verstehen will?

Ein Text ist immer zweierlei: Er ist Zeuge eines gesellschaftlichen Komplexes und er ist dies in seiner eigenen, einmaligen Weise. Die Sprachwissenschaftlerin Julia Kristeva führt die Begriffe „Signifikationspraxis“ und „Produktionsweise“ ein und bezieht sie aufeinander: das Begriffspaar „Signifikationspraxis und Produktionsweise impliziert also keineswegs eine anfängliche Trennung, die man im nachhinein beseitigen müßte, sondern die Produktionsweise der Zeichen gehört innerlich zur Produktionsweise des sozial-ökonomischen Ganzen (Kristeva 1975, S.11)“. Signifikationspraxis ist „Konstituierung und Durchführung eines Systems von Zeichen“. Zu diesem Zeichensystem gehört alles, womit sich Menschen äußern, also nicht nur die Sprache als System von Wortzeichen. Sprache als wesentlicher Teil dieses Zeichensystems ist also nicht ein „Überbauphänomen“, sondern sie ist Teil des Vollzugs des ganzen gesellschaftlichen Systems. Wenn wir also Exegese treiben, begeben wir uns in ein sozial-ökonomisches Ganzes; sobald wir uns dessen nicht mehr bewußt sind, verstehen wir zwar alles Mögliche, aber eben nicht die Texte (die Zeichenkomplexe) jener Gesellschaft, die sie produzierte und die sie im großen und ganzen so produzieren **mußte**, wie sie sie produziert hat. Wir begeben uns also in zweifacher Hinsicht auf fremdes Terrain. In einem früheren Aufsatz hat Kristeva dies so formuliert: „Der Text hat also eine doppelte Orientierung: einmal in Richtung eines bezeichnenden Systems, innerhalb dessen er sich produziert (Sprache und Artikulationsweise einer bestimmten Epoche und

Gesellschaft), und Richtung des sozialen Prozesses, an dem er als Diskurs teilhat (Kristeva 1969, S.10)".

2. Klassische Selbstverständlichkeiten

Indem wir also Texte aus fremden Epochen und Gesellschaften zu verstehen versuchen, vergleichen wir nicht nur Sprachen, nicht nur Zeichenbestände, nicht nur Artikulationsweisen, sondern wir vergleichen in erster Linie Gesellschaften. Vorausgesetzt ist bei diesem Geschäft, daß wir überhaupt Vergleichbares vergleichen. Wir fangen mit dieser Voraussetzung an, die Karl Marx in der Deutschen Ideologie einmal so formulierte: „Wir müssen bei den voraussetzungslosen Deutschen damit anfangen, daß wir die erste Voraussetzung aller menschlichen Existenz, also auch aller Geschichte konstatieren, nämlich die Voraussetzung, daß die Menschen imstande sein müssen zu leben, um ‚Geschichte machen' zu können. Zum Leben aber gehört vor Allem Essen und Trinken, Wohnung, Kleidung und noch einiges Andere. Die erste geschichtliche Tat ist also die Erzeugung der Mittel zur Befriedigung dieser Bedürfnisse, die Produktion des materiellen Lebens selbst, und zwar ist dies eine geschichtliche Tat, eine Grundbedingung aller Geschichte, die noch heute, wie vor Jahrtausenden, täglich und stündlich erfüllt werden muß, um die Menschen nur am Leben zu erhalten (MEW 3, S.28)".

Dieser Text benennt das Kontinuum aller Geschichte, aller Epochen und aller Gesellschaften: die Produktion des materiellen Lebens. Die Menschen haben immer vergleichbare Sorgen gehabt: was sollen wir essen, was sollen wir trinken, womit uns kleiden, wo wohnen! Gut, einige dieser Sorgen haben die Tiere auch; diese Voraussetzung ist so allgemein, daß sie uns zunächst nicht weiter hilft. Marx nennt noch drei weitere Voraussetzungen; davon besteht die eine darin, „daß das befriedigte erste Bedürfnis selbst, die Aktion der Befriedigung und das schon erworbene Instrument der Befriedigung zu neuen Bedürfnissen führt" (a.a.O.): eine weitere Voraussetzung besteht in der Reproduktion, der Zeugung; und schließlich ist die Kooperation die dritte Voraussetzung für die Produktion des materiellen Lebens der Menschen. Die Organisation der Zusammenarbeit nennt Marx hier noch „Produktivkraft", aber er setzt das Wort in Anführungszeichen, um anzudeuten, daß es sich um eine ganz besondere Produktivkraft handelt, eben genau die, die aus den menschlichen Sorgen eben **menschliche** und keine tierischen Sorgen macht. Die Produktion des menschlichen Lebens ist eben ein **bewußt gesellschaftliches** Verhältnis, eben das

Produktionsverhältnis. Die Frage lautet nämlich: „Wie erarbeiten wir **uns** Essen, Trinken, Wohnung, Kleidung?" Die Tatsache, daß die Menschen immer die gleichen banalen und irdischen Sorgen haben, macht Gesellschaften und somit auch „Sprachen" prinzipiell vergleichbar. Die Mittel zur Befriedigung der materiellen Bedürfnisse, das ganze Instrumentarium, das die Menschen gemeinsam in Bewegung setzen müssen, um sich am Leben zu erhalten, sind die **Produktivkräfte**. Den Komplex eines Systems von Produktivkräften in einem entsprechenden Produktionsverhältnis nennt man **Produktionsweise**, in seiner jeweiligen Ausformung an verschiedenen Orten und in verschiedenen Zeiten **Gesellschaftsformation**.

Diesen banalen Ausgangspunkt darf auch die Exegese nie verlassen; tut sie dies, wird sie hohl. Es gibt aber noch ein weiteres Kontinuum. In jeder Gesellschaft gibt es Gruppen, die selber nicht unmittelbar bzw. die selber überhaupt nicht an der Produktion des materiellen Lebens beteiligt sind, die aber mitversorgt werden müssen. Die unmittelbaren Produzenten müssen also ein Produktionsquantum produzieren, das über ihre eigenen direkten Bedürfnisse hinausgeht. Es muß also immer ein **Surplus** produziert werden.

3. Hilfsformeln

Wir nennen die Gesamtproduktion P; den Teil, der dem Lebensunterhalt der unmittelbaren Produzenten dient, die Reproduktion, R; den Surplus nennen wir S. Wir erhalten:

$$P = R + S \qquad (1)$$

Wir halten fest, daß die Verteilung der Anteile von R und S über eine längere Epoche hinweg so aussehen muß, daß R nicht unter das Quantum fallen darf, das minimal nötig ist, die unmittelbaren Produzenten und ihren künftigen Ersatz, also ihre Kinder, am Leben zu erhalten. Eine Gesellschaft, die dies zuließe, würde ihre eigene Existenzgrundlage vernichten. Es gab eine Ausnahme. Die gigantischen Feldzüge und Siege der Römer in Gallien, auf dem Balkan, in Germanien, im Nahen und Mittleren Osten führten im 1. Jh. vor und nach dem Beginn unserer Zeitrechnung zu einem Überangebot an Sklavinnen und Sklaven, sprich: an Arbeitskraft. Hier war es ökonomisch sinnvoller, die Arbeitskräfte zu verschleißen und durch neue zu ersetzen, als sie am Leben zu erhalten; der Marktpreis der Ware Arbeitskraft fiel unter ihren Reproduktionswert. Das verstieß zwar gegen das ästhetische Empfinden einiger römischer Schriftsteller, aber die Natur der Ökonomie blieb so lange stärker als die Moral der Römer, bis Sklaven wieder teurer wurden und es durchaus auch ökonomisch sinnvoll war, sie gut zu versorgen. Diese Ausnahmesituation darf aber nicht über das Grundgesetz aller Wirtschaft hinwegtäuschen: S darf auf die Dauer nicht so groß werden, daß R unter das leibliche Existenzminimum fällt, es sei denn, die Menschen seien als Produktiv- oder Arbeitskräfte „überflüssig"; das hieße: die Versorgung der Eliten mit dem, was sie brauchen und meinen, sich aneignen zu müssen, sei zu leisten mit erheblich weniger an menschlicher Arbeitskraft als potentiell – in Kopfzahl – vorhanden. Diese überschüssige Arbeitskraft kann man also durchaus in ökonomisch sinnvoller Weise verenden oder unter dem allgemein akzeptierten Existenzminimum dahinvegetieren lassen, da der Bedarf der Gesellschaft – d.h. derjenigen, die nicht marginalisiert sind – auch ohne ihren Arbeitseinsatz befriedigend gedeckt wird, befriedigend in den Augen der Nichtmarginalisierten. Dies gilt für die meisten Menschen unserer heutigen Welt, und das ist keine geringere Barbarei als die in den späten Jahren der römischen Republik und den frühen Jahren des römischen Imperiums. Wir erleben also genau solche sozial-ökonomischen Ausnahmezeiten wie Jesus und Paulus. Wir sollen es mit – wie der in seinem Zynismus nicht mehr überbietbare Ausdruck es will – einer „relativen Überbevölkerung" zu tun haben, es gebe eben „zu viel" Leute. Beim jetzigen Zustand der Welt sei das Fortleben dieser Milliarden ökonomisch eigentlich sinnlos, ja schädlich. Dies trifft das Empfinden einer ganzen Reihe von moralischen Menschen des Nordens erheblich weniger als ein als Fischfutter verwendeter Sklave den Moralisten Seneca; einige sagen, soviel Menschen seien „ökologisch" eigentlich gar nicht tragbar. Man sieht: die einfache Formel bringt sehr vertrackte und verschlungene Wege der postmodernen Seele ans Licht. Man faßt P als die vorhandenen Ressourcen auf und setzt es konstant. Dann konstatiert man, daß R + S größer ist als P. Schlußfolgerung: Es gibt zu viele Menschen. Die Frage ist nur: Wo gibt es zu viele Menschen? Sie dürfte in verschiedenen Regionen der Erde verschieden beantwortet werden!

Zurück zur reinen und normalen Ökonomie, in der R tatsächlich den Reproduktionsbedarf darstellt. P = R + S besagt, daß R gegeben ist, S daher auch, wenn es nicht gelingt, den Umfang von P merklich zu vergrößern. In den Zeiten der Texte, die wir untersuchen, gab es kaum eine Entwicklung der Produktivkräfte, war also die Arbeitsproduktivität im allgemeinen konstant. Arbeitsproduktivität ist eine Größe, die die Menge der produzierten Güter pro Zeiteinheit angibt. Sie kann vergrößert werden durch bessere

Werkzeuge (technischen Fortschritt) und durch Bodenmelioration. Die absolute Menge der produzierten Güter kann durch Zufuhr neuer Arbeitskräfte vergrößert werden; jedoch gibt es dort eine Grenze, wie das Gesetz des abnehmenden Mehrertrages zeigt. Mag zunächst eine Verdoppelung der Arbeitskräfte auch einen doppelten Ertrag erbringen, so wird die Ertragszunahme nicht mit der Zunahme der Zahl der Arbeitskräfte Schritt halten: die Leute sind sich schlicht im Wege. Dauerhafte Ertragssteigerungen ließen sich bei gegebenem Stand der Technik nur durch eine Vermehrung der Arbeitskraft **und** des Produktionsmittels Boden erreichen, etwa durch Urbarmachung unfruchtbarer Gebiete. Jedoch war letzteres eher Ausnahme als Regel, so daß die Beschäftigung der Sklaven in der Primärproduktion schnell eine obere Grenze erreichte. Das war auch der Grund dafür, daß man Sklaven als Hausgesinde für allerlei nichtproduktive Dienste in Anspruch nahm. Ökonomisch bedeutete dies, daß diese Sklaven keinen Mehrertrag brachten, sondern daß ihre Reproduktion aus dem allgemeinen Surplus bestritten werden mußte. Auch hier werden dann schnell die Grenzen des ökonomisch Vertretbaren erreicht: die Sklavenhaltergesellschaft zerfällt. Der Untergang des Römischen Reiches ist ökonomisch nichts anderes als eine Krise der Sklavenwirtschaft: die Zahl der nichtproduktiven Menschen wird so groß, daß das Angebot an Gütern die Nachfrage nicht befriedigt: es kam zur Krise des 3. Jahrhunderts, die zwar durch die Reformen Diokletians (284 – 305) zeitweise aufgefangen, aber nie ganz überwunden werden konnte.

P ist also nahezu konstant; da R ebenfalls praktisch konstant ist, ergibt sich, daß der Umfang von S nur in sehr engen Grenzen schwanken kann. Dies hat zur Folge, daß der durchschnittliche Ausbeutungsgrad (e) in jenen Zeiten konstant ist:

$$e = \frac{S}{R} \qquad (2)$$

Er drückt das Verhältnis zwischen dem eigenen Anteil an der Produktion und dem Abgabenanteil aus. Liegt, wie unsere Texte an verschiedenen Stellen sagen, die Abgabenquote bei 10%, liegt der Ausbeutungsgrad bei 11,1%, denn:

$$P\ (100) = R\ (90) + S\ (10) \qquad (3)$$

Die Abgabenquote für jenen Funktionär, den Jechezq`el 45,7ff. **nas`i**, Fürsten, nennt, war wesentlich niedriger. Nach 45,13ff. liegt sie zwischen

1,6% und 0,5%, je nach Produkt. Beides zusammen bedeutet, daß der Stand der Produktivität eine Durchschnittsproduktion leicht (also circa 10%) über den Reproduktionsbedarf der unmittelbaren Produzenten zuließ.

4. Tribut

Nun gab es nicht nur die lokalen Instanzen, die mitversorgt werden mußten. Auch die jeweilige überregionale Großmacht verlangte ihren Teil. Der Surplus teilt sich also; einen Teil erhalten die lokalen Eliten und die Verwaltungsorgane (L), die es teilweise für soziale Zwecke einsetzen konnten, der andere Teil geht außer Landes (Tribut, T):

$$P = R + (L + T) \qquad (4)$$

Somit beträgt die wirkliche Ausbeutungsrate

$$e = \frac{L + T}{R} \qquad (5)$$

Je nach dem Bedarf der überregionalen Großmacht konnte T größer oder kleiner sein. Auch hier gibt es wieder die natürliche Grenze, die auf Dauer nicht unterschritten werden kann; jedoch braucht eine zentrale Reichsregierung weniger Rücksichten zu nehmen als die lokale Behörde. Denn der Tribut wird dem lokalen ökonomischen Kreislauf entzogen. Er wird nicht durch lokale Instanzen verzehrt, die dafür Dienste leisten, die die Produzenten als nützlich empfinden oder gegen die sie sich erheben können, wenn sie diesen Verzehr als nutzlose Verschwendung empfinden; sondern eine überregionale Instanz eignet ihn sich ausschließlich auf Grund des unmittelbaren und äußeren Zwanges an. Der Tribut kann ökonomisch nur als sinnlose Ausgabe, als reiner Verlust empfunden werden. Jede lokale Ökonomie muß daher bestrebt sein, den Tribut entweder ganz zu vermeiden, oder ihn doch so gering wie möglich zu halten. Das heißt: die lokale Ökonomie muß nach einem Höchstmaß an **Autonomie** streben.

Der Tribut ist so alt wie die Hegemonialreiche, die ihre aufwendigen Apparate nicht durch lokale Ausbeutung allein aufrechterhalten konnten.

Der Text Dt 14,22ff. zeigt nicht ein vorstaatliches Urstadium der Gesellschaft, sondern er reflektiert einen Zustand der faktischen Selbstverwaltung mangels funktionierender Zentralgewalt oder lokaler Behörde. Tribut und Abgaben sollen hier nicht verwechselt werden. Abgaben sind, nach den Vorstellungen des Deuteronomiums etwa, nur notwendig für die schwachen Gruppen in der Gesellschaft und für die levitischen Priester, auf deren kultische Dienste und Lehrtätigkeit so viel Wert gelegt wurde, daß man sie von der produktiven Arbeit freistellte, ihnen dann aber sogleich das Hauptproduktionsmittel Boden (das sie eben nicht brauchten) entzog. Die Abgaben, die das Buch Deuteronomium kennt, haben mit Tribut noch nichts zu tun. Die modernen Ökonomen würden so etwas Transfer nennen: Transfer nämlich von verdienten Einkommen an solche, die auf nicht selbstverdiente, auf Sozialeinkommen angewiesen sind.

Tribut entsteht erst dann, wenn Abgaben auf Grund unmittelbaren Zwanges von einer Zentralgewalt erzwungen werden, die ausschließlich mit dem Recht des Eroberers „legitimiert" werden. Gibt es ein relatives Gleichgewicht der Kräfte, kann über den Umfang des Tributs verhandelt werden, wie 1Kö 12 erzählt; dort verhandelt Rechabam, der Sohn des Königs Schlomos aus dem Haus Davids, mit den Ältesten Israels über die Tributhöhe; das Haus Davids herrschte über Israel mit dem Recht des Eroberers, wogegen es mit Jehuda einen ganz anderen Vertrag hat; dort war David König „in der Mitte der Brüder" (1Sam 16,13), ein nützlicher Funktionär sozusagen, der für den äußeren Schutz von produktiver Arbeit freigestellt war. In 1Kö 12 kommt es zu keinem neuen Vertrag, die Ältesten Israels stellen die Autonomie wieder her. Tribut ist periodischer, durch Quasiverträge „legitimierter" Raub. So mußte Mesa, König von Moab, dem König von Israel jährlich u.a. die Wolle von 100.000 Schafen liefern. Er erhob sich dagegen ebenso, wie sich die Ältesten Israels gegen den Davididen erhoben, 2Kö 3,1ff.

Da diese Form des Tributs, wie ihn König Pul von Assyrien oder Menachem von Israel erhob (2 Kö 15,19ff.) und wie ihn König Mesa von Moab (2Kö 3,4) entrichten mußte, eine **fixe, ertragsunabhängige Größe** war, bedeutete seine Erhebung in Zeiten eines Rückgangs von P nicht selten, daß R unter den Reproduktionsbedarf der Produzenten zurückfiel. Tribut bedeutet **immer** eine Erhöhung des Ausbeutungsgrades und somit eine Änderung der inneren Verhältnisse, und zwar in doppelter Hinsicht. Erstens ändert er die Position der lokalen Behörden. Die Vasallenkönige kommen nicht aus Liebe zu ihren geschröpften Untertanen in Aufstand, sondern sie wollen vermeiden, daß die absolute Abgabe L + T so hoch wird, daß R den nackten Reproduktionsbedarf der Produzenten nicht mehr decken kann. Sie sind also in der Klemme: zahlen sie den Tribut nicht, wird das als Aufstand gewertet; verhungern ihre Menschen, können die den

Tribut nicht zahlen, und dies wird ihnen ebenso als Aufstand ausgelegt; also bleibt ihnen bei einer bestimmten Tributhöhe nichts anderes übrig als die Flucht nach vorne. Zweitens führt die Erhöhung des Ausbeutungsgrades dazu, daß die schwächsten Produzenten sehr schnell aufgeben müssen. Es entstehen „Arme“, d.h., es entsteht eine Bevölkerungsschicht, die sich nicht mehr selber versorgen kann. Gleichzeitig fallen ihre Arbeitsmittel, ihre Böden, an andere. Das Einkommensgefälle zwischen den verschiedenen Bevölkerungsgruppen wird größer, und so entstehen auch „Reiche“. Anders gesagt: Der Tribut verändert die lokale Einkommensverteilung im Sinne einer größeren Ungleichheit.

Es ist leicht einzusehen, weshalb das so sein mußte. Der Tribut wirkt wie eine **regressive Steuer**. Eine solche Steuer besagt, daß die prozentuale Belastung niedriger wird, je höher das Einkommen ist. Alle indirekten Steuern wirken als regressive Steuer: der Sozialhilfeempfänger, der monatlich Brot für DM 30,– konsumiert, zahlt darauf 7% Mehrwertsteuer, d.h. DM 2,10. Bei DM 840,– Sozialhilfesatz bedeutet dies allein 0,25% des monatlichen Einkommens. Der Regierungsdirektor mit einem monatlichen Einkommen von DM 8.400,– netto und dem gleichen Brotkonsum zahlt ebenfalls nur DM 2,10; diesmal heißt das aber 0,025% seines monatlichen Einkommens. Die Hauptform des Tributs in der römischen Zeit wurde als Prozentsatz des persönlichen Vermögens eingezogen, nachdem dieses „geschätzt“ worden war. Im Falle des Königs Menachem wurde der Tribut nicht als fixer Prozentsatz, sondern als Fixsumme erhoben, ohne Berücksichtigung der Einkommensunterschiede. Ein solcher Tribut wirkt extrem regressiv. In unseren Zeiten sind die Einkommenssteuern **progressiv**; durch dieses Mittel wird eine gewisse Angleichung der Nettoeinkommen erreicht: je höher die Progressivität, desto „gleicher“ die Einkommen, wie ein Vergleich zwischen Schweden und den USA zeigen würde. Eine regressive Steuer hat den umgekehrten Verteilungseffekt: die Einkommensunterschiede werden größer. Aber auch prozentual gleiche Steuersätze auf das persönliche Einkommen, wie z.B. die Kopfsteuer der Römer, wirken regressiv. Es sei der Bruttounterschied zwischen einem Einkommen von 10.000,– und 1.000,– gleich 9.000,– und der einheitliche Steuersatz liege bei 10%. Der Nettounterschied beträgt dann 9.000,–./. 900,– gleich 8,100,–. Die Unterschiede werden demnach geringer. Rein rechnerisch stimmt das. Nur sind die unteren Einkommensgruppen meistens nicht in der Lage, Ersparnisse zu bilden und somit ein zusätzliches Einkommen aus Kapitalerträgen zu bilden. Dazu sind aber die Bezieher höherer Einkommen sehr wohl in der Lage, weil diese in der Regel nicht ihr ganzes Einkommen konsumieren, sondern Eigentum erwerben, das zusätzliche Erträge abwirft. Reiche römische Bürger kauften um die Zeitenwende Land in Italien und Nordafrika hinzu und mehrten ihre Einkommen durch dessen Erträge, ärmere Kleinbauern konnten die Kopfsteuer kaum aufbringen und mußten ihr Land und schließlich sich selber verkaufen.

5. „Zins"

Die reale Basis des „Zinses" ist immer die Produktion. Nehmen wir als Beispiel in einer vorkapitalistischen Gesellschaft einen Eigentümer, der über einen Getreidevorrat verfügt, der größer ist als der Eigenbedarf (für Ernährung und nächste Aussaat). Er stellt diesen Surplus einem Produzenten zur Verfügung, der zu wenig hat, um sich und seine Leute ernähren und die nächste Aussaat durchführen zu können. Dieser Produzent muß ihm nach der Ernte nicht nur das geliehene zurückerstatten, es wird darüber hinaus noch eine weitere Entlohnung verlangt: die sogenannte Mehrung oder *tharbith* bzw. *marbith*. Der Produzent muß also ein extra Mehrprodukt erwirtschaften; hier muß nicht nur diese „Mehrung" („Zins"), sondern auch die Tilgung aus dem Mehrprodukt „gezahlt" werden. Denn die Produktion reicht in normalen Jahren gerade für die eigene Ernährung, die nächste Aussaat und die Abgaben an die Instanzen. Eine solche „Zinsnahme" wird nur unter extrem günstigen Bedingungen ***nicht*** zum Ruin der Darlehnsnehmer führen. Weil auch die Darlehnsnehmer wissen, daß „Gewinne" nicht zu erwarten sind, sicherten sie sich durch übertriebene Sicherheitsleistungen (Pfandnahme, *mascheh*) für den Normalfall ab, nämlich wenn in normalen Jahren die Produktion die Subsistenzhöhe gerade erreicht. In einer Produktionsweise, in der vorwiegend Gebrauchswerte auf Subsistenzniveau produziert werden, bedeutet „Zins", ja, nicht selten auch die Tilgung allein schon den Ruin des Darlehnsnehmers. Sie „beißt" dem Darlehnsnehmer buchstäblich ein Stück aus dem lebendigen Leib; deswegen nennt Lv 25,35ff. dies *neschek*, Abbiß!

Anders aber in der kapitalistischen Produktionsweise. Dort ist der Sinn der Produkion nicht die Herstellung von Gebrauchsgütern zwecks Sicherstellung des eigenen materiellen Lebens, sondern die Warenherstellung zwecks Erwirtschaftung von Profit. Die Basis des Profits ist der Mehrwert, d.h. jener Warenanteil, der über die verbrauchten Produktionsmittel und die Arbeitskraft hinausgeht und der nach marxistischer Ansicht auf unbezahlter Mehrarbeit, nach bürgerlicher Ansicht auf dem unternehmerischen

Marketinggeschick beruht. Oder anders gesagt: Die Kombination zweier Produktionsfaktoren, Kapital und Arbeit, schafft ein Produkt, dessen Wert größer ist als die Summe der auf ihn verausgabten Kapital- und Arbeitskosten. Noch anders gesagt: Es entsteht ökonomisches Wachstum; ökonomisches Wachstum (die sog. aggregierten Gewinne) bedeutet nichts anderes als die Tatsache, daß nach einem Produktionsjahr ein Land wohlhabender ist als zuvor, und dies geschieht nur, wenn mit dem vorhandenen Kapitalstock in ausreichendem Maße gearbeitet wurde. Der in der Produktion erarbeitete Mehrwert und in der Zirkulation realisierte Profit wird im Kapitalismus privat angeeignet, und zwar durch die Eigentümer der Produktionsmittel. Nun ist in der modernen kapitalistischen Produktion von Industriewaren und Dienstleistungen die Beschaffung von Produktionsmitteln eine kostspielige Angelegenheit, die eigentlich nur nach erfolgter Produktion und gelungenem Verkauf der Waren bezahlt werden könnte. Der Unternehmer kann in der Regel – vor allem bei Umstrukturierungen – das Geld für Investitionen nicht selber vorschießen; dafür nimmt er die Ersparnisse anderer in Anspruch, oder er geht an die Börse und gibt neue Aktien aus. Im letzten Fall entstehen neue Eigentümer. Aber auch im ersten Fall begründet der Kredit einen Eigentumstitel; dies zeigt sich im Konkursfall, wenn die Forderungen der Kreditgeber (Banken) aus der Konkursmasse meistens vorrangig befriedigt werden. Es ist deutlich, daß das Unternehmen den Dividendenanspruch der Aktionäre und den Zinsanspruch der Geldgeber auf Dauer nur dann befriedigen kann, wenn es Gewinne macht. Der Zins ist hier nichts anderes als ein vereinbarter Anteil am Gewinn des Unternehmens, der freilich auch dann fällig wird, wenn gar keine Gewinne gemacht werden. Er setzt bar einen branchenspezifischen Durchschnittsgewinn voraus; die Erwartung eines solchen Gewinns ist ja die Basis für die Kreditgewährung. Die Dividende wird dagegen nur gezahlt, wenn tatsächlich Gewinne gemacht werden: die Aktie ist mit mehr Risiko behaftet als der Kredit. Aktien werden dann auch weniger der Dividende wegen als der Kurse (der Spekulation) wegen erworben. Wie dem auch sei: Dividenden und Zinsen sind Formen des Profits, also dem Ursprung nach identisch; sie beruhen beide auf dem Privateigentum an Produktionsmitteln.

Im kapitalistischen Fall ist Zins also nichts anderes als ein Ausfluß der Profitwirtschaft und der Warenproduktion überhaupt. Denn alle Zinsen, auch Hypothekendarlehen, Konsumentenkredite, Dispos usw., müssen in der Produktion erwirtschaftet werden. Sonst würden sie eine reine Geld-

mehr Risiko für den Geldgeber!

vermehrung ohne Waren- oder Dienstleistungszuwachs bedeuten, d.h. Inflation. In diesem Fall näherte sich dann der Realzins (Nominalzins minus der Inflationsrate) der Zahl Null oder wird gar negativ, wie streckenweise in den siebziger Jahren. Bei Kreditgeschäften wie Hypothek, Dispo usw. wird aber der Ursprung des Zinses unsichtbar, es scheint, als ob Geld aus Geld entsteht, was als Unrecht empfunden wird. Gezahlt wird er in der Regel aus Arbeitseinkommen, und das heißt entweder, wenn diese nur die Reproduktion der Arbeitenden decken, durch Unterkonsumtion, oder, wenn sie einen Gewinnanteil enthalten (die Löhne höher sind als das, was für die Aufrechterhaltung eines durchschnittlichen Lebensstandards nötig wäre), aus eigenen Gewinnanteilen. Im ersten Fall wird der Reproduktionsbedarf „künstlich" herabgesetzt, so daß „künstlich" Gewinnanteile entstehen; solche Kunstgriffe sind aber nur kurzfristig durchzuhalten und enden meistens im Offenbarungseid oder in der Zwangsversteigerung. Im zweiten Fall verwandelt sich der Gewinn (Lohnanteil über dem Reproduktionsanteil) in Zins. In beiden Fällen sind Zinsansprüche nichts anderes als Gewinnübertragungen an den Darlehnsgeber, der durch seinen Kredit einen Eigentumstitel erwirbt; im einen Fall Übertragung fiktiver, im anderen realer Gewinnanteile. Zinsansprüche sind auch bei solchen Verbraucherkrediten letztendlich begründet in der privaten Aneignung der Gewinne und somit im Privateigentum an produktivem Kapital.

Im vorkapitalistischen Fall ist Zins dagegen nichts als Raub. Der Geld- oder Naturaliengeber verlangt Gewinnanteile (Anteile am Mehrprodukt), die es vielleicht unter sehr glücklichen Umständen betriebswirtschaftlich (im Einzelfall), nie aber volkswirtschaftlich (im Durchschnittsfall) geben kann, denn was an Mehrprodukt erarbeitet wird, dient nur dazu, nichtproduktive Gesellschaftsmitglieder am Leben zu erhalten und eine kleine Zahl von Funktionsträgern von der produktiven Arbeit zu befreien. Alles andere ist Zusatzausbeutung. „Zins" ist hier Individualtribut und, wie jeder Tribut, scheinlegaler Raub. Dies ist wesentlich. Eine relativ konstante Bevölkerung, ein kaum ausdehnbares „Kapital" (Agrarland) und einen nahezu nichtexistenter technischer Fortschritt machen reales Wachstum unmöglich. „Zins"nahme bedeutet in diesem Fall keinen Anteil an „Gewinnen" oder am wirtschaftlichen Wachstum, sondern Enteignung von Produzenten als Besitzern von Boden (sie werden zu Landlosen) oder als Besitzern von Arbeitskraft (sie werden zu Sklaven). Das Zinsverbot in der Antike war daher ökonomisch notwendig und deswegen ethisch begründbar, weil die Zerstörung vieler kleiner Produzenten durch den Wucher das ganze ökonomische und soziale Leben bedrohte. Zinsverbot im Kapitalismus ist aber isoliert unmöglich, solange Warenproduktion aus Gewinnmotiv auf der Grundlage des Privateigentums an Produktionsmitteln und somit als private Aneignung des ökonomischen Wachstums bestehen bleibt. Wir werden wegen des **strukturellen** Unterschieds das Wort „Zins", wenn überhaupt, nur analog verwenden. Die mit der Zinsnahme in unserer Produktionsweise verbundenen ökonomischen und sozialen Probleme können vom antiken „Zins"verbot her nicht gelöst werden. Es ist daher sinnlos, dies immer wieder unreflektiert in die moderne Diskussion einzuführen, wie es in kirchlichen Kreisen in letzter Zeit immer wieder geschieht. Ohne Berücksichtigung der gesellschaftlichen Differenz wirkt ein Text wie Lv 25, 35–38 wie ein abgeschmackter Moralismus.

Nennen wir nun den Gesamtschuldendienst im vorkapitalistischen Fall, also Tilgung und „Zinsen", D, so ergibt sich aus der Tatsache, daß dieser ganz und gar aus dem Mehrprodukt gezahlt werden muß:

$$P = R + [L + (T + D)] \tag{6}$$

und daß in der Durchschnittsproduktion diese Gleichung zur Ungleichung wird:

$$P < R + [L + (T + D)] \tag{7}$$

Dies bedeutet zunächst, daß Abgaben und Schuldendienst teilweise aus R gezahlt werden müssen, denn L, T und D werden periodisch fällig; da dies wiederum nur sehr kurzfristig geht, muß der Produzent aufgeben; sein Betrieb und nicht selten er und seine Hausleute fallen an den Geldgeber. Dieser vermehrt seinen Besitz, die gesellschaftliche Ungleichheit nimmt zu, die Ausbeutungsrate wird immer größer

$$e = \frac{L + (T + D)}{R} \tag{8}$$

und nähert sich möglicherweise 1; das hieße, der Produzent muß das Doppelte dessen produzieren, was er für den Lebensunterhalt seiner selbst und seiner Leute braucht. Das wird er kaum können! Beide Momente Abgaben und Tribut (Individualtribut und staatlicher Tribut) konstituieren den Ausbeutungsgrad. Es war im Interesse der Produzenten, beides so gering wie möglich zu halten. Die Reduzierung des staatlichen Tributes setzt Autonomie voraus, das heißt eine politische Strategie. Die Regulierung des Individualtributs konnte ebenfalls nur von einem außerökonomischen Gesichtspunkt her erfolgen: vom sozialen Ideal der „Egalität“ oder, in der Sprache unserer Texte, der „Brüderlichkeit“ (Neh 5,5!).

Da wir nicht über Statistiken verfügen, können wir die totale Ausbeutungsrate nicht quantifizieren. Wir wissen aber, daß sie immer als drückend empfunden wurde, auch in der persischen Zeit, aber erst recht, als in der hellenistischen Zeit die Tributlast dadurch erhöht wurde, daß man Tributintermediäre anstellte, die die erforderliche Tributsumme aus ihrer Privatschatulle vorweg entrichteten, um dafür die Erlaubnis zu erhalten, die Summe (mit einem gehörigen Aufschlag, versteht sich) aus den Untertanen herauszupressen. Kippenberg nennt dies „griechische Staatspacht“ (1978, S.78ff.). Die Tatsache, daß der Tribut seit der Herrschaft des Perserkönigs Dareiosch in Geldform erhoben wurde, beschleunigte die Entwicklung. Die Geldform war die Voraussetzung für die Staatspacht.

6. Das Geld

6.1. Der Tausch

„Money makes the world go round“, sang Liza Minelli. Wer was hat, der ist was, und wer Geld hat, der ist noch etwas mehr. Denn Geld: das ist nach der Maßgabe seiner Menge das unbestimmte Anrecht auf Güter und Dienstleistungen aller Art, soweit sie verkäuflich sind; und wenn der Preis stimmt, ist so gut wie alles käuflich und verkäuflich, von der Liebe bis zur Atombombe. Für uns ist das alles selbstverständlich. Waren und Dienstleistungen werden über ihre Preise miteinander verglichen. In einem sog. „Zwei-Güter-Modell“ läßt sich leicht zeigen, daß man sein Geldeinkommen verwendet, indem man eine bestimmte Menge des einen Gutes erwirbt, dafür auf den Erwerb einer korrespondierenden Menge des anderen Gutes verzichtet. Geld gaukelt mir vor, ich könne alles erwerben, was dafür zu haben ist. Mache ich mich an das Geschäft, dann stelle ich sehr bald fest, daß ich auch verzichten muß. Geld ist **Erwerb und Opfer**. Die Lehrbücher malen schöne „Indifferenzkurven“, mit denen dies sichtbar gemacht werden soll. Diese Kurve verbindet alle Punkte, die bei einem gegebenen Einkommen eine „optimale Güterkombination“ darstellen, d.h. eine optimale Kombination von Erwerb und Opfer: der Erwerb jener Menge des Gutes A schafft so viel Nutzen, daß der Schmerz durch das Opfer einer Menge des Gutes B optimal kompensiert wird. Solche „Optima“ seien, so unsere ökonomischen Lehrmeister, nur in einer freien Marktwirtschaft erreichbar, in der „frei“ ermittelte Preise das Maß des Opfers auf dem Altar der „Freiheit" bestimmen. Wir werden sehen, wie in dieser „wissenschaftlichen" Nutzentheorie sich die kultische Herkunft des Geldes verrät.

Weshalb diese Abstraktionen? Geld ist für uns Tauschmittel. Die Meinung ist verbreitet, daß Geld entstanden ist, weil die Leute sich den Austausch untereinander erleichtern wollten. Und tatsächlich hat sich die Etablierung einer „allgemeinen Ware" überall auf der Welt durchgesetzt, sei es in der Form von bestimmten Steinen, Metallstücken, Muscheln oder Vieh, wie bei den uralten Römern, deren Wort für Geld, *pecunia*, sich von *pecus*, Vieh, herleitet. Wenn ein Schäfer nur Wolle und Schafskäse anzubieten hat, muß er, wenn er Sandalen kaufen will, warten, bis er einen Sandalenhersteller trifft, der zufällig in gewünschtem Umfang Wolle oder Käse haben möchte. Das kann unter Umständen zu lange dauern, unser Schäfer ist dann schon längst von einer Giftschlange in den Fuß gebissen worden und hat das Zeitliche gesegnet. Hätte er dem Sandalenhersteller etwas von einer „allgemeinen Ware" geben können, die von jedem Gesellschaftsmitglied als allgemeines „Tauschäquivalent" anerkannt ist, etwa Silberstücke (d.h. Sandalen im einstweiligen Wartestand), hätte er sein Schuhwerk sofort haben können und wäre jetzt noch am Leben. Wahrscheinlich aber war unser Schäfer in der Lage, seine Sandalen selber herzustellen, und war auf Tausch gar nicht angewiesen. **Allgemeiner Tausch** setzt aber **unumkehrbare Arbeitsteilung** voraus: ein Schäfer kann nur noch „schäfern" und ein Schuster nur noch „schustern". Vor den Tausch als tägliches Phänomen kommt die Entwicklung vertiefter Arbeitsteilung. In den Gesellschaften, aus denen unsere Texte stammen, war der Tausch zunächst noch kein tägliches Phänomen. Was die Leute zum täglichen Leben brauchten, stellten sie selber her. Außergewöhnliche Güter wurden bei außergewöhnlichen Gelegenheiten beschafft.

Aber erstens ist „allgemeine Ware" als Tauschmittel noch lange kein Geld. Zweitens gab es bereits Geld in der Form von Münzgeld, obwohl die Arbeitsteilung noch unentwickelt war. Man nimmt gegenwärtig an (vgl. Will 1955, S.65; Kippenberg 1978, S.51), daß Geld als allgemeines Zahlungs- und Bemessungsmittel von Waren einen anderen Entstehungsort hat als den Tausch. Diese Art von Geld entsteht aus dem Kultbetrieb und aus dem Tribut.

6.2. Geld und Gott

Der Deuteronomiumtext, den wir unten besprechen wollen (14,23ff.), läßt die Möglichkeit offen, daß die Leute ihre Abgaben nicht zum Haus Gottes transportieren; sie könnten sie „für Silber hergeben, das Silber fest in der Hand halten und es zum Ort bringen, den der EWIGE ... gewählt hat; dort sollen sie das Silber ausgeben für alles, was die Seele begehrt (14,24f.)". Hier zeigt sich, daß die Verwendung der allgemeinen Ware Silber etwas mit den Abgaben an den Tempel zu tun hat. Im bereits erwähnten Aufsatz von Edouard Will nimmt dieser Bezug auf das Buch eines gewissen Laum. Will schreibt: „Laum hatte sich um den Nachweis bemüht, daß die Vorstellung des Normaltypus eines Gutes, dann der Substitution eines Gutes durch ein anderes, das einen realen oder sogar einen theoretischen Äquivalenzwert hat ...samt der sich daraus ergebenden Wertstaffelung nicht aus Notwendigkeiten des Handels, sondern aus Opferverpflichtungen ... hervorgegangen war ..." (Will, a.a.O., S.206). Leviticus 27 bringt dann schon eine genaue „Wertstaffelung" jener kultischen Verpflichtungen, die die Menschen freiwillig auf sich genommen haben. „Deine Bemessung 50 Gewicht Silber, Gewicht des Heiligtums", hören wir. Spätestens seitdem Menschenopfer in Jehuda und Israel absolut verpönt waren, dürfte es notwendig geworden sein, Gelübde, die ein solches Menschenopfer zum Gegenstand hatten, abzugelten. Dabei ist ein männliches Wesen zwischen 20 und 60 Jahren mit „50 Gewicht Silber", eine Frau mit 30 , ein Jugendlicher zwischen 5 und 20 Jahren mit „20" und ein Kind mit „3" zu bemessen. Das heißt, es mußten Geldformen gefunden werden, die dem ganzen Kult- und Opferbetrieb angemessen waren. Lev 27 war eine „Gebührenverordnung", die der Thora Lev 18-26 angehängt worden war. Der Ausdruck „50 Gewicht (*scheqel*) Silber" zeigt, das die allgemeine Ware hier bereits das Silber ist, und zwar Silber, das in genormten Quanten vorliegt: „Gewicht des Heiligtums (*scheqel haqqodesch*)", also Münzgeld, das durch eine subzentrale Instanz ausgegeben wird. Wir sind hier an den Endpunkt einer Entwicklung gelangt, deren Anfang wir in Dtn 14 finden. Der Tempel ist ein Entstehungsort des Münzgeldes.Und hier zeigt sich, daß Geld etwas mit „Opfer" zu tun hat. Denn diejenigen, die ihren Göttern etwas versprochen hatten, wie z.B. Jephta dem Gott Israels seine Tochter (Ri 11), durften das nicht länger in der drastischen Form eines Menschenopfers darbringen; sie mußten also ein Äquivalent erwerben. Sie mußten also „Ware für Geld" verkaufen, um das Geld anschließend „opfern" zu können. Das setzt aber voraus, daß sie Ware nicht nur für den eigenen Verbrauch, als „Gebrauchswerte", wie die klassischen Ökonomen sagen, produzieren, sondern für den Verkauf, als „Tauschwerte" also.

→ steht in keinem ökon. Lehrbuch!

Geld ist also Abfindungsmittel für die göttliche Herrschaft gewesen. Die Leute verzichteten auf einen Teil ihrer Produkte zugunsten der Gottheit; da diese ja nur beschränkt fähig war, Opferfleisch zu verzehren, wurde der Verzicht in der Form von Münzgeld geleistet. Die Aufnahmefähigkeit für Opfer in der Gestalt des Münzgeldes seitens der Gottheit und ihrer Beamtenschaft, der Tempelpriesterschaft, war nunmehr unendlich groß geworden. Denn Geld kann man horten, weil es in der Form des Edelmetalls eine gewisse physische Dauerhaftigkeit hat. Vermutlich „spendeten" die Leute früher goldene oder silberne Geräte für den Tempel; aber erstens war die Lagerkapazität für diese Geräte begrenzt, und zweitens sollte ja nun auch „der kleine Mann", der sich solche Gaben für die Gottheit nicht leisten konnte, in die Lage versetzt werden, seinen Beitrag zur Abfindung göttlichen Zornes zu leisten. Der Verzicht wurde allgemein. Immer noch haftet Geld diese Opfereigenschaft an. Zwar nehmen die Götter heutzutage die alltägliche Gestalt einer Hausverwaltung an, aber indem die Menschen ihre Wuchermiete zahlen müssen – denn die modernen Götter sind alles andere als barmherzig und langmütig –, verzichten sie auf oder „opfern" sie vieles andere, was sie eigentlich lieber erworben hätten. Der Verzicht oder das Opfer gehört zum Wesen des Geldes.

6.3. Geld und Kaiser

Die Herausbildung einer allgemeinen Ware hatte wahrscheinlich auch etwas mit dem Tribut zu tun. 2Kö 15,19 berichtet: „Kam Pul, König von Assur, ins Land und Menachem gab Pul tausend Barren Silber." Menachem besaß diese aber selber nicht, er zog also „von jedem wehrfähigen Mann in Israel 50 Gewicht Silber ein". Die Großkönige konnten natürlich nicht vorgehen wie König Joram von Israel gegenüber seinem Kollegen von Moab, der ihm Zehntausende Stück Kleinvieh abzugeben hat (2Kö 3,4f.); die riesigen Mengen einer Ware hätten ihn zu sehr in seiner ökonomischen oder sonstigen Bewegungsfreiheit gehemmt. Für das Edelmetall konnte er sich dann eintauschen, was er gerade wollte, hauptsächlich wohl Soldaten. Im Außenhandel überwog offenbar bis in die persische Zeit der einfache Tausch; Schlomo, König von Jerusalem, tauschte mit Chiram, König von Tyrus, eine nicht näher bezeichnete Menge Bauholz gegen 20.000 Kor Weizen und 20.000 Bath Öl jährlich (1Kö 5,25).

Es ist der Perserkönig Dareiosch gewesen, der dem Geld die Funktion eines reichsuniversalen Rechenmittels gegeben hat. Das Reich garantierte den Edelmetallgehalt der Münzen. Der Tribut war in der Form dieser Münzen aufzubringen. Damit wurden die Tributleistungen der einzelnen Reichsgebiete vergleichbar und ihre Produkte gegeneinander leichter austauschbar, Geld als reichsuniversale Recheneinheit wurde so zum ersten Mal zum **Weltgeld**. Das System war brüchig, weil, soweit wir sehen, die persische Zentralregierung keine konsistente Preispolitik gemacht hat, wohl auch nicht machen konnte, und die Höhe des Tributs offenbar nicht inflationären oder deflationären Prozessen in den verschiedenen Regionen des Reichs angepaßt wurde. Damit schwankte der Lebensmittelgegenwert der fixen Tributsumme zeitlich und räumlich manchmal beachtlich. Der Eindruck entsteht, daß jeder Herrscher den Tribut zunächst einmal nach seinen eigenen Bedürfnissen festsetzte, d.h. nach der Maßgabe der Preise jener Güter, die er damit erwerben mochte, also ohne Rücksicht auf Entwicklungen in verschiedenen Regionen seines Reiches und in verschiedenen Sektoren der Wirtschaft. Die Starrheit des Tributs und die Tatsache, daß Geld nicht nur Tauschmittel, sondern eben auch „Hortgeld" war (unten darüber mehr), hatten nicht selten eine verheerende Wirkung auf die Ökonomie und deswegen kam es bald zu schockartigen Anpassungen seiner Höhe, bald zu Zahlungsunfähigkeit der Herrscher, die dann nach anderen Geldquellen Umschau hielten und sich von Strauchdieben kaum noch unterschieden. Augustin schrieb über den Rechtsnachfolger der persischen Großkönige: „Eine elegante und wahrhaftige Antwort erteilte einmal irgendein verhafteter Pirat Alexander dem Großen. Denn als jener König den Menschen fragte, was dieser davon hielt, daß er das Meer verheert hat, sagte er mit freimütigem Stolz: ‚Wie erscheint es Dir, daß Du den ganzen Weltkreis verheerst? Denn wenn ich das mit einem lumpigen Schiff mache, werde ich Räuber genannt; wenn Du es mit einer ganzen Flotte machst, Befehlshaber!' (De Civ. Dei IV,4)."

Kultbetrieb und Tribut machen aus der allgemeinen Ware Geld.

6.4. Die zersetzende Wirkung des Geldes

Wie kamen nun Leute in den Besitz dieses Geldes? Die Untertanen Menachems mußten also das, was sie besaßen, was sie erarbeitet hatten, irgendwie hergeben, um zu Silber, zu jener allgemeinen Ware, zu kommen. Das setzt aber schon die Frühgestalt einer Warenproduktion voraus. Die Leute aus Nehemias Zeit mußten Agrarprodukte „versilbern", um ihre Tributanteile entrichten zu können. Der Tribut zwingt die Leute zur Produktion „handelbarer" Güter (Waren für den Tausch und nicht für den eignen Verbrauch); diese Güter müssen transportabel und relativ haltbar sein. Wein gehört dazu, Olivenöl, Getreide, Wolle auch. „Es herrschte daher ein eiserner Zwang, die betrieblichen Ressourcen ganz in den Dienst einer Produktion von begehrten Tauschwerten zu stellen" kommentiert Kippenberg (1978, S.52). Die Geldform des Tributs schränkt die betriebswirtschaftliche Autonomie ein, weil sie den Anbau bestimmter Produkte verlangt.

Die produzierten Güter haben jetzt nicht nur einen realen Tauschwert (Arbeit gegen Arbeit), sondern sie erhalten einen Preis. Preis ist nicht gleich Wert. Die Preise können schwanken, ohne daß die Arbeit, die auf die Herstellung der schwankend ausgepreisten Waren verwendet werden muß, schwankt, da, wie wir gesehen haben, der Stand der Technik und daher die Arbeitsproduktivität konstant ist. Preise können schwanken, ohne daß der „Wert" (als Tauschwert) schwankt. Damit geht die feste, traditionelle („durch Herkommen", sagt Marx, MEW 23, S.59) Beziehung zwischen den einzelnen Waren als Arbeitsprodukte verloren, weil nunmehr ihre Preise ihre Beziehungen regeln, Preise aber nicht in der Produktion, sondern in der Zirkulation gebildet werden. Wie Produkte, aber auch Produktionsfaktoren, wie Arbeit, entlohnt werden, bestimmen nunmehr Marktgesetze, wie das von Angebot und Nachfrage. Die traditionellen Beziehungen zwischen den Produkten und damit zwangsläufig zwischen den Produzenten werden geändert, und die traditionelle Produktion wurde in zunehmendem Maße als cash-crops angelegt, also als Warenproduktion für vorwiegend auswärtige Märkte. Dies nun änderte die Betriebsform; seit der hellenistischen Zeit ist die Domänenwirtschaft mit abhängigen Pächtern oder Tagelöhnern auf dem Vormarsch. Dies gilt in Palästina vor allem für neu angegliederte oder neu urbar gemachte Gebiete mit guten Böden: Jordanniederung, Galiläa und die Küstengebiete am Mittelmeer (Kreissig 1970, S.26).

Der Tribut hat, wie wir gesehen haben, erhebliche Verteilungseffekte und ändert so das Sozialgefüge. In der Geldform ändert er außerdem Produktion und das Verhältnis der Produzenten untereinander und zersetzt die traditionelle Sozialstruktur schließlich ganz: „Die Ausrichtung der Ökonomie auf Rentabilität war möglich nur als Widerspruch zu den egalitären religiösen Traditionen. Der soziale Wandel vollzog sich als Emanzipation von der Tradition – und zwar nicht zufällig, sondern notwendigerweise" (Kippenberg 1978, S.155).

6.5. Akkumulationsmittel

Der einfache Tausch, Ware gegen Ware (W – W), blieb in vielen ländlichen Gebieten die vorwiegende Austauschform. Wenn Geld eine Rolle spielt, dann nur als flüchtiges Tauschmittel, Waren werden verkauft, um mit dem erlösten Geld sofort wieder Waren zu kaufen; so geschah es auf den meisten lokalen Märkten (W – G – W). Es findet keine kapitalistische Warenproduktion statt. Die Produzenten aber, die dem Tribut unterworfen sind, produzieren „für Geld“ und erst mittelbar für einen Markt; dieses Geld ist anschließend entschädigungslos abzugeben: der – „Tausch“ (der eigentlich legaler Raub ist) wird bei W – G abgebrochen. Entschädigungslos: es sei denn, man betrachtete die *pax persica-hellenica-romana* als begehrte Ware, was sie für einige lokale Komplizen der Zentralmacht durchaus war.

Ich weise darauf hin, daß es natürlich auch noch einen anderen Prozeß gab. Diejenigen, die sich durch den Tribut die Mehrarbeit anderer aneigneten, kauften in der Regel für dieses Geld Gebrauchsgüter und konsumierten sie. Und damit erreicht auch diese Ökonomie ihr logisches Ende. Der Tauschakt, der im ausgebeuteten Tributgeberland bei W – G abgebrochen war, findet im Tributnehmerland seinen logischen Fortgang: G – W. Aber nun stellten einige mit ihrem Anteil am Tribut noch etwas anderes an. Sie kauften Sklaven, die sie auf erworbenen Domänen arbeiten ließen. Sie beschafften sich Produktionsmittel und Arbeitskraft mit Geld, um damit weitere Konsumgüter zu produzieren; Herodes, in den Geschichtsbüchern als „der Große“ bekannt, erhob Tribut und ließ damit unfruchtbare Gegenden urbar machen, Paläste, ja, ganze Städte bauen. Andere verwendeten ihre Tributanteile für Darlehen in größerem Umfang. In Italien, während der letzten Jahre der Republik, wurden die Geldsummen, die aus dem Tribut stammten, verwandt für die Warenproduktion. Hier findet eine Erweiterung des ökonomischen Lebens statt, die die Sklavenarbeit mit der notwendigen Kapitalausrüstung kombinierten, um das eingesetzte Geld zu vermehren (G – W – G'). Die Vermehrung des Geldes geschah aber um der Vermehrung entweder produktiven Besitzes (Sklaven, Grund) oder der Befriedigung erweiterter konsumtiver Bedürfnisse willen. Im ersten Fall erwies es sich als ein vorzügliches **Akkumulationsmittel**.

Aber das Ganze beruhte auf dem Tribut und auf der regelmäßigen Zufuhr erschwinglicher Sklavenarbeit. Tatsächlich bedeutet das, daß der wachsende Wohlstand des italienischen Zentrums auf Mehrarbeit der Peripherie und der in Italien beschäftigten Sklaven beruhte. Da die Bevölkerung stagnierte und brauchbarer Boden nicht unbeschränkt vorhanden war, ging dieses römische Wirtschaftswunder irgendwann mal seinem logischen Ende, der Stagnation und anschließend dem Zerfall, entgegen. Zu „Kapitalismus" konnte der gigantische Reichtum Roms in den drei Jahrhunderten zwischen 100 v.u.Z. und 200 u.Z. nicht werden. Zwar wurde auf diese Weise der Tribut Ausgangspunkt für erweiterte Produktion und entstand aus dem Geld mehr Geld: G – W – G', dieser „Gewinn" wurde nur sehr fragmentarisch wieder zur weiteren Geldvermehrung eingesetzt. Diese Aktivitäten, so beeindruckend im Einzelfall ihr Umfang war, war gesamtgesellschaftlich nur eine Randerscheinung. Die Verfügbarkeit menschlicher Arbeitskraft war die Schranke. Irgendwann gab es keine Steigerung in der Zufuhr von Sklaven mehr. Irgendwann war auch beim brutalsten Vorgehen aus den Provinzen nicht mehr an Tribut herauszupressen (vgl. Finley 1973, S.175f.). Da technologische Erneuerungen nur unbedeutend waren, konnte die Arbeitsproduktivität nicht gesteigert werden, und damit war auch die Möglichkeit, von der extensiven zur intensiven Ausbeutung oder, marxistisch gesagt, von der Produktion des absoluten zur Produktion des relativen Mehrwertes überzugehen, ausgeschlossen (weiteres bei Hindess/Hirst 1977, S.98ff.). Die Expansion war eigentlich schon unter Hadrian (117–138) zu Ende. Im dritten Jahrhundert brach die Krise mit voller Wucht aus. Der Staat speiste die Leute mit immer wertloserem Geld ab, indem der Edelmetallgehalt der Münzen immer mehr zurückging (Rostovtzeff 1942, [1971], S.402). Heutzutage würde man dies Inflation durch Aufblähung der Geldmenge ohne Erweiterung der Produktion nennen. Die Bindung der Geldmenge an eine Menge des knappen Edelmetalls war deswegen sinnvoll, weil so ökonomisch unerwünschte Geldmengenausweitungen unterbunden wurden. Das Geld wurde nicht „schlecht", sondern es war nicht mehr knapp und spiegelte somit nicht länger die Knappheit der Ressourcen wider: es hörte auf, ökonomisch sinnvoll zu funktionieren. Die Vermehrung des Tributs und der Sklavenarbeit waren die Säulen, auf denen der Reichtum Roms, des Erbens aller altorientalischen Großreiche, ruhte. Und unter den Militärdiktatoren, die die Geschichtsbücher die „Soldatenkaiser" nennen, versank schließlich das ganze Reich in ein Chaos von Inflation, Insurrektion (Thompson 1952 [1978], S.304ff.) und Flucht aus den Städten auf das Land zwecks störungsfreier Selbstversorgung. Das Entstehen riesiger Mönchsgemeinschaften in der ägyptischen Wüste seit dem dritten Jahrhundert hat hier eine ökonomische Wurzel. Der Untergang des Römischen Reiches war das Scheitern des antiken Akkumulationsmodells, das, wie alle Akkumulation, auf der Aneignung fremder Arbeit beruhte (Finley 1975, S.175f.).

6.6. Geld macht nicht nur gemein, sondern auch allgemein

Mit verblüffender Präzision zeigt uns Daniel mit seiner Erzählung vom goldenen Bild die Allgemeinheit des Geldes: ein Reich, ein König, eine Währung, ein Gott. Die Menschen werden eingebunden in ein universales Produktionsverhältnis, das sie weder durchschauen noch handhaben können. Das universale Tauschmittel bestimmt ihre lokale Produktion und bindet sie an die allgemeine Produktion. Dadurch geht auf die Dauer die lokale Ökonomie in der allgemeinen Warenökonomie des Reiches auf. Aber das geschieht nicht in homogener Weise. In der Stadt entwickeln sich ganz andere Verhältnisse als auf dem Land. Das hängt mit der Doppelnatur des Geldes zusammen, Tauschmittel und Wertaufbewahrungsmittel zu sein.

Das Transaktionsmotiv war nicht das einzige Motiv für Geldhaltung. Mindestens genauso wichtig war die Schatzbildung, das Halten einer „Vorsorgekasse" bzw. von „Hortgeld". Geld als Wertaufbewahrungsmittel konnte gehortet werden. Im Jerusalemer Tempel befand sich ein großer Geldvorrat, der die Begehrlichkeit des Königs Anthiochos IV – der wie alle hellenistischen Potentaten in ständiger Geldnot war – weckte. Der Hohepriester erklärte nun Anthiochos' Finanzminister Heliodoros, daß das Geld (400 Talente Silber und 200 Talente Gold) teilweise Guthaben (*parakatathèka*) für die Versorgung von Witwen und Waisen war, teilweise ein Guthaben eines gewissen Hyrkans, Sohn des Tobija. Man könne, so der priesterliche Beamte, Geld, das man dem heiligen Ort anvertraut hatte, nicht rechtmäßig herausfordern, 2Makk 3,10f. Hier zeigt sich, daß solche Institute, die Geldabgaben einsammelten, als Geldverwahranstalt und nicht als Finanzintermediär fungierten. Festgelegtes Geld konnte nicht durch Kreditvergabe wieder in die Zirkulation zurückkehren.

Mit einer klassischen Quantitätstheorie des Geldes käme man hier nicht sehr weit, Keynes würde uns hier eher aushelfen. Er schreibt: „Das alte Ägypten war doppelt glücklich und verdankte seinen Reichtum der Tatsache, daß es zwei Aktivitäten besaß: das Bauen von Pyramiden und das Suchen nach Edelmetallen; deren Früchte, die ja nicht den Bedürfnissen dienen konnten, weil sie nicht konsumiert wurden, verfaulten nicht durch Überfluß. Das Mittelalter baute Kathedralen und sang Totenklagen. Zwei Pyramiden und zwei Messen für die Toten sind zweimal so gut als eine ..." (Keynes 1936 [1986], S.131). Das ist eine Polemik gegen das Anhäufen von Geld als Anrecht auf künftiges Glück; Keynes hält nichts davon, „ein Individuum dadurch zu ‚zu bereichern', daß man es dazu befähigt, Anrechte auf Vergnügen anzuhäufen, die es auf absehbare Zeit nicht auszuüben plant (a.a.O.)". Hellenistische Könige waren in dieser Hinsicht „Keynesianer": sie plünderten Tempel, bauten Städte und Paläste, führten unaufhörlich Kriege und ließen so von Staats wegen „den Rubel rollen". Übrigens entgeht dem britischen Aristokraten Keynes, daß das alte Ägypten doch eine dritte Aktivität besaß, auf der alles andere basierte: die Schufterei seiner abhängigen Bauern!

Aber die Geldmenge war meistens an die Menge der Edelmetalle gebunden. Die Bergwerke erfreuten sich deswegen höchster staatlicher Aufmerksamkeit, und da wenig Neigung bestand, sich freiwillig für die mörderische Arbeit in diesen Bergwerken zu verdingen, gehörte die Verurteilung „ad metallas" zu den beliebtesten Strafmaßnahmen, etwa gegen ungehörige Christen. Die Neigung des Geldes, in den heiligen Kanalisationen der Tempel wegzusickern, und seine starre Bindung an die Edelmetalle bewirkten, daß die hellenistische Wirtschaft mit Geld chronisch unterversorgt war. Geld ist als Ausdruck der Knappheit der Ressourcen Akkumulations-, Wertaufbewahrungs- und Tauschmittel, aber es ist auch **Mobilisator von Ressourcen**. Indem es ein quantitives Anrecht auf die Genüsse dieses Lebens ist, geht von ihm der Reiz aus, es vermehrt zu erwerben und so die Produktion als einzige reale Quelle des Reichtums zu erweitern. Gibt es zu wenig Geld, hemmt dies in einer Geldökonomie die Ausweitung der Produktion. Umgekehrt war die Geldvermehrung ohne Produktionserweiterung nur Betrug (3. Jh.u.Z.). Die Antike hatte kein Mittel, produktives und monetäres Wachstum aufeinander abzustimmen, bald verschwand das Geld in göttlichen oder sonstigen Schatullen, bald gab es dessen wundersame Vermehrung, ermöglicht durch Blei und Kupfer. Beide Prozesse, die reale Produktion des materiellen Lebens und die Zirkulation der Produkte auf den großen Märkten des Reiches, liefen blind nebeneinander her. Da das Geld sehr ungleich unter den Gesellschaftsmitgliedern verteilt war, klafften deren Kaufkraft und deren Bedürfnisse weit auseinander. Die städtischen Unterschichten, vor allem in Rom, lebten von Warenzuteilungen durch den Staat, verfügten kaum über Geld (Kaufkraft) und konnten so nicht durch Wachstum und Diversifizierung von Bedürfnissen Wachstum und Diversifizierung von Produktion in die Wege leiten. Der Staat kaufte die Produkte von großen Kaufleuten mit dem Geld, das er durch den Tribut den Produzenten abgenommen hatte. Die Kaufleute kauften die Produkte den Besitzern großer Latifundien, vor allem in Nordafrika, ab, die diese Produkte von Sklaven, also größtenteils mittels unbezahlter Arbeit, herstellen ließen. Ohne Geld wäre diese Form der Ausbeutung unmöglich, denn ohne Geld wäre die universale Trennung der Produzenten von ihren Produkten nicht machbar. Geld bewegt die Resultate der Ausbeutung und stellt den Sinn der Ausbeutung für die Ausbeuter dar. Wir lernen also hier eine letzte Eigenschaft des Geldes kennen: Geld ist ein **Ausbeutungsmittel**. Es ist der unmittelbare Ausdruck der Zerrissenheit der Gesellschaft, der Spaltung zwischen Produzenten und Konsumenten, zwischen Eigentümern von Produktionsmitteln und Eigentümern von nackter Arbeitskraft, zwischen Umland und städtischem Zentrum. Gleichzeitig **scheint** das Geld allen Reichtum zu versprechen; man muß es nur erwerben. Diese Gestalt der „Geldillusion" liegt an der Wurzel aller Geldillusionen, die vor allem die klassischen Ökonomen ausgemacht haben wollen: es vertuscht durch seine formlose, rein quantitative Natur die Knappheit, deren Ausdruck es sein sollte. Es vertuscht das Opfer der Arbeit, das für den Gelderwerb zu bringen ist, verlangt dafür das Opfer dieses Bedürfnisses zugunsten jenes und begründet in der Hoffnung, daß der Mensch ihm so gänzlich teilhaft werden kann, daß kein Bedürfnis mehr geopfert werden muß. Das Geld erscheint als der Himmel auf Erden, als der bedürfnislose Gott selber. Es ist der faule Zauber der Religion.

Diese kleine Geldtheorie sollte zeigen, wie das Geld die antike Welt veränderte, wie fundamental der Gegensatz zwischen allen Menschen, zwischen „urbs" und „orbis", der Stadt und dem Land, wurde und wie die Weltmacht an den Widersprüchen des Systems, manifest in den Widersprüchen des Geldes, zugrunde ging.

7. Klassengesellschaft

Wie gezeigt, ist die Produktion Grundvoraussetzung allen gesellschaftlichen Lebens. Die Produktion geschieht einerseits mit Produktionsmitteln, durch die Produktivkräfte in Bewegung gesetzt werden, und andererseits durch die Kooperation der produzierenden (arbeitenden) Individuen, durch das Produktionsverhältnis. Im Produktionsverhältnis sind bestimmte Organisationsformen der Arbeit „rechtlich" fixiert, im Gewohnheitsrecht oder in der Form des positiven Rechtes. Dieses Recht wird bindend gemacht durch politische Instanzen und verinnerlicht in der Ideologie. Die Einheit Produktivkräfte–Produktionsverhältnis steht zu den beiden anderen Instanzen, der Politik und der Ideologie, in einem bestimmten Verhältnis. Dieses

Verhältnis hat die Theorie in der bildlichen Vorstellung von **Basis** und **Überbau** versucht festzuhalten. Das Bild hat seine Tücken, wenn man es nicht als Metapher auffaßt. Die Metapher lebt von der Analogie; diese wiederum läßt „Gleichheit" in der Weise auftauchen, daß die beiden „verglichenen" Realitäten genau in dem Punkt vergleichbar sind, wo sie auch voneinander abweichen. Das Bild von Basis (Fundament) und Überbau (Stockwerke) will uns einschärfen, daß eine Gesellschaft ohne die tagtägliche Produktion des materiellen Lebens nicht existieren kann, genauso wie die oberen Stockwerke nicht ohne solides Fundament gebaut werden können. Aber ein Fundament ohne Stockwerke ist denkbar, eine Produktion ohne Produktionsverhältnisse, diese ohne irgendeine Form der rechtlichen und politischen Organisation und die Verinnerlichung der Machtverhältnisse, ist nicht denkbar. Genau an dem Punkt, an dem eine Gesellschaft und ein Gebäude miteinander „vergleichbar" sind (keine politischen oder ideologischen Strukturen ohne Produktion, keine Stockwerke ohne Fundament), dort unterscheiden sie sich auch (ein Fundament ohne Überbau ist möglich, eine Produktion ohne gesellschaftliche Organisation nicht). Der Vorrang der Ökonomie in der Theorie ist der Vorrang der Grundbedingung, er ist logischer, nicht wertender Natur.

Die Produktion des materiellen Lebens geschieht im Arbeitsprozeß; dieser setzt immer Kooperation zwischen den einzelnen Individuen voraus. Die Kooperationsformen sind nicht beliebig wählbar; die Entwicklung der Produktivkräfte schreibt sie vor, und es gibt nur eine relativ geringe Bandbreite der Variation. Größer ist diese Bandbreite bei den beiden nächsten Instanzen: Politik und Ideologie. Deswegen sind politische und ideologische Formen nicht ohne weiteres aus der Basis der Produktivkräfte und der Produktionsverhältnisse ableitbar.

Was heißt nun Klassengesellschaft? Die Klassenstruktur einer Gesellschaft setzt die Erwirtschaftung eines Surplus voraus. Ohne Surplus keine gesellschaftlichen Klassen, es ist die Basis aller gesellschaftlichen Macht. Anders gesagt: vorausgesetzt ist die Bereitschaft der produktiven Gruppen, mehr zu arbeiten, als für ihre Reproduktion und die ihrer unmittelbaren Angehörigen nötig sein würde. „...wie kam der Robinson dazu, den Freitag zu knechten? Des bloßen Vergnügens halber? Durchaus nicht. Wir sehn im Gegenteil ... Robinson hat Freitag nur geknechtet, damit Freitag zum Nutzen Robinsons arbeite. Und wie kann Robinson aus Freitags Arbeit für sich Nutzen ziehn? Nur dadurch, daß Freitag mehr Lebensmittel durch seine Arbeit erzeugt, als Robinson ihm geben muß, damit er arbeitsfähig bleibe", so Engels im „Anti-Dühring" (MEW 20, S.148). Die erzwungene Bereitschaft zur Mehrarbeit ist aber bereits das Resultat eines gesellschaftlichen Prozesses, dessen Ursprünge weitgehend im Dunkeln liegen. Dabei ist aber deutlich: „Die Unterjochung des Menschen zum Knechtsdienst, in allen ihren Formen, setzt beim Unterjocher die Verfügung voraus über die Arbeitsmittel, vermittelst deren allein er den Geknechteten verwenden ... kann. In allen Fällen schon einen gewissen, den Durchschnitt überschreitenden Vermögensbesitz. Wie ist dieser entstanden? Jedenfalls ist klar, daß er zwar geraubt, also auf *Gewalt* beruhn kann, aber daß dies keineswegs nötig ist. Er kann erarbeitet, erstohlen, erhandelt, erschwindelt sein. Er muß sogar erarbeitet sein, bevor er überhaupt geraubt werden kann" (Engels, a.a.O., S. 150). Der Vorteil unserer Thoratexte besteht darin, daß sie uns zeigen, wie die Menschen ihren Vermögensbesitz verlieren können. Wir werden bei der Besprechung von Lev 25 sehen, daß dieser Text drei Fälle des Vermögensverlustes kennt: Verkaufszwang, Zinsbelastung, Selbstverkauf. Dabei spielt der Verschuldungsmechanismus eine zentrale Rolle. Besitzverlust auf der einen entspricht Besitzgewinn auf der anderen Seite. Unsere Texte reflektieren das Entstehen einer Klassengesellschaft in Jehuda. Sie tun das aber nicht unvoreingenommen, sondern sie entwerfen Programme, die diesem Prozeß der Entstehung der Klassengesellschaft entgegenwirken sollen. Sie **regulieren** die Mobilität der Produktionsmittel, indem sie ihre Veräußerung entweder unmöglich machen oder sie an strenge Vorschriften binden, die Rückkaufsoptionen oder automatische Rückkehr des veräußerten Grundstücks vorsehen.

Wir sprechen also von einer Klassengesellschaft, wenn zwei Bedingungen erfüllt sind: erstens muß ein Surplus erwirtschaftet werden; zweitens muß das Verfügungsrecht über Produktionsmittel, das damals fast immer an Eigentumstitel gebunden war, unter den Mitgliedern der Gesellschaft ungleich verteilt sein. Nicht die Existenz der Mehrarbeit als solche führt zur Herausbildung von Klassengesellschaften. Die Gesellschaft kann gewisse Mitglieder von der produktiven Arbeit freistellen und ihnen ein Einkommen zur Verfügung stellen; sie kann Schwache, Alte, Kranke, die aus irgendeinem Grund keiner Hausgemeinschaft mehr angehören, ebenfalls unterhalten. Sie können also freiwillig einen gewissen Einkommenstransfer in die Wege leiten, indem die Produzenten mehr arbeiten, als nötig wäre, um sich und die Hausgemeinschaft zu ernähren. Eine Klassengesellschaft entsteht dann, wenn übergeordnete Instanzen und/oder besser gestellte Gesellschaftsmitglieder die Früchte jener Mehrarbeit ohne jegliche Mitsprache der Produzenten sich aneignen, verschieben, verbrauchen. Eine klassenlose Gesellschaft ist daher nicht unbedingt eine Gesellschaft mit absoluter Einkommensgleichheit; sie ist eine Gesellschaft, in der alle über die Verwendung der Ergebnisse der Mehrarbeit gleichberechtigt entscheiden. Das bedeutet als Minimalvoraussetzung eine wesentliche Einschränkung des freien Verfügungsrechtes über Produktionsmittel (nicht aber unbedingt eine Änderung der juristischen Eigentumstitel), also zumindest **Regulierung** der Ökonomie.

Die Gesellschaft, die die Texte des Deuteronomiums skizzieren, verfügte offenbar über eine Struktur, die es den Basiskollektiven der Gesellschaft, den „Häusern der Väter", ermöglichte, sich bis auf einen zu transferierenden Rest das Mehrprodukt der Gesellschaft, nach seiner symbolischen Übereignung an den Gott des Landes, anzueignen. Vergleichbare Strukturen finden wir auch noch in Leviticus und im Verfassungsentwurf von Ez 40–48. In den Büchern der Makkabäer tritt uns eine ganz andere Gesellschaft entgegen. Das Konzept Klassengesellschaft erlaubt uns nun, den gesellschaftlichen Prozeß in Jehuda zwischen der persischen und römischen Zeit als eine fortschreitende **Deregulierung** der Ökonomie zu beschreiben, deren politisch-ideologische Gestalt Kippenberg „traditionsfreie Herrschaft" nennt (1978, S.117) und die zur Konzentration der Produktionsmittel in den Händen immer weniger Mitglieder der Gesellschaft führte; dabei sind die Eigentumstitel von sekundärem Gewicht, weil der Tribut ja die Verfügungsfreiheit über das Eigentum immer drastischer eingeschränkt hat. Der Textprozeß ist in der gleichen Zeit der Versuch, jenen gesellschaftlichen Prozeß zu kennzeichnen und den Widerstand gegen ihn zu formulieren.

8. Also doch „Vorverständnis"?

Man kann nun einwerfen, daß man auf diese Art mit einem ziemlich massiven, dogmatischen Vorurteil an die Texte herangeht.

Es gab einen berühmten theologischen Streit, der in den vierziger und fünfziger Jahren tobte und der den Jüngeren fast notwendig als Prestigekampf zweier theologischer Hähne, Karl Barth und Rudolf Bultmann, vorkommen muß, einen Streit, der eingestellt wurde, weil die ganze Debatte irgendwann keinen Bezug zur Realität mehr hatte (in den sechziger, siebziger und vor allem achtziger Jahren hatten wir andere Sorgen). Es war der Streit um die „Entmythologisierung" und die „existentiale Interpretation" des sog. Neuen Testaments.

Barth fragt in seiner Abhandlung „Rudolf Bultmann – ein Versuch, ihn zu verstehen": „Kann man irgendeinen Text aus alter oder neuer Zeit verstehen, wenn man – statt seiner Selbsterschließung offen entgegenzusehen und geduldig zu folgen – mit einer Vorentscheidung über das Maß seiner Verständlichkeit oder Unverständlichkeit schon an ihn herantritt?" (Barth 1952, S.30.) Die Frage ist scheinbar mit einem einfachen „Nein" zu beantworten. Aber so einfach ist die Sache nicht. Manche Texte erschließen sich nur, wenn der, der sie verstehen will, über Vorkenntnisse verfügt. Barth wirft Bultmann vor, daß man bei ihm „gewissermaßen zuerst Chinesisch lernen müsse" (a.a.O., S.45). Nun können Nichtchinesen chinesische Texte nur verstehen, wenn zumindest einer von ihnen chinesisch kann. Das heißt, die Texte verlangen ja eine Bereitschaft, sich auf ihre Sprache einzulassen und diese dann irgendwie zu „übersetzen" – in dieser Reihenfolge! Der Vorwurf Barths geht dann auch in eine andere Richtung; er wirft Bultmann vor, daß dieser die Texte in einer Weise umschreibt, daß sie zu ganz anderen, zu seinen eigenen Texten werden. Er macht aus ursprünglich Koine-griechischen Texten Heideggerchinesisch und versucht sie alsdann zu interpretieren. Die Frage ist dann, weswegen man nicht gleich Heidegger oder Marx oder sonstwen liest. Die Schwierigkeiten multiplizieren sich dann nur; denn mit welchem „Vorverständnis" geht man denn an diese Texte heran, die weiß Gott auch nicht leicht sind?

Für Bultmann liegt das Problem darin, daß wir es mit Texten aus einer vergangenen Zeit zu tun haben, die sich von unserer Zeit radikal unterscheidet. Und er fragt dann: „Kann die christliche Verkündigung dem Menschen heute zumuten, das mythische Weltbild als wahr anzuerkennen? Das ist sinnlos und unmöglich. Sinnlos, denn das mythische Weltbild ist als solches gar nichts spezifisch Christliches, sondern es ist einfach das Weltbild einer vergangenen Zeit, das noch gar nicht durch wissenschaftliches Denken geformt ist. Unmöglich, denn ein Weltbild kann man sich nicht durch einen Entschluß aneignen, sondern es ist dem Menschen mit seiner geschichtlichen Situation gegeben" (Bultmann 1960[4], S.17). Die Weltbilder sind so verschieden, daß das eine nicht ohne weiteres in das andere transponiert, geschweige denn, daß das eine einfach „repristiniert" (wie Bultmann sagt) werden kann. Es muß also nach einem transponierbaren Kern gesucht werden, und Bultmann meint, ihn darin gefunden zu haben, daß in jenen Texten von der menschlichen **Existenz** und ihrer Bestimmung gesprochen wird. Das nun tun wir auch und so können wir „vergleichen". Aber kann man so einfach von der Form (mythischem Weltbild) abstrahieren? Ist das nicht eine völlig undialektische Auffassung vom Verhältnis zwischen Form und Inhalt? Barth interpretiert dieses Unterfangen dann so: Die Aufgabe des Auslegers bestehe darin, „den spätjüdisch-gnostisch bestimmte Vorstellungsgehalt der in den Texten erkennbaren neutestamentlichen Botschaft als solche festzustellen, sie als für dessen Verständnis belanglos beiseite zu schieben und so für die Herausstellung ihres Sachgehaltes Raum zu schaffen (a.a.O., S.31). Er fragt: „Konnte ‚Entmythologisierung des Neuen Testaments' ein irgendwie sinnvolles Unternehmen sein, wenn Bultmann nicht jenen seltsam formalen Mythusbegriff zum Kanon gewählt hätte, mit Hilfe dessen er die Form und die Sache in den neutestamentlichen Aussagen auseinanderhalten will?" (S.32.)

Bultmann gehe es um die **Botschaft** des Neuen Testaments; das erkennt Barth an: „...ich [sehe] in der Mitte von Bultmanns Bemühung die Absicht ..., das neue Testament als Dokument einer **Botschaft** (Kerygma, Verkündigung, Predigt) zu verstehen" (S.5). Barth erkennt auch das Problem, das Bultmann gesehen hat, an: „Alle Theologie, Exegese, Dogmatik, Predigt aller Zeiten mußte zweifellos auch solche Übersetzungsarbeit tun. Und das Anliegen ist wichtig: diese Arbeit mußte und muß recht getan werden" (S.7). Absicht und Problembewußtsein Bultmanns verdienen auch unsere Anerkennung. Die Frage ist nur, wie man vermeiden kann, daß man bei der „Übersetzungsarbeit" nicht genau **das** verliert, **was** man übersetzen will, nämlich das, was der Text zu **sagen** hat, seine **Botschaft**. Der Fehler bei Bultmann liegt zunächst in einer naiven Vorstellung davon, wie Form und Inhalt zusammengehören; ein Inhalt kann nicht beliebig seine eigene Form wählen und abwählen, und die „Übersetzung" ist nicht damit getan, daß man die Verpackung abstreift, das Objekt transportiert und dann aufs neue und zeitgemäßer verpackt. Dieser Fehler hat aber einen zweiten Grund. Dieser besteht im Idealismus der deutschen Theologie. Bultmann schreibt über die hellenistische Welt: „**Das Gefühl, dem Schicksal ausgeliefert zu sein**, bemächtigt sich weiter Schichten zumal der wachsenden großstädtischen Bevölkerung. Die politischen Umwälzungen, denen die alte Polis wie auch das republikanische römische Bürgertum zum Opfer fallen, und die wirtschaftlichen Veränderungen sind für den einzelnen in ihren Gründen und Folgen nicht mehr übersehbar; ihr Gesetz ist nicht verständlich, und der einzelne vermag nicht mehr, wie einst im begrenzten und übersehbaren Raum der Polis, an der Gestaltung des Schicksals selbsttätig mitzuwirken, sondern fühlt sich ihm ausgeliefert" (1962, S.138). Diese Beobachtung ist richtig und zugleich falsch. Sie beschreibt eine

Form, den Schicksalsglauben, erwähnt bestimmte politische Umwälzungen und wirtschaftliche Veränderungen, läßt diese dann beiseite und versucht keinen Augenblick, die Form zu „begründen". Daß die Auswirkungen für **verschiedene** Schichten der Bevölkerung **verschieden** sind und daß z.B. die jehudische Landbevölkerung auf sie anders reagierte als die gehobenen Schichten der hellenistischen Städte, entgeht ihm ebenso wie die Tatsache, daß für manche der immer wieder sich gegen die römische Herrschaft auflehnenden Völker „die Folgen und Auswirkungen" sehr wohl „übersehbar" waren; in Bultmanns und seinesgleichen idealistischer Nacht des „einzelnen" sind eben alle Katzen grau und schicksalsergeben.

Dieser Idealismus der deutschen Theologie und die Faszination des „einzelnen" – schon traditionell vorherrschend im Vulgärluthertum – erlaubt es Bultmann, von Formen abzusehen, alles auf den Generalnenner der Existenz zu bringen und somit ewige Wahrheiten zu formulieren, für die die Texte, die er untersuchen will, belanglos sind, ebenso wie die Botschaft, um die es jenen – und Bultmann selber – geht. Dazu Karl Barth: nachdem er bei Bultmann „ein scharfes Gerüchlein von Doketismus" konstatiert hat, fragt er: „Hängt es damit zusammen, daß er mit dem so unübersehbar irdisch-geschichtlichen **Alten** Testament so kummervoll wenig – so weit ich sehe: nicht mehr als einst Schleiermacher – anzufangen weiß?" (A.a.O., S.34.)

Bultmann hat natürlich ein wirkliches Problem gesehen. Aber er vergleicht „Weltbilder" und nicht Gesellschaften. Das ist der Grundfehler. Er sagt selber, daß man sich ein Weltbild nicht willkürlich, wie durch einen „Entschluß", aneignen kann, es sei ihm „mit seiner geschichtlichen Situation gegeben". Dieser idealistische Determinismus ist erheblich dichter als jedweder materialistische. Daran ist soviel wahr, daß die Ideologie nicht willkürlich auf dem Produktionsverhältnis aufbaut. Daran ist aber unwahr, daß sie ein einheitliches Gebilde, eben ein „Weltbild" sei. Von der Welt machten sich die Geschundenen ein ganz anderes Bild als Seneca, Nero und Konsorten. Dieser Unterschied verschwindet bei Bultmann und seinen Nachfolgern bis ins „dritte und vierte Geschlecht". Der Unterschied zwischen uns und jenen Texten ist der, daß wir in einer kapitalistischen Gesellschaftsformation leben, jene Texte aber Menschenstimmen aus einer antiken Gesellschaft sind, Menschenstimmen, die nach Veränderung **ihrer** Gesellschaft schreien. Wir müssen uns daher von den Texten – das heißt, von jenen Menschenstimmen – sagen lassen, was das für eine Gesellschaft war. Und das tun sie auch.

Wir vergegenwärtigen uns gesellschaftliche Verhältnisse mit einem bestimmten Begriffsapparat, der uns eigentümlich, dem Text völlig fremd ist. Der Text verwendet z.B. den Begriff „Akkumulation“ nicht. Die Frage ist nun, ob das, was der Text sagt, in Einklang zu bringen ist mit dem, was die Theorie unter Akkumulation versteht. Z.B. Jes 5,8: „Wehe denen, die Haus an Haus reihen, Acker dem Acker hinzufügen, bis kein Platz mehr ist und ihr allein mitten im Lande siedelt.“ Das Wort *maqqi'im* bedeutet: „die berühren lassen“, hier mehr umschrieben als übersetzt durch: „die aneinander reihen“; das Wort *jaqribu*: „sie lassen näher kommen“, also „hinzufügen“. Die Verben beschreiben also einen Vorgang des Anhäufens. Mit dem Begriff „Akkumulation“ versuchen wir eine Grundtendenz einer Produktionsweise zu beschreiben. Wenn wir nun das, was der Text mit den Verben *naqa'* und *qarab* wiedergibt, identifizieren mit dem, was wir Akkumulation nennen, erhält der Text für uns jene entscheidende und grundlegende Bedeutung, die er für den Propheten hatte: nicht irgendeinen Mißstand prangert er an, sondern das Grundmuster eines sozial-ökonomischen Prozesses und das Grundübel nicht nur eines Landes, sondern einer ganzen Welt. Wir müssen nun diese Identifizierung verifizieren. Das geschieht durch die konkordante Lektüre der Schrift. Stellen wir in der Thora fest, daß die Verhinderung des Verlustes von Produktionsmitteln und somit die Akkumulation des Grundbesitzes ein zentrales Anliegen war, ist die Verifizierung gelungen. Wir hören dann beide Register zusammen: den sozialökonomischen Prozeß und die Struktur des Textes. Beide zusammen ergeben eine Deutung, die nicht auf Spekulation beruht.

Wir mögen ein Vorverständnis darüber haben, was eine ausbeuterische Gesellschaft ist. Aber erst die prophetische Rede Jirmejahus oder Jechezq'els macht deutlich, **was** Ausbeutung in der Gesellschaft Jehudas während der letzten Jahre der Monarchie wirklich bedeutete, und zwar besser als irgendein archäologischer Befund aus jenen Tagen, als irgendeine „wissenschaftliche“ Analyse – und sei sie noch so marxistisch. Der Text richtet unser Vorverständnis und nicht umgekehrt. Der Text ist der Maßstab, und das, was wir zu wissen meinen, ist das, was zu „bemessen“ ist. In der deutschen Exegese war und ist es eher umgekehrt: nicht wir haben uns dem Text gegenüber, sondern der Text hat sich uns gegenüber zu verantworten, und was uns nicht paßt, wird so lange zurechtgeschnitten, bis es uns paßt.

Wir lassen noch einmal Karl Barth zu Wort kommen; er stellt „eine Frage zum **Verstehen überhaupt**: Sollte nicht gerade die **biblische** Hermeneutik, weit entfernt davon, nur eine Applikation einer allgemeinen zu sein – das Vorbild und Maß **aller** Hermeneutik sein? ...geht es, wenn es ums Verstehen gehen soll, jemals und irgendwo ohne prinzipielle und also ohne die größtmögliche Offenheit? Verstehe ich irgendeinen Anderen, wenn ich nicht bereit bin, mir von ihm auch etwas ganz Neues sagen zu lassen ...?" (A.a.O., S.50f.)

Diese Bestimmung des Verstehens ist nicht weniger fundamental als jene, die wir bei Marx finden, nämlich, daß die ideologischen Komplexe aus den gesellschaftlichen Verhältnissen zu entwickeln seien und nicht umgekehrt, diese als ablösbarer Kern aus jenen herausgeschält werden sollen. In einer Anmerkung im Abschnitt über die Produktion des relativen Mehrwerts lesen wir: „Darwin hat das Interesse auf die Geschichte der natürlichen Technologie gelenkt, d.h. auf die Bildung der Pflanzen- und Tierorgane als Produktionsinstrumente für das Leben der Pflanzen und Tiere. Verdient die Bildungsgeschichte der produktiven Organe des Gesellschaftsmenschen, der materiellen Basis jeder besonderen Gesellschaftsorganisation, nicht gleiche Aufmerksamkeit? ... Die Technologie enthüllt das aktive Verhalten des Menschen zur Natur, den unmittelbaren Produktionsprozeß seines Lebens, damit auch seiner gesellschaftlichen Lebensverhältnisse und der ihnen entquellenden geistigen Vorstellungen. Selbst alle Religionsgeschichte, die von dieser materiellen Basis abstrahiert, ist – unkritisch. Es ist in der Tat viel leichter, durch Analyse den irdischen Kern der religiösen Nebelbildungen zu finden, als umgekehrt, aus den jedesmaligen wirklichen Lebensverhältnissen ihre verhimmelten Formen zu entwickeln. Die letztere ist die einzig materialistische und daher wissenschaftliche Methode ..." (MEW 23, S.392f.). In beiden Bestimmungen kommt das **Ganze** ins Blickfeld; bei Barth ist es das Wort selber, die ganze Botschaft, die sich zur Sprache bringt und uns in Frage stellt, bei Marx die Gesellschaftsformation, die sich in jenen ideologischen Komplexen als Ganzes artikuliert. So grundverschieden beide Unternehmungen auch immer sind, so ist eine Verwandtschaft doch nicht zu leugnen. Es ist daher vielleicht auch kein Zufall, daß beide, Barth wie Marx, gründlich aus der Mode gekommen sind (wer dazu Näheres wissen will, lese die Dissertation Rinse Reeling-Brouwers, Over kerkelijke dogmatiek en marxistische filosofie [über kirchliche Dogmatik und marxistische Philosophie], 1988).

Wir schließen: unsere Transposition der Aussage des Textes in neuzeitliche (hier vorwiegend marxistische) Begriffe setzt dann kein „bultmannsches Vorverständnis" voraus, wenn sie uns dabei hilft, den Text als **ei-**

gentümlichen Eingriff in seinen **eigenen** gesellschaftlichen Prozeß zu verstehn. Sich auf den Standpunkt des Textes stellen heißt dann, sich auf den Standpunkt dieses Eingriffes zu stellen; sich von diesem Eingriff zu distanzieren heißt, sich vom Text zu distanzieren. Dabei sind die Ermittlung und genaue Beschreibung beider Elemente, der Eigentümlichkeit des Eingriffs (Struktur des Textes) und seiner Stoßrichtung (gesellschaftlicher Kontext) Wesenselemente aller Auslegung. Das gilt nicht nur für biblische Texte. Der Berliner Politologe Ekkehart Krippendorff hat einen m.E. gelungenen Versuch unternommen, literarische Texte „politisch" zu interpretieren, indem sie gerade als Literatur ernstgenommen werden; Krippendorff meint, „daß hier oft Wesentlicheres über die Politik zutage gefördert, ans Licht der Erkenntnis gebracht wird, als in der zur Einzeldisziplin verkommenen Politikwissenschaft zumindest unserer Gegenwart" (Krippendorff 1990, S.10).

Inwiefern das Ganze an sich oder für uns Bedeutung hat, steht auf einem anderen Blatt, nämlich auf dem Blatt unserer eigenen gesellschaftlichen Position in unseren eigenen Tagen. Denn der Ausleger produziert selber Texte und greift somit selber in gesellschaftliche Prozesse ein, ob er sich dessen bewußt ist oder nicht. Er hat sich dann die Frage zu stellen, ob die Eingriffe, die er vornimmt, sich konkordant oder diskordant zu jenen der Texte, die er auslegt, verhalten, weniger kühl gesagt: ob sie zumindest von einer ähnlichen Sehnsucht nach Autonomie und Egalität, nach Wahrheit und Recht und Treue geleitet sind.

9. Zusammenfassung

Wir haben es im antiken Jehuda mit Klassengesellschaften zu tun, denn es wird ein Surplus erwirtschaftet, das sich, offensichtlich unter Anwendung von Zwangsmitteln, nichtproduktive Gruppen aneignen; infolgedessen werden die Vermögen zunehmend ungleich verteilt. Um die gesellschaftlichen Auseinandersetzungen zu verstehen, müssen wir Antworten auf folgende Fragen suchen:

- Was wird mit welchen Mitteln produziert?
- Wer kommandiert den Produktionsprozeß?
- Wie ist die Kommandostruktur der Produktion institutionell und rechtlich abgesichert?
- Wie werden Kommandostruktur und ihre Institutionalisierung verinnerlicht?

Diese vier Fragen beziehen sich auf die Entwicklung der Produktivkräfte, auf das Produktionsverhältnis, auf die Politik und die Ideologie einer Gesellschaft. Wir haben Informationen über die Verhältnisse, die wir mit dieser Befragung zu klären versuchen, nur durch Texte. Wir haben daher zu fragen: Wie gehen die Texte aus den ihnen zugrunde liegenden Verhältnissen hervor und wie wirken sie wiederum auf diese ein?

Es geht darum, darzustellen, wie die Menschen, die diese genau zu beschreibenden irdischen Sorgen und Probleme hatten, dazu kamen, **diese und keine anderen** Texte zu produzieren, weswegen dies nicht **zufällig**, sondern **notwendig** geschah. Das ist ein recht aufwendiges Geschäft, denn man muß dreierlei tun. Man muß die Texte auf ihren Informationsgehalt bezüglich unserer ersten beiden Fragen, „was wird wie produziert, wer kommandiert die Produktion?" abklopfen. Es ist möglich, der Gesamtheit der biblischen Texte solide Informationen sowohl über Abgaben- und Ausbeutungsverhältnisse, als auch über den Widerstand gegen solche Verhältnisse zu entnehmen.

Es ist darüber hinaus möglich, biblischen Texten Entwürfe für konkrete gesellschaftliche Alternativen zu entnehmen. Dabei können Informationsbestände, die aus anderen Quellen als denen der zu bearbeitenden Texte erhoben werden können (etwa durch die Archäologie) als Verifikationsmaterial dienen. Ähnliches gilt für Material aus der „Umgebung" der israelistisch-jehudischen Gesellschaft der altorientalischen Antike. Die Probleme, die die Menschen dort hatten, hatten sie woanders auch, und die Lösungen, die sie suchten, werfen ihr Licht auf die Lösungen, die die Menschen Jehudas meinten gefunden zu haben. Wichtig ist nur, daß dies alles (Archäologie, Zeitgeschichte, vergleichende Gesellschaftswissenschaft usw.) als **Hilfsmaterial** Verwendung findet und das Geschehen der Auslegung nicht **diktiert**. Ein Gespür für solche Informationsbestände zu entwickeln ist sicherlich ein wichtiges Ziel bei „Lese- oder Hörübungen", wobei ein Schuß Marxismus nicht schaden kann.

Dann muß man versuchen, den institutionellen Rahmen und den Verinnerlichungsmechanismus zu beschreiben. Schließlich geht es darum, die Beziehung zwischen dem ersten und dem zweiten Komplex darzustellen. Das heißt, es gilt, die Informationsbestände des „Basisbereiches" mit denen des „Überbaubereiches" so miteinander zu verknüpfen, daß die **dialektische** Beziehung zwischen ihnen dargestellt werden kann. Eine solche Beziehung enthält das Moment der **Notwendigkeit**: das eine (diese Ökonomie) gibt es nicht ohne das andere (diese Textstruktur), weder formal noch materiell. **Notwendigkeit** ist aber nicht **Determinismus**, sondern bleibt **Freiheit**; Produktionsverhältnisse verlangen Verinnerlichung, bestimmte Produktionsverhältnisse bestimmte Formen der Verinnerlichung, weil sie ja gerade von denen akzeptiert werden sollen, die nicht von ihnen profitieren. Aber die konkrete Ausgestaltung der Verinnerlichung ist nicht apriori festgelegt, und Verinnerlichung überhaupt kann immer in Widerstand umschlagen und ist faktisch immer in Widerstand umgeschlagen. Die „Stilelemente" der Ideologie leben ihr eigenes Leben. Deswegen ist die Aufhellung der Struktur relativ autonom gegenüber der Beschreibung des materiellen Kontextes, aus dem der Text hervorgeht. Aber wer in der Struktur hängenbleibt, versteht letzten Endes nichts.

Das heißt, der Text ist in seinen Kontext – aber dieser materiell gefaßt! – hineinzustellen und aus seinem Kontext heraus zu entwickeln, mit dem Ziel, zu **verstehen**, was er zu **sagen** hat, d.h., wie er in den gesellschaftlichen Prozeß – bestätigend oder umstoßend – eingreift.

Wir wollen uns am Ende dieser Überlegungen noch einmal warnen lassen, diesmal von einem Ethnologen, Fritz Kramer. Er spricht vom „Kulturschock", den der Ethnograph erleiden muß: „Er ist nicht wie sein genaues Gegenbild, der Missionar, als Lehrer gekommen und auch nicht als Therapeut, der seinen Gegenstand nur studiert, um ihn heilen zu können, über das dazu notwendige Wissen schon verfügt. Seine einzige Aufgabe ist vielmehr, die andere Gesellschaft so genau wie möglich kennenzulernen" (Kramer 1978, S.14). Bultmanns Attitüde kommt deutlich zum Tragen im ersten Satz seines epochemachenden Artikels „Das Weltbild des Neuen Testaments ist ein mythisches". Und das ist eine Zumutung: „Die heutige christliche Verkündigung steht also vor der Frage, ob sie, wenn sie vom Menschen Glauben fordert, ihm zumutet, das vergangene mythische Weltbild anzuerkennen."

Diese Attitüde ist in zeitlicher Gestalt nichts anderes als die rassistische Haltung in räumlicher. Die Konfrontation mit biblischen Texten ist ein Kulturschock wie die Begegnung mit einer fremden Gesellschaft. Fritz Kramer sagt: „In kolonialen Situationen" verarbeitet „der Europäer den Schock im allgemeinen durch eine eigentümliche Stärkung des Ethnozentrismus ... – dies ist ein entscheidender Ursprung des Rassismus – ..." (A.a.O.) Der Materialismus als der Versuch, die Texte „aus den jedesmaligen wirklichen Lebensverhältnissen zu entwickeln", ist daher auch der Versuch, den Rassismus, der in jedem und jeder von uns steckt, zu überwinden, und wenn es nur dadurch wäre, daß wir endlich begreifen, daß die Schrift kein

„nördlicher" Christentumstext, sondern ein „südlicher" – orientalischer Text der Antike ist, Ängste, Verzweiflung und Neurosen, Erwartungen, Hoffnungen und Utopien, Wut und Zärtlichkeit eines Volkes widerspiegelt, das wir nie waren und nie sein werden.

Und damit ist der weite Bogen dieser theoretischen Überlegungen, die beim Rassismus ihren Ausgangspunkt hatten und beim Rassismus enden, geschlossen. Wir wollen jetzt erst einmal zuhören.

II. Texte

1. Eine Gesellschaft ohne Elend: Deuteronomium 14,22 – 15,11

1.1. Vorbemerkung zum Buch Deuteronomium

Das Deuteronomium, hierzulande als das 5. Buch Mose bekannt, schließt die Thora ab, indem es alles noch einmal und noch einmal ganz anders sagt. Komponiert ist es als eine lange Vermächtnisrede Mosches „jenseits des Jordans in der Wüste". Eine abschließende Rede des EWIGEN finden wir schon in Numeri 33,50 – 35,34 (Kap. 36 ist ein Nachsatz); eigentlich hätte es also dann gleich nach Num 46 „losgehen" können. Aber die Redaktion der Thora hat nun das merkwürdige Buch, das die Juden schlicht „Reden" nennen, zwischengeschaltet. Jetzt redet nicht der EWIGE, sondern Mosche, „jenseits des Jordans", also von außen auf Israel zu. Es muß gewichtige Gründe dafür gegeben haben.

Das Buch selber enthält viel gesetzgeberisches Material, über dessen Herkunft wir nur wenig wissen. In 2Kö 22,8ff. wird erzählt, wie man bei Restaurationsarbeiten am Tempel das *sepher hattorah*, das Buch der Weisung, gefunden hat. Dieses Buch diente dem König Joschijahu als Richtschnur für einschneidende Reformen politischer und sozialer Natur. Die Kultzentralisierung war die wichtigste politische Maßnahme; sie sollte die Einheit des dreifachen Reiches Jehuda-Israel-Jerusalem gewährleisten, als zentraler Feiertag wurde das Pessach eingesetzt (23,21ff.), nach der Vorschrift des *sepher habberith*, des „Buches des Bundes", wie es hier heißt. Von sozialen Maßnahmen erfahren wir nichts, jedoch scheint, nach Jer 34, die Freilassung der Versklavten und wohl auch der Schuldenerlaß in diesen Tagen eingeführt oder wieder in Kraft gesetzt zu sein.

Albrecht Alt hatte im Jahr 1953 der bis dahin fast unangefochtenen These Wellhausens aus dem Jahr 1878, das „Buch der Weisung" aus 2Kö 22,8 sei, zumindest was die Hauptbestandteile betrifft, identisch mit dem Buch Deuteronomium und in der Zeit 622 – 621 v.u.Z. in Jehuda oder Jerusalem wahrscheinlich von priesterlichen Gruppen verfaßt, widersprochen (Alt 1968[3], S.250 – 275). Alt sieht, daß die ordnungspolitischen und institutionellen Vorschläge des Buches zu der Wirklichkeit des königlichen Jerusalems gar nicht passen. Als Hauptargument zieht er die sehr distanzierte Haltung des Buches der Monarchie gegenüber heran. Das und die dominierende Betonung der Einheit und der Alleinherrschaft des Gottes Israels bringe es in die Nähe des Propheten Hoschea'. Und er zieht daraus die Schlußfolgerung, daß das Buch in seinem Kernbestand in den durch Assyrien besetzten Gebieten des Reiches Israel entstanden sein muß, und zwar im 7. Jh. v.u.Z. Alt schließt: „Wie es dann dazu kam, daß das Original oder eine Abschrift des Werkes durch seinen Autor oder einen anderen sogleich nach seiner Abfassung oder später nach Jerusalem gebracht und dort im Tempel deponiert wurde, läßt sich natürlich nicht ermitteln und ist ja auch von sehr geringer Wichtigkeit gegenüber der Tatsache, daß man mit ihm ein kostbares und zukunftsträchtiges Erbe aus der Hinterlassenschaft des Reiches Israel gerettet und dahin übertragen hatte, wo es, wenn auch nicht ungeschmälert, seine historische Mission auf lange Zeit hinaus erfüllen konnte" (a.a.O., S.275).

Nur, wenn dieses „Buch der Weisung" nicht identisch wäre mit dem Deuteronomium, dann fällt die ganze Argumentation Alts in sich zusammen. Hölscher hatte schon 1923 die Vermutung geäußert, das Buch könne ja auch aus der Zeit nach der Zerstörung Jerusalems stammen. Dafür liefert übrigens Alt selber, ohne es zu wissen und zu wollen, ein gutes Argument. Der Verfasser des Deuteronomiums nehme, anders als die Südpropheten, von den städtischen Oberschichten nirgendwo Notiz, „sondern [fasse] anscheinend immer nur die breite Masse des Volkes wie eine ungegliederte Gesamtheit ins Auge ..." (a.a.O., S.268). Von Rad, der sich ein ganzes Leben lang mit diesem Buch auseinandergesetzt hat – 1929 erscheint die große Studie: das „Gottesvolk im Deuteronomium", noch ganz auf der Linie der Wellhausenthese –, hat in seiner Theologie des Alten Testaments die Auffassung Alts übernommen (von Rad 1962[4], S.84ff. und passim). Inzwischen gewinnt die Anschauung immer mehr an Gewicht, nach der das Buch Deuteronomium tatsächlich – wie übrigens die ganze Thora und Teile der ganzen Schrift – Produkt der lebensnotwendig gewordenen Rückbesinnung auf die Vergangenheit ist. Die Beobachtung Alts, wir haben es mit einer „breiten Masse des Volkes" wie mit „einer ungegliederten Gesamtheit" zu tun, trifft zu. Wir wissen aus 2Kö 25,12; Jer 39,10.52,16, daß die Babylonier nur die Armut des Landes bzw. des Volkes (*daloth ha'arez, dal ha'am*) im Lande ließen; die übrigen Schichten des Volkes wurden weggeführt. Wir wissen weiter, daß es seit den sechziger Jahren des 6. Jh. v.u.Z., in den Tagen des Babelkönigs Nabonid, kaum noch einen funktionierenden Zentralapparat weder eigener noch fremder Provenienz im Lande gab, eine recht einmalige Situation in der Geschichte dieser zwei Völker. An vorstaatliche Zeiten zu denken scheint mir abwegig. Das Leben im Lande in der Epoche zwischen der babylonischen Eroberung und der Etablierung der persischen Oberhoheit über die Region war hart, wie man dem Buch „Wehe" (Klagelieder) entnehmen kann. Staatliche Institutionen fehlen völlig. Die Funktionäre des öffentlichen Lebens üben ihre Ämter ehrenamtlich aus. Der König – so es ihn überhaupt geben muß – soll keine realen Regierungsfunktionen ausüben; die Priester sind zwar freigestellte Funktionäre, doch ihr Leben war ärmlich, sie standen auf einer Stufe mit dem Fremdling, der Witwe und der Waise. Kurz: wir haben es mit einer weitgehend egalitären Gesellschaft ohne ausgebildete Klassenunterschiede zu tun. Das Deuteronomium begreift die Lage nach dem Untergang als Chance. Die Babylonier hatten versäumt, in der entlegenen Bergprovinz Jehuda nach der fast restlosen Ausschaltung der traditionellen Eliten eine neue Elite anzusiedeln. Sie versuchten es mit einer Art von Selbstverwaltung unter Gedaljahu. Nach dessen Ermordung und nach der Abwanderung der Elitenreste nach Ägypten scheint es kaum noch zu einer gründlichen staatlichen Durchorganisierung des Gebietes gekommen zu sein. Wir werden im letzten Teil dieses Buches darauf systematischer eingehen.

Es handelt sich, kurz gesagt, um einen großartigen Versuch, das Volk, das sich unter solchen schweren Umständen behaupten mußte und sich auch behauptete, ermuntert durch seine ärmlichen levitischen Priester, nie wieder irgendwelchen fremden oder eigenen Mächten auszuliefern.[1] Das Deuteronomium hatte eine Wirklichkeitssicht, die durch die Interessenlage der **dal ha'am**, der Volksarmut, bestimmt war. Für Alt war dies aber „Wirklichkeitsfremdheit", die man ihm und seinem Buch nachsagen kann, wenn man sich auf den Standpunkt eines Reformprogramms stellt; er bleibt auch in anderen Dingen oft genug bei religiös begründeten ethischen Maßnahmen stecken, wo er zu konkreten rechtlichen Regelungen vorstoßen sollte, und weist nur auf Möglichkeiten hin, wo im Interesse einer haltbaren Ordnung klar Entscheidungen getroffen werden müßten" (a.a.O., S.22). Der große gelehrte Alt – ich sage das ohne Ironie! – hat nie etwas vom Deuteronomium begriffen, weil er als deutscher Professor nie wirklich verstanden hatte, was „Volksarmut" war – obwohl er Hitlers Krieg und seine entsetzlichen Folgen auch für die Deutschen erlebt hatte. Die Universität ist ein schlechtes Circuit, um das Verstehen **dieser** Texte zu lernen, erst recht

1. Diese Priester hatten natürlich ihre traditionellen Anschauungen, die über Hoschea' und Jirmejahu vermittelt sein mögen. Aber die Lage war völlig neu: das ist das Entscheidende.

eine deutsche Universität der Vor- und Nachkriegszeit! Den Leuten, die dieses Buch erstellt hatten, zeigte sich, daß es sich auch ohne König und erst recht ohne Tempelhierarchie – eben ohne Alts „haltbare Ordnung" – leben läßt. Mit den Reformen des gelobten Königs Joschijahu hatte das alles wenig zu tun. Was immer man bei der Tempelrestauration im Jahr 621 v.u.Z. gefunden haben mag, es war sicherlich nicht das Deuteronomium, was nicht heißt, das sich bestimmte Rechtsverordnungen nicht aus diesem *sepher hattorah* in das Deuteronomium hinübergerettet haben mögen.

Das Buch ist folgendermaßen aufgebaut:

Kernteil ist die Bundeserneuerung: 11,26 – 28,68, wie 28,69 zeigt:

> „Diese sind die Reden des Bundes,
> den der EWIGE Mosche Gebot zu schließen
> mit den Kindern Israels im Lande Moab,
> außer dem Bunde, den er mit ihnen schloß am Choreb."

Eingeleitet wird der Teil durch den Satz [Mosche spricht]: „Siehe, ich gebe heute vor euer Angesicht Segen und Fluch (11,26)." Inhalt des Bundes sind die Gesetze und Rechtsverordnungen, die in 12,1 – 26,19 ausführlich dargelegt, erläutert und angemahnt werden.

Der Prolog streckt sich aus von 1,6 – 11,25. Er hat eine sehr komplexe Struktur, über die wir hier nichts weiter sagen wollen als dieses: in der Form eines Rückblicks auf den Weg Israels von Ägypten bis an den Jordan hält Mosche eine riesige Predigt über das erste Gebot, kulminierend im Satz: „Höre Israel, der EWIGE, dein Gott, der EWIGE Einer", 6,4. Dieser Prolog ist wohl der Versuch, die Rückkehrenden aus Babel auf das Modell des Deuteronomiums zu verpflichten. Man kann einteilen:

1,6	–	3,29:	Der Weg und der Bruch.
4,1	–	4,40:	Und jetzt, Israel, höre (Buber gibt diesem Stück den Titel: „Gott"); (4,41–44 ist eine Zwischenbemerkung).
4,45	–	5,33:	Das Grundgesetz.
6,1	–	11,25:	Höre und es wird sein.

Das Thema des Prologs wird von einer abschließenden Predigt wieder in den Kapiteln 29 – 30 aufgenommen. Den Epilog finden wir in den Kapiteln 31 – 34; die Thora wird den Leviten und den Ältesten anvertraut und die Nachfolge wird geregelt, 31,1–15. Ab 31,16 geht es um das finstere Lied der künftigen Wege Israels, „lauschet, ihr Himmel", 32,1–44; eine letzte feierliche Beschwörung schließt dieses Fragment ab, 32,45–47. Das Stück 32,48 – 34,12 handelt vom Vermächtnis, Tod und Begräbnis Mosches.

In Übersicht:

1,1	– 1,5:	Überschrift.
1,6	– 11,25:	Vorrede.
11,26	– 28,69:	Segen und Fluch.
29,1	– 30,20:	Nahe bei Dir die Rede.
31	– 34:	Nachrede; Vermächtnis.

Das Buch ist zweifellos eine Einheit, eine Einheit freilich, um die gerungen wurde. Am Vorabend des Übertritts über den Jordan mit der Thora der Freiheit in das Land des „Jericho-Regimes (*ba'ale jericho*)", Jos 24,11, hielt Mosche diese Reden. Diese „Fiktion" des Deuteronomiums, wie von Rad zu sagen pflegte (von Rad 1962, S.78), ist es, die die Auslegung zu normieren hat; das Deuteronomium entstand in einem vom Krieg verwüsteten Land, unter armen Leuten, die eine plötzliche, unverhoffte Chance erhalten, noch einmal von neuem anfangen zu können. Die Fiktion besteht nicht in einer „Ansprache an Männer, die mit der Waffe in der Hand großer göttlicher Heilstaten gewärtig sind" (von Rad, a.a.O.), sondern ist eine fiktive Orts- und Zeitbestimmung für die Rede an Leute, die nichts mehr haben als ihr nacktes Leben und den Glauben an ein besseres Leben.

1.2. Grundmodelle

Das Deuteronomium formulierte sein soziales Grundmodell im Fragment 14,22 – 15,23.

1.2.1. Essen, Trinken, nicht im Stich lassen

22 Verzehnten sollst du verzehnten,
alle Einkünfte deine Aussaat,
die dein Feld Jahr für Jahr erbringt.
23 Essen sollst du vor dem Antlitz des EWIGEN; deines Gottes,
am Ort, den er erwählt hat, dort seinen Namen wohnen zu lassen,
den Zehnten deines Kornes, deines Traubensafts, deines Öls,
den Erstling deiner Rinder, deines Kleinviehs,
damit du lernst Ehrfurcht zu haben vor dem EWIGEN, deinem Gotte, alle Tage.
24 Wenn dir aber der Weg zu viel wird,
wenn du es nicht hinlegen kannst, weil dir zu weit weg ist jener Ort,
den der EWIGE, dein Gott, gewählt hat, dort seinen Namen

einzusetzen.
wenn dich der EWIGE dein Gott, gesegnet hat,
25 dann gebe es her für Silber,
schnüre das Silber fest in deiner Hand,
und gehe an den Ort, den der EWIGE, sich gewählt hat,
26 gebe das Silber auf für alles, was seine Seele begehrt,
für Rind und Kleinvieh, für Wein und Gegorenes,
für alles, was deine Seele wünscht;
du sollst es essen vor dem Antlitz des EWIGEN, deines Gottes,
freuen sollst du dich, du und dein Haus.
27 Den Leviten, den in deinen Toren, sollst du nicht im Stich lassen,
denn kein Anteil an Eigentum hat er neben dir.
28 Nach dem Ende von drei Jahren sollst du die ganzen Zehnten
deiner Einkünfte herausbringen – in diesem Jahr;
du sollst die hinlegen in deinen Toren.
29 Der Levit mag kommen
– denn kein Anteil an Eigentum hat er neben dir –
und der Fremde, die Waise, die Witwe, die in deinen Toren sind,
sie mögen essen und satt werden,
damit der EWIGE, dein Gott, dich segnet,
in allem Tun deiner Hände, das du tust.

Der Text ist eine normale Gesetzesbestimmung. Vers 22 und 23 bringen die Vorschrift, Vs. 24 – 26 beschreiben einen besonderen Fall, der die Vorschrift modifizieren kann, und Vs. 27 – 29 sind eine Zusatzverordnung.

Es wird verlangt, daß ein Zehntel des Ertrages der produktiven Arbeit abgesondert und niedergelegt wird „vor das Antlitz des EWIGEN, deines Gottes". Diesen Vorgang nennt man „verzehnten". Diese Abgabe ist aber vorübergehend: durch das Essen und Trinken wird sie wieder von Abgapflichtigen „einverleibt". Wozu der Zauber? Die Vorschrift formuliert das Ziel, das mit ihr erreicht werden soll. „Ehrfurcht" sollen sie lernen, Ehrfurcht vor dem EWIGEN, dem Gott Israels. Wieso wird das ausgerechnet mit diesem umständlichen Verfahren erreicht? Das Ganze ist modelliert nach der altorientalischen Tributabgabe. Der Tributherr des Landes ist der EWIGE und niemand sonst. Auch wenn es einen König gibt, so sind die Abgaben nicht ihm, sondern nur dem Gott Israels zu leisten, der als EINER und EINZIGER (Dtn 6,4) Anspruch auf sie erheben darf und der sie den Abgabepflichtigen zum Verzehr freigibt. Die politisch-ökonomische Stoßrichtung liegt auf der Hand: nie wieder Tribut an fremde oder eigene Herren entrichten! Der Text erhebt die Autonomie zur ersten politischen Konsequenz des ersten Gebotes. Werfen wir einen Blick auf das unmittelbar Vorangehende.

Im zwölften Kapitel geht es zunächst um den **Ort**, den der EWIGE, Israels Gott, erwählt hat; dort, und nur dort, soll geopfert werden. Die Einzigkeit des Ortes soll die Einzigkeit des Gottes Israels sinnlich erfahrbar machen (Vs. 1 – 12). Das Schlachten von Tieren an anderen Orten soll nicht ausgeschlossen, jedoch „entsakralisiert“ werden (Vs. 13–28). Das Volk soll einen absoluten Trennstrich zwischen sich und den Völkern, die Greuel im Lande verübten – sprich den herrschenden Verhältnissen – ziehen (Vs. 29 – 31). Im dreizehnten Kapitel geht es um einige Konsequenzen, die sich aus der absoluten Geltung des ersten Gebotes ergeben; 14,1a. beschließt: „Kinder seid dem EWIGEN, eurem Gott!“ 14,1b – 3 verbietet jede Form des Totenkults und 4 – 21 enthält eine Liste der Speisetabus; der Zusammenhang zwingt uns, dies zu in- und ausländischen Kultgewohnheiten in Beziehung zu setzen. Anschließend geht es in 16,1–17 um die großen Feiern des Volkes, die mit der „ägyptischen Vergangenheit“ Israels in Verbindung gebracht werden (Fladen- und Wochenfest) bzw. mit dem gesegneten Leben im Lande (Hüttenfest). Der ganze unmittelbare Kontext unseres Fragmentes ist eine Einheit, die lebt von der Einheit und Einzigkeit Gottes und seiner Tat, der Befreiung.

Wenn dies „geregelt“ ist, kann man erst über politische Funktionen reden (16,18 – 18,22) und das Straf- und Zivilrecht formulieren. Das 26. Kapitel faßt alles noch einmal zusammen.

Die Tatsache, daß der „Tribut“ für den Gott Israels nur an dem **Ort**, den der EWIGE gewählt hat, niedergelegt und verzehrt werden kann, bedeutet die Anerkennung Gottes als des einzigen Tributherrn Israels, der sich von allen anderen Tributherrn dadurch unterscheidet, daß er den Tribut dem Volk als Festgabe zurückerstattet. Nur so kann die Abgabe ein Grund zur Freude werden: „Freuen sollst du dich, du und dein Haus!“ Das setzt voraus, daß kein anderer Tributherr auf den Plan tritt, anders gesagt: dies setzt die **Autonomie** voraus.

Kann man dann nicht auf dieses umständliche Ritual verzichten? Nein, es heißt: „Du sollst **lernen** (*thilmad*), Ehrfurcht vor dem EWIGEN, deinem Gott, zu haben“, vor dem Gott der Befreiung, und nur vor ihm. Wird dieser kontinuierliche Lernprozeß unterbrochen, gerät die Freiheit selbst in Gefahr. Indem der EWIGE, der Gott der Befreiung, der Tributherr Israels ist, ist er der Garant für Israels Autonomie.

Der Text bringt eine Art von Durchführungsverordnung. Die Zehnten und die Erstlinge können versilbert werden. Das Silber ist hier Tausch- und Zahlungsmittel, aber es hat nur eine sehr flüchtige Existenz. Das Silber dient nur dazu, den Transport der Zehnten und Erstlinge möglich zu machen, es ist sozusagen eine „Transsubstantiation" des Tributgutes. Am Ort der Abgabe muß es aber wieder zurückverwandelt werden in Rind und Schaf, Wein und Gegorenes, die zu verzehren sind. An Geschäftemacherei, etwa dadurch, daß man noch etwas Silber übrigbehält, weil man günstig hat kaufen können, ist hier nicht gedacht. Dem Text geht es nur darum, daß das Tributgut **am Ort** verzehrt wird. Aber wer erwirbt am Ort der Produktion zu welchem Zweck für Silber Zehnten und Erstlinge? Und wer verfügt am **Ort** über die Ware, und weswegen will er sie versilbern?

Der Pilger verkauft (W–G) an seinem Heimatort und kauft (G–W) am Ort des Heiligtums. Dort muß es also einen Verkäufer geben (G–W), so wie es am Heimatort einen Käufer geben muß. Preisvorschriften gibt es in unsrem Text nicht, er nimmt den Kauf- und Verkaufsprozeß zunächst einmal so hin, wie er ihn vorfindet. Der Pilger setzt also den Händler voraus, und der Händler handelt, um daran etwas zu verdienen: wo der Händler ist, dort ist auch der Profit. Und wo der Profit ist, dort sind auch gesellschaftliche Klassen. Ganz so klassenlos ist die Gesellschaft nicht, die das Deuteronomium uns vorstellt. Der Text tritt hier nicht ins Detail. Aus Modellen Rechtsvorschriften und aus diesen Politik zu machen wird anderen Texten vorbehalten bleiben.

Vers 27 – 29 zeigen uns ein weiteres Problem. Wie soll man mit Gruppen umgehen, die nicht über Produktionsmittel verfügen? Hier wird ganz besonders eine Gruppe erwähnt, „der Levit in deinen Toren". Man solle ihn nicht „im Stich lassen", weil er eben keinen „Anteil an Eigentum neben dir" habe. Mit dem letzten Ausdruck ist gemeint, daß der Levit über keinerlei Eigentum an Produktionsmitteln verfügte, sprich keinen Grundbesitz hat. Sozialrechtlich war seine Position vergleichbar mit der der Fremden mit Daueraufenthaltsrecht (*gerim*), der Witwen und der Waisen. Er gehörte nicht zu einem der Großfamilienverbände, unter denen das Land verteilt wurde. Ihnen wurden Ortschaften auf dem Grundgebiet jener Verbände zugesprochen (Jos 21); sozial-ökonomisch ist sein Rechtsstatus vergleichbar mit dem der zweiten „schwachen" Gruppe, des „Fremden" mit Daueraufenthaltsrecht (*gerim*; *paroikoi*, Beiwohner, oder *proselytoi*, Zugewanderte, übersetzt die Septuaginta). Woher die Leviten gekommen sind, ist ungeklärt. Man denkt an Kultfunktionäre des ehemaligen Nordreiches bzw. der von Assur besetzten Gebiete im Norden, die durch die Kultreformen des König Joschijahu ihre Funktionen verloren hatten. So spricht von Rad in seinem Deuteronomiumkommentar einerseits von einer „durch die Zentralisationsgesetze brotlos gewordenen Landpriesterschaft" (1962, S.74), andererseits aber sagt er „...die Grundbesitzlosigkeit wurzelte in alten Begebenheiten, die uns in soziologischer Hinsicht nicht mehr durchsichtig sind" (a.a.O., S.87). Wie die Vorgeschichte der Leviten auch immer gewesen sein mag (wir werden später darauf näher eingehen), die Gesellschaft des Deuteronomiums kommt zumindest für den Alltag glänzend ohne sie aus. Die dreimal im Jahr stattfindenden Volksfeiern werden ohne priesterliche Bemühungen durchgeführt. Schlachtung und Abgaben bedürfen des priesterlichen Hokuspokus nicht. Wozu dann die Leviten? Es scheint, daß das Deuteronomium für sie nur in Ausnahmefällen Verwendung hat, z.B. im Kriegsfall, als „Politkommissar" (Dtn 20,2). Das Deuteronomium kennt aber auch Opferritualien und legt dafür die Gebührenanteile der dabei offenbar amtenden „levitischen Priester" fest, Dtn 18,3.4.

Wir hören nun in 18,4 im Gegensatz zu 14,24, daß den Priestern auch den Anfang (*reschith*) von Korn, Traubensaft und Öl sowie der Schafschur abzugeben ist. Es handelt sich dabei nicht nur um die „Erstlinge" (*bekorath*) von Rind und Schaf, sondern um den Anteil der ersten Schafschur sowie um den Ertrag der ersten Pflanzenernte. Das alles macht den Eindruck einer gewissen Konzession. Das Deuteronomium „zentralisiert" nicht den Kult, sondern die großen Gedenkfeiern des Volkes, die zugleich große, nichtkultische Volksfeste sind. Die Opfer, die manche aus dem Volke aus bestimmten „persönlichen" Gründen erbringen mögen, bedürfen der priesterlichen Vermittlung. Der Kult wird also eher „personalisiert" als „zentralisiert" und deswegen werden die Priester weitgehend funktions- und daher auch einkommenslos. „Daß von dem Zehnten auch Abgaben an das Heiligtum abzuzweigen waren, daß er nicht im ganzen vom Darbringer verzehrt wurde, ist wohl als selbstverständlich übergangen", schreibt von Rad (1962, S.73). Das ist überhaupt nicht „selbstverständlich"; ein zentraler **Ort** ist vorgesehen, aber kein Heiligtum, keine durchorganisierte Priesterschaft und daher auch keine Abgaben. Was nicht im Text steht, steht – das sollte eine redliche Exegese gelten lassen – **absichtlich** nicht im Text! Daß es auch anders organisiert werden könnte, zeigt der Verfassungsentwurf Ez 40.– 48; dort gibt es ein geregeltes Abgabewesen (44, 28-31; 45,10-16); dort gibt es aber einen Tempel, und das ganze Stück ist der Versuch, das Entstehen einer Ausbeutungsordnung um den neuentstandenen Tempel

(516 v.u.Z.) abzuwehren, und stammt von zurückgekehrten Verschleppten aus der Schule Jechezq'els.

Die Versorgung jener weitgehend funktionslosen und eigentumslosen Priesterschaft des Deuteronomiums besteht nun darin, daß sie einmal in drei Jahren die ganzen Zehnten verzehren dürfen; der Ausdruck „in deinen Toren“ bezeichnet den Ort in einer Stadt, wo die entscheidungsbefugte Bevölkerung zusammenzukommen pflegt. Einmal alle drei Jahre werden die Zehnten offenbar nicht an den **Ort**, den der EWIGE erwählt hat, gebracht. Der „Tribut Gottes“ verbleibt am Ort seiner Produktion und wird an „Gottes statt“ den schwachen Gruppen zugeteilt. Man kann sich natürlich fragen, was während dieser drei Jahre mit ihnen geschieht. Die generelle Aufforderung: „nicht im Stich lassen“ gilt für die Zeit zwischen den drei Jahren, wobei die Leviten ihre Häuser und Almendeanteile für ihr Vieh in den Ortschaften hatten, vielleicht wie die anderen *gerim*. Anders war es bei den Witwen und Waisen, die, wenn nicht auf Lohnarbeit (vgl. die Rolle Ruth!), wohl aufs Betteln angewiesen waren: sie sind die schwächste Gruppe, die keiner produktiven Basiseinheit angehörte, sondern „überflüssig“ war und deswegen vom Text ständig dem sozialen Vergessen entrissen werden muß.

Das Deuteronomium ist eine „Verfassung“, die – in der Zwischenzeit zwischen babylonischer Eroberung und Machtergreifung des Perserkönigs entstanden – die soziale Struktur des Provisoriums fest- und fortschreiben möchte. Es will eine Gesellschaft ohne inneren und äußeren Tribut, eine wahrhaft nach innen und außen **autonome** Gesellschaft, die auf der **Egalität** ihrer produktiven Basiseinheiten beruht und von der Erfahrung der Gesellschaftsmitglieder ausgeht, daß man die eigenen Angelegenheiten ohne lange Instanzenwege regeln kann, von der Erfahrung also der Überlebensfähigkeit des Volkes ohne Staat und Tempel. Die Ausbeutungsquote ist gering, denn die unproduktiven Gruppen sind quantitativ nur unbedeutend und stellen kein großes Problem dar, wie etwa ein kostspieliger Staats- und Heeresapparat. Die Rolle Wehe (die Klagelieder) sieht das anders. Für sie ist der Untergang der Stadt eine reine Katastrophe, und sie hofft auf ihre Wiederherstellung. Für das Deuteronomium aber ist der Untergang offenbar auch die Chance, völlig neu anzufangen, sozusagen von „jenseits des Jordans“.

1.2.2. Keine Armut oder doch Armut?

15,1 Nach dem Ende von sieben Jahren sollst du einen Verzicht machen
2 Dies ist die Sache des Verzichtes:
es verzichte jeder Herr auf die Bürgschaft seiner Hand,
für die er seinem Genossen geborgt hat,
er darf es nicht bei seinem Genossen und bei seinem Bruder eintreiben,
denn man hat einen Verzicht für den EWIGEN ausgerufen.
3 Beim Ausländer magst du es eintreiben,
was aber bei deinem Bruder dein ist, darauf verzichte deine Hand.

4 – Obwohl, es wird bei dir kein Bedürftiger sein,
denn gesegnet, gesegnet hat der EWIGE dich,
im Lande, das der EWIGE, dein Gott, dir gegeben hat zum Eigentum, es zu beerben,
5 wenn du nur hörst, hörst auf die Stimme des EWIGEN, deines Gottes,
zu wahren und zu tun alle Gebote, die ich dir heute gebiete.
6 Denn der EWIGE, dein Gott, hat dich gesegnet,
wie er zu dir geredet hat:
Du wirst bei vielen auswärtigen Mächten pfänden,
selber wirst du nicht gepfändet werden;
du wirst viele auswärtige Mächte verwalten,
selber wirst du nicht verwaltet werden. –

7 Wenn nun aber doch bei dir ein Bedürftiger sein wird, von einem deiner Brüder, in einem deiner Tore,
in deinem Land, das der EWIGE, dein Gott, dir gegeben hat,
werde dein Herz nicht verhärtet,
und deine Hand verschließe sich nicht gegen deinen Bruder, den Bedürftigen
8 Nein öffnen sollst du, ihm öffnen deine Hand,
gegen Pfand sollst du ihm ausleihen, ausleihen nach der Maßgabe seines Mangels, an dem es ihm mangelt.
9 Hüte dich, daß eine Rede in deinem Herz entstehe, eine nichtswürdige,
daß du etwa sprächest:
„da kommt nun das siebte Jahr, das Jahr des Verzichtes, näher“,
und dein Auge wird übel gegen deinen bedürftigen Bruder,
du gibst ihm nicht,
und er ruft deinetwegen zum EWIGEN und es wird dir zur Sünde!

10 Geben sollst du ihm, geben,
nicht werde es deinem Herzen übel beim Geben.
Denn dieser Sache halber wird der EWIGE, dein Gott, dich segnen,
in all deinem Tun, in aller Beschickung deiner Hand.
11 Denn nicht wird der Bedürftige aufhören vom Innern des Landes her,
deswegen gebiete ich dir, sprechend:
öffnen sollst du, öffnen deine Hand deinem unterdrückten, bedürftigen Bruder in deinem Lande.

Das Problem dieses Textes liegt im offensichtlichen Gegensatz zwischen den Versen 4 und 11:

4. 'ephes ki-lo jihjeh bka 'ebjon /	obwohl, es wird bei dir kein Bedürftiger sein.
11. ki-lo jechdal 'ebjon miqereb ha'arez	denn nicht wird der Bedürftige aufhören vom Innern des Landes her.

Der Aufbau dieser Thora ist relativ klar:

15,1–3:	Die Vorschrift des Verzichtes *(schmittah).*
4–6:	Kommentar zu dieser Vorschrift.
7–10a:	Vorschrift der Pflicht, Darlehen zu geben trotz der Thora der *schmittah.*
10b–11:	Kommentar zu dieser Vorschrift.

Die Kommentare werden jeweils durch die nebengeordnete Konjunktion *ki* oder *'ephes ki*, „denn" oder „obwohl (denn)", eingeleitet. Ausgangspunkt ist die Vorschrift der *schmittah.* Die Grundbedeutung der semitischen Wurzel *samat* (*schamat*) bedeutet locker machen, hängen lassen (das arabische Wort *sumat* bedeutet Tischdecke), locker lassen, Ex 23,11 oder fallen lassen, 2Kö 9,33. In Ex 23,10f. hören wir:

10 Sechs Jahre sollst du dein Land besäen und seine Einkünfte einsammeln,
11 das siebte Jahr aber sollst du es locker lassen (*tischmetenah*),
es sich selber überlassen (*ntaschtah*),
es esse der Bedürftige deines Volkes,
den Rest mögen die Lebewesen des Feldes essen;
so tue mit deinem Weinberg und mit deinem Olivenhain.

Ob wir es hier mit der „ursprünglichen" Gestalt der *schmittah* zu tun haben, soll dahingestellt bleiben. Jedenfalls ist es auffällig, daß auch im Zusammenhang mit der Brache, die alle sieben Jahre einzuhalten ist, auch der

Bedürftige ('ebjon) erwähnt wird. Dieser Zusammenhang fehlt in Lev 25,1ff, wo es sich, wie wir sehen werden, um eine andere Stoßrichtung handelt. Das siebte Jahr als Jahr der Brache sowie als Jahr des Verzichtes auf die Inanspruchnahme der Bürgschaftsleistung wird noch in sehr späten Texten erwähnt; Kippenberg bringt z.B. den Text eines Pachtvertrages aus der Zeit des Bar-Kochba-Aufstandes (130–135 u.Z.; Kippenberg 1978, S.150–152; vgl. auch S.72, Anm.63). Es geht also darum, daß jemand sich etwas borgt bei einem anderen Menschen und mit etwas für die Rückzahlung haftet, oft mit seiner eigenen Freiheit. Das siebte Jahr hat in der ursprünglichen Intention etwas mit einer Lockerung gesellschaftlicher Verhältnisse zu tun; wir betreten hier keineswegs einen „sakralen" Bereich, wie Alt, Noth und von Rad in ihren Kommentaren zu diesen Texten immer wieder behaupten, aus dem einfachen Grund, daß die neuzeitliche Unterscheidung zwischen „sakral" und „profan" auf jehudische Verhältnisse aus der Zeit des zweiten Tempels nicht anwendbar ist. Den wirklich revolutionären Schritt zur Neuverteilung des Landes mag das siebte Jahr nicht tun – dies bleibt dem Jobeljahr vorbehalten, wie wir sehen werden; aber unterhalb dieser Schwelle sollen alle sieben Jahre sich bereits in der Verfestigung befindende Klassenverhältnisse gelockert werden. Brache und Bürgschaftsverzicht gehören ebenso wie die Freilassung der Sklaven zu den Grundelementen des siebten Jahres. Daß nicht alle Textfragmente alle drei Elemente zusammenbringen, ändert nichts daran, daß sie auf der Textstufe der Endredaktion zum Gesamtbestand gehören. Der Komplex Ex 21–23 muß ja nicht älter sein als das Deuteronomium. Vielmehr kann es sein, daß in einem Zustand, in dem es ums Überleben ging, auf die Brache im siebten Jahr zugunsten einer Schuldenregulierung verzichtet wurde, vor allem dann, wenn das Buch in seinen Grundzügen in jener Zeit entstand, wo die babylonische Herrschaft zusammengebrochen, eine persische Neuordnung noch nicht etabliert war. Wir können schließen, daß alle drei Elemente seit der Epoche der *golah* (der Verschleppung nach Babel) zum festen Bestandteil dieses Jahres gehören. Die Freilassung der Sklaven war auf alle Fälle schon in der späten Königszeit bekannt, wie wir aus Jer 34,13ff. wissen. Im siebten Jahr gehören die Brache sowie der Verzicht auf die Bürgschaft, mit der ein Darlehen abgesichert war, zur Selbstverpflichtung, die das Volk Jehudas nach der feierlichen Verkündung und Auslegung der Thora durch Ezra und Nechemja eingegangen ist. Dort wird aber nicht die Wurzel *schamat* für den Vorgang gebraucht, sondern ihr Synonym, das wir aus Ex 23,11 kennen: *natasch*, Neh 10,32.

Was beinhaltet der Verzicht? Zu verzichten ist auf das *maschah-jad.* Aus Neh 10,32 kennen wir das Wort *mascha' kol-jad.* Dahinter stehen die beiden Wurzeln *nascha'* bzw. *naschah.* Der *nosche'* ist der Schuldherr; zu David gesellen sich „jeder Mann in der Klemme, jeder Mann, der einen Schuldherrn (*nosche'*) hatte", 1Sam 22,2; eine Frau schreit zu Elischa um Hilfe, weil „der Schuldherr (ihres gestorbenen Mannes) kam, um ihre zwei Kinder wegzunehmen, damit sie ihm als Sklaven dienen sollten" 2Kö 4,3. Ob beide Wurzeln eine identische Bedeutung haben, ist nicht ganz sicher; vermutlich haben die verschiedenen Bedeutungen sich einander angeglichen. Jedes „Kreditgeschäft" wurde damals wohl nur gegen eine **Sicherungsgewährleistung** (das ist die eigentliche Bedeutung von *mascha')* abgeschlossen, wobei die Sicherung darin bestehen konnte, daß man eine Sache oder sich selber und/oder seine Hausgenossen als Bürgschaft einsetzte. In Neh 5,7 wirft Nechemja den Eliten Jehudas vor:

mascha' 'isch-b'achiw 'athem nosch'im
„Burgschaft, jeder gegen seinen Bruder, treibt ihr ein", oder, nach Buber: „Bewucherung, jedermann seines Bruders, wuchert ihr".

Der Wucher besteht hier nicht in maßlos überhöhten Zinssätzen, sondern in maßlos überhöhten Sicherungsgewährleistungen für relativ geringfügige Darlehen. Der lexikalische Befund erlaubt keine sichere Trennung zwischen den beiden Wurzeln *nascha'* und *naschah.* Für das Einsetzen eines sachlichen Pfandes gibt es das Verb *'arab* (Neh 5,1), das man also mit „ausleihen gegen Pfand" übersetzen kann; das Verb *'abat,* das wir in unserem Text viermal, in Dtn 24,10ff. ebenfalls viermal, antreffen, mit „Darlehen geben gegen Pfand". Dtn 24,10f. bringt eine ganze Reihe dieser Wurzel zusammen:

10 Wenn du gegen Bürgschaft, irgendeine, deinem Genossen
ausborgst, [Wurzel *nascha'*]
komme nicht in sein Haus, das Pfand abzupfänden [Wurzel *'abat*],
11 auf der Straße bleibe stehen, und der Mann, dem Du ausgeborgt
hattest [Wurzel *naschah*],
bringe das Pfand [*'abot*] zu dir heraus.

Dies zeigt, daß „Kreditgeschäfte" verbreitet waren. Wir wissen außerdem aus zahlreichen Texten, daß Verschuldung in der ganzen Antike regelmässig zu Versklavung führte. Die Freilassung der Sklaven und der Verzicht auf die Bürgschaft – verbürgt wurde die Rückzahlung mit der Freiheit, aber offenbar auch mit der der Kinder des Darlehennehmers – gehören also sachlich zusammen. Nicht nur die Folge – Sklaventum –, sondern auch die

Ursache – Verschuldung – sollte alle sieben Jahre beseitigt werden. Das ist „die Sache des Verzichtes".

Es gibt eine Schwierigkeit. Nach den ordnungspolitischen Vorstellungen des Deuteronomiums kann es gar keine „Bedürftigen" geben. In diesem Zusammenhang bedeutet „Bedürftiger" (*'ebjon*) jemand, der in die Verlegenheit kommt, etwas bei einem „Genossen" oder „Bruder" zu beleihen. Eine solche Verlegenheit konnte es gar nicht geben. Also wäre eine *schmitta*-Vorschrift auch gar nicht nötig. Die Konstruktion hat die Form eines Zweifels, der dem Verfasser beim Formulieren kommt: *„'ephes ki-lo'*, obwohl, es wird aber nicht ...", warum nicht? „Denn (*ki*) der EWIGE, dein Gott, segnet dich ..." Aber das Ganze ist an eine absolute Bedingung geknüpft: *„raq 'im schamo'a tischma'*, nur wenn du hören willst, hörst auf die Stimme des EWIGEN ..." Das heißt: Bedürftige wird es nicht geben, solange das Volk hört auf die Stimme und die Thora wahrt und tut. Damit legt das Deuteronomium die soziale Struktur der Gesellschaft in die Hände des Volkes selber. Die *schmittah*-Vorschrift ist also dazu da, die Folgen jenes Ungehorsams, jenes Nichthörens und also Nichttuns, zu heilen. Vers 6 erwähnt als sichtbares Zeichen des Segens einen Vorgang, der mit dem Verb *'abat* wiedergegeben wird. Buber übersetzt mit pfandleihen, verpfänden. Es kann sowohl einen Vorgang zwischen Personen wie zwischen Völkern bezeichnen. Es handelt sich, wie gezeigt, um Darlehen mit sachlicher, nicht mit persönlicher Haftung. Das Volk wird „gesegnet sein", d.h. nicht in die Verlegenheit kommen, andren Völkern Teile seines Territoriums auf Grund eines verlorenen Krieges oder einer Tributschuld zu verpfänden, ganz im Gegenteil. *Massah* oder *massa'* scheint der umfassende Begriff zu sein: jede Bürgschaft, bestehe sie in sachlicher oder persönlicher Haftung, *'aboth* scheint sich nur auf die sachliche Bürgschaft, also auf das Pfand zu beziehen, vgl. Dtn 24,10ff. Beide Formen der Darlehenssicherung verfallen im siebten Jahr.

Aber nun kommt ein ökonomisches Problem dazu. Die *schmittah* führt unweigerlich dazu, daß die Neigung, Darlehen zu gewähren, relativ gering ist, vor allem, wenn das Jahr der *schmittah* näher kommt. Das ist ein zeitloses Problem; wir wissen aus der Diskussion um die internationale Schuldenkrise unserer Tage, daß die Vermutung, Darlehen werden nicht zurückgezahlt, die Neigung vor allem bei Geschäftsbanken, „fresh money" zur Verfügung zu stellen, überproportional zur Stärke jener Vermutung abnehmen läßt. Was man Banken, in Anbetracht ihres Geschäftsauftrages, nicht verübeln sollte (man kann einer kapitalistischen Bank nicht vorwerfen, sie sei eine kapitalistische Bank!), verübelt aber das Deuteronomium jenen, die sich angesichts der Nähe des Jahres der *schmitta* fragen, ob sie etwas ausborgen sollen oder nicht. Der Rechtskasus lautet: „wenn nun doch (so ist hier der Partikel *ki* zu übersetzen) ein Bedürftiger bei dir ist ...dann verhärte dein Herz nicht, verschließe deine Hand nicht ...vielmehr öffnen sollst du, öffnen deine Hand ...gegen Pfand ihm ausleihen". Und die Schwierigkeit wird gleich anschließend formuliert: „hüte dich, daß nicht eine Rede dir im Herzen entsteht, nichtswürdig, sprechend: da kommt nun das siebte Jahr, das Jahr der *schmittah*, übel ist in deinen Augen das mit deinem Bruder, dem Bedürftigen ...". Der Text löst das Problem nicht; er beschwört die Solidarität, kann nicht anders als moralisch appellieren („das würde dir zur Sünde werden"), weil er ja gerade auf die Zentralinstanz verzichten will, die allein diese Solidarität erzwingen könnte, einen staatlichen Apparat, der Armensteuer eintreibt. Kippenberg (1978, S.75) weist bei der Besprechung von Neh 13,10–13 darauf hin, daß die Verteilung des Mehrprodukts eine staatliche Regulierung unumgänglich gemacht hat, weil es eben an Solidarität bei der „jüdischen Aristokratie" gefehlt habe. Wer den Staat abschaffen möchte, sollte also nicht zu früh jubeln; aber wer auf law-and-order besteht, findet in der Geschichte nur hin und wieder Hinweise auf einen Staat, der als gerechte Verteilungsagentur funktioniert hat. Nechemja war die Ausnahme, Gestalten wie Herodes waren die Regel.

Unser Text versichert, daß der EWIGE „dieser Sache [der Solidarität] halber segnen wird"; diese Versicherung ist nicht so absurd, wie es auf den ersten Blick scheint. Denn wenn die Solidarität funktioniert, braucht niemand aus der Gesellschaft herauszufallen, werden schwere soziale Verwerfungen vermieden und funktioniert das Ganze besser. Nur haben die persönlichen Interessen die Neigung, sich über das letztendlich auch für sie vernünftige Maß an Gemeininteresse hinwegzusetzen. In der Diktion des Deuteronomiums: man wird nicht „auf die Stimme hören", die das Interesse des gesamten Volkes artikuliert. Die Konsequenz wäre, daß es dann immer welche geben wird, die aus der Gesellschaft herausfallen werden. „Nicht wird der Bedürftige aufhören vom Innern des Landes her", heißt es. Die Übersetzung ist etwas problematisch. Das Verb *chadal*, gefolgt von der Präposition *min* bedeutet so etwas wie „von etwas ablassen" oder „aufhören, auf etwas einzuwirken"; wir haben es mit einer doppelten Negation zu tun: **nicht** wird der Bedürftige **nicht** seine Wirkung auf das Land ausüben. Nicht wird es also eine Wirtschaft geben, die nicht in manchen Sektoren „mangelhaft" ist; diesem Mangel ist abzuhelfen („gegen

Pfand sollst du ausleihen nach der Maßgabe des Mangels, an dem es ihm mangelt“), positiv gesagt: diese Sektoren der Mangelwirtschaft werden immer die **zentrale** Herausforderung bleiben, „vom **Innern** des Landes her“;

Das Deuteronomium ist also skeptisch angesichts seines eigenen Modells. Diese Skepsis formuliert es im großen Lied „lauscht, ihr Himmel“. Das Lied wird gesungen, bevor das Experiment überhaupt anfängt, damit, wenn es schief ausgeht, „dieses Lied vor meinem Antlitz entgegnen soll als Zeuge“ (31,21). Das Deuteronomium bleibt durchaus nicht in seiner eigenen literarischen Fiktion, dergestalt, daß es ex eventu die Katastrophe von 587 v.u.Z. voraussagt, es ist auch skeptisch gegenüber seiner eigenen Zukunft, wo das Volk zu einem „verdrehten und verworrenem Geschlecht“ werden wird, werden könnte (32,5) ...

1.3. Sklavendienst

15,12 Wenn sich dir dein hebräischer Bruder, oder eine Hebräerin, verkauft hat,
hat dir sechs Jahre gedient,
dann sollst du ihn im siebten Jahr frei von dir wegschicken.
13 Wenn du ihn aber frei von dir wegschickst, sollst du ihn nicht leer wegschicken.
14 Ein Halsband binde ihm um den Hals:
Von deinem Kleinvieh, von deiner Tenne, von deinem Weinfaß,
so, wie der EWIGE, dein Gott, dich gesegnet hat, so sollst du ihm geben.
15 Du sollst gedenken, daß du Dienstsklave warst im Land Ägypten,
daß der EWIGE, dein Gott, es dir zugeordnet hat,
deswegen gebiete ich selber dir diese Rede heute.
16 Es wird sein:
„wenn er spricht: ich fahre nicht von dir fort,
denn ich liebe dich und dein Haus“,
– es ging ihm gut neben dir –:
17 dann sollst du einen Pfriem nehmen, den an seinen Ohr und an die Tür geben,
er sei dir Dienstsklave bis in die Zeitdauer.

Mit deiner Dienstmagd sollst du es auch so machen.

18 Es soll nicht hart werden in deinen Augen, ihn frei von dir wegzuschicken,
denn den doppelten Lohn eines Tagelöhners hat der dir sechs Jahr erdient!

Segnen wird dich der EWIGE, dein Gott, in allem, was du tust.

Es gibt eine Fassung dieser Thora in Exodus 21,2ff. Diese Fassung weicht in wichtigen Bestimmungen von der Thora im Deuteronomium ab. Der Exodustext macht den Eindruck einer Konzession an die Sklavenbesitzer: kommt er nur mit seinem Körper (*begapo*), soll er auch nur mit seinem Körper wieder gehen; kommt er selber als *ba'al ischa*, als Besitzer einer Frau, darf er seinen Besitz (!) auch wieder mitnehmen. Der Exodustext schont die Ansprüche des Besitzers. Von irgendwelchen Vergütungen ist *nirgendwo* die Rede und die Position der Sklavin war wesentlich schlechter.

Das Deuteronomium dagegen schweigt sich über die Angehörigen des Dienstsklaven aus. Eine Schlechterstellung der Sklavin gibt es nicht; in Abweichung von Ex 21,2 wird ausdrücklich das weibliche Appellativ *ha'ibrija*, die Hebräerin, hinzugefügt. Es hat sich für das Deuteronomium von selbst verstanden, daß der Dienstherr die Hebräerin, ob Frau eines Sklaven oder nicht, zu entlassen habe, so daß sich das Problem einfach nicht ergibt: „Mit einer Dienstmagd sollst du es auch so machen"; dieser Halbvers (17b) bezieht sich m.E. auf den ganzen Komplex und nicht nur auf Vers 17a.

Das Deuteronomium fordert das Volk auf, dessen zu gedenken, daß es selber Sklave war in Ägypten. Das zeigt sich schon im Adjektiv „hebräisch". Das Wort bezeichnet nicht eine bestimmte Schicht des Volkes, sondern soll die Verbindung zu den Exodustexten herstellen: „Wenn dein Bruder dir gegenüber ein ‚ägyptisches Verhältnis' eingehen muß", so könnte man umschreiben. Er darf daher den Zustand der Versklavung, in die jemand geraten kann, nur als vorübergehend betrachten. Die Gesellschaftsordnung, die dem Deuteronomium vorschwebt, leitet sich nun aus der Erfahrung der Versklavung ab. Und diese Erfahrung war nicht neu! Denn die *dal-ha'am*, die Volksarmut, die im Lande verblieb nach der Verschleppung der Eliten durch die Babylonier, wird diesen Zustand unter Jehudas letzten Königen an ihrem eigenen Leibe erfahren haben.

Nichtsdestotrotz kann es für einen Dienstsklaven günstiger sein, nicht in die Freiheit entlassen zu werden. Das wird vor allem dann der Fall gewesen sein, wenn er in dieser Freiheit nicht selber über Produktionsmittel verfügte. Er wäre dann auf Lohndienst angewiesen, er wäre ein *sakir*, und der *sakir* lebte ein elendes Leben, weil er angewiesen war auf jemanden, der bereit war, seine Arbeitskraft für eine bestimmte Zeit zu mieten, und nie sicher sein konnte, ob er einen solchen Menschen finden würde. Diesem Zustand war der Zustand eines Haussklaven bei humaner Herrschaft bei weitem vorzuziehen. Freilich kann diese Klausel leicht mißbräuchlich angewendet werden; so etwas mögen die Jerusalemer Sklavenbesitzer gemacht haben, die nach der feierlichen und öffentlichen Freilassung der Sklavinnen und Sklaven ihr Hauspersonal wieder einfingen, Jer 34,16.

Vers 18 macht den Eindruck eines moralischen Appells, aber enthält eine analytische Aussage. Er sagt: "es sei nicht hart in deinen Augen, ihn freizulassen, denn das Doppelte [oder: ein Äquivalent, vgl. von Rad 1968[4], S.78] des Lohnes eines Tagelöhners hat er dir in sechs Jahren erdient". Der Sklave erhält für seinen Dienst die Lebensmittel, die für die Instandhaltung seiner Arbeitskraft nötig sind. Aber er ist darüber hinaus für seinen Herrn „wertvoll"; er erdient ihm darüber hinaus einen „Wert", der dem doppelten Lohn eines Tagelöhners vergleichbar ist; das Verhältnis wird mit dem Wort *mischneh* wiedergegeben, das „doppelt" bedeuten kann, aber nicht muß. Der Text zeigt also, daß der Mehrertrag Ergebnis von Mehrarbeit ist. Der Text durchschaut den Schein des Lohnes, und das durchschauen bis heute unsere bürgerlichen Ökonomen nicht. Auch der Tagelöhner erhält nur die Reproduktionskosten für seine Arbeitskraft, die der Dienstherr gemietet hat. Auch er „erdient" dem Herrn einen Mehrertrag. Da aber das Verhältnis zwischen dem Herrn und dem Tagelöhner die Form des frei eingegangenen Kontraktes annimmt, **scheint** es, daß der Lohn der Arbeitsleistung entspricht. Dieser Schein trügt: auch er hat seinem Herrn das „Doppelte" erdient. Karl Marx hat die fünf ersten, sehr komplizierten Kapitel seines Hauptwerkes dafür gebraucht, den Schein des gleichen Tausches, den der Lohn vortäuscht, aufzulösen (MEW 23, vor allem S.181–191). Deswegen hat der Herr gar keinen Grund, sich über die Freilassung zu beschweren; das sollte ihm eigentlich nicht „hart werden". Damit durchbricht der Text die ganze politische Ökonomie der Antike. Denn der Sklave mußte immer zahlen, wenn er seine Freilassung erwirken wollte. Er wurde als „Besitz" betrachtet, und als künftiger Besitzer seiner selbst mußte er dem früheren Besitzer seiner selbst sich selbst „abkaufen". Hier aber wird der Sklave betrachtet als das, was er ist, nämlich als einer, der seinem Herrn „Werte" erarbeitet hat. Dieser wird also „frei" von weiteren Verpflichtungen seinem

Herrn gegenüber (*chafschi*, wie der technische Begriff dafür lautet). Diese „Freiheit" ist also eine ganze andere als die, die im klassischen Sprachgebrauch mit dem Wort *eleuthereia* wiedergeben wird. Freiheit ist hier entweder mit der Geburt gegeben oder durch Geld erworben, wobei besonders großzügige Besitzer hin und wieder diese Freiheit unentgeltlich gewähren. *Eleuthereia* und ihr Gegenteil, *douleia*, ist also ein Zustand, der für den gesellschaftlichen Status eines Menschen **wesentlich** ist, weil er seine **Rechtspersonalität** zutiefst berührt. *Chafschi* aber bedeutet das Beenden einer privatrechtlichen Beziehung zwischen zwei Gesellschaftsmitgliedern, von denen das eine Anspruch hat auf Dienste des anderen, dieses aber verpflichtet war, gegen die Sicherung des materiellen Lebens, alle Dienste zu verrichten, die jenes verlangte. Ist die Zeit vorbei, die vereinbart war und die sieben Jahre nie überschreiten durfte, dann wurde das Verhältnis aufgelöst, der Sklave bzw. die Dienstmagd, waren sämtlicher Verpflichtungen „ledig", wie Buber *chafschi übersetzt.* Schon hier wird der Unterschied deutlich: Sklaventum ist unter den Kindern Israels nie etwas, was das Wesen eines Menschen tangiert, wie in Athen und anderswo, sondern immer nur vorübergehendes Rechtsverhältnis.

In der Antike kann man das gesellschaftliche Wesen oder die Rechtspersonalität nur dadurch ändern, daß man sich selber „frei" – kauft, sich also durch einen Kauf aus dem Zustand des Besitz-seins in den Zustand des Besitzen-könnens überführt. Unter den Kindern Israels wird nüchtern festgestellt, daß der Wert der Dienste den Wert des dafür gewährten Lebensunterhalts übersteigt und daß daher nach Beendigung des Dienstverhältnisses der „Mehrwert" ganz oder zumindest teilweise dem zu erstatten ist, der ihn erarbeitet hat. Der Besitzer hat also die Dienste seiner Sklaven und Sklavinnen zu „verzinsen", statt von ihnen für deren Freilassung einen „Zins" zu verlangen. Ein genaues Zuhören zeigt uns also, wie grundverschieden von der antiken Normalität die Welt ist, in der das Deuteronomium lebt und die es bewahren will.

Mit dem Text über die Sklavenbefreiung sind die Vorschriften für das siebte Jahr abgeschlossen. Das Deuteronomium will alle sieben Jahre einen gesellschaftlichen Neuanfang. Solche Vorstellungen sind wahrscheinlich keine Erfindung dieser Leute. Der Ruf nach Schuldenerlaß, Sklavenbefreiung und Neuverteilung des Bodens war **klassisch für** die ganze altorientalische Welt. Hier wird er **dominant**! Und deswegen war er hart umkämpft, wie wir jetzt hören werden.

2. Die kleine Chance des Nechemja

2.1. Der Hofmeister

Der Größte war er nicht. *Maschkeh*, Mundschenk, war seine Funktion. Das war wohl mehr als Kellner oder Butler, wahrscheinlich so etwas wie Hofmeister. Der König, dem er diente, hieß Artaschastra, auf griechisch Artaxerxes. Zu ihm, der für normale Sterbliche unnahbar war, hatte Nechemja immerhin direkten Zutritt. Dieser unscheinbare historische Zufall sollte Folgen haben, die bis zum heutigen Tag wirken.

Nun gibt es drei Könige mit dem Namen Artaschastra; der erste regiert von 465 – 423; der zweite von 404 – 358; der dritte von 358 – 338 v.u.Z. Wenn wir wissen wollen, in welcher Zeit Nechemja auftrat, muß man sich fragen, welche Interessen die Zentralregierung haben konnte, sich für ein Gebiet von etwa 2.500 km^2, mit einer Bevölkerung von schätzungsweise 50.000 – 60.000[1] Seelen und einer noch halb in Trümmern liegenden Provinzstadt zu interessieren. Dieses Gebiet gehörte zur Provinz `Abernahara (Jenseits-des-Stromes) und war ein Teil des Bezirkes Samaria. Die großen Provinzen des Westens, `Abernahara (Kerngebiet: Syro-Phönizien) und Ägypten, zeigten immer wieder Bestrebungen, politisch unabhängig zu werden. Ein großer Aufstand wurde vom Sohn des Dareiosch (522–486), Chasajarschah (Xerxes, 486–465) im Jahr 486 niedergeschlagen. Im Jahr 448 v.u.Z. kam es dann zu einem großen Aufstand in Syrien, der aber in sich zusammenbrach, nachdem eine Krise um Ägypten, wo sich jetzt die Athener einmischten, einige Jahre zuvor von den Persern bereinigt werden konnte. In der Zeit danach herrschte Ruhe, die bis zum Tod des Artaschastra (423) und dem seines Nachfolgers Dareiosch II (404) nicht mehr gestört wurde. Es kann sein, daß Artaschastra I meinte, er müsse etwas für die südlichen Gebiete `Abarnaharas tun. Um das Jahr 400 v.u.Z. machte sich Ägypten unabhängig. Auch in Syrien gab es Bestrebungen in dieser Richtung. Nun war der ganze westliche Teil des persischen Reiches in seiner Substanz bedroht. Und tatsächlich sollte das ganze Reich im Jahr 331 vom Westen her zusammenbrechen, weil es die Perser nicht vermocht hatten, die besiegten Völker an sich zu binden. Zu schwer wurde auf die

---

1. Die Listen Esra 2 und Neh 7 sind wahrscheinlich das Ergebnis einer Volkszählung des frühen 4. Jh. v.u.Z. Sie zeigen eine Bevölkerung von etwa 40.000 Freien, 7.500 Unfreien; dazu kamen dann noch Fremde und abhängige nicht-israelitische Grundbesitzer. Das bedeutet eine Bevölkerungsdichte von etwa 20/km^2, vgl. Elias Bickermann 1970, S. 3ff.

Dauer der Abgabendruck. Wir können verstehen, daß sowohl Artaschastra I wie auch II Anlaß hatten, sich ernsthaft in Jehuda zu engagieren, weil sie treu ergebene Verbündete an dieser Nahtstelle zwischen den beiden grossen Westprovinzen sehr gut brauchen konnten. Ein autonomes Gebiet, das dem Reich treu ergeben war, in einer Provinz, die zur ständigen Rebellion neigte, war für den König interessant genug, um einen relativ hohen Funktionär mit der direkten Verwaltung zu betreuen. Wann das nun genau war, bleibt unsicher.

Nicht aber zufällig war, daß Nechemja ein Anhänger der Thorapartei war. Das war die Frucht des Werkes der großen Exilpropheten. Soweit wir wissen, hatte die Agitation des anonymen Propheten, den wir „Deuterojesaja" nennen, dazu geführt, daß sich ein Teil der Verschleppten und ihrer Nachkommen zur Thora hin und von ihrer ideologischen Anpassung an Babel weg bewegt hatten. Die Anhänger dieser Partei in Jerusalem standen aber auf schwachen Füßen. Ob nun Nechemja im Jahr 445 oder im Jahr 384 v.u.Z. nach Jerusalem kam – für das letztere könnte sprechen, daß alle ausgegrabenen jehudischen Münzen aus dem 4. Jahrhundert und später stammen, nie aus dem 5. –, er war es, der Jehudas Autonomie begründete und die Thora zur Verfassung dieses kleinen Gemeinwesens machen ließ.

2.2. Wehrbare Autonomie

Werfen wir einen Blick auf das vierte Kapitel des Buches Nechemja. Erzählt wurde, wie der samaritanische Bezirksvorsteher Sanballat zusammen mit dem ammonistischen Scheikh Tobija die Arbeiten an der Mauer Jerusalems beobachten. Denn Nechemja hatte dort den Anfang gemacht. Wäre die Stadt einmal befestigt, könnte man an die Neuregulierung des sozialen und kultischen Lebens gehen. Zunächst nehmen sie die Sache nicht sehr ernst; Tobija meint sogar, sprünge ein Fuchs über die Mauer, würde er sie gleich wieder einreißen (3,34). Aber dann 4,1ff:

1 Es geschah, als Sanballat, Tobija, die die Ammoniter und die Aschdoditer hörten,
daß die Wunde der Mauer Jerusalems sich zusammenzog und
daß die Breschen sich zu schließen begannen,
wurden sie glühend vor Wut, sehr!
2 Sie verschwörten sich zusammen,
um nach Jerusalem zu kommen, Krieg zu führen und dort ein Durcheinander zu machen.

Weswegen diese Aufregung? Geschichte hat einen langen Atem, die Gegner wußten sehr genau, daß die Stadt einmal, kurz vor der Zerschlagung der Autonomie des ganzen Gebietes durch die Babylonier, die Hegemonie innehatte. Eine Wiederherstellung der Autonomie Jerusalems könnte der Beginn einer neuen Hegemonie sein. Außerdem bedeutete dies auch eine Festigung der Zentralgewalt in ihrem Gebiet, an der ihnen nicht gelegen sein konnte. Sie mußten daher das Unternehmen verhindern. Nechemja und seine Leute beten zu ihrem Gott und stellen eine Wache auf. Dann hören wir, 4,4:

> Aber Jehuda sprach:
> Die Kraft des Lastträgers wankt,
> zuviel Trümmer gibt es,
> wir können an der Mauer nicht bauen.

Der äußeren Bedrohung gesellt sich eine innere Verzagtheit hinzu. Beide Elemente sind uns bestens aus unserer eigenen Zeit bekannt. Versuche, ein menschliches und gerechtes Gemeinwesen in einer feindlichen Umwelt aufzubauen, müssen am Zusammentreffen dieser beiden Elemente scheitern. Die Feinde beabsichtigen, die Stadt heimtückisch zu überfallen, wohl um eine offene Schlacht zu vermeiden und ein Eingreifen der persischen Besatzungstruppen zu verhindern. Sie wollen um jeden Preis die Arbeit „verabschieden", wie Buber *hischbith* übersetzt; dieses Wort hat die gleiche Wurzel wie das Wort *schabbath*; sie haben einen Teufelssabbat mit Jerusalem vor. Die Sache wird bekannt, 4,6:

6 Es geschah, als die Judäer, die in ihren Gebieten wohnten, kamen,
sprachen sie wohl zehn mal zu uns:
von allen Seiten, wo ihr euch auch hinkehrt, stehen sie gegen uns.
7 Ich stellte an den unteren Orten hinter der Mauer, an den geschützten Stellen,
stellte ich also das Volk nach seinen Großfamilien auf, mit ihren Schwertern, Lanzen und Bögen.
8 Ich sah es mir an, stellte mich auf und sprach zu den Eliten,
den Beamten und zum Rest des Volkes:
Fürchtet euch vor ihnen nicht, gedenkt des großen und furchtbaren Herrn
und kämpft für eure Brüder, eure Söhne, eure Töchter, eure Frauen und eure Häuser.

So gibt es doppelte Arbeit; was die eine Hand schafft, muß die andere verteidigen: „Und die an der Mauer bauten und die die Last zu schleppen hatten, sie hatten es schwer; mit der einen Hand taten sie die Arbeit, mit der anderen hielten sie den Wurfspieß fest" (4,11). Die doppelte Belastung des Krieges und der Aufbauarbeit machte das Unternehmen aussichtslos; aber Nechemja und seine Leute hatten den seltsamen und äußerst seltenen Vorteil, daß sie die zentrale Großmacht an ihrer Seite hatten. Nechemja selber sieht das anders, er sagt: „unser Gott wird für uns streiten". Ist das „falsches Bewußtsein"? Was „Gott" eigentlich heißt, das ist das Thema dieses Buches. Sagen wir zunächst, daß für Nechemja die Sache, für die er und seine Leute kämpfen, so erhaben und so heilig ist, so sehr mit der Freiheit von „ägyptischen Verhältnissen" verknüpft, daß sie nicht scheitern darf und kann.

2.3. Die Dialektik von Autonomie und Egalität

Das einträchtig kämpfende und eine neue Gesellschaft aufbauende Volk: Idylle jeder Revolutionsromantik. Aber unser blutiges Jahrhundert hat uns zumindest dies gelehrt: solche Idyllen hat es nie gegeben, gibt es nicht und wird es nie geben. Und die Schrift, die ja Schocktherapien liebt, schildert uns nach jener Revolutionsidylle des 4. Kapitels im 5. Kapitel sofort die andere Seite der jehudischen Wirklichkeit.

1 Es geschah ein Aufschrei des Volkes und der Frauen: groß,
gegen ihre judäischen Brüder.
2 Es gab wirklich welche, die sprachen: unsere Söhne und
unsere Töchter: wir sind viele.
Unser Korn müssen wir nehmen, daß wir essen und am Leben
bleiben.
3 Es gab aber auch welche, die sprachen:
Unsere Felder, unsere Weinberge, unsere Häuser müssen
wir selber verkaufen,
damit wir Korn aufnehmen können in der Hungersnot.
4 Und noch gab es welche, die sprachen:
wir haben Silber geliehen für den Tribut des Königs auf
unsere Felder und unsere Weinberge.
5 Und nun: wie das Fleisch unserer Brüder ist unser Fleisch,
wie ihre Söhne sind unsere Söhne.
Und wirklich: wir mußten unsere Söhne und unsere Töchter
zu Sklaven herabwürdigen.
Ja, wirklich:
schon sind einige unserer Töchter herabgewürdigt,
wir haben es nicht mehr in eigener Hand;
unsere Felder und unsere Weinberge haben andere.

Diese ersten fünf Verse zeigen das erbarmungslose Gesetz der antiken Produktionsweise. Hunger führt zur Verschuldung; Verschuldung führt zur Versklavung; alles läuft auf die **Akkumulation des Grundbesitzes in den Händen immer weniger Gesellschaftsmitglieder** hinaus. Gleichzeitig zeigen sie auch die zweite Seite der persischen Oberhoheit. So maßvoll sich die Perser meistens benommen haben mögen, ohne Tribut –*middath*– konnten sie nicht existieren. Die Garnisonen, der riesige Überwachungsapparat, die Hofwirtschaft der Könige, die Kriege gegen die Feinde im Westen: das mußte alles bezahlt werden. Die Kosten mußten von den produktiven Arbeitern, den Kleinbauern und den Sklaven auf den Domänen getragen werden. Ein bettelarmes Land wie Jehuda war durch diesen Tribut überfordert. Wenn etwas schiefging – und etwas ging immer schief –, gab es Hungersnot; die Leute verschuldeten sich, verloren ihr Hab und Gut, ihre weiblichen (!) Kinder und schließlich ihre eigene Freiheit. Die *middath* war dann oft der bittere Tropfen, der das Faß der Verschuldung zum Überlaufen brachte. Aber das Problem des Tributs hatten die lokalen Politiker nicht im Griff. Größere Gebiete wie Ägypten oder Babel hätten vielleicht die Möglichkeit, den Tribut abzuschütteln, Länder wie Jehuda hatten gar keine Chance. Wir wissen, daß Dareiosch die Tributzahlungen regelte. Was auch immer der Ursprung des Münzgeldes gewesen sein mag, Dareiosch ließ Münzen prägen, um den Tribut aus der Fiktion der höflichen Geschenke von Kleinkönigen für den Großkönig in den Bereich der meßbaren und so vergleichbaren Abgaben zu führen. Herodot berichtet, daß Jehuda jährlich 350 Talente Silber zu bezahlen hatte; Hans G. Kippenberg kommentiert: „Die Bewohner Judäas verfügten über keine Silberbergwerke, aus deren Förderung sie das erforderliche Silbergeld hätten entrichten können.So mußten sie den geforderten Tribut durch den Verkauf agrarischer Surplusprodukte aufbringen. Es wurde eine Grundsteuer festgesetzt, die vom jeweiligen Eigentümer in Silbergeld abzuführen war (Neh 5,4). Die Größe der bäuerlichen Familienbetriebe wird in aller Regel die Erwirtschaftung eines solchen Surplus nicht zugelassen haben ... Selbst wenn aber ein Betrieb ein Surplus erwirtschaftete, mußte dieses ja erst verkauft werden, ehe der Eigentümer Silbergeld in den Händen hielt." (Kippenberg 1978, S. 51f.). Wir haben oben gezeigt, was das bedeutet: die Oberherrschaft einer großen Zentralmacht greift effektiv in das Klassengefüge einer Gesellschaft wie die Jehudas ein, ohne daß diese auf die Dauer eine Chance hätte, sich der Wirkung des Tributs zu entziehen, der ökonomisch nichts anderes ist als eine **regressive Steuer**. Der Tribut machte aus der ganzen Region auf die Dauer ein einheitliches Gebilde mit Tausenden und aber Tausenden verarmter und meistens abhängiger kleiner Produzenten und wenigen Großeigentümern.

Aber diese Tendenz wird sich in Jehuda erst später auswirken und dort zu einem sehr eigentümlichen Ergebnis führen. Zunächst will Nechemja versuchen, die verschärfende Wirkung des Tributs auf die Klassengegensätze in Jehuda durch eine Reihe von Maßnahmen in den Griff zu bekommen. Wir hören, 6ff:

6 Ich wurde sehr zornig,
als ich diesen Aufschrei und diese Reden hörte.
7 Mein Herz beriet sich
und ich ging einen Rechtsstreit mit den Eliten und mit den Beamten ein;
ich sprach zu ihnen:
Sicherheit habt ihr euch versichert, jeder gegen seinen Bruder.
Und ich gab eine große Volksversammlung gegen sie.
8 Ich sprach zu ihnen:
Wir selber haben unsere Brüder, die Judäer, die bei den Völkern verkauft waren, erworben;
ihr aber verkauft sogar eure Brüder, damit sie wieder an uns verkauft werden.
Sie schwiegen, fanden keine Widerrede.
9 Und ich sprach:
Nicht gut ist die Rede, die ihr tut.
Solltet ihr nicht in der Furcht unseres Gottes einhergehen,
wäre es nur, damit nicht die Völker, unsere Feinde, uns schmähen?
10 Auch ich, meine Brüder, meine Knappen: wir halten Sicherheitstitel bei ihnen, Geld und Korn.
Erlassen wir nun diese Sicherheitstitel.
11 Erstatten wir ihnen heute ihre Felder, ihre Weinberge,
ihre Olivenhaine und ihre Häuser,
und die Prozente vom Geld, Korn, Most und Öl, die ihr bei ihnen als Sicherheitstitel haltet.

Wir müssen an dieser Stelle einige Worte klären. *Chorim* übersetzen wir mit *„Eliten"*; Buber übersetzt mit Edeln, Edelbürtigen, andere mit Vornehmen oder Adel. Das Wort wird allgemein von einer Wurzel *charar* hergeleitet, die in dieser Bedeutung in der Schrift nur als Substantiv *chor* vorkommt. In anderen semitischen Sprachen bedeutet sie *frei*. Diese Freien sind eine privilegierte Schicht von Grundeigentümern, die Darlehen zur Verfügung stellen konnten. Sie spielen in der Stadt eine führende Rolle, ohne Funktionen innezuhaben. Das Wort ist also eine **Klassenbezeich-**

nung. Anders ist es mit dem Wort ***seganim***. Man glaubt, daß das Wort ursprünglich aus dem Assyrischen stammt; dort bedeutet es „Beamte". Buber übersetzt, das fremdländische betonend, mit „Präfekt". Verwaltung und Eliten funktionieren hier gemeinsam als **herrschende Klasse**. Auffällig ist, daß die Priester hier fehlen; dagegen fühlen sich Nechemja und sein Gefolge dieser herrschenden Klasse durchaus zugehörig: „erlassen **wir** ihnen diesen Sicherheitstitel." Nechemja bezieht sich also auf Kreditgeschäfte gegen Sicherheitstitel. Da die Kreditnehmer zahlungsunfähig waren, verloren sie Haus und Hof und Töchter.

Nechemja setzt bei seinen Widersachern die Kenntnis der Thoravorschriften aus Dtn 15 voraus, denn er zitiert diese Stelle implizit. Er ist, wie die Thora überhaupt, nicht bereit, das antike Klassengesetz ohne weiteres hinzunehmen, auch wenn er seine Ursache nicht kennt. Unter „Brüdern" soll es so etwas nicht geben. Die „Bruderschaft" ist, wie Kippenberg (1978) nachgewiesen hat, als Verwandtschaftssystem das soziale Gerüst der Gesellschaft Jehudas und als solche das Instrument, die Klassengegensätze zu entschärfen. Aber die Verwandtschaft ist keine vorgegebene Wirklichkeit; sie ist begründet in dem, was Nechemja **unseren Gott** nennt. Und sie wird effektiv durch die Erfüllung seiner Gebote und Rechtssätze, durch die **Thora**. Israel ist **Exodusgemeinschaft** und deswegen **Bruderschaft**; das ist die Reihenfolge. Das Jehuda Nechemjas ist **Thorarepublik**.

Der Schuldenerlaß wird feierlich besiegelt: „Ich rief die Priester und beschwur sie, nach dieser Rede zu tun", schreibt Nechemja (5,13). Nechemja ist, so schreibt er hier selber, zwölf Jahre lang Gouverneur Jehudas gewesen. Er beteuert, in dieser Zeit auf das „Brot des Gouverneurs" (*lechem happachath,* eine Sonderabgabe für den Stellvertreter des Königs) verzichtet zu haben. Das Motiv ist einleuchtend: „Schwer wuchtet der Dienst auf diesem Volk." (5,19) Nechemja hat sicherlich keine soziale Revolution durchgeführt. Eliten blieben Eliten, die Perser blieben die obersten Herren. Aber er hat etwas ganz anderes getan: **Er hat das Gemeinwesen im Rahmen einer beschränkten, aber realen Autonomie auf die Basis jener Thora gestellt, die das Maximum an Egalität verlangt, das unter den gegebenen Bedingungen beschränkter Autonomie möglich war.** Und das ist eine revolutionäre Tat im strikten Sinne des Wortes gewesen, denn sie nahm den Klassenverhältnissen ihr scheinbar schicksalhaftes Gepräge.

2.4. Das Projekt der Thorarepublik

Da das Werk der Befestigung Jerusalems vollendet ist, findet eine große Versammlung statt. Während dieser Versammlung wird vom Priester und Schriftgelehrten \`Esra die Thora verlesen; das ganze Volk hatte sich „wie ein Mann" versammelt. Wir hören (Neh 8,5ff.):

5 \`Esra öffnete das Buch vor den Augen des ganzen Volkes,
denn er war über dem ganzen Volk erhoben.
Und als er es öffnete, stand das ganze Volk auf.
6 \`Esra segnete den EWIGEN, den großen Gott.
Das ganze Volk antwortete: Amen! Amen!
wobei sie ihre Hände erhoben.
Sie verneigten sich, warfen sich nieder vor dem EWIGEN,
Stirn zur Erde.
7 ... die Leviten:
sie machten dem Volk die Thora verständlich.
Das Volk blieb an seinem Standort.
8 Man las aus der Thora Gottes, stückweise,
begreiflich in der Darlegung.
Und sie verstanden die Lesung.

Ob das Werk \`Ezras tatsächlich zeitgleich mit dem Werk Nechemjas getan wurde, ist noch immer umstritten. \`Esra hat vor allem die Abkapselung des Volkes betrieben, weil er wohl der Ansicht war, daß die Sonderverfassung Judäas keine Generation standhalten würde, wenn das Volk sich mit den Nachbarvölkern vermischte. Nechemja hatte ähnliche Bedenken. Die Hälfte der Kinder konnte ja nicht mehr jehudisch reden, sondern redete aschdodisch oder die Sprache anderer Völker (Neh 13,24). Zeitgleich oder nicht, die beiden vertraten das gleiche Anliegen. Die uns vorliegende Darstellung geht davon aus, daß die Thora als Verfassung des Gemeinwesens proklamiert und vom Volk als solche angenommen wurde. Ob diese Darstellung den berühmten historischen Tatsachen entspricht, ist belanglos. Der Text ist die historische Tatsache. Die Thora ist vom ganzen Volk akzeptiert; die Tatsache, daß wiederholt vom **ganzen** Volk die Rede ist und Verben wie *bin*, verstehen, *schakal*, begreifen, verwendet werden, zeigt, daß es sich um einen bewußten und öffentlichen Vorgang handelt. Das Volk ist ergriffen. Nechemja sagt ihnen, nicht zu weinen, „denn das ganze Volk weinte beim Hören der Reden der Thora" (8,9), er sagt 8,10:

10 Geht hin, eßt Fettes, trinkt Süßes,
sendet Anteile denen, die nichts vorbereitet haben.

Denn heilig ist der Tag unsrem Gott,
seid nicht traurig,
denn die Lust am EWIGEN, das ist eure Kraft!

Und so wird das erste Laubhüttenfest gefeiert. Am *jom kippur* spricht `Esra das große Bußgebet, eine Abrechnung mit allem, was geschehen war. Am Ende des Gebets heißt es 9,32:

32 Und nun, unser Gott, große Gottheit, heldisch, furchtbar,
wahre den Bund und die Huld.
Nicht sei gering vor Deinem Antlitz
all das Elend, das uns getroffen hat,
unsere Könige, unsere Führer, unsere Priester, unsere Künder,
unsere Väter, dein ganzes Volk,
von den Tagen der Könige Assurs bis zu diesem Tag.
33 Du aber bist bewährt in allem, was über uns kam;
Du hast Treue geübt, wir aber waren Frevler.
34 Unsere Könige, unsere Oberen, unsere Priester und unsere Väter,
sie taten nicht nach Deiner Thora,
sie beachteten Deine Gebote nicht, Deine Verwarnungen, mit denen Du sie verwarntest.
35 Sie, in ihrem Königreich, in Deiner großen Güte, die Du ihnen gabst,
im weiten und fetten Land, daß Du vor ihnen hergabst:
sie dienten Dir nicht,
sie wendeten sich nicht ab von ihren üblen Werken.
36 Da: wir sind heute Sklaven,
das Land, das Du unseren Vätern gabst, seine Früchte, sein Gut zu essen,
37 Seine Einkünfte mehren sich für die Könige, die Du über uns gabst
unserer Sünden wegen
die walten über unsere Leiber und über unser Vieh nach ihrem Wohlgefallen,
in großer Bedrängnis sind wir.

Diese letzten Zeilen eines der eindrucksvollsten Schriftfragmente zeigen, wie schonungslos sich diese Menschen ihrer Lage bewußt waren. Sie wußten, daß die Lage des ganzen Volkes keine andere war als die eines verschuldeten Menschen, der als Unfreier auf dem Land anderer arbeiten muß. Sie wußten, daß der Tribut den Zustand einer Allgemeinversklavung bedeutet. Sie fragen sich, warum das so geschehen konnte. `Esra gibt in seinem Gebet die Antwort: „Sie hörten auf Deine Gebote nicht." In all diesen Texten herrscht die felsenfeste Überzeugung, daß die außenpolitische

Ohnmacht irgend etwas mit der inneren Verrohung zu tun hatte. Unrecht, Mord, Intrigen, Habgier, sie höhlten den inneren Bestand des Volkes aus. Die Texte gehen davon aus, daß es die Thora von Anfang an gegeben hat. Die Kritik will es anders. Sie weiß inzwischen, daß diese Texte alle während des babylonischen Exils oder danach entstanden sind, mag auch noch so viel altes Material in ihnen enthalten sein. Aber die Thora ist sozusagen **präexistent**. Sie ist das, was heute sein muß, was also gestern hätte sein sollen. Die verlorene Autonomie hat mit der verlorenen Egalität zu tun. Könige, die sich als Anwälte der Großgrundbesitzer, der Militärkaste, der Eliten verstehen, werden eine Politik machen, die sie früher oder später ins Verderben führen wird. Ihren Untertanen, zu Sklaven verkommen, kann es ja egal sein, ob sie vom „eigenen König" oder vom „Ausländer" regiert werden: **Fremd**herrscher sind sie beide.

Das Unglück fängt für `Esra in den Tagen der Assyrerkönige an, d.h. nach dem Tod des jehudischen Königs *chizqijjah* (Hizkia, um 690 v.u.Z.). Er erwähnt die, die das Unglück traf: Könige, Führer, Priester, Künder, Väter. In der Reihe aber derjenigen, die das Unglück durch ihren Ungehorsam verschuldet hatten, fehlen die Künder. In ihnen war die Thora präexistent. Sie hatten Recht und Gesetz eingefordert, lange bevor es die geschriebene Thora gab. So sieht es auch das Mischnatraktat Aboth, indem es schreibt, I,1: „Mosche empfing Thora vom Sinai und überlieferte sie Jehoschu`a, Jehoschu`a den Ältesten, die Ältesten den Kündern, die Künder den Männern der großen Versammlung." In dieser jüdischen Anschauung von der Präexistenz der Thora steckt eine tiefe Weisheit. Ohne die Thora verwildert jedes Land, die Kleinen werden von den etwas Größeren, diese von den Großen und diese letzten dann wiederum vom ganz Großen gefressen. Die Verwilderung der Königreiche Jehuda und Israel war die Folge einer tiefgreifenden „Anomie", Gesetz-, Thoralosigkeit. Deswegen mußten sie untergehen. Denn ohne die Thora hatten sie nichts, was sie von den anderen Völkern unterschieden hätte. Aus diesem Grund stellt schon Amos Jehuda und Israel in die Reihe der Gojim; sie waren ebenso verbrecherisch wie diese (Am 1,3 – 2,8). Die Dialektik von Autonomie und Egalität (oder Thora) wirkte schon **vor** der Ausformulierung der Thora. Die Autonomie ist sehr eingeschränkt; das Volk ist Kollektivsklave der Perser. In dieser Situation kann es also nur darum gehen, im Rahmen der Möglichkeiten der Thora die Geltung zu verschaffen, die ihr gebührt, nämlich Maß aller Dinge des Volkslebens zu sein. Im Rahmen **der Möglichkeiten**; denn der Text geht weiter, 10,1: „In all diesem", *bekol zoth*, in all dem, was `Esra vorgebetet hat:

> 1 In alle diesem schließen wir einen Treubund, mit Schrift und Siegel unserer Führer, unserer Leviten, unserer Priester: [folgen die Namen] ...
>
> 30 und kommen in den Eid und in den Schwur,
> zu gehen in die Thora Gottes, die er durch die Hand Mosches gegeben hat
> und zu wahren und zu tun alle Gebote des EWIGEN, unseres Herrn, seine Rechtssätze, seine Gesetze.

Mit dieser feierlichen Verabschiedung und Beurkundung der Thora als Verfassung des autonomen Gebietes Jehuda im persischen Reich ist das Projekt Nechemjas und `Ezras vollendet, das Projekt **Thorarepublik**. Wir schreiben das späte fünfte oder das frühe vierte Jahrhundert v.u.Z. Ohne das Pathos der Athener, die ihren Stadtstaat für das Paradies der Freiheit im Gegensatz zu dem Sklaventum der Barbaren (Perser) hielten, wurde hier ein Stück Freiheit gestiftet, das nicht, wie die Freiheit Athens, auf Sklavenarbeit beruht, sondern eine „freie Assoziation bäuerlicher Produzenten" werden soll.

Der Schuldenerlaß ist der ökonomische Boden, auf dem das Projekt Thorarepublik aufgebaut wurde. Die Thora ist das Gerüst, das es zusammenhält. Wie wir sie bis jetzt kennengelernt haben, war sie ein Programmentwurf in der Form kommentierter Gesetzesfragmente aus alter Zeit und neueren Vorschriften, eingebettet in einen ausführlichen Kommentar zum ersten Gebot. Aber die Wirklichkeit ist widerspenstig, und so sind Gesetze immer wieder neu zu fassen. Nechemjas Maßnahmen basieren auf Dtn 15. Wir wenden uns jetzt der ausführlichen „Novellierung" dieser Thora in Leviticus 25 zu.

3. Das Recht der Unteren

3.1. Das Buch: „Er rief!"

„Und er rief Mosche zu und es redete der EWIGE ihm zu vom Zelt der Begegnung", so fängt dieses Buch an. Das geschieht alles **außerhalb** des Lagers. Es ergeht der Ruf des Befreiers an Israel, und zwar **von außen**. Das heißt, daß die Gabe der Freiheit wesentlich Aufgabe bleibt. Das Buch ist für eine christliche Leserschaft schwer zugänglich. Die detaillierte Beschreibung der Opferritualien mutet uns fremd, ja barbarisch-primitiv an. Aber die Ritualien antworten auf die Frage, was geschehen soll, wenn ein Mensch, wenn ein Führer des Volkes, in die Irre gegangen ist; nimmt das Schicksal dann seinen Lauf? Nein, das Ritual, das in der „Vernichtung" eines Opfertiers besteht, zeigt eine doppelte Bewegung: die Tötung des Opfertieres, die Ausschüttung von Mehl oder Blut, bezeichnet einerseits den **unwiderruflichen** Charakter des Schadens, der durch das Vergehen angerichtet wurde; immer bleibt ein Schmerz zurück, und ganz wie zuvor wird es nie wieder werden; außerdem bedeutet Opfer auch Verlust eines Besitzes und daher auch Machtverlust derjenigen, die sich Machtmißbrauch zuschulden haben kommen lassen. Andererseits ist das Opfer als *reach nichach*, „Ruch des Geruhens", wie Buber übersetzt, für den EWIGEN zugleich der erste Schritt eines Neubeginns. Damit daraus kein Hokuspokus wird, ist alles genau geregelt, und es wird zur Aufgabe der Priesterschaft, die unter den Persern mit der politischen Führung des Volkes beauftragt war, dies alles durchzuführen und zu überwachen. Im ersten Teil des Buches (1 – 16, mit Kap. 17 als Zusatz) geht es also darum, was geschehen muß, wenn eine „Seele sündigt". Im zweiten Teil wird inhaltlich beschrieben, was alles „Sünde" sein kann. Dieser Teil, der in Kap. 18 anfängt, kulminiert in Kap. 25, das positiv beschreibt, wie die Gesellschaft befreiter Sklaven aussehen soll. Das Buch wird abgeschlossen mit einem Segen- und Fluchspruch, Kap 26. Einen sehr interessanten Zusatz haben wir in Kap. 27.

3.2. Ordnung vom Sinai

Die Wahrheit steckt im Detail. Leviticus 25 beginnt so: „Der EWIGE redete zu Mosche auf dem Berg Sinai, ein Sprechen ...". Wir haben es mit einem Ortswechsel zu tun, denn in 1,1 heißt es: „...er redete zu Mosche vom Zelt der Begegnung, ein Sprechen: ...". Die Gesetze, Rechtsverordnungen und

Weisungen kommen im Buch Leviticus aus dem Zelt der Begegnung, das außerhalb des Lagers steht. Es gibt aber vier Ausnahmen; 7,38 hören wir: „Dies ist die Weisung ... welche der EWIGE Mosche gebot auf dem Berg Sinai, am Tag, da er den Söhnen Israels gebot, ihre Annäherungsopfer nahezubringen dem Ewigen in der Wüste Sinai." Also wird am Ende des Abschnitts die ganze Opfergesetzgebung auf dem Sinai lokalisiert. Bei Lev 25 geschieht das aber am Anfang! 26,46 lautet: „Dieses sind die Gesetze, Rechtsverordnungen und Weisungen, die der EWIGE gab zwischen ihm und den Söhnen Israels auf dem Berg Sinai durch die Hand Mosches." Das bezieht sich offenbar doch wohl auf das ganze Buch. Denn Lev 26 ist ein Segens- und Fluchspruch, keine Rechtsverordnung. Es schließt genauso wie der Segens- und Fluchspruch in Dtn 28 die ganze Gesetzgebung ab. Wir hören aber solches weder nach der doch so wichtigen Gesetzgebung für den „Tag der Bedeckung [der Sünden]", *jom kippur*, noch nach dem sogenannten levitischen Dekalog im 19. Kapitel. Also kann zumindest gesagt werden, daß zwei Komplexe durch den Ortswechsel besonders hervorgehoben werden sollen: Lev 1 – 7 im Nachsatz, Lev 25 gleich vom Anfang an. Die Nachsätze zu Kap. 26: „Dies sind die Gesetze, Rechtsverordnungen und Weisungen, die der EWIGE dem Mosche für die Söhne Israels auf dem Berg Sinai durch die Hand Mosches" gebot, und zu Kap 27: „Dies sind die Gebote, die der EWIGE Mosche gebot auf dem Berg Sinai ...", beziehen sich auf das Buch als Ganzes (Gesetze, Rechtsverordnungen und Weisungen) bzw. auf die Zusatzgebote (Gebote) in Kap. 27. So wird im Vorsatz 1,1 und in den Nachsätzen 26,46 und 27,34 deutlich, daß das Buch „Er rief!" sowohl aus dem Zelt der Begegnung wie vom Sinai her gesprochen wird. Was hat das zu bedeuten?

Das Zelt der Begegnung steht außerhalb des Lagers. Dieser Ort ist die Folge des Zwischenfalls mit dem goldenen Kalb. Es heißt: „Der EWIGE redete zu Mosche ... Ich aber werde nicht in deiner Mitte hinaufziehen, denn ein Volk hart von Nacken bist du" Ex 33,3. Folglich errichtet Mosche das Zelt der Begegnung außerhalb des Lagers: „Und Mosche nahm das Zelt und spannte es außerhalb des Lagers, weit vom Lager und rief es: Zelt der Begegnung ..." 33,7. Wir betrachten den Zwischenfall mit dem goldenen Kalb als die vorweggenommene Wertung der Königszeit (Veerkamp 1983, S. 65f.). Die Mitte der Thora, das Buch „Er rief!", wird sozusagen dem Volk „von außen" zugerufen, ist „nach" der Königszeit, „nach" dem Zwischenfall mit dem goldenen Kalb gegeben; d.h., sie reflektieren die Erfahrungen, die Israel mit seinen Königen machen mußte. Seine ganze priesterliche Verfassung ist „nach“ der Königszeit, weil die Priester als politische Führungsgruppe die Könige ersetzen. Dennoch wurde die **ganze** Thora auf dem Sinai gesprochen, gehört **ganz und gar** zu dem, was der Gott der Befreiung von Anfang an mit diesem Volk vorhatte. Sinai ist der von jeher, vom EWIGEN her, zu bewahrende Grund Israels. Israel kann ohne Priester, ohne Opfer leben, es lebt tatsächlich seit der Zerstörung Jerusalems im Jahr 70 u.Z. ohne Priester und Opfer. Aber es kann nicht ohne Sinai leben und hat nie ohne Sinai gelebt. Im berühmten Thorakommentar von Rab Schlomo ben Jitzchaq, Raschi (1040 – 1105) wird dies klargestellt, wobei Raschi die sachliche Identität zwischen Dtn 15 (der Thora der *schmittah*) und Lev 25 (wo das Wort *schmittah* nicht vorkommt) in den Vordergrund stellt:

„Auf den Berg Sinai. Wieso steht der Verzicht (*schmittah*) in Zusammenhang mit dem Berg Sinai? Wurden nicht alle Gebote vom Sinai her gesprochen? Sicher, aber: wie denn Verzicht? Ihr ganzer Zusammenhang und ihre besonderen Abschnitte und ihre Schlußfolgerungen sind vom Sinai her. Tatsächlich wurden sie alle vom Sinai her gesprochen, ihr Zusammenhang im Ganzen wie ihre Schlußfolgerungen, wie gelehrt wird in der Thora Kohnim. Mir erscheint dies der Sinn zu sein; da wir nicht finden, daß der Verzicht auf Grundstücke in den Steppen Moabs, in der Doppelthora [Deuteronomium] wiederholt wird, mögen wir lernen, daß ihr Zusammenhang im Ganzen, ihre besonderen Abschnitte und ihre Schlußfolgerungen alle vom Sinai her gesprochen wurden. Nun kommt die Schrift und lehrt uns bezüglich jeder Rede, die zu Mosche gesprochen wurde, daß sie von Sinai her ist, ihr ganzer Zusammenhang und ihre Schlußfolgerungen und noch einmal in den Steppen Moabs wiederholt wird“ (Onderwijzer, 1895/1984).

Lev 25 gehört mit seinem Ausgangspunkt und in seinen Zielsetzungen zum „ursprünglichsten“ Bestand der Schrift, das will uns die Betonung „auf dem Berg Sinai“ einschärfen. Diese „Ursprünglichkeit“ ist theologisch, nicht historisch-kritisch gemeint. Der Ortswechsel, durch den uns eingeschärft wird, diese Thora sei von Sinai her gesprochen und von Sinai her zu verstehen, soll uns gebührend vorbereiten auf das Werk des Hörens und somit auch des Tuns, das hier auf uns wartet.

3.3. Die Sabbatordnung

3.3.1. Das siebte Jahr

25,2 Rede zu den Kindern Israels, sprich zu ihnen:
wenn ihr in das Land kommt, das ich euch geb,
soll das Land einen „schabbath“ feiern für den EWIGEN;
3 sechs Jahre sollst du dein Feld besäen,
sechs Jahre sollst du deinen Weinstock schneiden, und ihre Erträge einsammeln.
4 Aber im siebten Jahr sei ein „schabbatischer Sabbath“ für das Land,
einen „Schabbath“ dem EWIGEN.
Dein Feld sollst du nicht besäen,
deinen Weinstock nicht schneiden,
5 den Nachwuchs deiner Ernte nicht ernten,
die Trauben deiner Rebe nicht pflücken;
ein „schabbatisches“ Jahr sei es für das Land.
6 Und der „Schabbath“ des Landes werde euch zum Essen:
dir, deinem Sklaven, deiner Dienstmagd,
deinem Tagelöhner, deinem Pächter, die als Gäste bei dir sind.
7 Deinem Vieh aber und den Lebewesen, die auf deinem Land,
werden all seine Erträge zum Essen.

Stichwort ist hier die Wurzel *schabbat*. Ich habe es, wie Buber, mit *Feier* übersetzt. Das Substantiv *schabbath* und die adjektivische Bestimmung *schabbathon* habe ich zunächst unübersetzt gelassen. Das Fremdartige dieser Worte soll der Ausgangspunkt sein. *Schabbath* bedeutet zunächst *unterbrechen*; im Arabischen heißt *sabata* abschneiden, unterbrechen. In der Übersetzung *feiern* steckt diese Bedeutung, denn die Feier ist die Unterbrechung des Alltages; für die Juden ist der Sabbat feierliche Unterbrechung der Reihe der Wochentage, an denen gearbeitet wird. Der gewohnte Fortgang des Arbeitslebens wird also unterbrochen; dies geschieht mit einem dreifachen Zweck. Die Zweckbestimmung wird im Text wiedergegeben durch die Partikel *le*. Unterbrochen wird für den EWIGEN und die Unterbrechung gilt dem Land und den Menschen, die es bearbeiten.

Die Unterbrechung kommt zunächst dem EWIGEN zugute. Den Ertrag des so „in Ruhe“ gelassenen Landes gibt dieser seinen Geschöpfen, dem Vieh und den Lebewesen des Feldes; denn es heißt Gen 1,25: „Und Gott machte die Lebewesen des Feldes nach ihrer Art und das Vieh nach seiner Art.“ Was das soll, wird hier noch mehr suggeriert als ausgesprochen;

der EWIGE scheint als Tributherr auf ein Siebtel der Erträge Anspruch zu erheben, das in der Form des Ertrages des siebten Jahres abzugeben ist. Näheres werden wir erst erfahren, wenn wir Vers 23 besprechen. Nutznießer sind also diese Geschöpfe.

Aber die Partikel *le* gilt auch den Menschen. Die Vorschrift gilt für eine ganz bestimmte Gruppe von Menschen; außer dem Besitzer des Landes gilt die Vorschrift nur für Abhängige; denen, die zum Haus des Besitzers gehören, Sklaven und Dienstmagd; und denen, die von ihm abhängig sind, ohne dem Haus anzugehören, dem Tagelöhner und dem Pächter. Der Tagelöhner (*sakir*) gehört ohne Zweifel zur untersten Schicht der Bevölkerung. Er hatte keinerlei Sicherheiten und war im doppelten Sinne abhängig, nämlich abhängig von der Lohnhöhe, die der Mieter seiner Arbeitskraft festsetzte, und abhängig davon, ob jemand überhaupt seine Arbeitskraft brauchen würde (beides wird sehr deutlich im Gleichnis von den Arbeitern im Weinberg, Mt 20,1-16). Über den Pächter (*toschab*) später mehr. Sinn dieser Vorschrift ist es, sicherzustellen, daß die Arbeit auch wirklich unterbrochen wird; soziale Gesichtspunkte spielen, soweit ich sehe, keine Rolle, denn es ist kaum einzusehen, was für Nutzen jemand, der darauf angewiesen ist, sich mit seiner Arbeitskraft zu verdingen, davon haben soll, daß er ein Jahr lang nicht arbeiten darf. Vorteile aber entstehen für die Haussklaven und -sklavinnen.

Die Parallelvorschrift Ex 23,10f. sieht in der Vorschrift einen Nutzen für die Bedürftigen des Volkes (*'ebjonim 'am*); sie sollen essen. Die Stoßrichtung ist hier auch eine andere; das Wort *schabbath* wird vermieden, stattdessen hören wir das Wort *schmittah*, Verzicht. Es ist das gleiche Wort, das wir bei der Besprechung von Dtn 15,1ff. kennengelernt haben. Im Exodustext geht es also um Verzicht zugunsten der Armen. Die Eigentümer des Landes werden dort als Leute betrachtet, die das Land „im Griff" haben; sie werden aufgefordert, diesen „Griff" im siebten Jahr zu „lockern". Im Leviticustext steht aber etwas anderes im Vordergrund: das absolute und uneingeschränkte Eigentumsrecht des Gottes Israels an allem Grund und Boden und deren Erträgen. Man soll nicht den Fehler machen, den einen Text gegen den anderen auszuspielen, sondern geduldig das Ganze hören. Die Unterbrechung, der „Schabbath" im „schabbatischen Jahr", soll hier die Verhältnisse in einer sehr grundsätzlichen Manier klären. Dieser Schabbath hat sehr viel mit dem Schabbath von Gen 2,1ff. zu tun. Der siebte Tag ist der Schlußpunkt des Werkes der Schöpfung; seine Institutionalisierung als „Sabbat" bestätigt die Schöpfung eindringlicher als jede Maßnahme unsererseits zu ihrer sogenannten Bewahrung. Denn dieser Tag durchbricht die Reihe der Tage und zeigt, daß die Ketten, die uns an angebliche ökonomische Notwendigkeiten binden, prinzipiell durchbrochen sind und somit auch durchbrochen werden können.

Es gibt eine Reihe von Hinweisen darauf, daß das siebte Jahr (gewöhnlich Sabbatjahr genannt) auch eingehalten wurde. Belege finden sich bei Flavius Josephus, Antquitates XI, 8.6 und XIX, 6.2 sowie in 1Makk 6,49.53. Ob die Praxis auch universell war, ob dann auch wirklich das ganze Land ruhte, geht aus diesen Belegen nicht zweifelsfrei hervor; das wäre unwahrscheinlich. Es würde nämlich bedeuten, daß das Land, zusätzlich zu den verschiedenen Tributabgaben noch einen durchschnittlichen Surplus von mehr als 14% erwirtschaften konnte, vermutlich also einen Gesamtsurplus von 25%. Dies scheint ökonomisch unmöglich zu sein. Wie dem auch sei, die Richtung dieses Textes ist klar; er greift sehr tief in das ökonomisch freie Verfügungsrecht der Menschen an ihrem Grundbesitz ein.

3.3.2. Das siebenmal-siebte Jahr

25,8 Zähle dir ab die Tage von sieben Schabbathjahren,
sieben Jahre siebenmal,
so sind dir die Tage der sieben Schabbathjahre neunundvierzig Jahre.
9 Laß den Schall der Posaune schreiten am siebten Neumond,
am Zehnten des Neumondes.
Am Tag der Bedeckungen laß den Schall der Posaune schreiten durch euer ganzes Land.
10 Heiligen sollt ihr das fünfzigste Jahr,
Ein „Jobel“ soll das für euch sein, das fünfzigste Jahr,
ihr sollt zurückkehren, jedermann zu seinem Besitz,
jedermann zu seinem Familienverband kehrt ihr zurück.
11 Ein „Jobel“ ist das, das fünfzigste Jahr soll es werden für euch,
säet nicht,
erntet nicht seinen Nachwuchs,
schneidet nicht seine Reben.
12 Denn ein „Jobel“ ist das,
heilig soll es euch sein,
vom Feld weg eßt seine Einkünfte.
13 In diesem Jahr des „Jobel“ kehrt ihr zurück,
jedermann zu seinem Besitz.

Nach Ablauf eines Kreises von sieben Sabbatjahrperioden soll „Freizügigkeit" ausgerufen werden. Das Wort *dror* stammt von einer Wurzel, die so etwas wie „strömen" bedeutet, eine ungehinderte Bewegung andeutet; es kommt auch in der Bedeutung „Schwalbe" vor. Wir wissen aus Jer 34, wo uns das Wort viermal begegnet, daß es die periodische Entlassung aller Sklaven meint. Die persönlichen Dienstverhältnisse, die meistens auf Grund von Verschuldung entstehen, sollen periodisch aufgehoben werden. Dies wird von den Thoravorschriften Ex 21,2ff. und Dtn 15,12ff. zwingend vorgeschrieben, dort freilich für eine Periode von sieben Jahren, an deren Ende auch alle sachlichen Abhängigkeitsverhältnisse aufgelöst werden. Der technische Begriff für den Zustand eines Menschen, der nach dieser Vorschrift entlassen wird, ist *chafschi*, ledig. Die Kombination von *dror* und *chafschi* finden wir im bereits erwähnten Text Jer 34.

Die Thoravorschriften Ex 21,2ff. und Dtn 15,12 sowie Jer 34 beziehen sich auf die formale Entlassung der Sklaven. Lev 25 verlangt im fünfzigsten Jahr darüber hinaus eine **materielle** Wiederherstellung des gesellschaftlichen Status-quo-ante. Das Besondere an der Freizügigkeit nicht im siebten, sondern im fünfzigsten Jahr wird zum Ausdruck gebracht durch die Worte *Jobel* und *schub*. *Schub* bedeutet zurückkehren und wiederherstellen. Gott läßt Ijjob „Wiederkehr kehren", wie Buber übersetzt, daß heißt, er stellt seinen Rechtsstand wieder her (42,10). Auch wurden dieses Verb und die von ihm abgeleiteten Substantive für Rückkehr und Wiederherstellung Israels nach der Katastrophe von 587 v.u.Z. gebraucht, z.B. in Ps 126.1:

> Wenn der EWIGE wiederkehren läßt die Wiederkehr Zions,
> werden wir sein wie in einem Traum ...

Der Schall der Posaune, die durch das Land schreitet, kündigt diese Wiederkehr nicht des Volkes, sondern eines jeden Mitgliedes des Volkes an. Aber das geschieht natürlich unter der Voraussetzung der Wiederkehr Zions. Das Jahr wird „Jobel" genannt. Ich habe es unübersetzt gelassen, weil es etwas Einmaliges ist, wie Schabbath, das auch unübersetzbar ist. Das Wort kennen wir aus der Erzählung Josua 6,1ff. Es heißt Vers 3ff.:

> 3 Zieht rings um die Stadt, alle Kriegsmänner, rund um die Stadt, einmal;
> so tut ihr sechs Tage.
> 4 Sieben Priester tragen sieben Jobel-Posaunen vor den Schrein einher;

Am siebten Tag zieht ihr rings um die Stadt, siebenmal,
die Priester stoßen in die Posaunen.
5 Es wird geschehen:
wenn das „Jobel"-Horn vorbeimarschiert,
wenn ihr die Stimme der Posaune hört,
macht ein Getöse, ein großes Getöse,
und die Mauer der Stadt fällt zusammen ...

Jericho und seine Herrscher, die *Ba'ale-jericho*, sind die symbolische Andeutung jenes Zustandes des Landes, der überwunden werden muß, wenn die Freiheit zur Wirklichkeit werden soll. Das „Jobel" ist ein Instrument, das auch beim Anmarsch auf den Sinai eine Rolle spielt, Ex 19,13. Offenbar wird es bei entscheidenden Ereignissen gebraucht, bei der Proklamation der „magna charta" der Freiheit Israels und bei der Überwindung „jerichoscher" Zustände im Lande. Diese Zustände sind denen der Freiheit diametral entgegengesetzt. Ein Jahr des „Jobel" ist also ein Jahr, in dem etwas passiert, was damals am Sinai passierte und was damals mit den Mauern Jerichos passierte. Das ist der Zusammenhang. Deswegen wird das Wort auch absolut gebraucht. „Ein **Jobel** ist das", hören wir hier dreimal (vgl. auch Lev 27,16.21 und Num 36,4). Und der Jobel „schreitet" (he`ebir, `abar) wie Israel durch das Schlilfmeer, der Schrein des Bundes durch den Jordan schritt.

Was ist das entscheidende Ereignis in diesem Jahr des „Jobel"? Die Rückkehr und Wiederherstellung eines ursprünglichen Zustandes. Lev 25 geht davon aus, erstens: daß „jedermann" zu einem ihm eigenen Besitz *('achuzza)* und einem ihm eigenen Familienverband (*mischpacha*) gehört (also nicht umgekehrt, als ob der Besitz zum Menschen gehöre, wie in unserem Zivilrecht!); zweitens: daß er von ihnen entfernt werden kann und drittens: daß dies ein Zustand ist, der vergleichbar wäre mit dem Zustand, in dem sich das ganze Land vor dem Fall Jerichos und seiner Herren befand. Das Land, damals befreit, fällt in einen Zustand der Versklavung zurück, wenn auch nur ein Mitglied des Volkes in ihn zurückfiele. Darum muß die Posaune des „Jobel" geblasen werden, um es zu befreien. Hier herrscht der „Konservatismus" jeder Revolution. Jede Revolution betrachtet die herrschenden Zustände als „menschenunwürdig", d.h., als dessen unwürdig, was einen Menschen als Menschen auszeichnet; sie will seine ursprüngliche Würde wiederherstellen und muß daher die herrschenden Zustände umwälzen. **Das** soll in Israel alle siebenmalsieben Jahre geschehen; Vernichtung aller Klassengegensätze, die sich entwickelt haben mögen, eine

Wiederherstellung einer ursprünglichen Egalität. Jedermann kehrt wieder zu seinem Besitz zurück: d.h. Wiederherstellung der ursprünglichen egalitären Besitzverhältnisse. Jedermann kehrt zu seinem Familienverband zurück: d.h. die Wiederherstellung der ursprünglichen sozialen Verhältnisse. Die Proklamation dieser Wiederherstellung der ursprünglichen ökonomischen und sozialen Verhältnisse der Freiheit geschieht an einem ganz bestimmten Tag, am „Tag der Bedeckungen (*bjom hakkippurim*). Das ist der Tag, an dem die Priester alle Fehlentwicklungen (*'awonoth*) und alle Abtrünnigkeiten (*psch'aim*) der Kinder Israels bedeckt und dem „Bock der Entsündung" überträgt, Lev 16,20f. Die „Sündigkeit" wird sozusagen von der Posaune des „Jobel" weggeblasen, und die Fehlentwicklung durch die Rückkehr der Entfremdeten des Volkes rückgängig gemacht. „Jobel" ist also die große kollektive **Bekehrung** eines ganzen Volkes, seine Entsündung. Aber diese Bekehrung und Entsündung ist keine moralisch-geistige, innere Angelegenheit des individuellen Menschen, sondern wird materiell handfest und dingfest in der Rückkehr zu Verhältnissen der Freiheit in der Ökonomie des Landes und der Rückkehr zum Familienverband, der so erneuert wird. In Israel ist Sünde keine Angelegenheit der „Moral", sondern, um einmal mit Hegel zu reden, der „Sittlichkeit", d.h. der gesellschaftlichen Zustände.

Hat es diese permanente Revolution in der Wirklichkeit gegeben? Es scheint nicht. Ez 48 schreibt nach der Rückkehr aller Kinder Israels aus der Verschleppung eine Neuverteilung des Landes vor; solange dies nicht geschehen ist, so meinten die Rabbinen, greift die Jobelvorschrift ins Leere. Aber dieser Text nimmt dem Lauf der Dinge seinen Schicksalscharakter und benennt das, was sein soll, als das, was eigentlich ist, und das, was ist, als das Uneigentliche, Befremdende. **Heilig** ist dieses Jahr und das heißt, daß es herausgenommen ist aus dem Kreis der Jahre und in einem unmittelbaren Verhältnis steht zu dem, der sagt, Lev 19,2: „Heilige werdet; denn heilig bin ich, der EWIGE, euer Gott."

3.3.3. Umwertung der Werte

25,14 Wenn ihr etwas Verkäufliches deinem Volksgesellen verkauft
oder erwerbt aus der Hand deines Volksgesellen,
nicht beutet aus, jedermann seinen Bruder.
15 Nach der Zahl der Jahre seit dem Jobel erwerbe von deinem Volksgesellen,
nach der Zahl der Jahreseinkünfte verkauft er dir.

16 Proportional der Vielzahl der Jahre vervielfache seinen Erwerbspreis;
proportional der geringeren Zahl verringere seinen Erwerbspreis;
denn eine Anzahl von Einkünften verkauft dieser dir.
17 Und beutet nicht aus, jedermann seinen Volksgesellen,
sondern fürchten sollst du dich vor deinem Gott,
denn ICH bin es, der EWIGE, euer Gott.

In unserem Text geht es offenbar um **Ökonomie**. Es ist die Rede von verkaufen (*makar*) und erwerben (*qanah*), von Erwerbspreis (*miqnah*) und von Einkünften (*thebo'oth*). Gelöst soll die Frage werden, wie der Preis (*miqnah*) „wertgerecht" gestaltet werden kann. Den Begriff „Wert" aus unserer klassischen Volkswirtschaftslehre kannten die Verfasser unseres Textes natürlich nicht. Das Wort *'erek*, das wir in Lev 27 zwanzigmal hören, kommt aber in die Nähe; dort spielt aber das Geld als Bewertungsinstrument schon eine wichtige Rolle. Das, was wir wertgerecht nennen, wird in Lev 25,14ff. negativ ausgedrückt, durch das Verb *janah*, ausbeuten. Es ist ein Wort aus dem Umkreis der späteren Propheten: einmal bei Deuterojesaja, viermal bei Jirmejahu, siebenmal bei Jechezq'el, einmal bei Zephanja. In der Thora hören wir es noch in Ex 22,20, Dtn 23,17 und Lev 19,33; alles in allem achtzehnmal. Das Wort bedeutet: **Gewalt ausüben**; dabei ist vor allem soziale Gewalt den schwächeren Gesellschaftsmitgliedern gegenüber gemeint, etwa Ex 22,20:

Den Fremden beute nicht aus,
presse ihn nicht aus,
denn Fremde wart ihr im Lande Ägypten.

oder Jer 22,3:

Tut Recht und Wahrheit,
rettet den Weggerissenen aus der Hand des Rohlings,
Einen Fremden, eine Waise, eine Witwe beutet nicht aus ...

Die Stelle Ez 45,8 kennt die kollektive Ausbeutung des Volkes durch den Fürsten („nicht sollen weiter die Fürsten mein Volk ausbeuten", vgl. auch 46,18). Der Fürst aus dem Verfassungsentwurf Ez 40 – 48 erhält einen eigenen Anteil am Lande, den er nicht vergrößern darf. Ausgeschlossen sollen Verhältnisse werden, in denen das Volk dem Fürsten gegenüber in eine Position der ökonomisch und sozial Wehrlosen gerät. Die Übersetzung *ausbeuten* trifft also die Sache nicht ganz, aber sie kommt in die Nähe des durch das Verb *janah* ausgedrückten Tatbestandes, daß der ökonomisch Mächtige Vorteil aus der sozialen Schwäche seines Widerparts zieht.

Dieser Befund erlaubt uns, die Stelle Lev 25,14ff. eindeutig zu interpretieren. Es handelt sich nicht um eine „markt(gesetz)gerechte" Lösung, sondern um eine Lösung, durch die die Position der sozial und ökonomisch Schwächeren geschützt werden soll: Ausbeutung soll ausgeschlossen werden. Das Marktgesetz par excellence, das von Angebot und Nachfrage hebt den Unterschied zwischen Wert und Preis auf. Preise schwanken nach dem Gesetz von Angebot und Nachfrage: stößt ein hohes Angebot auf eine geringe Nachfrage, sind die Preise niedrig; gibt es nur ein geringes Angebot bei lebhafter Nachfrage, sind sie hoch. Es handelt sich hier um Kauf und Verkauf des Produktionsmittels Boden. Bei der Feststellung des „Preises" hat man nicht von Angebot und Nachfrage, sondern vom Jobel auszugehen. Das Wirtschaftsgut „Boden" hat in dieser Ordnung keinen „Preis" in unserem Sinne; verkauft werden vielmehr „Werte", nämlich eine Reihe von Jahreserträgen. In dieser Art von Gesellschaften ist beim Verkauf von Grundstücken der Verkäufer fast immer im Nachteil, weil er das, was ihn und sein „Haus" ernährt, selten freiwillig verkaufen wird. Generell gilt das Verbot der Ausbeutung für Verkäufer und Käufer, aber der Nachdruck liegt auf dem Käufer: er soll den Preis nach der Jahreszahl regulieren. Ein dereguliertes Marktgeschehen kann es daher aus zwei Gründen nicht geben; erstens gibt es, gesellschaftsbedingt, kein freies Angebot; zweitens macht das Ausbeutungsverbot eine Selbstregulierung des Preises nach dem Marktgesetz unmöglich.

Im Text geht es aber offenbar auch um **Theologie**. Der Text wiederholt in Vers 17 das Ausbeutungsverbot, diesmal mit dem für den zweiten Teil von Leviticus typischen Zusatz: „Fürchten sollst du dich vor deinem Gott, denn ICH bin es, der EWIGE, euer Gott." Wir haben es hier nicht mit einer aufgesetzten theologisch-ethischen Begründung zu tun, als ob der Wille dieses „Gottes" auch ein ganz anderer hätte sein können. „Gott", das ist die Befreiung aus ägyptischen Verhältnissen. Die ägyptischen Verhältnisse sind Ausbeutungsverhältnisse, wie aus dem oben zitierten Exodustext hervorgeht; man soll Fremde nicht ausbeuten, d.h. auf ägyptische Art behandeln, weil Israel ja selber „Fremder" in Ägypten war und nun gerade aus diesem Status befreit wurde. Deswegen unterstreicht Vers 17 das Ausbeutungsverbot mit der Vokabel „Gott" und mit dem GottesNAMEN, der ja die Befreiungstat für Israel **ist**. Die Theologie ist hier **diese** Ökonomie; und die Ökonomie ist hier **diese** Theologie einer erfahrenen Befreiung. Wir werden dieser dialektischen Bindung zwischen beiden in Lev 25 häufiger begegnen. Wichtig ist, hier zu sehen, daß die Theologie nicht rein von außen hinzukommt. Von Exodus her, vom NAMEN her kann die Theologie gar keine andere sein. „Gott“ steht nicht auf der Seite der Armen, der sozial und ökonomisch Wehrlosen, als ob er auch auf der Seite deren Gegner hätte stehen können; vielmehr beinhaltet der NAME diese Position wesentlich. Er ist der Ausdruck einer Ordnung, in der es diese Ausbeutung nicht gibt und nicht geben kann.

Der kontingente Charakter, der trotzdem den Text inhaltlich kennzeichnet, ergibt sich nicht von der Seite der Theologie, sondern von der Seite der ökonomisch-sozialen Konkretion. Andere Lösungen des Problems: „wie schließt man Ausbeutung als Wesenselement der Ökonomie aus“, wären denkbar gewesen, vielleicht sogar bessere Lösungen. Aber eine andere sozial-ökonomische Zielsetzung wäre nicht denkbar gewesen. Deswegen ist die Theologie nichts anderes als eine andere **Schreibweise** für die Grundtendenz der gewählten ökonomischen Strategie.

3.3.4. Einwände

25,18 Ihr sollt meine Gesetze tun,
meine Rechtsverordnungen sollt ihr wahren, sie tun;
dann werdet ihr auf dem Land in Sicherheit wohnen.
19 Das Land wird seine Frucht geben,
essen werdet ihr bis zur Sättigung,
ihr werdet dort in Sicherheit wohnen.
20 Wenn ihr nun aber sprecht:
was sollen wir im siebten Jahr essen,
da, wir haben nicht gesät und nicht eingesammelt seine Einkünfte?
21 Ich werde meinen Segen entbieten für euch im sechsten Jahr,
es wird Einkünfte bringen für drei Jahre.
22 Ihr werdet säen im achten Jahr und ihr werdet noch von den alten Einkünften essen,
bis zum neunten Jahr, bis ihre Einkünfte kommen, werdet ihr altes essen.

Dieser Abschnitt fängt mit einer fast deuteronomischen Beschwörung an, die Gesetze zu tun, die Rechtsverordnungen zu wahren. Dann wird man „in Sicherheit wohnen“. Sicherheit, *betach*, ist eins der höchsten Rechtsgüter. Die Wurzel hat wohl eine Grundbedeutung wie „offen, schutz- oder wehrlos sein“ (das arabische batath bedeutet „ein breites offenes Tal“). Das Verb *batach* ist ein typisches Psalmwort; 43mal hören wir es dort. Es bedeutet: sich auf seine Wehrlosigkeit einlassen, vertrauen, „sich sichern“ (Buber), und zwar vor allem Gott gegenüber. Sehr plastisch erfahren wir die Bedeutung in der Stelle Ez 38,11, wo es von Gog aus dem Land Magog heißt:

> Du wirst sprechen:
> ich will hinaufziehen wider ein Land offener Gehöfte,
> ich komme zu den Beruhigten, die in Sicherheit wohnen,
> alle wohnen sie, ohne Mauer oder Riegel,
> nicht mal Türen haben sie.

So zu wohnen, so ruhig wohnen zu können, wer träumte nicht davon? In Lev 25 nun wird gesagt, daß diese „Sicherheit" gewährt ist, wenn das Volk die Gesetze und Rechtsverordnungen tut. Und dies ist nicht abwegig; denn wenn die Ausbeutung ein für allemal abgeschafft ist, können es sich die Menschen leisten, einander gegenüber wehrlos zu sein. Das müßte freilich dann im Weltmaßstab geschehen, wie Ez 38 – 39 zeigt.

Zweimal wird dem Volk zugesagt, daß seine Sicherheit einzig und allein die Folge seiner Rechtstreue ist. Aber dies so beglückte Volk traut dem Frieden nicht. Denn das Aussetzen geregelter Produktion im siebten Jahr stellt ein Land, das nur Subsistenzwirtschaft kennt, vor große Probleme. Nun wird ein Segen, und der besteht im Regen, in Aussicht gestellt, der im sechsten Jahr zur Verdoppelung der Erträge führen wird, ja, zu mehr als das; der Ertrag des sechsten Jahres reicht noch bis ins neunte Jahr hinein. Dies setzt eine meteorologische Zuverlässigkeit Gottes voraus, die bekanntlich nie seine stärkste Seite war. Der Einwand ist berechtigt; die Antwort geschieht nach dem Prinzip Hoffnung und wird schwerlich die Pragmatiker von damals und heute überzeugen. Sinn des Sabbatjahres war es, wie wir gesehen haben, dem obersten Herrn des Landes den Tribut zu zollen, auf den er Anspruch erhebt, d.h., sich periodisch durch eine drastische Maßnahme, die die Produktionslogik als verselbständigte, sich selbst als Zweck dienende, über die Menschen herrschende Wirklichkeit durchschneidet, daran zu erinnern, daß Menschen nicht nach ihrem eigenen Gutdünken über Land, über Ressourcen verfügen, sondern dies nur im Sinne dessen tun dürfen, der Israel aus dem Sklavenhaus befreite. Ob die Konkretion „Sabbatjahr" dazu geeignet ist, darüber kann diskutiert werden, und darüber wurde offenbar diskutiert. Die Praxis des Sabbatjahres bestand, wie oben gezeigt, tendenziell bis in die römische Zeit weiter. Dabei „ruhten" nicht alle Grundstücke gleichzeitig.

Sinn des Sabbatjahres war es, so sagten wir, die verselbständigte Produktionslogik zu durchschneiden. Unser Text macht dies deutlich, indem er jetzt den entscheidenden Satz des ganzen Kapitels, wenn nicht der ganzen Schrift, hören läßt. Dieser Satz faßt das bisher gesagte zusammen und leitet das darauf folgende ein.

3.4. „Gott“

25,23 Nicht werde das Land unwiderruflich verkauft,
denn mein ist das Land,
denn Fremde und Pächter seid ihr bei mir.

Der Aufbau dieses Verses ist relativ einfach: ein Verordnungssatz geht voran, zwei Begründungssätze folgen. Die Verordnung bezieht sich auf Verkaufsakte. Von Verkauf war bereits die Rede; mehr noch wird im folgenden über ihn zu sagen sein. Hier wird grundsätzlich angeordnet, daß Verkaufsakte niemals unwiderruflich sein dürfen, soweit sie sich auf das Land und überhaupt auf das, was für einen Menschen lebensnotwendig ist, beziehen. Unwiderruflich, *lizmithuth*. Die Wurzel *zamath* bedeutet: ein Ende bereiten, zu Ende bringen (arabisch *samata* bedeutet still sein, *samt* bedeutet Stille). Landverkauf (und das gilt auch für Häuser auf dem Land) kann allenfalls ein vorläufiger Akt sein. Das begrenzt Eigentumsrechte an dem, was man käuflich erwirbt, erheblich und verstößt eindeutig gegen die Grundsätze unseres Zivilrechtes. Es kann nach diesem Rechtssatz der Schrift kein endgültiges Eigentumsrecht an dem geben, was für einen andren Menschen die Lebensgrundlage war, und wenn man hundertmal einen rechtsgültigen Kaufkontrakt hat. Auch in der Antike ist eine Verordnung wie die von Lev 25,23a etwas recht Ungewöhnliches; in Rom wäre sie unerhört!

Die Beschränkung der Möglichkeiten, Eigentum zu erwerben, wird zweifach begründet. Erstens: „Denn mein ist das Land.“ Die Bubersche Übersetzung ist sehr gut, weil es der trockenen Kürze des Hebräischen auch in der Betonung gerecht wird (*ki-li ha'arez*). Das Land hat bereits einen Eigentümer; die, die sich als Eigentümer fühlen (allen voran der Großkönig), und die, die es werden wollen, sind gar keine Eigentümer. Die zweite Begründung: „Denn ihr seid Fremde und Pächter bei mir“, ist daher kein Zusatz, sondern sie ist eine Konsequenz aus der ersten Begründung. Wenn das Land schon einen Eigentümer hat, sind seine sogenannten Eigentümer eigentlich nur Leute minderen Rechts. Genau das besagt diese zweite Begründung. Da das Land schon einen Eigentümer hat, sind seine „Eigentümer“ *gerim wethoschabim*, Fremde und Pächter, verglichen mit dem eigentlichen Eigentümer; das hebräische *'immadi*, bei mir, bedeutet sachlich: „verglichen mit mir“. Nach altorientalischem Recht kann derjenige, der das uneingeschränkte Verfügungsrecht über seinen Besitz hat, diesen in der Regel auch veräußern; Kaufkontrakte aus diesen alten Zeiten besitzen wir in großer Zahl, und es gibt keine Hinweise darauf, daß der Erwerber nicht auch in den Genuß eines ebenso uneingeschränkten Verfügungsrechts kam. Somit kann die Schlußfolgerung nur diese sein: Wer dieses uneingeschränkte Verfügungsrecht nicht hat, kann zwar den Gebrauch eines Besitztums zeitweilig anderen übertragen, aber alle Kontrakte haben bei dieser Transaktion nur einen vorläufigen Charakter.

Der *ger*, Fremde, ist ein Nichtvolkszugehöriger mit Gaststatus. Er hat keine Ansprüche auf Erbanteile im Lande, aber er gehört als Gast zum Volk. Er darf nach der Satzung des Pessachmahles, Ex 12,43–49, an diesem Mahl der Befreiung teilnehmen. Aber die Tatsache, daß der *ger* so oft in einem Atem mit der Witwe und der Waise genannt wird, zeigt, daß sein tatsächlicher Status der einer Person minderen Rechtes war. Das gilt erst recht für den *toschab*; dieser darf nicht vom Pessach essen. Er wird von Ex 12,45 auf eine Stufe mit dem Tagelöhner (*sakir*) und somit unter den käuflich erworbenen Sklaven (*'ebed 'ascher miqnath-keseph*) gestellt. *Toschab* bedeutet so etwas wie Siedler (*jaschab*, wohnen, siedeln). Er scheint ein „abhängiger Besitzer" gewesen zu sein (so Kreissig, 1969), einer, der zwar ein Stück Land bearbeitete, ohne aber Verfügungsgewalt über seinen „Besitz" gehabt zu haben; rechtlich käme dies einem Pachtverhältnis am nächsten.

Nun: verglichen mit dem Gott Israels, dem Tributherrn des Landes, ist ganz Israel als Eigentümer nichts wie *ger wtoschab*, Fremder und Pächter. Die Sabbatordnung drückt auf andere Weise den gleichen Sachverhalt aus. Es gibt eigentlich keine **Landnahme**, es gibt nur **Landgabe**, und die Gabe begründet kein uneingeschränktes Eigentumsrecht; diese Gabe muß Israel alle sieben Jahre **feiern**. Und in seinem Rechtssystem muß es daraus die konkreten Konsequenzen ziehen. Eine Konsequenz war die Jobelordnung. Die andere ist die Ge'ulahordnung. Bevor wir uns ihr zuwenden, noch ein Wort über den sachlichen Inhalt des Satzes: „Der einzige Eigentümer des Landes ist der Gott des Landes, der Gott Israels." Gott **war** in Israel wahrscheinlich alles mögliche, alles normal-altorientalische, Gott **sein** sollte in Israel der NAME, das, was es aus dem Sklavenhaus hinausführt. In jeder Gesellschaft findet das persönliche Recht seine Schranken in der Gesellschaftsordnung; nicht einmal in der bürgerlichen Gesellschaft gibt es ein absolut uneingeschränktes Eigentum; so ist nach Art. 14(3) des Grundgesetzes der BRD „Enteignung" unter bestimmten Umständen zulässig, nämlich dann, und nur dann, wenn es das Gemeinwohl erfordert (was bekanntlich in einer bürgerlichen Gesellschaft sehr selten der Fall ist). In jeder Gesellschaft ist also „Gott", d.h. das, dem alle letztendlich hinterhergehen, die Grundordnung, gleichzeitig einschränkende Instanz auch des Eigentumsrechtes. Formal drückt also der Satz *ki-li ha'arez* eine Wesensbestimmung menschlicher Gesellschaft überhaupt aus. Der Unterschied liegt dann aber nur in der inhaltlichen Bestimmung dessen, was in jeder Gesellschaft als „Gott" funktioniert. Es kommt immer wesentlich darauf an, nicht ob „Gott" sei, denn „Gott" ist immer, sondern darauf, **wer** denn wohl der „Gott" sei, **was** als „Gott" funktioniert. Und das ist in Israel dieser **eine** NAME!

3.5. Die Ge'ulahordnung

25,24 Und im ganzen Land eures Besitzes gebt Einlösung für das Land.

Das Wort *ge'luah* (Einlösung) kommt von der Wurzel *ga'al*: Diese Wurzel bedeutet „jemandem gegenüber seinen verwandtschaftlichen Pflichten nachkommen". Im Gesetz Num 35 bezieht sich das auf die Blutrache. Wird ein Mensch getötet, dann ruht auf der Verwandtschaft die Pflicht, den Tod durch den Tod des Mörders oder Totschlägers zu sühnen. Ob das die „ursprüngliche" Bedeutung des Wortes ist, bleibt anheimgestellt, denn Num 35 ist nicht älter als unser Text Lev 25. Auch Jos 20, wo das Wort *go'el* in der Bedeutung Bluträcher zweimal vorkommt, scheint nicht älter zu sein. Die Grundbedeutung der Wortgruppe kommt am ehesten im Buch Ruth zur Geltung, wo Bo'as seinen verwandtschaftlichen Verpflichtungen auch gegenüber der Moabiterin Ruth nachkommt. Der *go`el* ist der, der die Ehre der Familie im Falle ihrer Verletzung wiederherzustellen hat; Blutrache ist da eine Form unter anderen. Diese Institution wird in Lev 25 mit sozial-ökonomischem Leben gefüllt.

Die Ge'ulahordnung setzt also verwandtschaftliche Beziehungen zwischen allen Angehörigen des Volkes voraus. Jeder muß also dem Volksgesellen gegenüber so handeln, wie er es seinen nächsten Verwandten gegenüber tun sollte. Diese Verwandtschaft der Kinder Israels gehört zum Wesen der sozialen Struktur Jehudas in der persischen Zeit, wie Hans G. Kippenberg in seinem bereits erwähnten Buch nachgewiesen hat. So wie die absolute Souveränität des NAMENS der **Grund** sowohl der Egalität in Jehuda wie der Autonomie Jehudas ist, so ist diese Verwandtschaftsstruktur **Rahmen** der Egalität. Das ganze „Zivilrecht" Jehudas wirkt nur innerhalb dieses **Rahmens** und aus diesem **Grund**.

Die Egalität und der verwandtschaftliche Zusammenhang wird in Frage gestellt durch einen sozialen Prozeß, den der Text mit dem Verb *muk* beschreibt. Das Wort gibt es in der Schrift nur fünfmal, viermal in Lev 25 und einmal in dessen Ergänzung Lev 27. Es bedeutet „tief unten sein". In diesem Kapitel also viermal: Vers 25, 35, 39, 47. Damit ist gleichzeitig die Einteilung dieses letzten Abschnitts gegeben.

3.5.1. Tief unten: Immobilienverkauf

25,25 Wenn dein Bruder tief unten ist,
verkaufen muß von seinem Besitz,
komme der Einlöser, der ihm am nächsten,
und löse das Verkaufte seines Bruders ein.
26 Und jeder, der keinen Einlöser hat,
aber seine Hand reicht aus,
er findet genug zu seiner Einlösung:
27 rechne er die Jahre seit dem Verkauf an,
er erstatte das, was übrigbleibt, dem Mann, dem er es verkaufte,
er kann zu seinem Besitz zurückkehren.
28 Findet aber seine Hand nicht genug, um ihm zu erstatten,
bleibt sein Verkauftes in der Hand des Erwerbers des Gutes,
bis zum Jahr des Jobel;
im Jobel läuft es aus,
er kann zu seinem Besitz zurückkehren.

Diese vier Verse zeigen die Eigentümlichkeit des „Wertgesetzes" der Ge'ulahordnung. Vers 25 ist der Grundsatz. Wir übersetzen das Perfectum *makar* mit: (wenn er) *verkaufen muß*; denn es handelt sich nicht um einen freiwilligen Verkauf, sondern um einen Zwangsverkauf. Die Rechtsregel wird nämlich eingeleitet durch die allgemeine Voraussetzung „wenn dein Bruder tief unten ist". Der Bruder befindet sich in einer Not- und daher Zwangslage: er **muß** verkaufen. In Neh 5 haben wir eine solche Zwangssituation kennengelernt: den Hunger: „Wir müssen unsere Felder, unsere Weinberge, unsere Häuser beleihen, damit wir Korn aufnehmen können in der Hungersnot" (5,3). In einer solchen Situation bleibt keine andere Wahl, als zu beleihen, letztendlich zu verkaufen. Der Preis hat sich normalerweise wohl so gestaltet, daß der Käufer die Zwangslage des Verkäufers ausgenutzt hat. Hier aber richtet sich der Preis nach der Zahl der Jahre bis zum nächsten Jobel (Vs. 14f.). Da jeder in eine solche Lage kommen konnte, muß jetzt das Prinzip der Volksverwandtschaft greifen: der „nächste" Einlöser muß das Gut einlösen.

Das Buch Ruth vermittelt uns einen Eindruck der Ge'ulahpraxis. Na`ami mußte mit ihrem Mann und ihren beiden Söhnen das Land wegen einer Hungersnot verlassen. Sie gingen nach Moab. In Moab starb der Mann und die Söhne heirateten moabitische Frauen. Sie starben auch. Na`ami kehrte mit der einen Schwiegertochter nach Jehuda zurück. Dort ist ihre Position sehr schlecht. Ruth muß sich als Tagelöhnerin verdingen und Na`ami **muß** verkaufen. Es gibt einen Einlöser, dessen Namen wir nicht erfahren. Bo'as sagt zu ihm: „Das Grundstück unseres Bruders Elimeleks **muß** Na`ami verkaufen ..." (4,3). Der Einlöser will kaufen, aber als er hört, daß er dann auch die Verpflichtung eingeht, „von Ruth zu erwerben, den Namen des Verstorbenen zu errichten auf dessen Erbeigentum" (das heißt, er solle mit Ruth die Leviratsehe eingehen; die Kinder aus dieser Ehe seien dann die legitimen Erben des Verstorbenen **und** des Einlösers), will er nicht mehr. Die schwache Rechtsposition einer Witwe macht diese Zusatzlösung notwendig. Der Einlöser ist aber dazu nicht bereit, weil, so sagt er, „ich damit mein Erbeigentum verderbe" (!). Ruth erhielte somit eine Doppelfunktion: sie „errichtet" für ihren verstorbenen Schwiegervater durch ihre Kinder dessen Namen; diese Kinder sind dann die alleinigen Erben dieses Eigentums. Und sie wird durch ihre Kinder Miterbin des neuen Ehemannes. Wir schließen daraus, daß der Einlöser keinerlei Rechtsansprüche mehr auf das eingelöste Verkaufsgut erhält.

Die Verse 26 – 28 behandeln nun den Fall, daß es keinen Einlöser gibt. In diesem Fall kommen die Vorschriften des Jobeljahres zur Geltung. Im theoretischen Fall, daß der Verkäufer auf irgendeine Weise wieder zu „Geld" kommt, kann er selber einlösen, und das heißt, daß der Käufer nur auf Widerruf des Verkäufers kauft. Die Frage ist dann, wieviel das Grundstück wert ist. Es gilt das Prinzip aus Vers 15: verkauft wird nicht das Grundstück, sondern eine Anzahl von Jahreseinkünften aus diesem Grundstück. Also ist beim Rückkauf das Grundstück soviel wert, wie Erträge bis zum nächsten Jobel zu erwarten wären. Diesen Betrag muß er dem Käufer zurückerstatten und nicht den ganzen ursprünglichen Verkaufspreis. Denn der Käufer hatte ja die ganzen Jahre vom Grundstück profitiert. In einem weit weniger theoretischen Fall, daß der, der verkaufen mußte, keine Möglichkeit hat, wieder zu „Geld" zu kommen, und ebenfalls kein Einlöser da ist, läuft das Verkaufsgut erst im Jobel aus. Der Käufer erhält dann keinerlei Abfindung mehr.

3.5.1.1. Zwei Formen von Hausbesitz

25,29 Wenn jemand das Haus seines Wohnsitzes verkauft in einer
ummauerten Stadt,
Einlösung werde ihm bis zur Vollendung des Verkaufsjahres,
tagweise sei Einlösungsrecht.
30 Löst er es nicht ein bis zur Vollendung eines ganzen Jahres,
dann ersteht das Haus in einer ummauerten Stadt unwiderruflich
sein Erwerber für seine Geschlechter,
es läuft im Jobel nicht aus.
31 Aber die Häuser der Dörfer, die nicht ringsum ummauert
sind, zum Feld des Landes werden sie gerechnet,
Einlösung werde ihnen,
sie laufen im Jobel aus.
32 Die Levitenstädte; die Häuser in den Städten ihres Besitztums:
Weltzeiteinlösungsrecht sei den Leviten!
33 Wer auch immer von den Leviten einlöst,
das verkaufte Haus, der Stadtbesitz, soll im Jobel auslaufen.
Denn Stadthäuser der Leviten, das ist ihr Besitz unter den
Kindern Israels.
34 Almendefelder ihrer Städte werden nicht verkauft,
denn Weltzeitbesitz sind sie ihnen.

Recht ist ein System, das in beständiger Wandlung begriffen ist, weil die Wirklichkeit, die es zu regulieren sucht, sich beständig wandelt. Es geht in diesem Abschnitt um *'achuzzah*, Besitz. Dieser Besitz war in erster Linie Besitz an Produktionsmitteln; das Haus gehörte zu den Produktionsmitteln, sofern es gleichzeitig Produktionsort ist. Wir sehen nun, daß das Haus der Stadtbewohner rechtlich anders behandelt wird als das Haus der Landbewohner. Häuser auf dem Land konnten nicht „unwiderruflich" verkauft werden; aber das Haus in der ummauerten Stadt sollte nur während eines Jahres nach Verkaufsdatum eingelöst werden können; unterblieb dann die Einlösung, gehört es unwiderruflich (*lazzemithuth*) dem Erwerber und dessen Erben auch nach dem Jobel.

Der Gesetzgeber sah in diesem Fall keine Notwendigkeit, die Beweglichkeit des Besitzes einzuschränken, da der Besitz offenbar nicht zu den Produktionsmitteln gehörte wie der Bauernhof. Dies ist kein moralischer Standpunkt; hier setzt sich vielmehr das Interesse der unmittelbaren Produzenten gegen die herrschenden, akkumulierenden Eliten durch. Man kann die Klausel von Vs. 29 – 30 als eine Konzession an die städtischen

Eliten auffassen, muß dann aber ebenso konstatieren, daß die Interessen dieser Eliten in den Versen 31 – 34 ihre Schranke finden.

Auch die Häuser der Leviten werden von der uneingeschränkten Bewegungsfähigkeit des Besitzes ausgenommen. Denn ihre Stadthäuser waren das einzige, was ihnen an Besitz zugestanden war. Das Deuteronomium schreibt vor, 18,1:

> Nicht werde den levitischen Priestern, dem Stamm Levi, Anteil und Eigentum neben Israel...
> (vgl. Ez 44,28f.; Num 18,20ff.; Jos 18,7).

Die Konsequenz war, daß der Levit sozial zu den schwachen Gruppen in Israel gehörte; so hören wir, Dtn 14,27:

> Den Leviten in deinen Toren:
> verlasse ihn nicht,
> denn weder Anteil noch Eigentum hat er neben dir!

Dtn 14,29 nennt ihn in einem Atemzug mit dem Fremden, der Waise und der Witwe. Deswegen meint der Gesetzgeber von Lev 25, daß die Rechtsposition des Leviten besonders zu behüten ist, und stellt dessen Besitz auch in der ummauerten Stadt uneingeschränkt unter den Vorbehalt der Ge'ulah- und Jobelordnung.

Wir stellen fest, daß der Gesetzgeber das Gesetz den veränderten ökonomischen und sozialen Bedingungen anzupassen sucht. Der ursprüngliche Entwurf kannte den Unterschied zwischen Stadt und Land noch nicht, und in der Tat war das Jehuda der Zeit Nehemia praktisch ein Gebiet ohne Stadt; Jerusalem, das keine Mauer hatte, gehörte rechtlich de facto zum „Feld des Landes". Das hat sich in der persischen Zeit (bis 330 v.u.Z.) allmählich geändert, vor allem was Jerusalem betrifft. In dieser Zeit und erst recht in der darauf folgenden hellenistischen Zeit bildeten sich sowohl klerikale wie nichtklerikale städtische Eliten aus, deren Machtposition möglicherweise auf ausgedehntem Grundbesitz im Lande basierte; das wäre, was die Priester betraf, ein klarer Verstoß gegen die Thoravorschrift Dtn 18,1ff. gewesen. Die sich verschärfenden Gegensätze zwischen Stadt und Land dürften für die Novellierung des Gesetzes Lev 25,24 – 28 durch die Verse 29 – 34 ausschlaggebend gewesen sein. **Immer wieder geht es dem Gesetzgeber darum, den unmittelbaren Produzenten Besitz an Produktionsmitteln zu gewährleisten.** Das ist Prinzip. Solange dies im Rahmen einer vorherrschenden Wirtschaftsordnung geht, sieht unser Text keinen Anlaß, gegen sie als solche vorzugehen. Aber er sieht diese Ordnung eben niemals als **Wert an sich**, sondern immer nur als **Instrument**.

3.5.2. Tief unten: *Neschek*

25,35 Wenn dein Bruder tief unten ist, seine Hand erschlafft neben dir,
begreife ihn als Fremden und Pächter,
und dein Bruder überlebe neben dir.
36 Nehme von ihm weder *neschek* noch Vermehrung,
fürchte dich vor deinem Gott,
und dein Bruder überlebe neben dir.
37 Dein Geld gebe ihm nicht um *neschek*,
und um Vermehrtes gebe nicht dein Essen.
38 Ich, der EWIGE, bin euer Gott,
der ich euch führte aus dem Land Ägypten,
euch zum Gott zu werden.

Das Wort *neschek* lasse ich unübersetzt. Die zugehörige Wurzel bedeutet *beißen*! *Neschek* ist das, was ein Geld- oder Gutsausleiher von der Habe eines anderen Menschen abbeißt, „Abbiß". Was *neschek* tatsächlich ist, geht aus der Parallele *marbith* oder *tharbith* hervor; hier ist die Wurzel *rabah*; sie bedeutet *vermehren*. Es geht also um das Wachstum ausgeliehenen Geldes oder ausgeliehener Lebens- und Produktionsmittel. „Zinsnahme" war in der Antike weit verbreitet; ebenso weit verbreitet war ihre Verpönung; sie war beileibe nicht auf Israel beschränkt.

Normalerweise wird *neschek* mit „Zins" übersetzt. Unser Zins aber ist ein Wesenselement kapitalistischer Wirtschaftsordnung; *neschek* dagegen ein Element altorientalischer Wirtschaftsordnung. Zwischen „Zins" und „neschek" besteht also die gleiche Differenz wie zwischen beiden Wirtschaftsordnungen. Hier drängt sich natürlich die wesentliche Frage auf, was denn zwei verschiedene Gesellschaftsformationen vergleichbar macht. Die Antwort auf diese Frage ist die eigentlich (weil „materialistisch" gefaßte) **hermeneutische** Frage. Wir haben dazu im ersten Teil das Nötigste gesagt.

Es zeigt sich, daß *neschek* eine ganz andere Art von Wirtschaften und Abschöpfen voraussetzt als unsere Zinsnahme. Es ist daher nicht möglich, aus dem Neschekverbot **direkt** ein heutiges Zinsverbot abzuleiten. Im alten Orient wurde das Mehrprodukt von Zentralinstanzen abgeschöpft, das war die Regel, und damit waren die Produzenten meistens schon überfordert. Käme dazu noch eine weitere, private Abschöpfung durch *neschek*, geriete der Schuldner fast unvermeidlich in eine Schuld-„Zins"-Sprirale, aus der er sich aus eigener Kraft nicht mehr befreien könnte und an deren Ende die Schuldsklaverei stünde. Da der verkaufte Sklave nicht selten aus dem Wirtschaftsgebiet entfernt wurde, drohte oft ein Zusammenbruch der Produktion; dies ist der Grund, weswegen die Eliten damals ein Interesse daran hatten, diesen Abbiß zu verbieten oder einzuschränken oder periodisch seine Folgen durch generellen Schuldenerlaß aufzuheben. Auch der *neschek* des privaten Abschöpfers nimmt die Form eines Tributs an, einer fixen, ertragsunabhängigen Abgabe. Sein Verbot zielt in unserem Kontext auf die Wiederherstellung der **Autonomie** des einzelnen Produzenten. Für den Unterschied zwischen unserem Zins und *neschek* sei auf das in der Einleitung unter 5. Gesagte verwiesen.

Auffällig ist auch hier die Rolle der „Theologie" in der Rechtsvorschrift. Vers 35 nimmt den Anlaß der Ge'ulahordnung wieder auf. Die letzte Zeile bringt das Ziel zum Ausdruck: der Bruder soll überleben können; so ist das *wchaj `immak* zu übersetzen. Überleben, und sei es zunächst als Person minderen Rechtes, als *ger-wtoschab*, Fremder und Pächter. Der Text erkennt also einen Anspruch am Produkt der Arbeit des Schuldners durchaus an. Es wird hier keine Bemessungsgrundlage dafür gegeben, wie die Arbeit des Schuldners mit der Schuld verrechnet werden soll. Einen Hinweis erhalten wir in Vers 50, wo der „Wert" der zu leistenden Abfindung des ausgelösten Erwerbers mit den „Tagen eines Tagelöhners" angegeben wird, d.h. mit den Reproduktionskosten eines Tagelöhners.

Vers 37 wiederholt die Vorschrift mit anderen Worten. Wir hören das Wort *keseph*, das Silber und Geld bedeutet. Geld war, wie wir gesehen haben, die Form, in der der überregionale Tribut zu entrichten war; er war jährlich fällig, und wer kein Geld hatte, mußte es sich besorgen. Daneben führte Mißernte zu Hunger; für das Überleben mußten dann Lebensmittel besorgt werden. *Neschek* scheint sich auf Geld (*keseph*), Vermehrung (*marbith*) auf Naturalien zu beziehen.

Beides sollte ausgeschlossen sein. Denn der „Gott" in diesem Land, der letztendlich nicht aufhebbare Maßstab für den Zustand der Gesellschaft im Lande, ist der, der dieses Volk aus dem Land Ägypten führte. Dieser „Gott" verträgt sich mit einer *Neschek*praxis nicht, die das Überleben des Bruders gefährdet. Es gibt in dieser Ökonomie ein eindeutiges Kriterium: **der tief unten liegende Bruder, dessen Hand erschlafft ist**. Die Schrift verlangt nicht von uns, daß wir ihre ökonomischen Rezepte übernehmen; aber sie verlangt von uns, daß wir uns auf den Standpunkt dieses Kriteriums stellen, das ist gemeint, wenn gesagt wird: „Fürchten sollst du dich vor deinem

Gott/es überlebe der Bruder neben dir." Der Anfang der Weisheit ist hier die Einsicht, daß es nirgendwo eine objektive ökonomische Wissenschaft gibt, sondern immer nur eine **interessengebundene**. Diese interessenmäßigen Bindungen sind sichtbar zu machen und mit dem oben erwähnten Kriterium zu konfrontieren.

3.5.3. Tief unten: Selbstverkauf an den Bruder

25,39 Wenn dein Bruder tief unten ist neben dir,
sich dir verkaufen muß,
bediene dich seiner nicht wie der Dienste eines Dienstsklaven;
40 wie ein Tagelöhner, wie ein Pächter werde er neben dir;
bis zum Jahr des Jobel verrichte er seinen Dienst neben dir,
41 dann fährt er weg von dir,
er, seine Kinder mit ihm,
er kehrt zu seiner Großfamilie zurück,
zum Besitz seiner Väter kehrt er wieder.
42 Denn sie sind meine Dienstsklaven, die ich hinausführte aus
dem Land Ägypten;
nicht sollen sie verkauft werden wie Verkaufssklaven.
43 Du sollst ihn nicht mit *perek* zertreten.
44 Aber dein Dienstsklave und deine Magd, die dein geworden sind aus
den Völkern rings um dich herum – von ihnen hast du
Dienstsklaven und Dienstmagd erworben –
45 und auch von den Kindern der Pächter und Fremden bei euch,
von ihnen könnt ihr erwerben, von ihren Großfamilien, die
neben euch sind, die sie in eurem Land gezeugt haben,
die sollen euch zu Besitz werden.
46 Ihr könnt sie zu Erbeigentum für eure Kinder nach euch machen, sie
als Besitz zu ererben;
in Weltzeit könnt ihr euch ihrer bedienen.
Aber eure Brüder, Kinder Israels, jedermann seinen Bruder,
nicht sollst du ihn mit *perek* zertreten.

Wenn uns bei der Lektüre von Lev 25 bis Vs. 39ff. Euphorie aufgekommen sein sollte, so wird diese wahrscheinlich jetzt einen Dämpfer erhalten. Denn das Auffälligste am Abschnitt 39 – 46 ist wohl die eindeutige Einschränkung der Rücksichtnahme auf die Schwachen in der Gesellschaft; die Brüder: ja; alle anderen: nein!

Bevor wir uns dazu äußern, haben wir zunächst eine Reihe von wichtigen Stichwörtern zu klären. Wörter der Wurzel *'abad* (dienen) häufen sich: zehnmal hören wir sie, allein schon dreimal in Vers 39: „Bediene dich seiner nicht wie der Dienste eines Dienstsklaven." Es geht in diesem Abschnitt um ein Dauerthema der politischen Ökonomie der Antike: die Schuldsklaverei. Leute, die sich nicht halten können, die deswegen auch ihre Schulden nicht mehr bedienen können, müssen sich verkaufen. Der Text sucht diesen Umstand nicht abzuschaffen, sondern seine Folgen für den Bruder, das Kind Israels, abzumildern; revolutionär ist er nicht. Das Dienstverhältnis zwischen Brüdern soll sich nur anders gestalten , als es in der Antike gang und gäbe war. Derjenige, der so „tief unten" ist, daß er „sich verkaufen" muß, soll nicht „dienen" als ein *'ebed*, sondern als ein *sakir* (Tagelöhner) oder als ein *toschab* (Pächter). Ob dies eine Verbesserung der wirklichen Lage dieses Menschen ist, kann bezweifelt werden. Tagelöhner und Pächter bildeten die unterste Schicht der Gesellschaft; wenn Leute wie der *'ebed* oder die *'amah* (Dienstmagd) zum Haus ihres Besitzers gehörten, war ihre materielle Position nicht selten bedeutend besser. Aber das hing mehr mit dem Zufall des Charakters des Besitzers als mit der Rechtsposition zusammen; sie konnten jederzeit weiterverkauft werden. So gibt *Btu'el* seiner Tochter *Ribqah* die Amme auf ihren Weg zum Haus Abrahams mit; ob diese Amme vielleicht ein Interesse daran gehabt hätte, bei ihren eigenen Leuten zu bleiben, erwähnt die Geschichte nicht, und danach hat man sie wohl auch kaum gefragt, im Gegensatz zu Ribqah selber (Gen 24,58f.). Das Dienstverhältnis hört nun nicht wie in Ex 21 und Dtn 15 (vgl. auch Jer 34) im Sabbatjahr, sondern erst im Jahr des Jobel auf. Auch das kann man nicht als eine Verbesserung der Position der Schuldner ansehen. Hier diskutiert die Schrift mit sich selber.

Vers 42 formuliert ganz im Sinne des Schlüsselverses 23 den Eigentumsvorbehalt des Gottes Israels: diese Leute sind nicht **eure**, sondern **meine** Dienstknechte. Dieser Eigentumsvorbehalt basiert auf der Tatsache, daß dieser Gott sie, die ja Dienstsklaven im Land Ägypten waren, aus diesem Sklavenhaus befreit hat, sie sozusagen „erworben" hat. Auf Grund dieses Eigentumsvorbehaltes können Kinder Israels nicht auf den Sklavenmärkten Israels oder der Gojim verkauft werden. Wie hart das Schicksal der Verschuldeten auch war, das Schicksal der endgültigen Trennung vom Besitz der Väter und der eigenen Großfamilie sollte ihnen erspart bleiben.

Auf die Kinder der Gojim erhebt dieser Gott seinen Eigentumsvorbehalt nicht, ebensowenig wie auf die Kinder der Pächter und der Fremden. Sie gehören nicht zu der befreiten Gemeinschaft der Kinder Israels, also kann mit ihnen nach den unbarmherzigen Gesetzen der politischen Ökonomie der Antike verfahren werden: Pächter und Fremde sowie ihre Kinder sind reiner Besitz (*'achuzzah!*) und gehören zur Erbmasse. Sogar für den Fremden wird keine Ausnahme gemacht, obwohl es dem Fremden, wie oben gezeigt, ausdrücklich erlaubt war, am Pessachmahl, wo der Befreiung gedacht wird, teilzunehmen. Hier nun werden sie vom Eigentumsvorbehalt des befreienden Gottes ausgeschlossen. Auch hier ein Widerspruch zu anderen Stellen der Schrift. Die Schrift ist eben kein Fetisch, und sich auf das „eine Wort Gottes" einlassen bedeutet offenbar auch, sich mit seinen Widersprüchen auseinanderzusetzen.

Daß es um Exodus geht, zeigt das Wort *perek*. Wir begegnen diesem Wort in der Schrift nur sechsmal, dreimal in Lev 25, einmal in Ez 34 und zweimal in Ex 1. Im Buch Exodus hören wir:

> 1,13 Und die Ägypter machten die Kinder Israels dienstbar mit *perek*;
> 14 sie verbitterten ihr Leben mit hartem Sklavendienst in Lehm,
> in Ziegeln, mit allerlei Sklavendienst auf dem Feld;
> Und ihr ganzer Sklavendienst, den sie zu dienen hatten, geschah
> mit *perek*.

Wie in unserem Text Lev 25,39ff. ist das Stichwort hier *'abad*. Es handelt sich hier offenbar um Sklavendienst. Auch in Exodus handelt es sich um Sklavendienst. Was bedeutet nun *perek*? Die Wurzel bedeutet zerreiben, zerkrümeln, zerdrücken; und abgeleitet davon bedeutet sie wohl abtrennen; es gibt zumindest das Wort *paroketh*, das „Vorhang" bedeutet. Buber übersetzt mit „Verfronung". Nun hatte Buber hier keine glückliche Hand; es handelt sich nicht um Frondienst (hebr. *mas*), sondern um Sklavendienst. Aber diese Wirklichkeit drückt der Text schon durch die Wurzel *'abad* aus. *Perek* qualifiziert diesen Sklavendienst. Der Text Ez 34 richtet sich gegen die „Hirten" Israels, die Könige, 34,2ff.

> 34,2 ...
> Weh euch, Hirten, die ihr euch selber geweidet habt!
> Solltet ihr nicht die Schafherde weiden, Hirten?
> 3 Die Milch freßt ihr, mit der Wolle kleidet ihr euch,
> das Fette schlachtet ihr, die Schafherde weidet ihr nicht.
> 4 Das Schwache stärkt ihr nicht, das Kranke heilt ihr nicht,
> das Gebrochene verbindet ihr nicht,
> das Verirrte bringt ihr nicht zurück,
> das Verschwundene sucht ihr nicht;
> sondern mit Kraft tretet ihr sie nieder, mit *perek*!

Die meisten Übersetzungen haben so etwas wie: hart behandeln. Das ist natürlich eine Verlegenheitslösung. Die Wurzel *parak* hat sicherlich die

Konnotation von „gewaltsam“. Aber hier ist eindeutig gemeint: „wie in Ägypten“. Die Könige Israels herrschten wie die Pharaonen über ihre hebräischen Dienstsklaven; die Könige Ägyptens verbitterten das Leben dieser Sklaven mit einem ganz speziellen Sklavendienst, einem typisch „ägyptischen“ Dienst. Im Ezechieltext wie in Lev 25 wird *perek* wie ein Adverb beim Verb *radah* gebraucht. Die Grundbedeutung dieses Verbs ist „treten“. Mit diesem Verb wird eine bestimmte Form der Herrschaft dargestellt. Es beschreibt die Herrschaft der Menschen über die Tiere (Gen 1.2; 28), die Herrschaft Schlomos über die eroberten Gebiete jenseits des Euphrats (1Kö 5,4) und die Herrschaft der Aufseher über die Fronarbeiter (1Kö 5,30); es beschreibt die Herrschaft des Königs von Babel über Israel (Jes 14,2; 6). Es handelt sich um die Herrschaft des Eroberers über die Eroberten; letztere haben keinerlei Rechte und sind auf die Gnade des fremden Herrschers angewiesen; wenn Jehoschua die Führer Israels auffordert, ihre Füße auf den Nacken der gefangenen Könige Kanaans zu setzen, haben wir eine sehr plastische Umschreibung dafür, was mit *radah* gemeint ist (Jos 10,24).

Die Kombination beider Worte *radah* und *perek* bedeuten in Lev 25,43.46 den Versuch, die Herausbildung ägyptischer Verhältnisse „unter Brüdern“ zu verhindern; der Bruder, der „tief unten“ ist, soll nicht wie ein Beutestück behandelt werden. Die Schrift scheut sich nicht, das Verhältnis zwischen Schuldherren und Schuldsklaven auf eine Linie mit dem Verhältnis zwischen pharaonischen Gewaltherrschern und hebräischen Sklaven zu stellen. Die aktuellen gesellschaftlichen Verhältnisse in Israel zu der Zeit, da dieser Text formuliert wurde, werden zu diesem drastischen Vergleich wohl allen Anlaß gegeben haben.

3.5.4. Tief unten: Selbstverkauf an Fremde

25,47 Wenn die Hand eines Fremden oder Pächters Erfolg hat bei dir,
dein Bruder aber tief unten ist bei ihm,
und sich einem Fremden oder Pächter bei dir verkaufen muß,
oder einem Nachkommen der Großfamilie eines Fremden,
48 nachdem er sich verkaufen mußte, werde ihm Einlösung;
einer seiner Brüder löse ihn aus.
49 Oder sein Onkel oder der Sohn seines Onkels oder wer
übrig ist von seinem Fleisch oder seiner Großfamilie,
oder wenn seine Hand es schafft, löse er sich selber aus.
50 Er rechne mit seinem Erwerber vom Jahr seines Verkaufs
an bis zum Jahr des Jobel;

das Verkaufsgeld sei nach der Zahl der Jahre; wie die Tage
eines Tagelöhners sei es bei ihm.
51 Wenn es aber noch eine Vielzahl von Jahren gibt,
erstatte er proportional seine Einlösung vom Geld seines Erwerbs.
52 Wenn aber noch wenige Jahre bis zum Jahr des Jobel übrig
sind, berechne er es ihm,
proportional den Jahren erstatte er seine Einlösung.
53 Wie ein Tagelöhner sei er Jahr für Jahr;
nicht soll er ihn mit *perek* niedertreten.
54 Gibt es dabei aber keinen Einlöser,
geht er im Jahr des Jobel frei aus, er und seine Kinder bei ihm.
55 Denn mein sind die Kinder Israels als Diener, meine Diener
sind sie,
die ich geführt habe aus dem Land Ägypten.
Ich bin es, der EWIGE, euer Gott.

Die Vorschrift Vs. 47ff., wendet die Ge'ulahgesetzgebung auf den Fall des Bruders an, der „tief unten" ist und sich bei einem Fremden oder Pächter verschuldet hat. Dieser hat „Erfolg" (*nasaq*), jener „Mißerfolg" (*muk*). Der „Erwerber" des Israeliten hat sich nun auf die *Ge'ulah*ordnung einzulassen. Dabei ist die Berechnung des Lösegeldes eine komplizierte Angelegenheit. Der „Erwerber" erwirbt einen Arbeiter. Dieser erarbeitet ihm Werte. Die Werte gehen ihm verlustig, wenn er ihn auslösen läßt. Somit sind sie ihm als Lösegeld zu erstatten. Der Wert wird bemessen nach dem Lohn eines Tagelöhners. Die Zahl der Tage bis zum Jobel wird multipliziert mit dem Tagelohn eines Tagelöhners. Gab es noch viele Jahre bis zum Jobel, könnte durchaus eine Summe herauskommen, die höher war als die, welche der „Erwerber" für ihn ursprünglich gezahlt hatte. Das Subjekt des Verbs „erstatten" in 51b ist daher jener Besitzer. In dem Fall ist die ursprüngliche Kaufsumme anzurechnen; wie das geschehen soll, sagt uns der Text nicht. Umgekehrt, wenn es noch wenige Jahre waren; dann könnte die Einlösungssumme sehr niedrig werden und unter den Preis fallen, den der Sklave auf dem Sklavenmarkt bringen würde. In dem Falle mußte der Einlöser etwas zulegen, indem der „Erwerber" es diesem berechnet. Diese Berechnung zeigt, wie kompliziert die Bedingungen waren und wie sehr man auch damals schon der Macht des Eigentums und dessen Eigentümer unterworfen war. Man muß ihm die Einschränkung seines Eigentumsrechtes recht deutlich versüßen. Wie dem auch sei, unbeirrbar hält der Text am Eigentumsvorbehalt des Gottes Israels fest. Wie sich die Eigentumsverhältnisse auch vordergründig gestalten mögen, es bleibt bei der Feststellung:

Mein sind die Kinder Israels als Diener, meine Diener sind sie,
die ich geführt habe aus dem Land Ägypten.
Ich bin es, der EWIGE, euer Gott.

3.6. Zusammenfassung

26,1 Macht euch keine Gottnichtse:
geschnitzte Bilder, Säulen richtet euch keine auf,
Schaugebilde gebt euch keine in eurem Land,
daß ihr euch davor hinwerft,
denn ich, der EWIGE, bin euer Gott.
2 Meine „Schabbathe" bewahrt,
vor dem, was mir heilig ist, fürchtet euch,
Ich bin es, der EWIGE.

Die Synagoge fängt mit der 32. Wochenlesung der Thora, *bhor* (auf dem Berg) mit Lev 25,1 an und beendet sie mit Lev 26,2. Lev 26,3–27.34 bildet die 33. Wochenlesung. Dieser Einsicht in Zusammenhänge sollten wir folgen. Nur: wie hängt diese Einschärfung des ersten und zweiten Gebots mit dem „corpus juris civilis" Israels zusammen?

Was die letzte Zeile des 25. Kapitels zusammenfassend gesagt hatte: „Ich bin es, der EWIGE, euer Gott", sagen die erste Zeilen des 26. Kapitels negativ, bevor es diesen Satz wiederholt, Der Obersatz lautet: „Macht euch keine Gottnichtse." Bubers Übersetzung des Wortes *`elilim* durch das Wort „Gottnichtse" ist, um das abgegriffene Wort hier doch einmal zu gebrauchen, genial. Er verbindet den Wortklang *`elohim* (Gott) mit dem Plural des Wortes *`elil*. Die Wurzel des Wortes ist unbekannt; wir kennen das Adjektiv *`elil* aus Sach 11,17, wo von einem *ro'i ha'elil* die Rede ist, einem Hirten, der seine Funktion nicht richtig wahrnimmt; ebenso gibt es *roph`e 'elil*, Ärzte, die nichts wert sind (Ijjob 13,4). Umgangssprachlich könnte man umschreiben: „Macht euch keine Scheißgötter." Wo diese in der Form von hölzernen oder steinernen Bildern oder von heiligen Säulen auftreten, feiern auch die Zustände, die sie zum Ausdruck bringen, fröhliche Urständ. Das erste Gebot ist kein Ausdruck **religiöser** Intoleranz, sondern der praktischen **Unvereinbarkeit** gesellschaftlicher Zustände, die Schabbath- und Ge'ulahordnung zu regulieren versuchen, auf der einen und dem Zustand der altorientalischen Eigentumsakkumulation auf der anderen Seite. Wer sich vor den Göttern der Gojim niederwirft, nimmt ihre Zustände als gottgegeben hin. Vielmehr soll Israel „Schabbath feiern" und wenn es sich fürchten soll, dann vor dem, was seinem Gott „heilig" ist: dem Bruder, der tief unten ist, und dessen Wiederherstellung als autonomes Mitglied des aus Ägypten befreitem Volkes. **Entweder** ist dieser EWIGE der Gott, d.h. das, was maßgebend ist, dem daher unbedingt hinterherzugehen ist, **oder** das andere, „Ägypten", ist der Gott. *Tertium non datur*

Der Text verbindet Theologie und Ökonomie und setzt daher auch Maßstäbe. Spätestens seit die Arbeiten Ulrich Duchrows Verbreitung gefunden haben, ist die Einsicht, daß Theologie und Ökonomie auch in unseren Tagen zu verbinden sind, recht allgemein geworden. Das Wort **Ethik** fungiert dabei als Aufhänger. Dagegen ist nichts einzuwenden, solange unter **Ethik** nicht eine Art von ewiger Moral, von ewigen Grundwerten verstanden wird. Die Redaktion der Schrift war keine „Grundwertekommission". Es wurde vielmehr ein Gesetzeswerk in Angriff genommen, das die ökonomischen Interessen ganz bestimmter Menschen zu verteidigen suchte. Der Text hat einen eindeutigen, klassenbedingten Standpunkt; er greift ein in den Klassenkampf zugunsten dessen, der in seiner Existenzgrundlage, seiner Freiheit bedroht ist, gegen die, in deren Händen sich die Produktionsmittel zu konzentrieren beginnen. Wenn man manchenorts mangelnde Konsequenz feststellt, ändert dies nichts an seiner Eindeutigkeit. Blickt man nun auf die Funktion der Theologie für die Ökonomie in diesem Text, so stellt man fest, daß die Theologie die Ökonomie nicht ersetzt, sondern daß sie sie **eindeutig** macht, d.h., daß die Theologie dafür sorgt, daß die Ökonomie als Ökonomie **eindeutig** und daher auch **einseitig** die Interessen jener vertritt, die dem **EINEN** und **EWIGEN** heilig sind, **des Volkes, das er aus dem Sklavenhaus führte**. Nicht die spezifischen Lösungen dieses Textes, sondern seine **Eindeutigkeit** machen seine Fähigkeit aus, auch uns über seine eigene spezifische Situation hinaus zu orientieren.

4. Der Verlust der Egalität – Mutmaßungen über Ijjob

4.1. Einleitung

4.1.1. Das Gefallen Gottes

Das Buch Ijjob scheint von der Freiheit Gottes und von der Ohnmacht des Menschen zu handeln. Daß der Fromme auch in der Zeit der Prüfung nicht von seinem Gott lassen will, ohne sich von anderen dort Schuld einreden zu lassen, wo keine ist, zahlt sich am Ende aus, sei es diesseits oder jenseits vom Tode. Gott hat die Freiheit, zu tun, was er will, wie das Schriftwort Ps 115,2 zu bestätigen scheint:

> Warum sagen die Völker,
> wo nun ist ihr Gott?
> Unser Gott ist im Himmel,
> alles, was ihm gefällt, macht er.

Nur gefällt ihm eben nicht alles! Der Satz „alles, was ihm gefällt, macht er" unterscheidet sich inhaltlich vollkommen vom Satz „er tut eben, was er will". Es ist in der Schrift eindeutig, worin das Gefallen des Gottes Israels besteht und worin nicht, auf wen sich sein Gefallen richtet und auf wen nicht. Etwa so, Hos 6,6: „An Huld finde ich Gefallen, nicht an Opferung"; oder so, Ez 33,11: „Habe ich etwa Gefallen am Tode des Frevlers? Nein, vielmehr, daß der Frevler umkehre von seinem Wege, daß er lebe!" Im Gefallen dieses Gottes Israels ist nicht die Spur der Willkür. Wenn einer der Chefideologen in diesem Buch, Eliphaz, der Timniter, Ijjob fragt: „Hat der Gewaltige *(schaddai)* Gefallen daran, daß du dich bewährst, oder hat er Gewinn davon, wenn du eindeutig deinen Weg gehst?" (22,3), so unterstellt er, daß das Gefallen Gottes keinen bestimmten Inhalt hat, etwa daß die Menschen sich durch das, was Recht ist, bewähren. Wenn aber das Gefallen Gottes leer, launisch, tyrannisch, willkürlich wird, wird es zu einer Gefahr, einer tödlichen: „Es ist einerlei – deswegen spreche ich es aus: den Vollkommenen wie den Frevler macht er alle", sagt Ijjob selber (9,22). Es gibt offenbar gute Gründe dafür, daß Ijjob und Partner – sei es auch mit unterschiedlicher Haltung – das Gefallen Gottes als völlig leer, als reine Willkür auffassen müssen. Ijjob will das nicht „wahr"haben, anders gesagt, er kann nicht hinnehmen, daß das, was er Gott nennt, ein solcher Gott sei; die Partner dagegen sind der Ansicht, so sei eben der Gott des Landes, man habe sich zu fügen, vielleicht wende sich dann das Schicksal. Ich habe auch nach wiederholter Lektüre eigentlich keinerlei Unterschied zwischen dem **Gottesbild** Ijjobs und dem seiner Gesprächspartner finden können; diese haben längst resigniert vor der Willkür, die ihr Leben regiert, jener lehnt sich aber immer noch dagegen auf. Diese haben sich mit der Entwicklung vom Gefallen Gottes an Wahrhaftigkeit *(zedeqah)* zur tyrannischen Willkür abgefunden, jener aber, der große Konservative, klagt gerade die *zedeqah* immer wieder ein. Was ist geschehen?

Frank Crüsemann hat in einer Arbeit über das Buch Kohelet hingewiesen auf die gewaltigen sozialen Verschiebungen im dritten Jahrhundert v.u.Z. Dabei stützt er sich vor allem auf die bereits öfter zitierte Arbeit Kippenbergs über „Religion und Klassenbildung im antiken Judäa (1978). „Die Welt und ihre Ordnung ist in der Tat vom kleinen Judäa, einer fremdbestimmten Provinz am Rand der Geschichte, nicht mehr durchschaubar, so wenig wie die Gründe für das wirtschaftliche Ergehen des Einzelnen", schreibt Crüsemann (1979, S. 88). Das mag stimmen; aber immerhin blieb so viel durchschaubar für den Hörer der Schrift, der Ijjob wie auch seine Partner waren (es wimmelt ja von Schriftzitaten in ihren Gesprächen), daß die „Welt und ihre Ordnung", die sie mit einem seltsam feierlichen und ungebräuchlichen Wort *'eloah*, Gott (statt des üblichen *'elohim*), oder auch *schaddai*, Gewaltigen, aber nicht mit dem NAMEN JHWH benennen[1], mit der Ordnung der Thora nicht in Einklang zu bringen war, mit der Ordnung der Thorarepublik, die ja in diesem NAMEN, in der Freiheit von „ägyptischen" Verhältnissen ihren Grund hatte. **Im Buch Ijjob wird dieser Konflikt zweier sich diametral gegenüberstehender Gesellschaftszustände paradigmatisch vordekliniert. Die Anwendung des Paradigmas erfolgt in den makkabäischen Revolutionskriegen. Das Buch Ijjob ist ein Text aus dem „Vormärz" des antiken Jehuda**. Den Nachweis für diese Behauptung versuche ich im folgenden zu führen.

4.1.2. Aufbau

Das Buch ist in großen Zügen verhältnismäßig einfach aufgebaut. Zwei Kapitel einleitender Text, 1 Kapitel abschließender Text, dazwischen 39 Kapitel Reden. Bei näherem Hinsehen fällt aber auf, daß am Ende der Gespräche zwischen Ijjob einerseits und Eliphaz, Bildad und Zofar andererseits das ebenmäßige Schema aufgegeben wird.

---

1. Die einzige Ausnahme ist 12,9, wo eine Reihe von Handschriften statt *jad-'eloah jad-JHWH* haben.

1. Kap. 1 – 2	:	Der olympische Himmel.
2. Kap. 3	:	Ijjob verflucht seine Tage.
3. Kap. 4 – 26	:	Die Einlassungen der drei und Ijjobs Widerreden.
4. Kap. 27 – 31	:	Gleichsprüche Ijjobs.
5. Kap. 32 – 3	:	Die Einlassung Elihus.
6. Kap. 38 – 42,6	:	Die Einlassung des NAMENS und Ijjobs Widerreden.
7. Kap. 42,7 – 17	:	Wiederkehr.

Betrachtet man die dritte Abteilung, so fällt auf, daß die dritte Gesprächsrunde unvollständig ist:

Kap. 4 – 5	: Eliphaz;	Kap. 6 – 7:	Ijjob
Kap. 8	: Bildad;	Kap. 9 – 10:	Ijjob
Kap. 11	: Zofar;	Kap. 12 – 14 :	Ijjob
Kap. 15	: Eliphaz;	Kap. 16 – 17 :	Ijjob
Kap. 18	: Bildad;	Kap. 19 :	Ijjob
Kap. 20	: Zofar;	Kap. 21 :	Ijjob
Kap. 22	: Eliphaz;	Kap. 23 – 24 :	Ijjob
Kap. 25	: Bildad;	Kap. 26 :	Ijjob

Das Gespräch bricht also ab. Ab Kap. 27 redet Ijjob allein, in *mischlim*, in Gleichsprüchen. Nachdem die vier vergebens versucht hatten, aus der Welt der Psalmen und der Gleichsprüche – der beiden Bücher, die in der hebräischen Schrift dem Buch Ijjob vorangehen – zu retten, was angesichts Ijjobs Sturz ins Bodenlose noch zu retten war, setzt Ijjob dem Buch der Gleichsprüche seine eigenen Gleichsprüche entgegen. Die Redaktion dieses Buches, wie es uns überliefert wurde, hat die Auseinandersetzung nach dem 26. Kapitel abgebrochen, nachdem die Einlassung Bildads recht kümmerlich ausgefallen (5 Verse) und auch die letzte Antwort Ijjobs relativ kurz (13 Verse) war. Denn Eliphaz hatte schließlich Ijjob dazu gebracht, alles auf den Punkt zu bringen, den Punkt von 24,12: „Gott setzt nicht als widerlich an", was Ijjob eben geschildert hatte: die erbarmungslose, grauenvolle Unterdrückung der Menschen durch andere Menschen. Bildad hat – zum sovielten Male – dem nichts entgegenzusetzen als die klerikale Resignation: „Wie kann sich der Mensch der Gottheit gegenüber bewähren?" (25,4.) Ijjob widerspricht dem auch nicht mehr: die Erbarmungslosigkeit seiner Welt entspricht der regungslosen, empfindungslosen Majestät des neuen Gottes. An dem Punkt angelangt, führt kein Weg weiter. So redet Ijjob jetzt allein; der neue Gott verlangt eine neue Weisheit (Kap. 28), aber dennoch bleibt er dabei, auch unter den neuen Umständen nicht auf sein Recht verzichten zu können. Die überlieferte Fassung entbehrt also keineswegs der Logik.

Wenn nach dem 31. Kapitel alles auf die Intervention Gottes hinweist, unterbricht die Redaktion den Lauf der Dinge, um eine neue Einlassung, diesmal eines gewissen Elihu, einzuschieben. Er wird vor allem die Auffassung vertreten, daß Bewährung keinen Rechtsanspruch auf die Zuwendung Gottes begründet. Mit großer Raffinesse wird die Intervention Gottes durch die rhetorischen Fragen von 37,15ff. vorbereitet und somit der Eindruck geweckt, der neue Gott sei nicht gebunden an sein Volk, sei nicht im Bunde mit seinem Volk. Am Ende bleibt der Hörer verwirrt zurück, vor allem, weil Ijjob, vom EWIGEN scharf getadelt, vom gleichen EWIGEN als der einzige dargestellt wird, der „begründet" geredet haben soll (42,8). Das Buch ist trotz der schwierigen Textlage, ein Entwurf aus einem Guß, mit Verwirrung als oberstem Ziel.

4.2. Olympier und Sterbliche

4.2.1. Das Märchen beginnt

Es fängt ja märchenhaft an: „Es war einmal ein Mann im Lande \`Uz, Ijjob sein Name", Vs. 1,1a. Das Ganze spielt nicht in Israel. Den Namen Israel werden wir in den 42 Kapiteln nicht ein einziges Mal hören. Wir kommen also von draußen, wir tun, als ob das mit uns gar nichts zu tun hat. Wo liegt \`Uz? In Edom, kann man sagen (Gen 36, Klag 4,21); oder irgendwo auf dem Weg von Philistea nach Ägypten, südlich von Gaza (Jer 25,20); oder irgendwo in Aram (Gen 10,23). Ist auch egal; es ist nicht Israel. Weil das, was hier erzählt werden soll, sich in Israel gar nicht abspielen kann, es sei denn, Israel selber wäre ein Stück Arams, ein Stück Ägyptens. Die Erzählung rechnet Ijjob unter die „Söhne des Ostens", jene Kinder Abrahams, die nicht zu Israel gehören, Gen 25,6.

Ijjob. Wir kennen ihn aus Ez 14,14.20, wo er in einem Atem mit zwei anderen weisen Männern der Vorzeit, mit Noach und Daniel, genannt wird. Wir werden also nicht nur in ein anderes Land, sondern auch in eine andere Zeit versetzt, in die Zeit der Flut, im Lande \`Uz zwar, aber uns doch nicht mehr so fremd wie auf den ersten Blick. Daniel wird später die Anwendung des Ijjobparadigmas sehr kritisch begleiten; von Noach ist aber sogleich die Rede.

4.2.1. Die Umkehrung Noachs

1,1 Es war dieser Mann vollkommen geradeaus, gottesfürchtig, weichend vom Bösen.

2 Es wurden ihm geboren (*jiwwaldo*) sieben Söhne und drei Töchter.

Gen 6,9 lautet:

> Noach war ein Mann, ein vollkommen Bewährter, in seinen Geschlechtern;
> mit Gott hatte Noach Umgang.
> Noach zeugte (*joled*) drei Söhne ...

Es gibt zu viele Parallelen, um an einen Zufall zu denken; aber es gibt auch zu viele Unterschiede, um nicht nachdenklich zu werden. Das Märchen wird wohl keine fröhliche Erzählung werden. Die Flut war der große Einschnitt und Noach, der vollkommen Bewährte, der dünne Faden, an dem die Geschichte der ganzen Menschheit hing. Alles um ihn versinkt in der Flut der Vernichtung, nur er und die Seinen blieben erhalten. Bei Ijjob ist es anders; er wird vernichtet, alles um ihn herum geht weiter, als ob nichts geschehen wäre. Ijjob ist die Umkehrung des Noach. Er ist zwar geradeaus und das vollkommen, ohne Wenn und Aber (*tham*), aber er hat sich noch nicht bewährt, er ist kein *zaddiq* wie Noach. Das Israel der Getreuen im dritten Jahrhundert v.u.Z. steht noch vor seiner schwersten Bewährungsprobe. Noach zeugte (*joled*, aktiv) drei Söhne; dem Ijjob wurde (*jiwwaled*, passiv) eine Fülle an Söhnen geboren, eben sieben, und drei Töchter, die hier namenlos bleiben. Da die Kinder die Zukunft sind, heißt dies: der Bewährte erbaut sich aktiv seine Zukunft; den noch nicht Bewährten überfällt die Zukunft. Zwar bleibt dieser merkwürdige passive Zug auch in Vs. 42,13 erhalten: „es wurden ihm (*wajehi lo*) sieben Söhne und drei Töchter"; aber dann, Vs. 42,14, wird Ijjob aktiv: „er rief den Namen ..." Er ruft die Namen der drei Töchter, er beruft sie zu ihrem Wesen, für Israels Zukunft garantzustehen, und er tut das in sehr „materialistischer" Art, wie wir sehen werden. Wir haben es hier mit einer sehr bewußten und sehr gekonnten **Verfremdung** der Noacherzählung zu tun: passiv statt aktiv, drei Töchter, erst namenlos, dann mit ihren Namen gerufen, statt dreier Söhne mit Namen. Wir erhalten eine Analogie: „Noach" unterscheidet sich von „Ijjob" genau dort, wo er mit ihm übereinstimmt: im „Zeugen" der Kinder. Aber das wird uns vielleicht erst am Ende deutlich werden.

Rainer Albertz hatte in einer Arbeit aus dem Jahr 1981 über den sozialgeschichtlichen Hintergrund des Ijjobbuches eine soziale Trägerschicht für die Erzählung zu finden versucht. Er nimmt die Erzählung erstmal für sich und vergleicht sie mit einer babylonischen Parallele. Er ortet nun die Erzählung in den Untergang einer frommen Grundbesitzerschicht; Ijjob erzählt sozusagen den sozialen Abstieg einer bestimmten Schicht des Volkes in Israel. Als mögliche Zeit der Entstehung sieht er die Tage der ökonomischen Krise unter Nechemja an. Aber die Erzählung will mehr als Reflexion über die tragischen Geschicke einer sozialen Gruppe sein. Karl Barth hat in seinem Hiobkommentar, den wir an drei Stellen in Band IV,2 der Kirchlichen Dogmatik finden, folgendes geschrieben: „Es besteht nach seinen Reden im Mittelstück des Buches sein [Hiobs] eigentliches Leid in allen seinen Leiden und also der primäre Gegenstand aller seiner Klagen in dem Zusammentreffen seines tiefen **Wissen** darum, **daß** er es in dem, was ihm widerfahren ist und aufliegt, mit **Gott** zu tun hat – mit seinem ebenso tiefen **Nichtwissen** darum, **inwiefern** er es darin mit Gott zu tun hat“ (463). Diese exegetische Leitlinie Barths setzt uns auf die richtige Spur: Es geht in der Erfahrung des einzelnen Menschen Ijjobs um das **Ganze**, um **Gott**, um das letztendlich Herrschende und Maßgebliche in der Gesellschaft. Ijjob ist Israel (auch das sagt Barth), denn er wird vom EWIGEN „mein Knecht“ genannt. Gerade weil Ijjob/Israel es mit **Gott** zu tun hat, geht es nun eben doch nicht um diese fromme Schicht allein. Die Landbevölkerung kämpft im makkabäischen Krieg um die Thora, um Israel; es geht ums Ganze und es geht auch aufs Ganze. Den Chassidim, Teil der revolutionären Koalition des Jehuda Makkabi, ging es ebenso wie den später von ihnen abgespaltenen Pherizim (Pharisäern) um die Thora, um das Ganze, eben um Gott. Ijjob ist Israel, sagten wir, aber er ist es in der Gestalt eines verfremdeten Noachs, und darum ist er zugleich nicht Israel. Die Spannung zwischen dieser Identität und Nichtidentität ist das Generalthema des Buches.

> 1,3 Sein Erwerb war siebentausend Stück Kleinvieh,
> dreitausend Kamele, 500 Spann Ochsen, 500 Eselinnen
> sehr viele Bedienstete.
> 4 Dieser Mann war größer als alle Söhne des Ostens.

Der Mann ist vollkommen geradeaus und gottesfürchtig, aber er ist auch steinreich. Das ist in der Schrift nie ein Widerspruch. Nicht Reichtum ist anstößig, sondern die Armut! Eine Fülle an Kindern und eine Fülle an Vieh, „groß unter den Söhnen des Ostens“, heißt es.

> 1,4 Seine Söhne gingen und machten ein Trinkgelage im Hause jedes
> Mannes, Tag für Tag;

sie sandten aus und riefen ihre drei Schwestern, um mit ihnen zu essen und zu trinken.
5 Es geschah, als die Tage des Trinkgelages rund waren:
Ijjob sandte aus, ließ sie sich heiligen,
er stand frühmorgens auf und erhöht Erhöhungsopfer nach der Zahl aller,
denn Ijjob sprach:
vielleicht haben meine Söhne gesündigt,
haben sie Gott in ihren Herzen gesegnet.
In der Weise tat Ijjob alle Tage.

Wir hören hier das Verb „segnen“ mit dem Objekt „Gott“. Wir sind mit der Sache verlegen, denn wie kann man dadurch sündigen, daß man Gott in seinem Herzen segnet? So sagt man, das Verb sei hier ein Euphemismus; gemeint sei verfluchen, aber das wolle man nicht aussprechen. Buber rettet sich mit der Übersetzung „absegnen“. Aber ein anderer Jude, Elie Wiesel, erklärt die Stelle anders. Zwei Jahre lang führte er jeden Sonntag im französischen Fernsehen mit dem Rabbiner Josy Eisenberg Gespräche über das Buch Ijjob. Auch sie stolperten über die merkwürdige Konstellation von„sündigen“ und „segnen“; Wiesel meint nun, daß dies tatsächlich zusammengehen kann: „Ich werde etwas sagen und ich will es in einem bestimmten Geist sagen; ich hoffe, daß man mich deswegen nicht tadeln wird. Wenn ich dennoch daran festhalte, ist das aus Ehrfurcht vor der Wahrheit und aus Solidarität mit allen Opfern der Welt..., aber das erinnert mich an das, was in der Zeit der Inquisition geschah, als die Priester sehr schöne Lieder über die Liebe des Herren hörten und gleichzeitig die Juden verbrannten oder verbrennen ließen. Dies zeigt, daß man dies beides zusammen tun kann, und ich denke, daß das die schlimmste Sünde ist.“ (Eisenberg/Wiesel, 1986, S.35.) Nach dieser Auslegung fürchtete Ijjob offenbar nichts sosehr als die hohlen Hallelujas seiner Kinder, die sich ansonsten überhaupt nicht um die Thora kümmerten. Auch die hellenistischen Priester Jerusalems sangen „preist den EWIGEN *(hallelu-JAH)“* und meinten sonstwas, aber eben nicht den EWIGEN. Solchen Etikettenschwindel hatte schon Jirmejahu feststellen müssen (Kap. 7). Es ist daher nicht nötig, *birek* hier mit „verfluchen“ zu umschreiben oder mit „absegnen“ zu verdeutschen.

„So tat Ijjob alle Tage“, heißt es. Aber dann kommt der eine Tag.

4.2.2. Auf dem Olymp

Die Götter und Göttinnen auf dem Olymp langweilten sich ebenso fürchterlich wie ein moderner parasitärer Jet-set. Sie vertrieben sich die Zeit mit allerhand Unfug, mit dem dann Sterbliche wie etwa Oidipous ihre grausame Not hatten. Auch die Himmlischen von Ijjob 1,6ff. kommen auf eine nette Idee, auf ein „Wetten, daß?", mit der Ijjob, ohne davon die leiseste Ahnung zu haben, was „da oben" ausgeheckt wurde, ebenfalls seine grausame Not haben wird. Er wird es auch nie erfahren. Wir erfahren es. Es ist wie ein ganz besonderer Kriminalroman. Tat und Täter sind den Lesern von Anfang an bekannt; die Personen des Buches stellen die tollsten Vermutungen an, erfahren aber nie, wer der Täter war. Der „Spaß" für die Leser besteht nun darin, zu beobachten, wie sich die Personen in Spekulationen verrennen, manchmal etwas ahnen, sich dann aber wieder von der Wahrheit entfernen. Gott verbirgt seine Abmachung mit dem Hoffunktionär, Herrn „Hinderer" (*Satan*), vor Ijjob und den Gesprächspartnern, **aber nicht vor uns!** Ich halte dieses Strukturelement für wesentlich. Wenn wir das nicht verstehen, verstehen wir das Ganze nicht. Es heißt nun 1,6ff.:

1,6 Es geschah an dem Tag:
Die Söhne Gottes kamen, sich aufzustellen vor dem EWIGEN;
auch der Hinderer war unter ihnen.
7 Der EWIGE sprach zum Hinderer:
woher kommst du?
Der Hinderer antwortete dem EWIGEN, er sprach:
vom Schweifen über die Erde, vom Rundgang auf ihr.
8 Und der EWIGE sprach zum Hinderer:
hast du dein Herz gesetzt auf meinen Knecht Ijjob,
keiner wie er auf der Erde,
ein Mann, vollkommen geradeaus, gottesfürchtig, vom Bösen weichend!?
9 Der Hinderer antwortete dem EWIGEN, er sprach:
ist es etwa umsonst, daß Ijjob gottesfürchtig ist?
10 Hast Du etwa nicht umhegt ihn, sein Haus, alles, was sein ist, rundherum?
Das Tun seiner Hände hast Du gesegnet,
sein Erwerb breitet sich aus im Lande.
11 Vielleicht schickst du einmal Deine Hand aus,
rührst Du an allem, was sein ist,
ob er dann nicht ins Gesicht Dich segnet?

12 Der EWIGE sprach zum Hinderer:
da: alles, was sein ist, ist in deiner Hand;
nur gegen ihn selber schicke Deine Hand nicht aus.
Der Hinderer fuhr vom Angesicht des EWIGEN hinweg.

Es gibt eine Szene, die dieser hier ziemlich ähnlich erscheint: 1Kö 22,19-22. Der Prophet Mikajehu spricht zu den Königen Achab von Israel und Jehoschafat von Jehuda:

22,19 ...deswegen hört die Rede des EWIGEN:
„Ich sah den EWIGEN sitzend auf seinem Thron,
das ganze Heer des Himmels stand vor ihm, rechts und links.
20 Der EWIGE sprach:
wer will Achab betören,
daß er hinaufzieht und fällt vor Ramoth-Gil`ad?
dieser sprach: hiermit, jener sprach: damit.
21 Heraus fuhr der Geistwind und stand vor dem EWIGEN;
er sprach: ich will ihn betören;
der EWIGE sprach zu ihm: womit?
22 Er sprach: ich fahre hinaus und werde ein Lügengeist im Munde all seiner Propheten.
Er sprach: betöre – du wirst es auch können.

Auch hier, so scheint es, wird „oben“ etwas verhängt und wird ein König ins Verderben geführt. Aber es scheint nur so, denn Mikajehu fährt fort:

23 Und nun da:
der EWIGE gab einen Lügengeist in den Mund all dieser Propheten dein,
der EWIGE hat aber Böses wider dich geredet ...

(...und nicht Gutes, wie die Hofpropheten).

Der Unterschied ist daher eindeutig: hier wird nichts verhängt, sondern der König hat die Chance, zwischen Lügenprophet und Künder des EWIGEN zu unterscheiden, und ist genau im Bilde über das, was sich „oben“ abgespielt hat. Aus diesem Grund betrachte ich den EWIGEN von Ijjob 1,6ff. als eine Verfremdung des EWIGEN von 1Kö 22,19ff.

Der göttliche Beauftragte ist hier nicht der Geist (*ruach*), sondern der Hinderer (*satan*). Der Hinderer ist der Feind, der Aufrührling (1Sam 29,4; 2Sam 19,23; 1Kö 5,18; 11,14.23; Ps 109,6). Er ist der Bote des EWIGEN selber, der Bileam und seinem Esel in den Weg tritt, Num 22,22.32. Er tritt noch auf in den Visionen des Propheten Zekarjahu als Staatsanwalt in einem Verfahren gegen den Hohepriester Jehoschu`a; dieser findet im Boten des Ewigen seinen Verteidiger. Aber auch hier ist dieser „Satan“ nichts als der Vertreter der monarchistischen Restaurationspartei, die die politische Rolle der Priester beschränken und die ganze Macht in die Hand des Davidabkömmlings Zorobabel legen wollte. Nichts Mysteriöses also. Auch im Buch Ijjob ist er der Feind, gleichwohl aber Untertan jenes verfremdeten EWIGEN; er ist ein Hermes, und „Jahweh“ scheint hier nur eine hebräische Übersetzung für Zeus.

Dieser „Zeus“ beschreibt Ijjob mit den gleichen Worten wie der Erzähler: als einen Mann, vollkommen geradeaus, gottesfürchtig, vom Bösen weichend. Der Hinderer bringt nun das Argument: der Fromme sei nicht grundlos fromm; seine Frömmigkeit bringe ihm ja etwas ein. Die Antwort des EWIGEN hätte lauten müssen, daß er es so auch verheißen hatte, Lev 26,3: „Wenn ihr in meinen Gesetzen geht, meine Gebote wahrt, sie tut, dann gebe ich euren Regen fristgemäß ...“; und Dtn 28,1ff: „Wenn du hörst auf die Stimme des EWIGEN deines Gottes: Gesegnet du in der Stadt, gesegnet du auf dem Land, gesegnet die Frucht deines Leibes, die Frucht deines Bodens, die Frucht deines Viehs ...“ Der Dienst Gottes war nie „umsonst“ in Israel, vielmehr „gesegnet“. So will es der Gott des Bundes.

Der Hinderer ist der Feind Ijjobs, der Feind Israels. Er bringt ein thorafremdes Element in die Debatte, und zwar mit dem Wort *chinnam*, einem der Schlüsselwörter dieses Buches. Das Wort stammt von der Wurzel *chanan*, Gunst erweisen. *Chinnam* bedeutet: aus Gunst, nicht aus Verdienst, also „gratis“. Aber es bedeutet dann auch „vergebens“, d.h., ohne daß es den zu erwartenden Lohn, den zu erwartenden Erfolg gibt. Weiter bedeutet es „umsonst, ergebnislos“. Und schließlich verschiebt sich die Bedeutung von der finalen in die kausale Ebene: „ohne Grund“. Der Feind Israels verlangt von Israel etwas, wofür es im Hebräischen nicht einmal ein Wort gibt: „Religion“, d.h. Frömmigkeit als Selbstzweck. „Ijjob ist fromm“, sagt der Feind, „aber er ist nicht religiös. Berühre ihn in seinem Reichtum, und er wird Dein erstes Gebot übertreten, und zwar, indem er dich segnet.“ Das erste Gebot lautet: „Nicht sei dir ein anderer Gott mir ins Gesicht *('al-panaja).*“ Der Hinderer sagt: „ob er nicht ins Gesicht *('al-paneka)* Dich segnet“? Muß man dann zumindest hier mit „Verfluchen“ übersetzen? Wiesel hält auch hier an seiner Übersetzung fest (a.a.O., S. 54). Mit gutem Grund. Der EWIGE hat Ijjob gesegnet mit Reichtümern; deswegen segnet Ijjob den EWIGEN. Jetzt nimmt der EWIGE „grundlos“ den Segen weg; er soll weiter segnen; er soll religiös werden, er wird seinen Gott als sein Schicksal betrachten, d.h. aus ihm einen Götzen machen, einen „anderen Gott", dem EWIGEN „ins Gesicht".

Dieser Gott geht auf das Ansinnen ein, was Wiesel zu der Bemerkung Anlaß gibt: „Einfach gesagt: meine Auflehnung besteht im Falle Ijjobs darin, daß sich eine Komplizenschaft zwischen Gott und dem Satan gegen ihn herausbildet ... das hat er nicht verdient! (a.a.O., S. 50)." Allenfalls leuchtet hier ein Sinn, ein nicht olympischer. Ijjob ist fromm, aber er soll nicht religiös, sondern er soll ein *zaddiq*, ein Bewährter, werden. Wenn Ijjob Israel und der Hinderer der Feind Israels ist, so muß dieser Gott ein Interesse daran haben, feststellen zu können, daß sich Israel nicht anpassen, sondern bewähren wird. Anders gesagt: In einer Situation, wo sich eine hellenistische Gesellschaft mit schroffen Klassengegensätzen herausbildet, geht es darum, ob das große soziale Experiment der Thorarepublik erneuert werden kann, d.h., ob sich Israel dem Zeus, dem Schicksal widersetzt oder nicht. Aber dieser Gott beschreitet den riskanten Weg der Verstellung: er begegnet Ijjob in „Fremdgestalt", wie Barth wiederholt sagt, als Olympier; auch hier, wie im Falle Ijjob/Israel, die Dialektik von Identität und Nichtidentität. Und „Gott" erhält dann die Behandlung, die er herausfordert und verdient! Das heißt dann, daß die Lehrer Israels die fast unmögliche Aufgabe haben, das Verwirrspiel durchschaubar zu machen, indem sie erst einmal die Verwirrung bis zum Exzeß durchführen, um alsdann, in Kap. 31 und in den Versen 42,1–6, Israel/Ijjob dazu zu bringen, sich dem „verkehrten" Gott zu verweigern, und diesen „Gott" zu zwingen, sich zu „bekehren". Es geht um die Entlarvung Gottes. Insofern hat Barth recht: Ijjob hat es mit Gott zu tun, mit nichts anderem; d.h. mit der herrschenden Gesellschaftsordnung als solcher. Das ist ein gewagtes Unternehmen und der Schuß ist eigentlich nach hinten gegangen: das Buch hat dazu beigetragen, jenes tyrannische Gottesbild fast unerschütterlich tief in unseren Herzen zu verankern.

4.2.3. Ijjob segnet

Der Feind läßt nichts anbrennen, die Ereignisse überstürzen sich. „Es geschah eines Tages" – der gleiche Tag, der „alle Tage" Ijjobs durchschneidet. Der Erzähler zeigt uns das Bild der fröhlich zechenden Ijjobskinder im Haus des Erstgeborenen. Arglos sind sie, sollte man es ihnen neidvoll verübeln, daß sie es sich gutgehen lassen? Jedenfalls gibt es keinen Grund, ihnen dabei „Sünde" zu unterstellen; „Sünde" ist in der Schrift etwas anderes. Die Ijjobsnachrichten treffen ein, Ijjob hat gar keine Zeit, sie zu verarbeiten. Sein Erwerb ist dahin, und das ist nicht nur das Werk des Hinderers allein: „Feuer Gottes fiel vom Himmel, hat das Kleinvieh und die Jungknechte verbrannt, sie verzehrt ..." Aber es kommt noch schlimmer:

1,18 noch redete der, da kam der, sprach:
deine Söhne und deine Töchter aßen und tranken Wein,
im Hause ihres Bruders, des Erstgeborenen.
19 Und da: ein großer Sturmgeist kam von jenseits der Wüste,
und rührte an den vier Ecken des Hauses,
es fiel auf die Kinder,
sie starben.
Nur ich allein entkam, es dir zu melden.

Nun hat Ijjob keine Zukunft mehr. Und auch das ist nicht nur das Werk des Hinderers allein. Der himmlische Herr hatte zum Hinderer gesagt: „Rühre *(ga`)* doch an allem, was sein ist"; der „Sturmgeist rührt *(ruach jigga`)* an den vier Ecken des Hauses". Wiesel hat recht, wenn er von einer Komplizenschaft zwischen Gott und Feind spricht. Es ist also Gott selber, der Ijjob „an dem einen" Tag den Segen entzieht, mit dem er ihn „alle Tage" gesegnet hatte. Wie reagiert Ijjob?

20 Ijjob stand auf,
er zerriß sein Gewand,
er schor seinen Kopf,
er fiel zur Erde und verneigte sich.
21 Er sprach:
nackt zog ich aus meiner Mutter Schoß,
nackt kehre ich wieder dahin.
Der EWIGE gab,
der EWIGE nahm,
es bleibe der Name des EWIGEN gesegnet.
22 In all dem sündigte Ijjob nicht,
er gab es dem Gott nicht als widerlich zurück.

Um mit dem Wort „widerlich" zu beginnen: Hier wird der Erzähler seine Not haben, Ijjob nicht doch in die Versuchung zu bringen. Wir werden das sehen, wenn wir die Stelle 24,14: „Gott setzt es nicht als widerlich an", besprechen werden. *Tiphlah* von der Wurzel *taphal* bedeutet „fade, abgeschmackt, widerlich"; Palästinenser aus Gaza nennen Schmutzreste in einem schlecht abgewaschenen Topf *tifl.* Der Erzähler rechnet es Ijjob hoch an, daß er dem Gott nicht sagt: Was Du mir tust, ist widerlich; das wäre Sünde. Wäre es Sünde?

Ijjob steht auf, um hinzufallen, sich zu verneigen. Er nimmt äußerlich eine Gestalt an, die dem entspricht, was ihm widerfuhr, ohne den Schmuck seines Kopfes, ohne den Schmuck seines Leibes. Er ist entzaubert, entsegnet. Und dann sagt er etwas, was alle religiöse Gemüter aller Zeiten in Verzückung gesetzt hat und noch versetzt.

Er scheint Gott das Recht zu geben, zu nehmen, was er gegeben hat, er stellt fest, daß sein Endzustand seinem Anfangszustand entspricht, und er läßt den NAMEN gesegnet sein.

Wir fangen mit dem letzten Satz an: „Es bleibe der Name des EWIGEN gesegnet", *wajjehi schem JHWH mborak*. Dieser Ausdruck ist seltsam. Erstens begegnet das Partizip-pual *mborak* nur fünfmal in der Schrift. Aber einen solchen aramäisierenden Ausdruck (Konstruktion eines Partizips mit einer finiten Form des Verbs *hajah*, sein/werden) mit dem Verb *birek* hören wir sonst nur noch an einer einzigen Stelle, Psalm 113,2. Ijjob betet in diesem bitteren Augenblick Psalm 113!

1 Preist den NAMEN!

Preist, Knechte des EWIGEN
preist den Namen des EWIGEN!
2 Es bleibe der Name des EWIGEN gesegnet,
von jetzt an bis in Weltzeit.
3 Vom Aufstrahlen der Sonne bis zu ihrer Ankunft,
bleibe gepriesen der Namen des EWIGEN.

4 Erhaben über alle Weltmächte ist der EWIGE,
über den Himmel seine Wucht.
5 Wer, wie der EWIGE, unser Gott,
der in der Höhe sitzt,
6 das Erhöhte zu bewohnen,
auf das Erniedrigte zu sehen,
im Himmel und auf der Erde,
7 der aufrichtet aus dem Staub den Armen,
aus dem Kot erhebt den Bedürftigen,
8 ihn sitzen zu lassen bei den Edelen,
bei den Edelen seines Volkes,
9 Sitzen zu lassen die Entwurzelte im Hause,
Mutter von Söhnen freudige!

Preist den NAMEN!

Ich kommentiere dieses Lied nicht. Wer einen diesem wunderbaren Lied angemessenen Kommentar lesen will, sei verwiesen auf die berühmte

Auslegung Frans Breukelmans (Breukelman, 1992, S. 3ff.). Ijjob betet diesen Psalm und das heißt, daß er sich an **den** Gott wendet, der in **diesem** Lied gepriesen wird. Also kann von diesem Gebet her nicht geschlossen werden, daß sich Ijjob dem Schicksal fügt. Nein, er ist *dal*, ein Armer, geworden, er ist *`ebjon*, ein Bedürftiger, geworden; seine Frau ist *`aqarath*, entwurzelt, kinderlos geworden. Ijjob hält fest an dem Gott, der sich in seiner ganzen Erhabenheit und mit seiner ganzen Wucht einsetzt für die Armen im Lande, für die kinderlose Frau.

„Nackt zog ich aus dem Schoß meiner Mutter, nackt kehre ich dorthin zurück." Wie denn, „kann ein Mensch in den Schoß seiner Mutter zurückkehren?" fragt Nikodemus. Nackt ist wehrlos und ehrlos. Wehrlos zog er aus dem Schoß seiner Mutter, ehrlos kehrt er dorthin ... Er weiß nicht wohin, aber es ist ein Kehren ohne Wiederkehr. Am Ende werden wir das Verb noch einmal hören: „Gott ließ Ijjob Wiederkehr kehren" (42,10). Zwischen dem einen „nackt" und dem anderen, zwischen wehrlos und ehrlos, liegt eine Welt der Verzweiflung; zwischen dem „Kehren ohne Wiederkehr" und dem „Wiederkehr kehren lassen" liegt die Welt des Aufstands, das Buch Ijjob.

„Der EWIGE gab, der EWIGE nahm. Die beiden Verben in diesem Satz kommen sehr oft vor, auch mit dem Subjekt „EWIGER". Aber beide Verben zusammen mit diesem Subjekt kommen sonst nur noch an einer einzigen Stelle vor, Hos 13,10f.:

> Du sprachst: gib mir König und Obere.
> Ich gebe dir einen König in meinem Zorn,
> ich nehme in meiner Wut ...

Hier ging dem Geben und Nehmen eine Tat, ein sündiges Begehren Israels voran. Aber Ijjob? Bei ihm ist das Geben und Nehmen grundlos. Unberechenbares Schicksal schlägt zu, wo es zuschlagen will. Möglich, aber nicht im Israel der Propheten. Ijjob konstatiert sehr wohl das Grundlose, das Schicksalhafte in dem, was ihm widerfährt, aber er weigert sich, das zu seinem Gott zu erheben. Er macht daraus nicht den Götzen des Stoikers. Er „steht auf" heißt es; d.h., er steht auf gegen das Schicksal. Er „fiel zur Erde, verneigte sich", heißt es aber auch. Er verneigte sich nicht vor dem Schicksal, sondern vor dessen absolutem Gegenteil, vor einem Gott, der den *`ebjon*, den Bedürftigen, aus dem Kot erhebt; nur dieser darf Gott sein in Israel, auf der ganzen Erde. So – und nur so – hat der Erzähler recht, wenn er abschließend kommentiert: „In all dem sündigte Ijjob nicht, er gab es dem Gott nicht als widerlich zurück." In dem, was ihm geschieht, muß er zwar die Hand des Gottes Israels erblicken, aber er stellt zugleich fest, daß das nicht sein kann: Gott, so hat er gehört, wäre nun gerade der „ganz Andere", der, den man in Psalm 113 besingt. Es verschlägt ihm, wie wir hören werden, sieben Tage und sieben Nächte lang die Sprache, wie diese olympische Grausamkeit und die Befreiung des erniedrigten Israels zusammengehen können. Diese zwei Wirklichkeiten „Gottes" – was „Gott" heutzutage ist, was er von ureinst gewesen sein soll – laufen durcheinander; genau das macht die kommenden „Gespräche" so qualvoll. Aber indem Ijjob diese zwei Wirklichkeiten nicht miteinander versöhnen will, sie zwar als unbegreiflich, aber sogleich als unversöhnlich nebeneinander stehen läßt, „sündigt" er nicht.

Er segnet vielmehr.

4.2.4. Der gereizte Gott

2,1 Es geschah an dem einen Tag:
die Söhne Gottes kamen, sich aufzustellen vor dem EWIGEN
und auch der Hinderer kam unter sie, sich aufzustellen vor dem EWIGEN.
2 Der EWIGE sprach zum Hinderer:
wo kommst du diesmal her?
Der Hinderer antwortete dem EWIGEN, er sprach:
vom Schweifen über die Erde, vom Rundgang auf ihr.
3 Der EWIGE sprach zum Hinderer:
hast du dein Herz gesetzt auf meinen Knecht Ijjob?
Keiner wie er auf Erden,
ein Mann vollkommen geradeaus, gottesfürchtig, weichend vom Bösen.
Bis jetzt hält er an seiner Vollkommenheit fest,
wo du mich gereizt hast, ihn zu verschlingen, grundlos!
4 Der Hinderer antwortete dem EWIGEN:
Haut um Haut,
alles, was jemand hat, gibt er für seine Seele.
5 Vielleicht schickst Du mal Deine Hand aus,
rührst an seinem Gebein und an seinem Fleisch,
ob er dann nicht ins Gesicht Dich segnet?
Der EWIGE sprach zum Hinderer:
da: in deiner Hand ist er;
nur seine Seele bewahre.
6 Der Hinderer fuhr vom Angesicht des EWIGEN hinweg ...

Der eine Tag, der alle Tage Hiobs durchbricht, war noch nicht zu Ende. Wieder kommen die Gottessöhne, sich aufzustellen, diesmal wird das auch ausdrücklich vom Hinderer gesagt, denn er hatte einen Auftrag zu erledigen, und er hat ihn erledigt. Der EWIGE fragt ihn auch direkt nach diesem Auftrag: „wo von diesem kommst du *('ej mizzeh thabo')?"* heißt es wörtlich. Der Hinderer macht es spannend: er gibt die gleiche Antwort wie vorher. Gott stellt die gleiche Frage, aber fügt dann selber die Feststellung hinzu: „Noch hält er fest an seiner Vollkommenheit." Es wird Zeit, daß wir etwas zum hebräischen Wort *tham* sagen. Ich übersetze mit „vollkommen", Buber sagt „schlicht". Das Wort bedeutet, daß ein Umstand, eine Eigenschaft, eine Person ohne auch nur den Schatten eines Widerspruchs vorhanden ist. Noach ist vollkommen bewährt; an seiner Wahrheit ist nicht die Spur der Lüge. Ijjob ist vollkommen geradeaus; auf seinem Lebensweg ist nicht die Spur von krummen Touren zu finden. In seiner Reaktion auf die Schläge, die Gott ihm versetzt hat, ist nicht die Spur der Kapitulation vor dem Schicksal; er hält fest an eben dieser seiner *thamuth.*

Aber nun der Gott. Übt er etwa Selbstkritik? Er redet davon, daß er sich hat „reizen lassen", er redet von „verschlingen umsonst". Der Hinderer tut das in der Schrift nur noch einmal: 1Chron 21,1 reizt er David, eine Volkszählung abzuhalten. Aber „rettet" die Chronik da Gott nicht vor einem Skandal? In der Parallelstelle ist es Gott selber, der David reizt: *wajjaseth*, 2Sam 24,1. Die Stelle 1Sam 26,19ff. kann vielleicht etwas Licht in diese Sache bringen. David hat König Schaul gestellt, er redet auf ihn ein:

> Und nun möge doch mein Herr König hören auf die Worte seines Knechtes:
> Hat der EWIGE Dich gegen mich gereizt,
> möge er Opferspende riechend annehmen,
> waren es Menschenkinder:
> verflucht mögen sie sein vor dem Angesicht des EWIGEN ...
> denn sie trieben mich heute weg von der Teilhabe am Eigentum des EWIGEN sprechend:
> geh, diene andern Göttern!

Wir hatten gehört, wie ein böser Geist über Schaul kam, 19,9. Etwas ist beschlossen: Schauls Verwerfung als König. Es ist nie gelungen, aus diesem Stoff eine klassische Tragödie zu machen, weil es eben keine Tragödie ist. Der Prophet Schmuel hatte diese Verwerfung ja öffentlich angekündigt, 15,23, weil Schaul aus einem Befreiungskrieg einen Selbstbereicherungskrieg gemacht hat. Seine Verwerfung ist die Folge seiner „krummen

Touren". Hier hat Gott nichts gereizt, und die Akteure des Dramas wissen, was beschlossen wurde und was auf dem Spiel steht. Schwieriger ist da schon 2Sam 24. Aber auch hier ist ein Unterschied; David hätte wissen können, müssen, daß eine „Volksschätzung" zwecks Tributerhebung gegen die Art des Königtums verstieß, mit dem der Gott Israels ihn betraut hatte. Der Zorn Gottes entbrannte, weil David längst zu einem normalen altorientalischen Tyrannen geworden war, und er treibt ihn auf diesem Weg bis zum Ende weiter, um ihm und dem Volk grausam drastisch vor Augen zu führen, daß dies mit dem Tod des Volkes enden muß. Es gibt hier also Gründe. Aber bei Ijjob ist – Gott bestätigt es selber – alles grundlos, *chinnam*. Das Wort steht „in pausa" und erhält einen unheimlichen Nachdruck. Gott verschlingt (!) Ijjob grundlos. Wenn an irgendeiner Stelle deutlich wird, daß wir es mit einer entsetzlichen Verfremdung des Gottes Israels zu tun haben, mit einem Gott Israels, der eine Götzenfratze aufsetzt oder besser, zu einem abgrundtief bösen Götzen verkommt (das scheint mir besser zu sein als Barths verharmlosendes Wort „Fremdgestalt"), dann eben hier.

Wer nun aber meint, mit dieser Selbstkritik habe die Sache ein Ende, wird eines Besseren belehrt. Ijjob soll in seinem Gebein und seinem Fleisch „berührt" werden, er soll buchstäblich im Dreck als ein Stück Dreck „leben", er soll auf die tiefste Stufe gesellschaftlicher Erniedrigung hinab, wo der Mensch nicht einmal als Tagelöhner tauglich, nicht einmal als Sklave verkäuflich ist. Und es soll ausprobiert werden, ob Israel in **seiner** Fremdgestalt, in dieser teuflischen Verfremdung, an sich selber und das heißt, an seinem Gott, am Gott des 113. Psalms, festhält oder sich dem fremden Gott als seinem Schicksal zuwendet. Ob er sich den gesellschaftlichen Verhältnissen fügt, wie sie sich unter hellenistischer Herrschaft nun einmal herausgebildet haben, oder aber ob er sich weigert, diese Entwicklung als schicksalhaft anzuerkennen. Der Hinderer, der Feind Israels, ist der Ansicht: Armut stumpft ab, dieses Elend erst recht; wie der Flüchtling David wird Ijjob nun ausgestoßen, hat keinen Anteil mehr an Israel und an seinem Gott und hört die Stimme des Hinderers: „Geh, diene anderen Göttern", erkenne an, daß jetzt andere Maßstäbe gelten als die deiner *thamuth*, deiner gradlinigen Vollkommenheit.

„Der Hinderer fährt von beim Angesicht des EWIGEN *(me'eth pne JHWH)"*, hören wir. Vers 1,12 lautete fast genauso; nur wird dort eine andere Präpositon gebraucht: *me'im pne JHWH*. Beide Präpositionen bedeuten „bei, in der Nähe, verbunden mit"; aber *eth* ist stärker. Das heißt, die Komplizenschaft hat sich verdichtet, Gott hat sich noch tiefer auf das Ansinnen des Feindes eingelassen und verfremdet sich von sich selber bis zur Unkenntlichkeit.

4.2.5. Ijjobs Frau

So landet er dann auf dem Müllhaufen, der hier Israel repräsentieren soll. Der Hinderer

2,7 ... schlug Ijjob mit bösen Eiterbeulen von der Fußsohle bis zum Schädel.
8 Er nahm sich eine Scherbe, um sich damit zu kratzen, er aber saß mitten unter der Asche.
9 Seine Frau sprach zu Ihm:
Da, du: noch hältst du fest an deiner Vollkommenheit,
segne Gott und stirb.
10 Ijjob sprach zu ihr:
wie die Reden einer der Nichtswürdigen redest du;
ja, das Gute haben wir von Gott empfangen,
aber das Böse haben wir eben nicht empfangen.
In all dem versündigte sich Ijjob nicht mit seinen Lippen.

Die Frau ist nach gängiger Interpretation die Herzlose, die nicht nur kein Verständnis für Ijjobs Hartnäckigkeit hat, sondern ihn offen dazu auffordert, zumindest in Würde zu sterben, indem er Gott verflucht. Keine geringere Autorität als der Gott des Korans scheint sie dafür züchtigen zu wollen, (Sure 38,43) „wir [Allah] sprachen: nimm in Deine Hand ein Bündel (Ruten) und schlage damit (deine Frau) und versündige Dich nicht (mit Worten) ...". Die eingeklammerten Worte finden sich im Urtext nicht, sollen aber auf ständige muslimische Auslegungstradition zurückgehen (Henning/Rudolph/Werner 1970, S. 412f.). Die von alexandrinischen Juden angefertigte griechische Übersetzung des Buches Ijjob zeigt aber ein anderes, ein ergreifenderes Bild dieser Frau; sie ändert Vs. 9 und fügt dann hinzu:

9 Nach langer Zeit kam seine Frau hervor und sprach:
wie lange noch willst du durchhalten:
9a „da, ich dulde nur kurze Zeit,
harrend auf die Hoffnung meiner Befreiung"?
9b Da: schon schwindet Dein Gedenken von der Erde,
nämlich Söhne und Töchter, Wehen und Beschwerden meines Leibes,
um die ich umsonst mit großer Mühsal mich abgemüht habe.

9c Du selbst sitzt da im Gestank von Würmern,
verbringst deine Nächte unter freiem Himmel.
9d Ich aber schweife herum, verberge mich,
von Ort zu Ort herumirrend, von Haus zu Haus,
wartend auf die Sonne, daß sie untergeht,
damit ich meine Mühe und meine Not, die jetzt mich umfangen,
besänftige.
9e Aber rede doch ein Wort zum Ewigen und stirb.

Noch ausführlicher beschäftigt ein weiterer Midrasch zum Buch Ijjob, das sogenannte Testament Ijjobs, sich in den Kapiteln 21 – 27 mit der Frau Ijjobs. Sie betätigt sich als Wasserträgerin, um für sich und Ijjob etwas Brot zu verdienen, bis ihr auch das weggenommen wird. Dann macht der Satan sich an sie heran, um sie in die Irre zu führen (Riesler, 1927, S. 1114 – 1119). Diese Midraschim dürften uns klarmachen, daß die gängige Übersetzung und die gängige Interpretationsfigur des „treulosen Weibes, das ihren Mann in seiner Not verläßt", mehr mit einer frauenfeindlichen Tradition im Christentum, Islam (und Judentum?) als mit Textinterpretation zu tun hat. Spätestens hier rächt sich das voreilige Übersetzen des Verbes *birek* mit „verfluchen". Auch die griechische Übersetzung meidet das Wort verfluchen: „rede doch ein Wort ..." Es steht uns nicht zu, davon auszugehen, daß sie ein Wort der Verfluchung meint.

Die griechische Version bringt das Schlüsselwort *chinnam* (griechisch: *eis to kenon*): nicht nur der Vater, sondern auch die Mutter wird kinderlos, und wir wissen, was einer kinderlosen Witwe in solchen Gesellschaften wie der des antiken Jehudas in der Praxis blühte. Die Frau berichtet davon in wenigen dürren Sätzen: sie muß herumirren, von Haus zu Haus, wartend, bis der verfluchte Tag vorbei ist. Nicht nur Ijjob ist zu einem Stück Dreck geworden. Wie Ijjob von seinem Gott „grundlos" (*dia kenes*) geschlagen wird, so hat auch sie „grundlos" (*kenon*) die Schmerzen der zehnfachen Kindergeburt ausgehalten. Ijjob landet vom „Sitz neben den Edelen" im Dreck, seine Frau, Mutter von Söhnen und Töchtern, wird zur *ʿaqarath*, zur Entwurzelten. Psalm 113, verkehrt in seinen absoluten Gegensatz!

Nun scheint aber Ijjobs Antwort die negative Interpretation zwingend vorzuschreiben. Als der Davidssohn Ammon seine Halbschwester vergewaltigen will, sagt sie zu ihm, 2Sam 13,3:

Nicht, mein Bruder,
erniedrige mich nicht,
denn nicht wird so etwas getan in Israel,

so ein nichtswürdiges Ding.
Und ich, wo sollte ich mit meiner Schande hingehen?
Und du, du würdest zu einem der Nichtswürdigen in Israel.

Wenn Ijjob die Rede seiner Frau als die Rede „einer der Nichtswürdigen" bezeichnet, macht er ihr also einen sehr schweren Vorwurf. Er antwortet eigentlich mit dem 14. Psalm:

1 Sagt der Nichtswürdige in seinem Herzen: „kein Gott da!"
verderbt sind sie, greuliches tun sie in ihrem Handeln,
keiner da, der Gutes täte.
2 Der EWIGE, vom Himmel lauert er herab auf die Kinder der Menschen,
zu sehen, ob wirklich noch einer ist, der begriffe, Gott nachforschte.
3 Alles Abweichler, verfault miteinander, keiner, der Gutes täte,
ja, auch nicht ein einziger!
4 Erkennen sie es nicht, alle, die Falsches tun, die mein Volk fressen,
indem sie Brot fressen,
den NAMEN dabei nicht anrufen?

Die Nichtigkeit besteht nicht darin, daß es Atheisten gegeben haben soll. Sie besteht darin, daß „Nichtigkeit" getan wird, als ob kein Gott da wäre, der dies ahndete. Ijjob hält daran fest, daß Ahndung sein wird für das, was ihm grundlos angetan wird. Die Frau aber scheint zu sagen, segne den, der dir dies tat, denn es gibt nur Schicksal, nicht deinen und meinen Gott von ureinst her.

Die Antwort Ijjobs besteht aber noch aus einem zweiten Satz. Alle Übersetzungen, die ich kenne, haben die Form der Frage: „Auch das Gute empfangen wir von Gott/und wollen das Böse nicht empfangen?" heißt es bei Buber. Diese Form der Übersetzung geht davon aus, daß Gott das Recht hätte, willkürlich Gutes wie Böses auszuteilen. Wäre die Redaktion des Buches dieser Ansicht, wäre die ganze Auseinandersetzung 4–26 unsinnig. Ijjob will eben das Böse nicht empfangen. Der Text lautet: „Auch das Gute haben wir von Gott empfangen; das Böse haben wir eben nicht empfangen." Die Schwierigkeit liegt in dem Wörtchen *gam*, auch. Es scheint zu implizieren, daß beides, Gutes und Böses, von Gott kommt. Das wissen wir zwar, aber Ijjob weiß das nicht; er ist nicht informiert über das, was sich auf dem Olymp abspielte. *Gam* dient sehr oft dazu, den ihm unmittelbar folgenden Begriff deutlich zu betonen; hier also „das Gute"; *gam eth hattobah*: ja das Gute (s. Gesenius-Kautzsch, § 153). Das Verb *qibbel* bedeutet „in Empfang nehmen (Esr 8,30), [als Brauch] annehmen (Esth

9,23.27), [als Gefolgschaft] annehmen (1Chron 12,18)." Den ersten Halbsatz soll man daher übersetzen: „Ja, das Gute haben wir von Gott her in Empfang genommen." Im zweiten Halbsatz haben wir das Verb *qibbel*, aber diesmal ohne *me'eth 'elohim*, von *bei* Gott her. Die einleitende Partikel *w* dürfen wir mit „aber" übersetzen. Wir erhalten: „Ja, das Gute haben wir von bei Gott her empfangen (als etwas, das zu Gott gehört); aber das Böse haben wir eben nicht empfangen, (weil) das eben nicht von bei Gott, – *me'eth ha`elohim* – kommt, Gott eben nicht zugehörig ist." Wäre Ijjob, wäre die Redaktion des Buches der Ansicht, daß, wenn man das Gute von Gott her akzeptiere, man ja auch das Böse akzeptieren müsse und genau diese Ansicht bewiese, daß Ijjob „in all diesem nicht mit seinen Lippen sündigte", dann tut er ab Kap. 3 nicht anders als „sündigen", denn er akzeptiert das Böse eben genau nicht als „von bei Gott her", bzw. er akzeptiert es als von „Gott", der nicht „Gott" ist. Unsere Übersetzungen sind von einem unausrottbaren, tyrannischen Gottesbild bestimmt. Wir sind sogar schlechter als der Olympier, der in einem Anflug schlechten Gewissens zugibt, daß er sich dazu habe reizen lassen, Ijjob **umsonst** zu verschlingen.

Und jetzt verstehen wir die harsche Antwort Jjjobs. Wenn die Frau meint, daß keine andere Wahl bleibt, als diesen Gott zu segnen (denn auch wenn man sich für die Übersetzung „verfluchen" entscheidet, muß man zugeben, daß Verfluchen nichts anderes als ein ohnmächtiges Segnen ist), und daher das Beste, was einem passieren kann, unter diesen Umständen der Tod ist, wenn also das der Sinn der Einlassung der Frau wäre (und Ijjob versteht sie so), dann redet sie wie eine der Nichtigen in Israel, wie eine, die sagt: „Kein Gott, kein Bewährter, Gerechter da, alles nur Schicksal." Aber auch wenn das der Sinn wäre, sollten wir fragen: „Hat sie unrecht?" Preist nicht auch Ijjob den Tod (Kap. 3)? Wie dem auch sei: die Frau spricht nur aus, was Ijjob und alle anderen pausenlos wiederholen werden: Gott macht, was er will, Gutes und Böses; redet sie wie eine „Nichtige", so reden alle anderen auch wie „Nichtige". Nur dort, wo Ijjob Gott zur Rechenschaft zieht, durchbricht er diese „Nichtigkeit". Aber, noch einmal, was in aller Welt und in aller Weltgeschichte spricht gegen die Feststellung der Nichtigkeit Gottes, die diese Frau trifft? Nichts! Die Schlußfolgerung ist aber dann der Kampf gegen den Gott dieser Nichtigkeit, gegen die „vernichtenden" Verhältnisse, unter denen sie und ihr Mann leben müssen, ihre Kinder das Leben lassen müssen, nicht „segnen und sterben". Wer hat denn je gesehen, daß Gott sie und ihresgleichen wirklich „aus dem Dreck emporhebt" (Ps 113,7b)? Sie hat Gründe – und gute Gründe, Gründe, die tagtäglich neu entstehen –, daran zu zweifeln. Verurteilen wir sie, werden wir wahrscheinlich zu frömmelnden Gesundbetern. Geben wir aber nach, sagen wir „*inschallah*, so Gott will" und sterben eben, gibt es keine Hoffnung mehr. Und ohne Hoffnung wird sich kein Bedürftiger und Erniedrigter je befreien können. Vielleicht reagiert Ijjob deswegen so schroff: gerade solches Elend, sein Elend, ihr Elend, verbietet jede Resignation: „Hier wird nicht gesegnet und nicht gestorben. Gerade jetzt nicht, gerade hier nicht!"

4.2.6. The rest is silence ... !?

2,11 Drei Gesellen Ijjobs hörten von all dem Bösen, das über ihn gekommen war,
sie kamen, jeder aus seinem Ort,
Eliphaz, der Thimniter,
Bildad, der Schuchiter,
Zofar, der Na'amiter.
Sie vereinbarten zusammen,
hinzukommen, ihm zuzunicken und ihn zu trösten.
12 Sie erhoben ihre Augen von weitem und bemerkten ihn kaum;
sie erhoben ihre Stimme und weinten.
Sie zerrissen jeder sein Gewand;
sie streuten Staub über ihren Köpfen gen Himmel,
13 Sie saßen mit ihm auf der Erde,
sieben Tage und sieben Nächte,
keiner redete zu ihm irgendwas,
denn sie sahen, daß der Schmerz groß war – sehr.

Drei Weise aus dem Osten. Eliphaz stammt dem Namen nach aus Edom, Bildad aus Babel und Zofar vermutlich aus Moab. Die Völker reden mit einem nicht wieder zu erkennenden Israel. Denn wo es heißt „sie bemerkten ihn kaum", hat das Hebräische nicht die Wurzel *jada'*, erkennen, sondern die Wurzel *nakar*. Sie bedeutet mehr: bemerken, Aufmerksamkeit widmen, beachten. Die drei wären fast an ihm vorbeigegangen, ohne ihn zu bemerken. So **normal**, so alltäglich war diese Erscheinung Ijjob/Israel geworden, daß er/es gar nicht mehr auffiel. Er/Es zeigt das gewohnte Bild des Volkselendes. Ein räudiger Menschenhund im Dreck, wer beachtet das schon? Unfaßbar ist es, was da aus dem stolzen Gesellen geworden war. Sie heben also die Totenklage über ihn an, denn ein solcher Zustand ist der Zustand des Todes. Und sie wagen nicht, auch nur ein Wort zu sagen, weil der Schmerz zu groß war. Wessen Schmerz? Nur Ijjobs? Oder auch ihr eigener Schmerz? Jedenfalls saßen sie eine Fülle an Tagen und Nächten, eine Sabbatzeit, zusammen.

Diese schweigende Solidarität ist oft gelobt worden. Wäre es nur dabeigeblieben, heißt es. Aber nach dieser Sabbatzeit wird Ijjob das Schweigen durchbrechen, seine Gesellen aus der zunickenden Solidarität – das Verb *nud* bedeutet schweigend mit dem Kopf schütteln, hier also: voller Trauer zunicken – entlassen. Diesem Aufschrei Ijjobs, diesem Aufschrei Israels, verdanken wir nicht nur dieses Buch, sondern wir verdanken ihm das Fortleben Israels. Denn wäre das Buch hier beendet worden, hätte er schließlich das getan, was ihm seine Frau geraten hatte: sich fügen.

Ijjob hat gesegnet; alle Tage war er bestrebt, das Segnen seiner Kinder nicht zu hohlen Hallelujas verkommen zu lassen. Dann geschah dieser eine Tag. Dadurch wird auf alles, was vorher war, rückwirkend der Schatten des Todes geworfen. Die himmlische Majestät wurde zur Umkehrung Gottes. Alles verkehrte sich in sein Gegenteil. So verkehrt sich das Segnen, daß alle Tage Ijjobs gekennzeichnet hatte, in das Gegenteil des Verfluchens.

4.3. Ijjob verflucht seine Tage

3,1 Danach öffnete Ijjob seinen Mund und verfluchte seine Tage.
2 Er entgegnete und sprach:
3 Schwinde der Tag, an dem ich gezeugt wurde,
die Nacht, die sprach: empfangen wurde ein Mann.
4 Dieser Tag werde zu Finsternis,
nicht forsche ihm nach Gott von obenher,
nicht strahle über ihn glänzendes Leuchten.
5 Finsternis löse ihn ab, Todesschatten,
mögen ihm die Drohwolken beiwohnen,
ihn Tagesdüster[2] vergraulen.
6 – Diese Nacht: Dunkelheit nehme sie hinweg –
Man sammele ihn nicht unter den Tagen des Jahres,
in die Zahl der Monde komme er nicht.
7 Da: diese Nacht werde zur Steinwüste,
Jubel komme nicht in ihr auf.

2. Das Wort ist unerklärt. Buber hat Verdüsterung, die Bible de Jerusalem éclipse (Sonnenfinsternis). *Kimririm* kommt nur hier vor. Die Wurzel *kamar* scheint hier so etwas wie dunkel, deprimierend zu bedeuten. Die LXX hat die Zeile nach Vs. 6a.

8 Lästerer sollen den Tag verwünschen,
bewandert im Wecken des Leviathans.
9 Verfinstern mögen sich die Gestirne seiner Dämmerung,
die des Tageslichtes harrten – und sei keins,
nicht sehe sie das Augenzwinkern des Morgens.
10 Denn er hat die Tür meines Mutterleibes nicht verschlossen,
daß Qual sich vor meinen Augen verbärge.

11 Warum starb ich nicht vom Schoß her,
zog aus dem Leib, verreckte sogleich?
12 Warum Knie, die mir begegneten,
Brüste, daran ich saugte?
13 Ich könnte jetzt liegen, entspannen,
schlafen, hätte dann meine Ruhe.
14 Mit Königen, Räten des Landes,
die einst sich die Steppen bebauten[3],
15 Oder mit Oberen, die Gold hatten,
ihre Häuser mit Silber füllten.
16 Oder wäre ich, wie verscharrte Mißgeburt nie gewesen,
wie Kinder, die das Licht nie sahen.
17 Dort hören Verbrecher auf mit ihrem Erschüttern,
dort ruhen sich die Kraftlosen aus,
18 mit den Gefangenen sind sie besänftigt,
hören die Stimme des Treibers nicht mehr.
19 Große wie Kleine, dort sind sie,
Sklave, frei von seinem Herrn.
20 Warum gibt man den Quälenden Licht,
Leben Seelenverbitterten?
21 Die warten auf den Tod – daraus wird nichts –,
nach ihm graben wie nach verscharrten Schätzen,
22 sich freuen auf den vorgewälzten [Grabstein]
entzückt, wenn sie das Grab finden.
23 Dem Mann, dessen Wege verborgen sind,
gesperrt hat sich Gott ihm entgegen.

24 Vor mein Brot kommt mein Gestöhn,
wie Wasser stürzt hervor mein Seufzen.
25 Schrecken erschreckend schreitet auf mich zu,
was ich befürchte, kommt über mich.

---

3. LXX: „die stolz waren ihrer Schwerte wegen". Viele Ausleger denken hier an die ägyptischen Pyramiden.

26 Keine Besänftigung, keine Rast, keine Ruhe für mich,
es kommt die Erschütterung.

Das Gedicht ist klar gegliedert:

Vs. 1 – 2:	Einleitung;
Vs. 3 – 10:	Ijjob verflucht die Tage seiner Zeugung;
Vs. 11 – 23:	Ijjob besingt das Sterben;
Vs. 24 – 26:	Ijjob erhebt seine Klage.

4.3.1. Vom Fluchen

Nun hatte schon jemand den Tag verwünscht, an dem er geboren wurde, Jirmejahu; so fremdartig scheint das also nicht zu sein, Jer 20,14ff.

20,14 Verwünscht der Tag, an dem ich geboren wurde,
der Tag, an dem mich meine Mutter gebar,
nie werde er gesegnet.
15 Verwünscht der Mann, der meinem Vater frohe Botschaft brachte,
sprechend:
ein Kind ist dir geboren, ein männliches,
ihn sich freuen ließ, freuen!
16 Dieser Mann sei wie jene Städte, die der EWIGE umstürzte,
– es tat ihm nicht leid –,
höre er Aufschrei am Morgen,
Kriegslärm in der Mittagszeit.
17 Der mich vom Schoß her nicht sterben ließ,
so wäre mir die Mutter zu meinem Grab,
ihr Schoß schwanger in Weltzeit geworden,
18 Wozu bin ich aus diesem Schoß gefahren?
Um Qual zu sehen, Elend,
daß meine Tage vergehen in Schande?

Groß scheint der Unterschied nicht zu sein. Aber Jirmejahu hört dort auf, wo Ijjob erst richtig beginnt. Jirmejahu hat ebenfalls seinem Gott heftig vorgeworfen: „Betörst hast Du mich, ich ließ mich betören, ergreifen wolltest Du mich, Du hast es geschafft!“ (20,7), heißt es in dem Text, der 20,14 unmittelbar vorangeht; er wird irre an einer Aufgabe, die nicht gelingen will, die ihm nichts als Feindschaft bringt. Aber er hält fest an seiner Hoffnung, er kann noch singen: „Singt dem EWIGEN, preist den EWIGEN, denn er rettet die Seele Bedürftiger aus der Hand der Übeltäter“ (20,13). Auch Ijjob hält an seiner Hoffnung fest, aber fast schon wider besseres Wissen. Denn er wird nicht mit einer Aufgabe betraut, an der er scheitern wird, sondern er wird von Gott selber *chinnam*, grundlos, geschlagen.

Ijjob verflucht seine Tage; und er tut das mit Worten aus Genesis 1: Tag, Nacht, Finsternis, Sterne, Mond. Das Wort „Licht" hören wir zunächst gar nicht; kein Wunder, denn es gibt kein Licht: „die des Lichts harrten und war keins" (Vs. 9). Genau hier findet wieder jene Umkehrung statt, die wir aus den vorigen Kapiteln so gut kennen: „jener Tag werde zu Finsternis", heißt es. Genesis 1 aber sagt: „Das Licht aber rief Gott ‚Tag', die Finsternis rief er ‚Nacht' (Gen 1,4)." Im Falle Ijjobs ist Schöpfung etwas Absurdes. Indem er, der vollkommen war, in sein eigenes Gegenteil, in ein Stück Dreck verkehrt wird, verkehrt sich Schöpfung, Gutes, in sein Gegenteil, Böses. Diese beiden Worte fehlen hier; sie werden wir später hören. Ist dies Anmaßung? Oder müssen wir verstehen: wenn Schöpfung an einem Punkt, in einem einzigen Menschenleben, nicht funktioniert, wie können wir dann sicher sein, daß sie überhaupt funktioniert?

4.3.2. Lobpreis des Todes, des großen Gleichmachers

Nun gut, sagen wir: hat er doch allen Anlaß. Juden aber sehen hier schärfer. „Vive la mort", „es lebe der Tod": unter diesen Titel stellen Eisenberg/Wiesel ihr Gespräch über Ijjob 3. Das Verherrlichen des Todes ist ein faschistisches Programm. „Während des spanischen Bürgerkrieges gab es Falangisten, die schrieen: ‚es lebe der Tod'. Das ist Wahnsinn. Eines Tages, als er noch Dekan der Fakultät in Salamanca war, empfing Miguel de Unanumo den faschistischen General, der der Urheber dieser Formel war; er sagte ihm: ‚Sie sind ein Idiot. Mit welchem Recht bedienen Sie sich dieses Ausdrucks? Wissen Sie: an dem Ort, wo Sie sich befinden, sind solche Parolen nicht geläufig; hier dienen wir ausschließlich dem Kult des Erkennens und das heißt, daß wir ausschließlich dem Kult des Lebens dienen'", sagt Elie Wiesel; und zuvor hatte er ausgerufen: „Den Tod verherrlichen, das ist derart gegen das Judentum, daß solche Aussagen eigentlich unfaßbar sind." Und, fügt er, der Überlebende aus Auschwitz, hinzu: „Alles in mir lehnt sich auf gegen den Tod; und das nicht, weil ich etwa keine Toten in meinem Leben gesehen hätte ... Nein, aber ich glaube, daß unsere Tradition uns lehrt – deswegen trifft sie mich, deswegen macht sie mich lächeln, obwohl dieses Lächeln mit Tränen vermischt ist –, was unsere Tradition uns lehrt, ist, daß ein Mensch einen Augenblick vor seinem Tod noch unsterblich ist ... Demgegenüber erscheint mir die Idee des Todes, die Ijjob in diesem Vers einführt, diesem Geist vollkommen fremd." (Eisenberg/Wiesel, S. 115, 114 116.)

Wir lassen uns von diesem Juden sagen, daß dieser Text „dem Geist seiner Tradition" vollkommen fremd sei. Anders gesagt: so etwas gibt es in der ganzen Schrift nicht noch einmal. An einem Tod nach verfluchten Tagen ist nichts Erbauliches und erst recht nichts Erlösendes, auch nicht, wenn er den Rabbi von Nazareth trifft. Jede Kreuzverherrlichung ist in einer kryptischen Art ein faschistisches Programm. Und nun kommt dieser Ijjob und „verherrlicht den Tod" – meint Wiesel. Es gibt einen Tod, gegen den ist nicht viel einzuwenden; er schmerzt, weil er Abschied ist für den Sterbenden, so alt er auch sein mag, und für die, die zurückbleiben. Aber man darf, man soll seinen Frieden mit ihm haben: „Und Ijjob starb, alt, satt an Tagen", 42,17. Man lebt seine Tage; wenn die Tage „alle" sind, ist es genug. Aber von diesem Tod weiß er nichts. Im Gegenteil, er fängt an, seine Tage „alle" zu machen, bevor sie angefangen haben. Er verflucht den Tag, an dem er gezeugt, die Nacht, in der er empfangen wurde, den unteilbaren Augenblick, an dem seine Tage anfangen. Aber damit nicht genug.

Daß er seine Ruhe will, verstehen wir; er will „liegen, rasten, schlafen". In Psalm 113 hofft Israel darauf, daß der aus dem Dreck Erhobene „Sitz haben wird beim Adel seines Volkes". Daraus wird hier: „liegen, rasten schlafen bei Königen, bei Räten, bei Oberen, die ihre Häuser mit Gold und Silber füllten": das ist eine Karikatur. Aber Ijjob geht noch weiter. „Dort sind sie, Große wie Kleine", sagt er. Die Egalität, die im Leben verlorenging, wird nur im Tode Wirklichkeit. Nicht im Leben, sondern im Tode sind Gefangene und Sklaven frei, hört Verfolgung auf: das ist Zynismus.

„Dem Mann, dessen Wege verloren sind, gesperrt hat sich Gott gegen ihn", heißt es. Wir hören das Verb *suk* im Buch Ijjob noch einmal, 38,8: „eingesperrt hat er das Meer hinter seiner Tür". Eine Intensivform bei Jesaja (9,10; 19,4) bedeutet aufstacheln. So behandelt man eine „Opposition". Für den Mann im Todesschlaf ist Gott unerreichbar, wie es die Schrift auch lehrt, Psalm 115,17f.:

> Nicht die Toten preisen den EWIGEN,
> nicht alle, die versinken in Stummheit,
> nein, wir, wir segnen den EWIGEN,
> von jetzt an bis in Weltzeit.

Gott sperrt sich. Was heißt das? Gott, der, auf den Ijjob seine verzweifelte Hoffnung setzt, sperrt sich gegen die Toten. Ihre Ruhe besteht darin, daß alle Hoffnung dahin ist. Was sie erreicht haben, ist das Zerrbild dessen, was sie einmal erhofften, ist gleichzeitig das endgültige Aus ihrer Hoffnung. Was Gott im Leben sollte, Befreiung, Erhebung, das wurde er in einer greulichen Verzerrung Seines Antlitzes im Tod.

Übertreibt Ijjob? Wiesel meint so, Eisenberg verneint, ich denke, zu Recht. Ijjob hat genug von einem Leben, in dem die Erbarmungslosigkeit selber über die Menschen waltet. Das Todesreich ist einer Gesellschaft vorzuziehen, die sich nicht ändern läßt. Er weiß, daß solche Wünsche Illusionen sind. In seiner Klage spricht er aus, daß es für ihn keine Besänftigung, keine Rast, keine Ruhe geben wird.

4.3.3. Erschütterung

Erschüttert wird er sein. „Erschüttern" ist das Geschäft der Verbrecher. Erschüttert wird auch Ijjob sein, er wird selber erschüttern, weil eine Auseinandersetzung auf ihn und auf die drei Kollegen zukommt, die nichts intakt lassen wird: alles, aber dann auch wirklich alles, wird erschüttert werden; *wajjabo rogez*, es kommt die Erschütterung. Sie wird total sein. Er weiß, was auf ihn zukommt. Keine Gespräche über den Sinn des Leidens. Sondern *rogez*, erschütterndes Einklagen seines Rechtes gegen einen Gott, der Ijjob aussperrt, als ob er nicht *'ijjob*, sondern *'ojeb*, der Feind, wäre, sich abriegelt, als ob er schon ein Toter wäre. Gegen Verhältnisse, die Menschen zertreten wie Würmer.

Erst hier endet der „Prolog"; aus dem Segnen ist jetzt erst ausdrücklich dessen Gegenteil Verfluchen geworden (vgl. Gen 12,3). Erst hier ist der absolute Widerspruch aufgebaut, der der Gegenstand der Auseinandersetzungen werden soll. Von diesem Verfluchen her wird gefragt: hat sich der Gott Israels, der Gott des Guten und des Lebens, der Schrift, in einen Allerweltgötzen des Bösen und des Todes verwandelt, Gott-allmächtig ohne Bund und Schrift (vgl. Dtn 30,15: Gutes/Leben versus Böses/Tod!). Jetzt segnet Ijjob nicht mehr. Er verflucht; nicht den Gott Israels, sondern seine Tage.

4.4. Reden: Kampf um die Wahrheit. Eine Übersicht

Die Lektüre der Reden Ijjobs und seiner drei Partner verlangt Entsagung. Wer eine dramatische Entwicklung sucht, die unaufhaltsam auf einen Höhepunkt zusteuert, wird das Buch enttäuscht weglegen. Es gibt keine Entwicklung. Die Ansichten sind am Ende (25–26) keine anderen als am Anfang (4–7). Es gibt auch keine gravierenden Unterschiede zwischen dem „Gottesbild" Ijjobs und denen seiner Gesprächspartner. Der Unterschied liegt auf einer anderen Ebene: Ijjob leidet, seine Freunde leiden nicht. Ijjob ist von der Entwicklung in einer ganz anderen Weise betroffen als die drei Weisen aus dem Osten. Das regungslose, empfindungslose Superwesen, das sie *'Eloah*, *'Elohim* oder *'El* nennen, setzt dem Ijjob ganz anders zu als diesen drei Theologen, für die eigentlich nicht allzuviel auf dem Spiel steht.

Deswegen die Gereiztheit Ijjobs. Was er zu hören bekommt ist dies: machen könne man nichts, es werde schon alles wieder in Ordnung kommen, man müsse Geduld haben, seine Schuld zugeben, dann werde SEINE MAJESTÄT wieder gnädig sein, keiner könne ihn zu irgend etwas zwingen ... Ijjob, 9,2f., erwidert:

> Amen! ... Das weiß ich auch, daß das so ist:
> ‚wie behauptet ein Mensch seine Wahrheit vor der Gottheit?'
> Beliebt es ihr, mit ihm zu streiten,
> nicht ein Tausendstel würde sie ihm entgegnen.

So klug wie seine Freunde ist er auch. Der Streitpunkt liegt nicht im Gottesbild. Aber es geht darum, ob man dem Gott überhaupt das Prädikat „wahrhaft" *(zaddiq)* zuschreiben kann. Ijjob sagt eigentlich: „Ich kann zwar nichts machen, aber ich weigere mich, diese Ohnmacht auch noch zu überhöhen. Ich will ‚Wahrheit' *(zedeqah)* und nichts sonst." Das ist auch: „Ich will mein Recht!" Aber es ist mehr: Ijjob will ein Recht, das kein Zufallsprodukt einer göttlichen Neigung ist, er will einklagbares und verläßliches Recht, er will wahres Recht, er will Wahrheit. Die Kollegen aber wollen den Gedanken nicht zulassen, daß Gott im Unrecht sein könnte, daß er Unrecht zuließe, gar täte. Sie wollen ihm die Ehre geben, indem sie nicht wahr sein lassen können und wollen, was nicht wahr sein darf. Sie sind ehrenwerte Dogmatiker, denn sie sehen, daß, wenn sie auch nur einen Augenblick von ihrem Dogma lassen würden, alles in eine Schieflage geriete. Diese wollen sich fügen in den Lauf der Dinge, wie er nun einmal ist, und dabei Gott einen guten Mann sein lassen; jener aber bleibt ruhelos, gibt keine Ruhe, ist erschüttert und erschüttert alle, wie in 3,26 angekündigt.

4.4.1. Der Richter ist blind

Nehmen wir zum Beispiel einen berühmten Spruch Ijjobs. Dieser zeigt, was er eigentlich will, 19,25f.:

> Ich aber, ich weiß, daß mein *go`el* lebt,
> daß im Nachhinein er sich über dem Staub erheben wird.
> Danach – meine Haut ist zwar zerfetzt –
> werde ich von meinem Fleisch her Gott schauen.

Nach allem, was im vorigen Kapitel über den *go`el* gesagt worden ist, dürfte klar sein, daß Ijjob nicht an den Messias denkt. Er denkt an die traditionelle Gesellschaftsordnung Jehudas, in der ein Mensch nicht auf dem Dreck landen kann, weil eben der *go`el* da ist, weil die Ordnung der *ge'ulah* herrscht, die wir bei der Besprechung von Lev 25 kennengelernt haben. **Nur** diese Ordnung betrachtet er als wahrhaft und somit als rechtmäßig. Ijjob führt das „Gottesbild" seiner Partner bis ins Extrem weiter. Diese behaupten immer wieder, daß letztendlich der Verbrecher, der „Schuldige", wie Buber hier immer das Wort *rescha`* übersetzt, nur einen Augenblick im Vorteil ist, wie eben Zofar in seiner Entgegnung auf Ijjob 19; 20,5ff.:

> 20,5 Denn der Jubel des Schuldigen ist zwar naheliegend,
> die Freude des Diebes fürs Moment,
> 6 steigt auch „seine Hoheit" in den Himmel,
> berührt mit seinem Kopf die Wolke,
> 7 wie seine Scheiße schwindet der für immer,
> die ihn sahen, sagen: wo ist denn der abgeblieben?

Ijjob bestreitet das; er hat eine andere Wahrnehmung seiner und anderer Wirklichkeit: „Ich weiß, daß ich bewährt bin (13,18), warum werde ich dann bestraft? Die Verbrecher leben, gewinnen an Macht (21,6), warum werden sie nicht bestraft?" Nein, da ist etwas grundfalsch an diesem Gott:

> 9,19 Wenn es um Kraft und Gewalt geht: da!
> wenn es um Recht geht, wer lüde ihn vor?
> 20 wenn ich mich bewahrheite, beschuldigt mich mein Mund,
> bin ich vollkommen, er verdreht mich,
> 21 bin ich vollkommen, erkenne ich meine Seele nicht wieder,
> werfe ich mein Leben weg.
> 22 einerlei ist es, darum sage ich.
> den Vollkommenen und den Schuldigen, er macht sie alle.
> 23 Tötet plötzlich die Peitsche,
> er verhöhnt noch die Verzweiflung der Unschuldigen.

24 Das Land ist gegeben in die Hand des Frevlers,
er verhüllt das Gesicht seiner Richter –
Ist er es etwa nicht? Wer sonst? –

Diese Verse sind mit 24,2ff. die bittersten des Buches. Daß „Gott" die Macht hat, ja, die Macht ist, das bezweifelt er sowenig, wie seine Freunde. Daß das irgend etwas mit Recht, mit dem Recht der Gesellschaftsordnung, die Ijjob hier vertritt, zu tun haben soll, das verneint er, und darin unterscheidet er sich von seinen Freunden. Für diese ist es ein theologisches Problem, für Ijjob eine Frage von Leben und Tod. Recht und Macht treten nicht nur auseinander, sie stehen sich wie unversöhnliche Feinde gegenüber. **Die Unversöhnlichkeit des Rechtes Ijjobs, des Rechtes der Armen, mit der Macht derer, die sie in die Armut trieben, ist das eine, die Ohnmacht der Entrechteten der Allmacht der herrschenden Ordnung gegenüber das andere Generalthema dieser Gespräche**. Und weil das Recht Ijjobs ohnmächtig ist, so kann die Macht Gottes nicht wahrhaft sein, bleibt die Wahrheit, die *zedeqa,* auf der Strecke.

Eisenberg weist auf eine Talmudstelle hin, die eine Parallele sieht zwischen Gen 18,26 und Ijjob 9,22. (Eisenberg/Wiesel 1986, S. 226f.) Die Genesisstelle handelt vom Gespräch zwischen dem EWIGEN und Abraham über die geplante Zerstörung von Sodom und Gomorra: was, wenn es nun bewährte Menschen *(zaddiqim)* in diesen Städte gäbe? Abraham sagt:

25 Weit ab von Dir, zu tun nach dieser Rede,
den Bewährten mit dem Verbrecher zu töten,
als ob der Bewährte wie der Verbrecher wäre!
Das sei weit ab von Dir:
der Richter der ganzen Erde täte nicht das Recht!

Ijjob hat mit seiner Äußerung auf die Einlassung Bildad geantwortet, der gefragt hatte, 8,3:

Soll die Gottheit etwa das Recht krümmen?
Als ob der Gewaltige die Wahrheit krümmte!

Ijjob sagt nun: „den Vollkommenen und den Frevler macht er alle", das sei „einerlei"; und er fügt hinzu: „das Gesicht des Richters verhüllt er". Er sagt also: „In der Tat, Bildad, der Richter der ganzen Erde beugt das Recht." Wenn an irgendeiner Stelle deutlich wird, daß der „Gott", mit dem Ijjob seine so entsetzliche Not hat, die Negation des Gottes der Thora ist, dann hier. Ijjob behauptet: Der tatsächliche Gang der Dinge läßt keinen anderen Schluß zu. Das könne man an seinem eigenen Schicksal, aber auch am

Schicksal anderer feststellen. Er sagt also: „Was bei uns, in unserer Gesellschaft, maßgeblich geworden ist, ist das absolute Gegenteil dessen, was nach der Thora maßgeblich sein sollte. Unser Gott hat sich in sein Gegenteil verkehrt."

4.4.2. „Ich weiß, daß ich bewährt bin."

Ijjob ist ein *`isch tham*, ein vollkommener Mann, vollkommen geradeaus, vollkommen gottesfürchtig, vollkommen weichend vom Bösen. Das weiß er; *ani tham*, ich bin vollkommen. Das ist keine Überheblichkeit. Dem soll man nicht mit spießiger Kleinmütigkeit widersprechen: „kein Mensch ist vollkommen, wir haben alle unsere Fehler"; nein: Ijjob ist vollkommen, es kann kein Zweifel daran bestehen, daß er in allem bestrebt ist, ohne Wenn und Aber nach den alten Ordnungen der Thorarepublik zu leben, das bedeutet hier „vollkommen". Die Thora ist Maßstab und Richtschnur seines Lebens. Und dadurch gerät er in Konflikt mit den „modernen Zeiten", wo alles mögliche, nur nicht die Thora Richtschnur des gesellschaftlichen Lebens ist. Aber Ijjob behauptet von sich 13,18:

> Ich habe mich stark gemacht für das Recht,
> ich weiß, daß ich bewährt bin.

Er wird das am Ende seiner Reden dokumentieren (Kap. 31). Viermal aber wird grundsätzlich bezweifelt, daß ein Mensch von Gott aus als bewährt gelten kann, zweimal von Eliphaz (4,17; 15,14), einmal von Bildad (25,4) und einmal von Ijjob selber (9,2). Die Partner meinen das aber ein wenig anders, durchaus im Sinne einer dogmatisch-klerikalen Rechtfertigungslehre; wenn Ijjob fragt: „Was macht bei Gott die Wahrheit eines Menschen aus?" (9,2) ist das etwas anderes, als wenn es Bildad mit genau den gleichen Worten fragte; Ijjob macht dies Gott zum Vorwurf, wie wir bei der Besprechung der Passage 9,22ff. gehört haben; Bildad endet seine kurze Einlassung mit einer ziemlich miesen Anthropologie: die Sterne seien nicht rein in Gottes Augen – „wie denn erst der Mensch, diese Made, das Menschenkind, dieser Wurm?" 25,5. Ijjob aber:

> Ich halte fest an meiner Wahrheit, lasse nicht locker,
> mein Herz erhebt keine Vorwürfe wider meine Tage" (27,6).

Nicht so Gott. Er hat ihn, Ijjob, geschaffen, aber:

> ... das hattest Du in Deinem Herzen verborgen,
> ich weiß, daß dies Du vorhattest:
> sündigte ich, Du würdest mich bewachen,

meiner Verirrung sprichst Du mich nicht frei.
wäre ich schuldig ...olala!
wäre ich bewährt: meinen Kopf darf ich nicht erheben.
Sättige dich dann an meiner Schmach,
besieh meine Erniedrigung ... (10,13ff.)

Ijjob sagt: „Die Menschen bewähren sich, nicht alle, aber gar nicht so wenige; was sich nicht bewährt, ist Gott." Das ist eine Blasphemie, meinen die Kollegen. Später wird die Redaktion des Buches in der Einleitung zur Einlassung Elihus das Generalthema der Reden so zusammenfassen, 32,1: „Die drei Männer hatten aufgehört, Ijjob darauf zu entgegnen, daß dieser sich für bewährt hielt in seinen eigenen Augen." Und sie sieht das Problematische in dieser Haltung darin, daß sie als Konsequenz haben müßte, daß eben Gott nicht bewährt wäre. Deswegen muß noch ein vierter Theologe in die Bütt. Wir werden aber zunächst versuchen, in einer Auslegung eines längeren Fragmentes der Reden den Kampf um die Wahrheit nachzuzeichnen.

4.5. Wie Wildesel in der Wüste

4.5.1. Eliphaz kommt angeblich zur Sache

22,1 Eliphaz der Thimniter entgegnete, er sprach;
2 Ist der Mann etwa der Gottheit nützlich?
Ist doch der Clevere sich selber nützlich.
3 Gefällt es dem Gewaltigen, daß du dich bewährst?
Als ob er Gewinn davon hätte, daß du vollkommenen Weges bist.
4 Wird er mit dir über deine {Gottes}fürchtigkeit argumentieren?
Kommt er mit dir zum Gericht {dergestalt, daß er fragt:}[4]
5 „Hat sich deine Bosheit nicht gemehrt
Sind deine Verfehlungen nicht endlos?
6 Pfändetest du nicht deinen Bruder grundlos,
streiftest du den Nackten nicht die Kleider ab?
7 Nicht tränktest du den Ermatteten mit Wasser,
dem Hungrigen verweigertest du das Brot.
8 [Der Mann des starken Armes: er hat das Land,
die sichtlich Erhabenen besitzen es.]
9 Witwen schicktest du leer hinweg,
die Armen der Waisen wurden zermalmt,

4. Zwischen { } Erläuterungen, die nicht im Text enthalten sind; zwischen [ ] Textteile, die den Gedankengang zu unterbrechen scheinen.

10 Deswegen rings um dich Schlingen,
bestürzt dich Schrecken jäh,
11 Oder Finsternis – Du siehst nicht,
Wasserstrudel bedecken dich ...?"
12 Ist Gott nicht hoch im Himmel,
sieht an das Sternenhaupt, wie`s sich erhebt?
13 Und da sprichst du: „was weiß Gott,
Von hinter dem Gewölk soll er richten?
14 Wolken verbergen ihn – er sieht nicht,
er geht herum im Himmelskreis."
15 Hütest Du den Pfad der Urzeit,
darauf sich bewegen Leute der Arglist,
16 sie wurden gepackt – noch nicht gab es Zeit –
Ein Strom ergoß sich über ihren Grund.
17 Die sprachen zur Gottheit: „weiche von uns,
was kann ihm der Gewaltige wirken?!"
18 Der doch hatte ihre Häuser mit Gutem gefüllt,
[weg von mir der Rat der Verbrecher],
19 Das sehen die Bewährten, sie freuen sich,
der Schuldlose lacht darüber.
20 Ist es etwa nicht so: unsere Widersteher werden gelöscht,
ihren Rest frißt das Feuer.

21 Werde ihm doch wieder nützlich, Ijjob,
dadurch wird dir Gutes kommen,
22 Nimm doch aus seinem Mund **Thora** an,
lege seine Sprüche dir ans Herz,
23 Wenn du umkehrst zum Gewaltigen, wirst du aufgebaut,
wenn du Falschheit aus deinem Zelt entfernst,
24 Lege in den Staub Ringgold,
in den Felsenbach das Ophir,
25 dann wird der Gewaltige dein Ringgold sein,
Silber [...] dir[5],
26 Dann wirst du dich am Gewaltigen erfrischen,
hebst du zu Gott dein Gesicht empor,
27 du flehst ihn an, er erhört dich,
bezahlt machen sich dir deine Gelübde.
28 Befehle im Spruch, es ersteht dir,
über deinem Weg strahlt das Licht.

---

5. Der Halbvers ist unübersetzbar. *to`aphoth* bedeutet so etwas wie Spitzen: „Und Silber Spitzen dir"??

29 Hat er erniedrigt, sprich: „es war Stolz;
den, der die Augen senkt, befreit er.“
30 Ließ er etwa den Nicht-Schuldlosen entkommen?
entkam er doch, war es durch die Reinheit deiner Hände?[6]

Vier Teile hat diese Rede. Im ersten Teil versucht Eliphaz Ijjob klarzumachen, daß seine Hoffnung auf ein Gerichtsverfahren eine Illusion ist (2–12), im zweiten versucht er dessen Anschauungen zu widerlegen (13–20); im dritten Teil ermahnt er ihn (21–28) und er beschließt mit einer allgemeinen Moral (29–30).

Eliphaz bezweifelt, daß Gott irgendwelchen Nutzen aus der Bewährung eines Menschen zieht. Also kann es nicht in Gottes Interesse liegen, Ijjob einem Gerichtsverfahren zuzuführen, in dem nach den berühmten in Ez 18 aufgestellten Kriterien Recht gesprochen werden wird. Eliphaz läßt nämlich Gott Jechezq'el 18 ausdrücklich zitieren. So fundamental erschienen der Redaktion des Buches Jechezq'el die dort im 18. Kapitel vorgetragenen Gedanken, daß sie sie in gestraffter Form im 33. Kapitel wiederholt, 33,12–20. Es heißt dort, wenn ein Mann einen Sohn zeuge, der Verbrechen begeht, aber er selbst sei ein bewährter Mensch, so werde der Sohn nicht von den Verdiensten des Vaters zehren können, dieser aber auch nicht für die Vergehen seines Sohnes bestraft, 18,20f.:

Die Seele, die sündigt, sie soll sterben;
ein Sohn soll nicht zu tragen haben an der Verfehlung des Vaters,
ein Vater soll nicht zu tragen haben an der Verfehlung des Sohnes;
die Wahrhaftigkeit des Bewährten, auf ihm selber ist sie;
das Verbrechen des Verbrechers, auf ihm selber ist es.

und 33,20:

Jedermann nach seinem Weg,
so werde ich euch richten,
Haus Israel.

Diese Lehre begründet die Möglichkeit eines Neuanfangs für jede Generation. Die Vergangenheit ist kein Schicksal. Sie ist eine wirkliche „Entmythologisierung“; es gibt keine „Flüche“, die über Generationen hinweg auf einer Gruppe von Menschen lasten. Wir wissen, daß die Vergangenheit einen langen Atem hat und daß ungesühnte Verbrechen sich Generationen später rächen können, wie man in Nordirland, aber nicht nur dort, sehen kann; aber das hat nichts mit Schicksal zu tun, vielmehr damit, daß die

6. Einige alten Übersetzungen haben verbessert: „...seiner Hände“.

Söhne selten besser sind als die Väter. Jechezq'el begründet diese soziologische Anschauung mit seiner Theologie. Das eine Element dieser Theologie ist die Lehre der absoluten Zuverlässigkeit Gottes, seine „Berechenbarkeit"; wir hören uns das in der gebotenen Ausführlichkeit an, 18,25ff:

25 Da sprecht ihr:
nicht berechenbar ist der Weg meines Herrn,
hört aber, ihr von Haus Israel:
mein Weg soll nicht berechenbar sein?!
Ist nicht vielmehr euer Weg unberechenbar?
26 Kehrt sich der Bewährte ab von seiner Bewährung,
tut Verfehlung,
sterben muß er deswegen.
Wegen der Verfehlung, die er tat, muß er sterben.
27 Kehrt sich der Verbrecher ab von seinem Verbrechen,
tut Recht und Wahrheit,
erhält er seine Seele am Leben;
28 er sieht es ein, kehrt sich ab von all seiner Abtrünnigkeit, die er tat,
lebendig bleibt er, am Leben,
sterben muß er nicht.
29 Und da sprechen die vom Haus Israel,
nicht berechenbar ist der Weg meines Herrn!
Mein Weg soll nicht berechenbar sein?!
Ist nicht vielmehr euer Weg unberechenbar?

Das Verb *thakan* bedeutet „messen", „regulieren". Jeder soll genau wissen, wie seine Lage ist, und jeder kann das auch wissen. Es gibt relativ einfache Regeln. Man könnte statt „berechenbar" für das niphal *jittaken* auch „regelmäßig" übersetzen, den Regeln gemäß, die in Israel gelten. Sterben muß einer, wenn

18,11 er ißt bei der Bergfeier mit {d.h. für fremde Götter},
er besudelt die Frau seines Genossen,
12 den Unterdrückten und Bedürftigen beutet er aus,
Raubgut hat er geraubt,
Pfand erstattet er nicht,
zu den Klötzen erhebt er seine Augen,
Greueltaten tut er;
13 Er gibt um *neschek*,
mit Vermehrung nimmt er,
der soll leben?
Nicht soll er leben,
...!

In der positiven Liste, die die Taten des Bewährten beschreibt, hören wir noch, was der „Ausbeutung des Bedürftigen" gegenübersteht: „sein Brot gibt er dem Hungernden, den Nackten bedeckt er mit Gewand" (18,7). Dies führt zum Leben. Und tatsächlich, in einer Gesellschaft, in der es keine Bedürftigen, keine hoffnungslose Armut, keine Rechtlosigkeit gibt, ist das Leben sicherer.

In einer Gesellschaft schroffer Klassengegensätze, wo in ausgedehnten Bereichen Armut und Elend herrschen, blüht die Kriminalität, nehmen sich die Reichen, was sie nicht, und die Armen manchmal, was sie zum Überleben brauchen, mit Gewalt. Die „Berechenbarkeit" Gottes besteht also darin, daß geordnete gesellschaftliche Verhältnisse, d.h. ein hohes Maß an Egalität, „ordentliches Leben", ein „Leben in einer gerechten Ordnung" und daher Sicherheit bedeuten, deren Gegenteil Tod. Das ist scharfsinniges Sozialwissen, begründet mit Theologie, die jeder Mystifikation feindlich ist.

Das andere Element dieser Theologie hören wir in Vs. 23:

> Habe ich Gefallen, ja Gefallen, am Tod des Verbrechers,
> Verlautbarung von meinem Herrn, dem EWIGEN,
> nicht vielmehr daran, daß er umkehrt auf seinen Wegen
> und lebt?!

Diese wirklich **heilige** Lehre verkehrt Eliphaz in eine teuflische Karikatur, indem er genau das ausläßt, was zum Kernbestand der Theologie Jechezq`els gehört. Er fragt: „Hat der Gewaltige Gefallen daran, daß Du Dich bewährst?" Die Antwort muß lauten: „Jawohl, Eliphaz, Jechezq'el 18,23! Welchen Gewinn er davon haben mag, steht auf einem anderen Blatt, aber wenn dieser *Schaddai* dann identisch mit dem Gott Israels sein soll, dann hat er Gefallen an der Bewährung des Bewährten und an der Umkehr des Frevlers."

Eliphaz antwortet auf das, was Ijjob im 21. Kapitel gesagt hatte. Dessen Klagen gelte nicht der Menschheit. Da würde ihm schnell „die Puste ausgehen" (wörtlich: „kurz von Geist, kurzatmig werden", Vs. 4). Nein, er will wissen, Vs. 7:

> Warum leben die Verbrecher,
> schreiten voran, erstarken an Macht?

Da hatte doch soeben Zofar gesagt, daß der Verbrecher mitsamt dem Ertrag seines Hauses fortgeschleppt wird: dies sei von Gott her des Verbrechers Teil. „Das sehe ich anders", sagt Ijjob, „warum leben die Verbrecher?" Er spitzt die Sache zu, indem er zunächst fragt, Vs. 22:

Wird die Gottheit mit Kenntnis belehrt,
die doch in den Höhen richtet?

und dann beschreibt er, Vs. 23ff.:

23 Dieser stirbt in der Kraft seiner Vollendung,
ganz und gar befreudet und befriedet,
24 Seine Oliven sind noch voller Fett,
das Mark seiner Gebeine noch saftig;
25 aber jener stirbt mit verbitterter Seele, hat vom Guten nichts gegessen.
26 Da liegen sie nun zusammen im Staub,
der Wurm deckt sich auf ihnen ein.

Gott richtet in den Höhen, die Verbrecher leben, „und sie leben nicht schlecht", um mit Kurt Marti zu reden. Und die anderen quälen sich durch das elende Leben. Beide sterben, der Wurm des Todes stellt endlich die Gleichheit her, die im Leben eine Utopie war. Und Gott richtet in den Höhen. Warum? Ijjob hat ja selber die Antwort gegeben: die Verbrecher leben und sie leben, wie sie leben, **weil** sie voranschreiten, erstarken an Macht. In der sozialen Ungleichheit steckt kein Schicksal, sondern ein Machtverhältnis. Und die Verhältnisse – eben „Gott" – sind nun so, daß da wohl nichts zu machen sein wird. Wenn irgendwo, dann stellt er hier die entscheidende, die Machtfrage. Denen, die zur Gottheit sagen, „weiche von uns" und „nach Erkenntnis Deiner Wege steht uns nicht der Sinn; was ist der Gewaltige, daß wir ihm dienen sollten, was nützt es uns, daß wir ihm begegnen?" (Vs. 15f.), geht es gut. Es sind die, die schon in Maleachis Zeit meinten: „Wahnsinn, Gott zu dienen, was nützt es uns, wenn wir seine Verwahrung bewahren, melancholisch einhergehen ..."(3,14). Das waren Nechemjas Gegner, die Eliten, denen es nicht paßte, daß einige die Thora zur Verfassung des Gemeinwesens machen wollten. Diese sind in Ijjobs Tagen zu einer uneingeschränkt herrschenden Elite geworden. Potent („ihre Oliven sind noch voller Fett"!), kraftvoll, mächtig sind sie noch am Tag ihres Todes. Ijjob ist Empiriker; mag die heilige Lehre noch so oft verkündet werden, die Verhältnisse zeigen ein anders Bild. Wer sich über das Recht der Gebeugten hinwegsetzt, seine Macht skrupellos mißbraucht, dem geht es gut; wer über keine Macht verfügt, dem hilft keiner, auch der nicht, der „in den Höhen richtet". Ijjob will ein Gerichtsverfahren, aber er zweifelt daran, ob er das bekommen wird.

Eliphaz wirft nun Ijjob vor, daß dessen Gottesbild falsch sei; dessen Gott sei unwissend, er ziehe irgendwo seine Kreise und überlasse die Welt ihrem eigenen Dreck. Das wäre falsch. Er wisse schon, was los ist, er werde die Frevler so behandeln, wie sie es verdienen. Die Gerechtigkeit werde siegen. Man könne ihn nur nicht zur Rechenschaft ziehen, meint Eliphaz, deswegen könne man kein Gerichtsverfahren einfordern. Aber er werde eines Tages den Verbrecher bestrafen, dessen könne sich Ijjob sicher sein. „Wieso?“ könnte Ijjob fragen, „wo er doch keinen Gefallen an Bewährung und Recht hat?“ Seine Majestät, Seine Omnipotenz „Gott“ wird`s wohl richten, irgendwann, wenn er es will, nicht nach seinem Willen, sondern nach seiner Willkür. Der Gott, der *Schaddai* des Eliphaz, ist der Zeus Olympiakos, dessen Bildnis der König Anthiochos IV im Tempel zu Jerusalem aufrichten ließ. Dieses Heidentum ist Eliphaz` Sache; insofern kommt er tatsächlich zur Sache. Ijjob hält nichts von solchen ungedeckten Schecks.

4.5.2. Wo ist Gott?

23,1 Ijjob entgegnete, er sprach:
2 Auch heute ist widerspenstig meine Klage,
meine Hand wuchtet auf meinem Gestöhn.
3 Wer gäbe, daß ich erkannte, ihn fände,
käme vor sein Gestell:
4 ich würde vor ihm mein Recht in Ordnung bringen,
meinen Mund würde ich mit Beweisen füllen,
5 ich wüßte Worte, er müßte sich vor mir verantworten,
mir merken würde ich, was er mir sagt;
6 Ob er dann mit Gewalt mich bekämpfte?
Nein, denn er selber würde mich bemerken,
7 wie ein Gerader würde ich mich bei ihm erweisen,
entkommen würde ich, endgültig im Recht.

8 Aber da, nach vorne gehe ich – er ist nicht da,
nach hinten – ich bemerke ihn nicht.
9 Nach links zu seinen Werken – ich schaue nichts,
dreht sich nach rechts – ich sehe ihn nicht.

10 Ja, er würde schon einen Weg neben mir wissen,
prüfte er mich, wie Gold käme ich hervor:
11 in seiner Spur hielt ich meinen Fuß,
seinen Weg hütete ich, ich wich nicht ab;
12 Gebote seiner Lippen: ich entfernte mich nicht
von meinem Gesetz[7], ich verwahrte die Sprüche seines Mundes.

7. *chuqi:* „das mir festgesetzte“ übersetzt Buber, wie in Vers 14.

13 Ihm ist es einerlei – wer könnte ihn umkehren?
Seine Seele begehrt es? – Er macht es!
14 Er fordert Zahlung für mein Gesetz,
desgleichen mehrt sich bei ihm,
15 darum bin ich seinetwegen bestürzt;
denke ich darüber nach, wird mir angst und bange vor ihm.
16 Die Gottheit erweicht mir das Herz,
der Gewaltige bestürzt mich.
17 Denn nicht finde ich ein Ende, von mir aus Finsternis,
von mir aus Verhüllung mit Dunkelheit.
24,1 Wieso gibt es dann vor dem Gewaltigen unverborgene Zeiten,
und schauen, die ihn kennen, seine Tage nicht?

Die Übersetzung der letzten beiden Verse ist unsicher; 24,1b fehlt in der Septuaginta. Ab 24,2 fängt aber eine andere Argumentationskette an, deshalb zieht Buber zu Recht Vs.24,1 zum 23. Kapitel. Buber setzt Vs.8 und 9 zwischen eckige Klammern, was bei ihm bedeutet, daß er hier eine nicht gut erklärbare Unterbrechung des Gedankenganges sieht. Aber die Klammern können wegfallen, denn die Verse sind der Schlüssel zum ganzen Kapitel. Sie unterstreichen die Umkehrung Gottes, denn sie bedeuten eine Negation des 139 Psalmes. Dort hören wir, Vs. 7ff.:

7 Wohin soll ich weggehen von Deinem Geist?
Wohin von Deinem Angesicht weglaufen?
8 Würde ich auch den Himmel erklimmen, dort bist Du;
mich im Scheol begraben: da bist Du!
9 Würde ich die Flügel des Morgens aufschlagen,
wohnte hinter dem Meer,
10 auch dort erfaßte mich Deine Hand,
Deine Rechte hielte mich fest ...
...
18 ...
ich wache auf – noch bist Du bei mir.

Dieser Psalm bezieht sich auf den Kampf der Bewährten gegen die Gegner der Thora: „Haßte ich nicht, die Dich, EWIGEN, hassen, sind mir nicht zuwider die wider Dich Aufständischen, ist nicht vollendet der Haß der Hasser ...?“ (Vs. 21f.) Die Nähe Gottes ist Voraussetzung für den Erfolg in diesem Kampf. Derjenige, der diesen Psalm zuerst gesungen hat, steht in einem schweren Kampf gegen die, die „den NAMEN hassen“, d.h. gegen die in seinen Augen gottlose Clique, die im Lande die Macht hat. Er ist nicht ohne Hoffnung, ja, er ist sich der Rechtmäßigkeit seines Anliegens bewußt.

Genau das Gegenteil wird Ijjob sagen. Er sagt zunächst, daß nirgendwo Gott zu finden ist. Wäre er zu finden, er wüßte schon, was er sagen sollte, er würde ihn zur Verantwortung rufen: „Ich wüßte Worte, er müßte sich vor mir verantworten." Er, Ijjob, habe sich jedenfalls nichts vorzuwerfen, er sei ein Gerader (wie der Gott, den er sucht, zweimal ausdrücklich bestätigt hatte, 1,8 und 2,3), er sei auf Gottes Weg gegangen, ohne von dem ihm Gesetztem abzuweichen. Er könne sich den Fragen Gottes, die Eliphaz, Jechezq`el 18 zitierend, vorformuliert hat, stellen. Wo nun findet er sein Recht? Wo könnte festgestellt werden, daß das, was ihn trifft, Unrecht wäre? Nirgendwo, ist seine Antwort. Wir kennen dieses Gefühl der Ohnmacht. Wenn eine Gesellschaftsordnung so dicht geworden ist, daß eine Gegenrede überhaupt keine Aufmerksamkeit mehr finden kann, wenn bestimmte Fragen einfach nicht mehr an ein hörendes Ohr gelangen können, ist der Gott des Rechts, wo immer man sich auch hinwendet, „nicht da". Da ist nur die höchst unheilige Lehre der Jechezq'elkarikatur des Eliphaz. Ijjob kann den 139. Psalm nicht mehr singen – oder noch nicht singen –, weil er wie seinesgleichen, die im Dreck leben müssen, keinerlei Perspektive mehr hat.

Deswegen ist der Gedanke an Gott ein zutiefst deprimierender, beängstigender; Ijjob „findet kein Ende" vor lauter Finsternis und Dunkelheit: Vor ihm ist nichts verborgen, aber für uns ist er undurchschaubar. Gott befreit nicht. Und das wird er nun sehr konkret beschreiben.

4.5.3. Gott ist das nicht zuwider ...!

24,2 Die Grenzen verrücken sie,
die Herden rauben sie, weiden sie selber.
3 Den Esel der Waisen treiben sie weg,
nehmen den Ochsen der Witwe als Pfand.
4 Sie scheuchen den Bedürftigen vom Wege,
zusammen verstecken sich die Unterdrückten des Landes.
5 Da: sie sind Wildesel in der Wüste,
ziehen aus zu ihrem Werk: Beute aufstöbern!
Die Steppe ist Brot ihm und seinen Jungen.
6 Vom Feld ernten sie sein Viehfutter,
raffen im Weinberg des Verbrechers.
7 Nackt übernachten sie, ohne Gewand,
keine Decke gegen die Kälte.

8 Bergströmung macht sie triefend naß,
nirgends Schutz, umklammern den Felsen.
9 [Sie rauben die Waise von der Brust weg, Pfand nehmen sie vom Unterdrückten].
10 Nackt gehen sie, ohne Gewand,
sie hungern, aber tragen Garben,
11 zwischen den Mauern verbringen sie den Mittag,
die Kelter treten sie, aber sie verdursten.
12 Aus der Stadt steigt das Gestöhn Sterbender empor,
die Seelen Durchbohrter rufen um Hilfe.
Aber Gott ist dies nicht zuwider!

Wir halten inne. Der Text bedarf des Kommentars kaum. Wir vermerken, daß Vs. 9 von vielen hinter Vs. 3 gestellt wird und daß Buber den Vers in eckigen Klammern hat.

Sozial Schwache und sozial Wehrlose sind in der Gesellschaft, die Ijjob hier beschreibt, völlig „marginalisiert" worden: „Sie scheuchen die Unterdrückten vom Wege." Die hellenistische Modernisierung, der Ausbau der Geldwirtschaft, die allmähliche Urbanisierung der Gesellschaft, die Ausdehnung des Großgrundbesitzes mit ihrer ‚cash–crops' – Wirtschaft (Erntegut für den Markt und nicht für den eigenen Gebrauch) ging einher mit dem Herabsinken (*muk*, Lev 25!) großer Teile der Bevölkerung in den Keller der Gesellschaft; sie werden zu Lohnarbeitern (*sakir*). Sie wurden zu Nichtseßhaften, sie stöhnen auf und schreien um Befreiung; ihr Schrei bleibt ungehört, „Gott ist dies nicht zuwider". Der hebräische Satz *we`eloah lo–jasim tiphlah* bedeutet wörtlich: „Gott setzt [es] nicht [als] widerlich." Das Wort *tiphlah* haben wir schon im ersten Kapitel gehört. Was ihm widerfahren ist, „gab" Ijjob „nicht [als] widerlich Gott [zurück]", 1,22. Wenn wir nun wissen, daß das Wort für Gebet, *tephillah*, in der Konsonantenschrift genauso geschrieben wird wie *tiphlah*, nämlich *tphlh*, erhalten wir ein Wortspiel. Ijjob „betet" in Vs. 1,22 nicht, wie man von ihm hätte erwarten können, Gott rechnet das Gestöhn der Sterbenden nicht als „Gebet". Indem Gott die herrschenden Zustände nicht zuwider sind, gelten ihm zwar die Hallelujas der hellenistischen Priester, nicht aber das Gestöhn der Unterdrückten als Gebet. Und damit ist der realexistierende Gott nicht mehr der Gott der Thora, von dem es an entscheidender Stelle heißt, Ex 2,23ff.:

23 Es geschah nach vielen Tagen,
der König von Ägypten starb;
und die Kinder Israels stöhnten wegen des Sklavendienstes,

sie schrieen auf,
ihre Klage stieg hinauf zu Gott aus dem Dienst.
24 Gott **hörte** ihre Seufzer,
Gott **gedachte** seines Bundes mit Abraham, mit Jizchaq, und mit Ja`aqob;
25 Gott **sah** die Kinder Israels,
Gott **erkannte**.

Dieser Text ist der Kontrast zu Ijjob 24,12. Die Verfremdung Gottes ist hier so weit fortgeschritten, daß sich zwei „Götter" unversöhnlich gegenüber stehen, der Gott von Ex 2,23ff. und der von Ijjob 24,12. Dieser unversöhnliche Widerspruch ist der Bürgerkrieg. Daß hier etwas Gewaltsames durchbricht, ist vielen Auslegern aufgefallen; so schreibt Helmut Lamparter: „Die ganze Schilderung gewinnt gegen das Ende hin einen geradezu **drohenden** revolutionären Klang. Kein noch so glühender Sozialist unserer Tage hätte das Elend des Proletariats in unheimlicheren Farben schildern können. Die Frage ist müßig, welche soziale Schicht seiner Zeit der Dichter mit dieser Schilderung im Auge hatte. Im Vordergrund steht ja nicht ein gesellschaftliches, sondern ein theologisches Problem." (Lamparter 1951, S. 148.) Die letzte Bemerkung hätte man zur Not akzeptieren können, wenn er unter „theologisch" (Gott betreffend) die Grundstruktur der gesellschaftlichen Ordnung verstanden, er „nicht" weggelassen und statt „sondern" „weil" geschrieben hätte! Es geht tatsächlich nicht um die Geschicke einer sozialen Gruppe, sondern um das Ganze. Dieses „Ganze" ist „Gott". Darüber aber im letzten Teil dieses Buches mehr. Lamparter verdirbt die Sache aber weiter, indem er Vs. 13ff. Bildad zuschreibt und sie nach 25,6 einfügt; er will es besser wissen als die Tradition, die uns das Buch so überliefert, wie es uns vorliegt. Ijjob, nicht Bildad, fährt fort:

24,13 Sie wurden zu Aufrührern wider das Licht,
achteten nicht auf seinen Weg.
Siedeln nicht auf seinen Steigen.
14 Bei Licht steht der Mörder auf,
tötet den Bedürftigten, den Unterdrückten,
und nachts wird er zum Dieb.
15 Das Auge des Lüstlings wartet auf die Dämmerung,
sprechend: kein Auge belauert mich,
legt seinem Gesicht einen Schleier an.
16 Bricht in der Finsternis in die Häuser ein,
aber tagsüber hält er sich versteckt,
so einer kennt das Licht nicht.

17 Denn diesen miteinander ist der Morgen wie Todesschatten,
der paßt auf das Grauen des Todesschattens auf,
18 jählings er – „über dem Antlitz des Wassers ..."

Verflucht sei ihr Anteil im Lande,
wende er sich nie mehr auf den Weg des Weinbergs.
19 Dürre, auch Glut, rauben das Schneewasser:
so die Hölle die Sünder.
20 Den vergesse der Mutterschoß, sabbere an ihm
die Made, seiner werde nicht gedacht;
umgehackt werde wie ein Baum die Falschheit,
21 wer sich weidet an der Wurzellosen, die nicht gebar,
der Witwe nichts Gutes tut.

Der ganze Haß des Ijjob gegen die kriminelle Bande, gegen das Ausufern der Kriminalität im Lande tritt in diesen Versen deutlich zutage. Das sind die Frevler, die leben und mit „fetten Oliven" bis zu ihrem Todestag leben. Ohnmächtig ist diese Verfluchung und gründlich: sie sind es, die die Schöpfung in ihr Gegenteil verkehren; ihr Element ist nicht das Licht, sondern die Finsternis. „Jählings er – ‚über dem Antlitz der Gewässer' ..."; das Wort *qal* bedeutet bei den Propheten oft ein schneller Fluch; es hat die gleiche Wurzel wie *qillel*, verfluchen. Der Ausdruck „über dem Antlitz der Gewässer" erinnert an Gen 1,2: eine teuflische Schöpfung ist das geworden, wo diese Leute ungehindert ihr Unwesen treiben können. Ijjobs Verzweiflung ist absolut: er sieht in dem Zustand alles dessen, was geworden ist, einen Zustand, der nicht mehr verbessert werden kann. Was er kann, ist die verfluchen, die sich an der „Entwurzelten, die nicht gebar" (vgl. Ps 113,9), vergreifen, „nichts Gutes (auch eine Negation der Schöpfung) der Witwe tun."

Und nun scheinen die letzten, schwer zu übersetzenden Verse doch einen Hoffnungsschimmer aufkommen zu lassen: nur eine Weile lasse „Gott" – eben der von Ex 2,23ff.! – sie gewähren; dann packe er sie:

24,22 Er scheint die Hochmütigen mitzuziehen mit seiner Kraft;
der steht auf, ohne Vertrauen in seinem Leben;
23 er umgibt ihn mit Sicherheit, unterstützt ihn,
seine Augen sind auf seinem Weg ...
24 Ja, sie steigen nur ein wenig auf, dann sind sie weg,
sacken tief weg, wie alle, verschrumpeln
wie der Kopf eines Strohhalms werden sie beschnitten.
25 Ist's nicht so? Wer macht mich zum Lügner,
zunichte meine Worte?

Die Übersetzung kann auch hier wieder nur sehr „ungefähr" sein. Es geht um die, deren Verbrechen Ijjob beschrieben hat. Vielleicht bringt uns Vs. 24b etwas weiter; „sie sacken tief weg", *whumku*; das Verb *makak*, das hier im Sing. hophil auftritt, ist die etwas gebräuchlichere Form jenes Verbes, das wir bei der Besprechung von Lev 25 kennengelernt haben, *muk*. Lev 25 suchte zu verhindern, daß aus dem Bruder, der „tief unten" ist (*ki-jamuk*), so einer wird, den Ijjob in 24,2ff. beschrieben hatte. Die, die jetzt ganz oben sind, werden tief unten enden.

Der Text schreibt diese Worte dem Ijjob zu. Es ist schwer mit dem in Einklang zu bringen, was er in 24,2–18a gesagt hat. Der einfachste Ausweg wäre es, 18b–24 herauszunehmen und sie irgendwo in Kap. 27 anzusiedeln und das Ganze dann dem Zophar zuzuschreiben, der eigentlich auch noch zu Wort hätte kommen müssen. So verfährt die Bible de Jerusalem; andere verfahren wieder anders. Diese Prozeduren sind sinnlos, entweder kommen wir mit dem uns überlieferten Text aus, oder wir haben zuzugeben, daß wir ihn nicht verstehen. Das Problem ist die Tatenlosigkeit Gottes angesichts der Verbrechen in der Welt; die Hoffnung auf einen Gott, der handelnd eingreift, wird angefochten durch seine tatsächliche Zurückhaltung, ja durch die Unmöglichkeit, ihn irgendwie, irgendwo, irgendwann behaften zu können. Das Durcheinander des Textes reflektiert das Durcheinander der gesellschaftlichen Situation. Die hellenistische Modernisierung der Gesellschaft hat die Sozialstrukturen weitgehend zerstört; der Prozeß erscheint ebenso unumkehrbar wie allmächtig. Gleichzeitig aber wollen solche Kreise, die den oder die Verfasser des Buches Ijjob hervorgebracht haben, nicht hinnehmen, das ihr traditionsreiches Gesellschaftsmodell, die Thorarepublik, endgültig obsolet sein soll. Aber ihnen fehlt auch nur die geringste Möglichkeit, „traditionelle" Politik umsetzen zu können. Dies führt sie in die Verzweiflung, dies verwickelt sie in Widersprüche, nicht nur die Kollegen, sondern auch Ijjob selber. Aus dem Grund ist es nicht nötig, ja, höchst verhängnisvoll, die Widersprüche einzuebnen. Immer wieder bricht nun doch eben das, was sein sollte, durch das, was ist, hindurch, um ebenso schnell von dem, was ist, eingeholt, zerschlagen zu werden, um sich dann aber wieder doch, unerwartet, zu Wort zu melden ... Diese Widersprüche sind durchzuhalten, weil die, die uns diesen Text überlieferten, sie durchhalten mußten: Text und das, wofür der Text stand, eine ganz und gar finstere, mörderische Wirklichkeit, wo hin und wieder ein gerades Menschenkind leuchtet. Sinn der Worte Ijjobs scheint zu sein, daß zwar auch das Schicksal der oberen Schichten unberechenbar ist, aber daß dies nicht das Ergebnis eines Rechtswillens dieses Gottes ist, sondern ebenfalls Ausfluß seiner abgrundtiefen Bosheit: „Es ist einerlei, darum sage ich, den Vollkommenen und den Verbrecher macht der alle!" (9,22.)

Bildads kurze Erwiderung besprachen wir bereits; sie ist in dieser Vorlage die totale Kapitulation vor den herrschenden Verhältnissen. Der Mensch ist schlecht, eine widerliche Made – vor Gott.

4.5.4. Naturdämon oder Schöpfer?

26,1 Ijjob antwortete, er sprach.
2 Wie hast du geholfen den Machtlosen,
wie hast du befreit den Armen, den Kraftlosen,
3 wie hast du beraten den Unweisen,
eine Menge an Klugheit gibst du zu erkennen!
4 Mit wem hast Du Worte vermeldet,
wessen Inspiration fährt von dir aus?

5 Die Gespenster regen sich,
von unter den Gewässern, die dort wohnen
6 Nackt ist der Totengrund ihm gegenüber,
keine Decke für das Dahingeschwundene,
7 der breitet den Norden über dem Wirrsal,
hängt die Erde über dem Nichtigen,
8 der einengt das Wasser in seine Wolke,
und kein Gewölk zerbricht unter ihm,
9 der ergreift das Antlitz des Thrones[8]
ihn verhängt mit seinem Gewölke,
10 der Gesetz vorschreibt dem Antlitz der Gewässer,
bis wo das Licht an Finsternis sein Ende findet.
11 Die Ständer des Himmels wanken,
entsetzen sich vor seinem Beschimpfen:
12 mit seiner Kraft hetzt er das Meer auf,
mit seiner Aufmerksamkeit das Untier zerfetzend,
13 durch seinen Geistwind wird der Himmel klar,
er durchbohrt mit seiner Hand die flüchtende Schlange.
14 Da: das sind nur die Ränder seines Weges,
was für Geflüster bloß die Rede davon, die wir hörten?
Dagegen sein machtdurchsetztes Donnern: wer bemerkt es?"

Tatsächlich wäre es am bequemsten, wenn man auch Kap. 26,5–14 der Rede des Bildads zuschlagen würde, dieses klerikale Getöse über den All-

8. Buber hat „Vollmond".

beherrscher der Naturgewalt. Aber es ist wiederum Ijjob, der redet. Es fängt an mit einer unwirschen Erwiderung, wobei die Negationen auffallen: „ohne Kraft, ohne Macht, unweis". Dann nimmt er Bildads Gedanken auf, führt sie durch. An dem Gott, der hier ausgemalt wird, ist nichts Erhebendes. Er ist allein mit „Gespenstern", mit den ganzen Monstren, die die Gewässer bewohnen und meinen, vor neugierigen Blicken sicher zu sein. Aber der große Dämon „El", der ja das Ganze veranstaltet, der ausbreitet, aufhängt, mit Wasserbeulen spielt, eingrenzt und aufpeitscht (die Wurzel *raga`* bedeutet sowohl erstarren lassen wie aufpeitschen, die meisten Übersetzer haben „beruhigen"), die Unwesen des Meeres vernichtet, ist selber das Urgespenst; und wenn es mal idyllisch wird: „durch seinen Geistwind wird der Himmel klar", holt uns die Dämonie wieder ein: „durchbohrt seine Hand die flüchtende Schlange". Das Ganze erhält so eine gespenstische Ambiguität. Sicher: der Gott, der all diese Mächte des Abgrundes in Schach hält und ausschaltet, hätte etwas Befreiendes. Aber in diesem Buch ist jener Gott immer nur mit seinen seelenlosen Werken allein, kein Mensch zu sehen. Kein Wunder, daß manche denken, wir haben es hier mit einem „dämonischen Pantheismus" zu tun; so Ernst Bloch (1968, S. 154).

Am Ende heißt es: dies wäre nur ein „Flüstern", *schemez*; das Wort hat keinen guten Klang; in 4,12 begleitet dieses Flüstern Eliphaz im nächtlichen Alptraum, der ihn schaudern läßt. Eine andere Form finden wir noch in Ex 32,25, *schimzah*, „Gezischel", übersetzt Buber. Was, wenn das „Donnern", *ra`am*, erst richtig losgeht? „The mystery of Gods 'way' is beyond human comprehension", erzählt uns Habel als Deutung dieses Verses; die Deuter sind meistens nicht weiter als die Bildads gekommen (Habel 1985, S. 367). Wir hören das „Flüstern"; das „Donnern aber, wer bemerkt es", heißt es. Umgekehrt wäre er verständlicher, denn den Krach hört man eher als das Geflüster. Könnte der Sinn sein: das Flüstern ist ja kaum auszuhalten; wie, wenn dieser Gott donnerte? Und dann wäre der Sinn dieser letzten Einlassung Ijjobs: euer Gerede von der Machtpotenz dieses unendlichen Kraftmeiers kann ich nicht mehr hören, denn es hat mit meinem Problem nicht das Geringste zu tun; ich weiß selber, daß *allahu akbar*, das Gott mächtig ist ...

Tatsächlich wäre diese Haltung Ijjobs schriftgemäß. Denn im Gegensatz zu verbreiteten Auffassungen, kosmische Architektonik und Chaosgötterkampf sei die mythische Urgestalt der „entmythisierten" Schöpfungstheologie von Gen 1, „Schöpfungstradition" sei „alter Bestandteil der Überlieferung des Jahwekults“ und werde als „regelmäßig sich wiederholendes sakrales Geschehen gefeiert“ (Weiser 1956 S. 191), ist es natürlich umgekehrt: Grund allen Redens über Schöpfung ist Gen 1, alles weitere ist von dort her zu bedenken. Und so regt sich wohl bei Ijjob zu Recht der Verdacht, hier gehe es gar nicht um Schöpfung. Das Wort fehlt nicht zufällig im ganzen Buch! Dazu aber später mehr.

Es besteht daher kein Anlaß, hier Umstellungen vorzunehmen und diese Worte dem Bildad zuzuschreiben. Habel und viele andere Umsteller haben das nicht begriffen. Wie sie nicht begriffen haben, daß jetzt ein ganz neuer Abschnitt im Buch anfängt. Habel kombiniert 26,1–4 mit 27,1ff. und übersetzt 27,1: „Once again Job made a pronouncement and said ...“ (a.a.O., S. 375). Das ist mehr als ein Fauxpas. Damit gibt er zu erkennen, daß er die Stellung des Buches Ijjob in der ganzen Schrift nicht begriffen hat.

4.6. Widersprüche

4.6.1. Ich halte an meiner Wahrheit fest

27,1 Ijjob fuhr fort, er setzte seinen Gleichspruch hinzu.
2 Sowahr die Gottheit lebt, die mein Recht entweichen ließ,
der Gewaltige, der meine Seele verbittert,
3 denn noch ist ganz und gar mein Atem in mir,
Gottesgeist in meiner Nase:
4 sollten die Reden meiner Lippen irre sein,
meine Zunge Trug murmeln!?
5 Weit ab von mir, daß ich euch bewahrheite,
bis ich vergehe, lasse ich meine Vollkommenheit nicht entweichen,
6 an meiner Wahrheit halte ich fest, ich lasse nicht locker,
mein Herz wirft mir keinen meiner Tage vor.
7 Geschehe es meinem Feinde wie dem Verbrecher,
denen, die gegen mich aufstehen, wie dem Irren.

8 – Denn was ist die Hoffnung des Irrläufers,
wenn er Gewinn macht,
wenn dann aber Gott herauslöst seine Seele?
9 Hört etwa seinen Aufschrei die Gottheit,
wenn über ihn kommt die Drangsal?
10 oder kann er sich laben am Gewaltigen,
Gott anrufen allezeit? –

11 Unterwiesen hatte ich euch über die Hand der Gottheit,
was es mit dem Gewaltigen auf sich hat, verbarg ich nicht.

12 Da, ihr alle, ihr habt es durchschaut,
warum mit Dunst mich umdunsten:
13 dies wäre der Anteil verbrecherischer Menschheit bei der Gottheit,
das Eigentum der Tobenden, das sie vom Gewaltigen nehmen:
14 mehren sich seine Söhne: fürs Schwert!
Seine Nachfahren werden von Brot nicht satt.
15 Seine Entflohenen sterben, werden begraben,
seine Witwen beweinen ihn nicht.
16 Würde er Silber wie Staub anhäufen,
stellte er Prachtkleid wie Lehm her,
17 er stellt es her, der Bewährte kleidet sich damit,
das Silber eignet sich der Unschuldige an.
18 Baut sein Haus wie für die Motte,
wie eine Hütte, gemacht für den Wachmann.
19 Wie ein Reicher legt er sich hin: fügt nichts mehr hinzu,
sperrt seine Augen auf: nichts mehr da!
20 Wie Wasserflut erreicht ihn das Greuliche,
Nachts stiehlt ihn der Orkan.
21 Der Ostwind trägt ihn fort und er vergeht,
er sturmpeitscht ihn von seinem Platz.
22 Er wirft ihn, scheut nicht,
aus seiner Hand muß er fliehen, fliehen,
23 man klatscht über ihn die Hände,
man tuschelt über ihn von seinem Platz her!

Es beginnt hier ein neuer Abschnitt, die *mischle Ijjob*, die Gleichsprüche Ijjobs. In der hebräischen Bibel folgt Ijjob auf das Buch der Gleichsprüche Salomos (*mischle schlomoh*). Die traditionelle Weisheit gilt nicht mehr, eine andere hat sie außer Kraft gesetzt. Eingeleitet wird sie durch Ijjob 27.

Es ist schwer, diesen Text als Einheit aufzufassen und auszulegen; es gibt ziemlich viele „Gedankensprünge", um es vorsichtig zu sagen. Der erste Teil gehört eigentlich noch in den Gesprächsteil hinein, weil er seine Gegner anredet. Das Thema dieser fünf Kapitel 27 – 31 wird hier vorgegeben: Ijjob läßt nicht locker (*lo 'arpeh*, Vs. 6). Er hält an seiner *zedeqah*, Wahrheit, fest, und das bedeutet konsequent, daß seine Gegner nicht wahrhaft sind:

> Weit ab von mir, daß ich euch bewahrheite
> [*im–'azdiq `ethkem*] ...
> ich halte an meiner Wahrheit fest
> [*bzidqathi hechezaqthi*] ...

Die „Wahrheit" der Gegner wäre, daß man aus dem Elend auf die Schuld des Betroffenen schließen muß. Ijjob geht es jämmerlich, also ...! Aber Ijjobs Wahrheit ist, daß er durchhält: „Mir geht es zwar jämmerlich, aber ich halte daran fest, gebe nicht nach, „nicht wirft mir mein Herz **einen meiner Tage** vor"; denn er war vollkommen geradeaus, gottesfürchtig, vom Bösen weichend, und zwar **„alle Tage"**, Vs. 1,5.

Die Einlassung 8 – 10 könnte nun folgenden Sinn haben: wieso würde er sich überhaupt auf diese Auseinandersetzung einlassen, wenn er ein *chanef*, ein Irrläufer (27,8),0 wäre? Vorhin hatte Ijjob gesagt (13,16):

> Dies auch wäre mir Befreiung:
> daß ich nicht als irregeleitet vor sein Antlitz kommen muß.

Der *chanef* ist einer, der sich in eine bestimmte Richtung bewegt, im hebräischen, aramäischen und syrischen Sprachgebrauch durchweg in die falsche Richtung; im Koran aber in die richtige Richtung. Dort ist Abraham ein *Hanif* („Abraham war weder Jude noch Christ, sondern ein Rechtgeleiteter, *Hanif*, ein *Muslim* ..." Sur 3,60). In der Schrift kann ein ganzes Land, ein ganzes Volk zu *chanef*, d.h. verdorben oder gottlos werden, wie oft umschrieben wird. Buber hat hier „entartet"; „irregeleitet, Irrläufer" sind andere Möglichkeiten. Der Sinn scheint also zu sein: Wäre er, Ijjob, ein Irrläufer, einer, der in die falsche Richtung geht, so würde ihm an seiner Wahrheit kaum etwas gelegen sein. Die Gesprächspartner versuchen, ihn irrezumachen. Er habe sie „unterwiesen über Gottes Hand"; das heißt, er habe sie darüber belehrt, daß Gott Bewährte und Verbrecher beide umbringt, daß also aus der Behandlung, die ein Mensch von Gott her erfährt, nicht auf seine Wahrheit oder seine Vollkommenheit geschlossen werden kann, „das habt ihr ja selber durchschaut (sie haben ja selber andauernd gesagt, daß dieser Gott nicht zur Rechenschaft gezogen werden kann), „warum umdunstet ihr mich mit Dunst", wie Buber großartig das *hebel tehbalu* übersetzt. Es ist das Stichwort Kohelets: „alles ist Dunst". Das Wort beschreibt bildhaft das Flüchtige des Lebens in der Gesellschaft Kohelets. Ijjob sagt also: Weswegen kommt ihr mir andauernd mit eurer Lehre von „Elend–läßt–auf–Schuld–schließen", wo ihr durchschaut habt und es selber auch sagt, daß man von diesem Gott alles zu erwarten hat, nur keine berechenbare Konsequenz. Dieser Gott ist selber „Dunst", weil er das Ungewisse, das radikale Unsichere darzustellen scheint. „Warum umdunstet ihr mich mit Dunst?" Warum quälen sie ihn mit diesem göttlichen Dampf, mit der Freiheit eines Gottes, der sich nicht gebunden hat, an keine Menschen, an kein Volk, an nichts, mit der Freiheit des absoluten Nihilisten „Gott“?

Diesen Dunst beschreiben die folgenden Verse Der *rescha*', der Verbrecher, der wirklich „Schuld“ hat – deswegen übersetzt Buber das Wort *rescha* im Buch Ijjob nicht wie sonst mit „Frevler“, sondern mit „schuldig“ –, der *rescha'* also lebt, wie wir hörten: „Warum leben die Verbrecher, werden mächtig ...“ (21,7). „Der Anteil des *rescha*' bei Gott ist“, scheint Ijjob zu sagen, „daß sie mächtig sind und nicht, wie ihr es beschreibt; das ist ja Dunst. Denn nach dieser Lehre wäre ich ein *rescha*'; die Verse 13–23 beschreiben ja mein Elend, obwohl ich doch kein Verbrecher bin. Warum umdunstet ihr mich mit Dunst, wie etwa so: Dies sei der Anteil...“ (27,13ff.). Aber er läßt nicht locker. So sind diese Worte zu deuten, wenn es Worte Ijjobs sind. Und da die Überlieferer wollten, daß wir sie als Worte Ijjobs hören, dürfen wir sie auch so deuten.

Wir werden hören, wie Ijjob in den Kapiteln 29 – 31 seinen Sturz ins Bodenlose beschreibt und beweist, daß er kein *rescha*' ist. Aber zunächst nehmen die Gleichsprüche Ijjobs eine überraschende Wendung.

4.6.2. Die neue Weisheit (und die alte!)

28,1 Denn Silber hat wirklich seinen Fundort,
Gold einen Platz, wo man es läutert,
2 Eisen wird vom Staube genommen,
Stein schmilzt man zu Bronze.
3 Ein Ende setzt man der Finsternis,
bis ins Allerletzte forscht man nach,
Stein, dunkel, todesschattig.
4 Man bricht einen Schacht ...[9]
Fußspurvergessen,
sie baumeln im Menschenabseits, sie wanken,
5 die Erde, – aus ihr fährt das Brot –
ihre Unterseite in Feuer verwandelt.
6 Ort der Saphire ist ihre Steinschicht,
Goldstaub hat es dort.
7 Den Steig kennt der Bussard nicht,
nicht erspäht ihn das Auge des Milans,

---

9. *me'im gar* unerklärt. *me'im* bedeutet „von bei“; *gar* könnte das perf. Qal vom Verb *gur* sein; so übersetzen einige: „fern von da, wo man wohnt“ (Luther-Revision von 1964). Buber aber wettet auf *gir*, Kalk. Spekulativ ist das eine wie das andere.

8 nicht bewegen sich dort die Söhne des Stolzes,
nicht schreitet darauf der Berglöwe.
9 Aber er schickt seine Hand über den Kieselgang,
wühlt an der Wurzel der Berge.
10 In den Felsen spaltet er eine Ader,
alles Köstliche sieht sein Auge.
11 Vom Fluß der Bäche dämmt er es ab,
Verborgenes bringt das Licht hervor.

12 Aber die Weisheit: wo wird sie gefunden,
wo ist das: der Ort der Einsicht?
13 Nicht kennt der Mensch ihre Ordnung,
Nicht wird sie gefunden im Land der Lebenden.
14 Das Urmeer spricht: in mir ist sie nicht,
der Ozean spricht: bei mir ist sie nicht.
15 Nicht wird an ihrer statt Verschlossenes gegeben,
nicht mit Silber wird ihr Preis aufgewogen,
16 nicht wird sie abgegolten mit Ophirgold,
mit köstlichem Karneol, mit Saphir.
17 Nicht können es Gold und Bergkristall bewerten,
Ihr Tauschwert ist nicht Feingoldgefäß.
18 Korallen und Kristall: deren gedenkt man nicht,
der Einzug von Weisheit ist mehr als Perlenbesitz,
19 mit nubischem Edelstein bewertet man sie nicht,
mit reinstem Feingold gilt man sie nicht ab.

20 Weisheit: von wo kommt sie,
wo ist der Ort, wo sie bemerkbar wird?
21 Sie wurde verborgen vor dem Auge alles Lebenden,
den Vögeln des Himmels bleibt sie verschlossen.
22 Schwund und Tod sprechen:
mit dem Gehör unserer Ohren haben wir es gehört:
23 **Gott** läßt ihren Weg bemerken,
er selber kennt ihren Ort.
24 Denn er, er blickt auf die Ränder der Erde,
alles, was unter dem Himmel ist, sieht er,
25 zu machen dem Winde Gewicht,
dem Wasser zu bemessen mit Ausdehnung,
26 zu machen dem Regen Gesetz,
den Weg für den Schal der Blitze.
27 Damals sah er sie, zählte sie,
begründete sie, forschte sie aus.

28 Aber er hat zur Menschheit gesprochen:
Da: Furcht des Herrn – das ist Weisheit,
Weichen vom Bösen – das ist Einsicht!

Im Gegensatz zu anderen Fragmenten ist dieses Gedicht relativ gut verständlich – trotz gelegentlicher Textprobleme, die nun einmal das tägliche Brot der Ijjoblektüre sind.

Vers 1 – 11 beschreiben Bergarbeiter ihr Werk.
Vers 12 – 19 und
Vers 20 – 28 fangen beide mit den Worten:
„Weisheit, von wo ...?" an.

Dabei beantwortet 12 – 19 diese Frage negativ: nirgendwo, wohin Lebende kommen können; Vers 20–28 positiv: nur bei Gott ist sie zu finden. Von Vers 28 behauptet Karl Barth: „... ihm [d.h. Kap. 28] fehlte in seiner ursprünglichen Form auch der (aus Spr 1,7; 9,10; Ps 111,10) bekannte Spruch, laut dessen die Furcht des Herren der Weisheit Anfang ist, der in seiner ganzen Vortrefflichkeit hier doch konventionell und abschwächend wirkt, vermutlich als Glosse eines besorgten Abschreibers als Vs. 28 hinzugefügt worden ist" (KD IV,2, S. 491). Es scheint aber, daß der vortreffliche Barth hier etwas abschwächen will; es gibt zwar eine Reihe von sinnneutralen Varianten, aber in keinem noch so alten Manuskript fehlt der Vers. Wir haben dann zu fragen: Was machte nicht irgendeinen Abschreiber, sondern alle Generationen der Überlieferer so „besorgt", daß sie meinten, diesen Vers unbedingt überliefern zu müssen?

Für Barth (a.a.O.) ist die Aussage des Gedichtes, „daß die Weisheit, ihr Ort und der Weg zu ihr Gott allein bekannt, daß sie nur ihm zugänglich und verfügbar ist". Das ist richtig. Denn der erste Teil des Gedichtes beschreibt die Tätigkeit jener Menschen, die weder Kosten noch Mühe scheuen, verborgene Edelmetalle und Edelsteine zutage zu fördern. Der zweite Teil wie der dritte beginnen jeweils mit der Frage: „Aber die Weisheit, wo wird sie gefunden (bzw. woher kommt sie)?" Und die Antwort ist tatsächlich doppelt. Im zweiten Teil gibt es nach dem Fragesatz vierzehn Halbverse oder Zeilen; bis auf eine kommt in jeder Zeile die Negation *lo'*, „nicht", vor. Sie ist unauffindbar; sie kann auch nicht mit der größten Mühe und zu den höchsten Preisen erworben werden, sie ist unverfügbar. Ähnlich Koheleth, 7,23:

7,23 dies alles habe ich für die Weisheit versucht:
ich hatte gesprochen: weise möchte ich sein,
aber sie blieb mir fern,
24 fern, wie sie war,
tief, tief, wer findet sie?

Barth meint, und darin ist ihm zuzustimmen, daß die ganze bisherige Diskussion in eine Sackgasse geführt hat, aus der, nach Ijjobs Meinung, kein menschlicher Ausweg führt: „Es kann und wird aus diesem Dilemma nur einen Ausweg geben und der kann und wird nicht von unten nach oben, sondern nur von oben nach unten eröffnet werden, er wird nicht eines Menschen, sondern ganz allein Gottes Weg sein." (A.a.O.) Dies ist zweifelsohne die eine Aussage des Gedichts. Aber es gibt noch eine andere. Die Weisheit „wird nicht gefunden im Lande der Lebenden" (Vs. 13), und „sie wurde verborgen vor dem Auge alles Lebenden" (Vs. 21). Nach Vers 13 wird dann ausgeführt, daß sie auch nicht erworben werden kann; nach Vers 22 aber heißt es: „Schwund und Tod sprechen: mit dem Gehör unserer Ohren haben wir gehört." *'abad* bedeutet „schwinden, verlorengehen". Das Ende ist der Tod. Das Verb wird im Buch Ijjob fast immer von den drei Kollegen gebraucht, um das Schicksal des Verbrechers oder Mächtigen zu beschreiben: 4,7.9.11; 8,13; 11,20; 18,17; 20,7; in diesem Sinne auch Ijjob selber: 6,18; 12,23; 30,2. An zwei Stellen aber bezeichnet das Verb das Schicksal der Schwachen, denen Ijjob geholfen hatte: 29,13 und 31,19. Und in 3,3 bezieht es sich auf den Tag, an dem er geboren wurde: „möge er schwinden". Das Substantiv *'abadon* bedeutet: „das Schwinden, der Schwund". Das Wort wird hier synonymisch für „Tod" oder „Totenzeit" verwendet. Diese haben die Weisheit nicht gesehen, aber sie haben davon gehört, ausgerechnet sie! Gehört haben sie die Sprüche Schlomos, 8,22:

Der EWIGE hat mich begründet am Anfang seines Weges,
das vorderste seiner Werke von je.

Obwohl sie in diesem 8. Kapitel der Sprüche Schlomos fast wie ein Gottwesen beschrieben wird, wie der Augenzeuge der Schöpfung, findet sie „Ergötzen bei den Kindern der Menschheit" (8,31), und sie spricht dann, 8,32ff.:

32 Und nun, Kinder, hört auf mich,
glücklich die, die ihre Wege bewahren.
33 Hört auf Zucht, werdet weise,
laßt sie nicht entfliehen.

34 Glücklich der Mensch, der auf mich hört,
und wacht an meinen Türen Tag für Tag,
und hütet die Pfosten meines Eingangs:
35 denn wer mich findet, findet das Leben,
er bringt Gnade vom EWIGEN her zuwege.
36 Wer mich verfehlt, vergewaltigt seine Seele,
alle, die mich hassen, lieben den Tod.

Schön, aber Ijjobs Frage war: „wo wird sie gefunden?" und seine Antwort: „nicht bei den Lebenden". Nur der Schwund und der Tod hören von ihr, auf sie. Sind das die Kinder, von der die Weisheit spricht? Die Weisheit, die Gott begründet hat (hebr. *kun* Hi 28,27; Spr 8,11), besteht darin, daß alles seine „Ordnung" hat: Wind, Wasser, Regen, Blitz. Auch die Menschheit hat ihre „Ordnung": Gott fürchten, vom Bösen weichen. Was Wucht für den Wind, Ausdehnung für das Wasser, Gesetz für den Regen, Bahn für den Blitz ist, das ist Gott fürchten und weichen vom Bösen für die Menschheit, nämlich Weisheit von Gott her. Sie nun, behauptet Ijjob 28, findet man nicht im Land der Lebenden; daß heißt: Gott fürchten, weichen vom Bösen findet man nicht im Land der Lebenden. Dieser Schluß ist zwingend, es sei denn, man streicht den Vers. Tut man das, bringt uns das Gedicht nichts anderes als eine allgemeine, pessimistische Weltanschauung, ein Stück Schopenhauer in der Schrift. Denn der letzte Vers zeigt uns, um wen es hier geht. Ijjob war, Vs. 1,2, ein Mann vollkommen geradeaus, **fürchtend Gott** und **weichend vom Bösen**. Nach Vers 28 war er also ein Weiser. Und dieser Weise ist ein Schwindender geworden, ein Verlorener nach 29,13 und 13,2; er ist dem Tode nahe. Die Welt der Weisheit der Sprüche Schlomos ist untergegangen. Wir haben eine neue Welt, die der Sprüche Ijjobs. In dieser Welt hat nur der Schwund und der Tod die Ohren, mit denen gehört werden kann, daß Gott auf den Weg der Weisheit aufmerksam macht. Nur Schwund und Tod, nur Menschen wie Ijjob hören noch, daß nur Gott, nur der Gott Israels Weisheit schenkt, praktische Weisheit. Es gibt also eine doppelte Exklusivität: die Marginalisierten der Gesellschaft auf der einen, der Gott der Freiheit Israels auf der anderen Seite. Was es „im Land der Lebenden" sonst noch alles zu hören gibt, was das „Auge alles Lebenden" sonst noch zu sehen vermag, ist keine Weisheit und das bringt, nach Spr 8,32ff., auch kein Leben. Dadurch, daß man Vers 22 mit Vers 28 und Vers 28 mit Vers 1,2 verknüpft, erhält das Ganze einen Sinn, wird es mehr als Pessimismus, mehr als letztlich unverbindliche Transzendenztheologie. In der Welt der Dichter dieses Buches gab es keine Weisheit von Gott her. Nicht, weil die Welt etwas unübersichtlich geworden wäre und somit das sog. Tun-Ergehen-Schema nicht mehr funktionierte; sondern weil die, die Gott fürchten und vom Bösen weichen, unter die Räder gekommen sind. Dagegen hilft nur ... Gott! Das heißt: der Aufstand, etwa der Makkabäer.

Wir kommen jetzt zur zweiten Serie der Sprüche Ijjobs.

4.6.3. Der Schlußstrich

4.6.3.1. Ich hoffte auf das Gute, das Böse kam

29,1 Ijjob fuhr fort, er setzte seinen Gleichspruch hinzu.
2 Wer gäbe mir wie die Monate von früher,
wie die Tage, da Gott mich bewahrte,
3 als seine Leuchte strahlte über meinen Kopf,
ich bei seinem Licht durch die Finsternis ging.
4 So wie ich war in den Tagen meiner Ernte,
als Freundschaft Gottes über meinem Zelt war,
5 als der Gewaltige noch bei mir war,
um mich herum meine Knaben,
6 als meine Gänge sich badeten in Sahne,
und mein Fels mir Ströme von Öl ergoß,
7 als ich hinaustrat durch die Pforte, zur Burgstadt hin,
mir auf dem Marktplatz den Sitz festigte,
8 Knaben sahen mich, versteckten sich,
Greise erhoben sich, standen,
9 Obere hielten mit Worten sich zurück.
die Hand legten sie sich auf den Mund,
10 Stimme der Führer stockte,
die Zunge klebt ihnen am Gaumen.

11 Denn das Ohr hörte und pries mich glücklich,
das Auge sah und wurde mir Zeuge:
12 denn ich ließ entrinnen Gebeugte, um Hilfe schreiend,
die Waise – ihr war kein Helfer –;
13 der Segen der Schwindenden kam über mich,
das Herz der Witwe ließ ich jubeln.
14 Bewährung war mein Kleid, kleidete mich,
zum Mantel und Kopfbund wurde mir meine Gerechtigkeit.
15 Augen war ich dem Blinden geworden,
Füße dem Gelähmten, ich!
16 Vater war ich für die Armen;
hatten mir Unbekannte Streit: ich habe ihn überprüft;

17 Falschheit zerschlug ich den Unterkiefer,
ihren Zähnen entriß ich die Beute.

18 Ich sprach: wohlgenistet werde ich einst verscheiden,
wie den Sand vermehre ich meine Tage,
19 Meine Wurzeln öffnen sich dem Wasser,
Tau nächtigt in meinen Zweigen,
20 meine Ehre erneuert sich mir,
der Bogen meiner Hand ersetzt sich mir.

Wir halten hier an. Es ist klar: Hier wird das Bild einer Gesellschaft geschildert, in der Wahrheit und Recht geehrt werden, Wahrheit und Recht, mit Macht bekleidet. Sie erweisen sich an der Waise, der Witwe, dem Gebeugten, Erniedrigten *('ani)*, dem Armen, der das Nötigste nicht hat *('ebjon)*; der Segen Gottes, der auf Ijjob war, findet seine getreue Entsprechung im „Segen des Schwindenden" (*birkath 'obed)*, des „outcast". Alle, die sich nicht mehr selber helfen konnten, konnten sich auf ihn verlassen. Das war Ijjob; durchaus Patriarch. Aber im Rahmen dieser Patriarchalität herrschte Wahrheit und Recht, wie sie Thora will. Recht wird Wahrheit und Wahrheit wird Recht, wenn jene Kronzeugen des Rechts, die Waisen und Witwen, die Gebeugten und Bedürftigen, die Schwindenden für sie aussagen. Die Schwindenden, die Weisheit finden!

So konnte er sicher sein, daß sein Leben in Ehre und Würde ein wohlbehütetes Ende finden würde; dies scheint der Sinn des Verses 18 zu sein (wörtlich: ich sprach „bei meinem Nest werde ich verscheiden"). Das war in jenen Tagen, als der *sod 'eloah* ihm noch gewiß war, die Freundschaft Gottes, wie man vielleicht übersetzen kann (sicher ist das nicht). Es waren die Tage, die Gott behütete. Und dementsprechend war seine Stellung unter den Menschen: Ehrfurcht erwies ihm der „Senat", der Rat der alten Männer auf dem Markt; und die Kinder versteckten sich aus einem mit Neugier vermischten Respekt.

21 Mir hörten sie zu und warteten ab,
sie schwiegen mir auf meinen Rat,
22 nach meiner Rede wiederholten sie nichts,
auf sie tropften meine Worte,
23 warteten auf sie wie auf den Regen,
sperrten ihren Mund wie für den Spätregen auf,
24 ich lachte ihnen zu, als sie sich nicht trauten,
das Licht meines Antlitzes brachten sie nicht zu Fall.

25 Ich wählte ihren Weg, saß ihnen zuhaupten,
wohnte wie ein König bei seiner Truppe,
so wie ich die Trauernden tröstete.

Die letzten Verse haben vielfach Anlaß zu Umstellungen gegeben. Aber schon Origines fügte 24b – 25, die in seiner Vorlage der griechischen Übersetzungen fehlten, seinem griechischen Text aus dem Hebräischen hinzu. Die Korrekturen sind nicht nötig; Ijjob setzt sich auch durch, wenn man ihm nicht vertraute, er ließ sich dadurch die Laune nicht verderben. Er war wie ein König bei der Truppe, freilich nicht wie ein hellenistischer Potentat, sondern vielmehr so, Jes 61,1f.:

1 Der Geist meines Herrn, des EWIGEN, auf mir:
da doch der EWIGE mich gesalbt hat;
Freudenbotschaft den Gebeugten zu bringen, hat er mich geschickt,
zu verbinden, die gebrochenen Herzens sind,
auszurufen: den Gefangenen Entlassung,
den Eingekerkerten helle, offene Augen,
2 auszurufen Gnadenjahr des EWIGEN,
Tag der Rache unseres Gottes,
zu trösten alle Trauernden,
3 zu ersetzen den Trauernden Zions:
Schmuck statt Schmutz ...

Jes 61,2 und Ijjob 29,25 sind die einzigen Stellen, wo die Worte „trösten" (*nacham*) und „trauern" (*'abal*) zusammen vorkommen. Ijjob war in jenen Tagen wie der Messias Israels. In jenen Tagen. Aber dann kam der eine Tag:

30,1 Jetzt aber lachen sie über mich,
jüngere als ich an Tagen,
deren Väter ich verwarf,
sich zu den Hunden meiner Herde hinzusetzen.
2 Wozu auch mir die Kraft ihrer Hände,
wo doch ihre Härte schon schwand,
3 von Mangel und Hunger starr,
sie, die an Gestrüpp nagten,
gestern, ödester Öde,
4 die Melde pflückten am Gebüsch,
Ginsterwurzel war ihr Brot;
5 aus der Mitte vertrieben,
schrie man ihnen nach wie nach Dieben;

6 am Hang der Bäche mußten sie wohnen,
in Staubhöhlen, in Klüften;
7 sie brüllen zwischen den Sträuchern,
unter Gestrüpp tun sie sich zusammen,
8 Söhne des Nichts, Söhne Namenloser,
dem Land hinausgeprügelt.

9 Und jetzt bin ich ihr Spottlied geworden,
bin ihnen ein Hohnwort,
10 sie verabscheuen mich, halten sich fern von mir,
geizen mir nicht mit ihrer Spucke.
11 Er hat meine Spannkraft aufgelöst, mich gebeugt,
und ... freiaus, zügellos auf mich los!
12 ...[10]
Pfade des Unheils schütten sie gegen mich auf,
13 sie reißen meine Steige auf,
nützlich mir zum Verderben,
nicht haben sie Hilfe dazu [nötig],
14 durch eine Bresche kommen sie heran,
unter Verödung wälzen sie platt,
15 er wandelt es mir zum Grauen,
mein Adel jagt davon wie der Wind,
wie eine Wolke schwebt meine Freiheit vorbei.

16 Jetzt aber schüttet sich meine Seele aus,
erfaßt haben mich die Tage meiner Erniedrigung,
17 nachts bohrt es in meinem Gebein,
meine Nager legen sich nie hin.
18 Mit viel Gewalt wird mein Ehrengewand zerpflückt,
den Ausschnitt meines Rocks schnürt er mir zu.
19 Geworfen hat er mich in den Schlamm,
gleich wie Staub und Asche bin ich geworden.

Nachdem wir in Kap. 29 durch die Partikel *be* bis zu fünfmal in die Vergangenheit zurückgeführt wurden „...als [Gottes] Leuchte mir strahlte über dem Kopf“, hören wir jetzt dreimal: *w`athah*, jetzt aber. Im ersten Abschnitt, 30,1–8, geht es um die, die er früher nicht einmal als Gehilfe seiner Herdenhunde anstellen wollte, die in der Wüste herumirrten. Er beschreibt sie fast wie die Elenden des 24. Kapitels, aber jetzt ohne Mitleid. Die, die man

10. Die ersten beiden Zeilen sind unübersetzbar: 12a: „zur Rechten des *pirchach* (Brut)? stehen sie auf“; 12b: „meinen Fuß schicken sie“. Die Gute Nachricht, mit blühender Phantasie: „Nun kommt die Schlangenbrut und greift mich an, sie zwingen mich, die Stellung aufzugeben“!

früher als Diebe vertrieben hätte (Vs. 5), verhöhnen ihn jetzt. Es sind Leute, die in der Wüste zu Hause sind. Mit Verachtung spricht Ijjob von diesen Söhnen des Nichts (*bne–nabal*); er nennt sie „Söhne Namenloser", *bne bli–schem*; dieser Ausdruck kommt nur an dieser Stelle vor; den Gegensatz *`anasche–schem* (Männer von Namen) finden wir an drei Stellen (Gen 6,4; Nu 16,2; 1Chron 12,31).

Aufschlußreicher ist das Wort *nabal*. Vielleicht können wir einen Hinweis darauf erhalten, von wem die Rede ist. In Psalm 74 hören wir das Wort zweimal. Dieser Psalm ist ein wichtiges Dokument aus der Zeit vor der makkabäischen Revolution. Er beschreibt die desolate Lage Jehudas, als der Tempel zerstört und entweiht wurde. Das wird meistens mit der Zerstörung des Jahres 587 v.u.Z. in Verbindung gebracht, paßt aber auch zur Entweihung des Tempels durch Anthiochos IV, der den Tempel dem *ba`al schamem*, dem Himmelba`al, dem Zeus Olympiakos umwidmete und dort den „Greuel der Verstarrung" errichtete, 167 v.u.Z.

In diesem Psalm ist vom Feind die Rede (*'ojeb*) und von einem „nichtigen Volk" (*`am nabal*). Die Art der Verwüstungen lassen an die Zerstörung Jerusalems durch Nebukadnezar denken, aber es gibt Hinweise darauf, daß das Lied, wenn nicht gar erst während der hellenistischen Gleichschaltung Jerusalems und Jehudas durch den Großkönig Anthiochos IV entstanden, vielleicht doch in Hinblick auf diese Ereignisse adaptiert worden ist. In Vs. 22ff. hören wir:

> 22 stehe auf, Gott, streite Deinen Streit:
> gedenke Deiner Verhöhnung durch Nichtige den ganzen Tag.
> Vergesse nicht die Stimme Deiner Bedränger,
> das Toben wider Dich Aufständischer,
> stetig höher.

Die beiden letzten Worte sind eine Anspielung auf das sog. Stetigkeitsopfer, das nach der Vorschrift Num 28 zweimal am Tag zu bringen war, *`olath hathamid*, stete Darhöhung, wie Buber übersetzt. Die beiden letzten Worte des Psalms lauten auf hebräisch: *`olah thamid*, „Höhung". Durch dieses Partizip *`oleh*, verbunden mit dem Wort *thamid* wird das Toben der Aufständischen mit dem Stetigkeitsopfer in Verbindung gebracht. Nun war es gerade dieses Opfer, das durch den Übergriff des Anthiochos und seines Komplizen, des hellenistischen Hohepriesters Menelaos (der eigentlich Menachem hieß), „beseitigt" wurde (Dan 3,11; 11,31; 12,31). Wenn nun in diesem Psalm von einem „nichtigen Volk" (*`am–anbal*) geredet wird, wenn es um die Verhöhnung „seitens des Nichtigen den ganzen Tag" (*minni–nabal kol–hajjom*) geht, dann kann sich das m.E. nicht auf den fremdländischen Feind beziehen. Denn da müßte man das Wort *goj* hören, das auch „Volk" bedeutet, aber „Volk" als auswärtige Macht; das Wort *`am* bedeutet „Volk", aber eben das Volk, „in dessen Mitte man lebt" (Breukelman 1992, S. 10f.). Mit `am nabal ist also aller Wahrscheinlichkeit nach das eigene Volk, das zu „Nichtigkeit" verkommen ist, gemeint.

Zurück zu Ijjob 30. Ijjob bezeichnet die Wüstenbewohner mit dem gleichen Wort wie Psalm 74 die Feinde Gottes: *nabal*, *bli–schem*, nichtig, namenlos (nichtigen Namens). Das heißt nicht, das sich dieser Text auf die gleichen Ereignisse, wie im Psalm angedeutet, bezieht; aber es heißt, daß ein ähnlicher Gegensatz wirksam ist. Die hellenistische Verluderung der Priesterschaft hatte ja schon im dritten Jahrhundert begonnen. Eine weitere Elite hatte sich gerade in diesem Jahrhundert um die Familie des ammonitischen Clans Tobija gebildet; dieser hatte die Kontrolle über die „Finanzen" des Landes übernommen und strebte nach mehr politischem Einfluß. Der Erfolg und der Reichtum dieser herrschenden Cliquen und Emporkömmlinge bedeuteten das Elend großer Teile des Volkes. Es ist nicht unwahrscheinlich, daß die merkwürdige Anspielung auf die Emporkömmlinge als Wüstenbewohner eine verklausulierte Andeutung eben dieser Tobijjaden ist. Die Thoratreuen haben nichts mehr zu melden. Gesindel herrscht; das ist der Sinn der Kap 29 – 30 im Buch Ijjob. Ijjobs (Israels) Lage hat sich grundlegend gewandelt:

30,15 er wandelt es mir zum Grauen,
mein Adel jagt davon wie der Wind,
wie eine Wolke schwebt meine Freiheit vorbei.

Die Folge:

19 Er hat mich in den Lehm gewiesen,
gleich sie Staub und Asche bin ich geworden.

Im hebräischen *horani* (er hat mich gewiesen, geworfen) steckt wie auch im Wort *Thorah* die Wurzel *jarah*. Die Verwandlung bedeutet, daß Menschen wie Ijjob ihrer Würde beraubt werden, daß Leute wie er, die auf den Wegen der Thora gehen, in den Schlamm verwiesen werden – durch eine teuflische Thora, die neuerdings zur Geltung kam. Nun aber sieht Ijjob diesen Vorgang nicht als einen mechanischen Prozeß; es gibt ein Subjekt dieser Verwandlung der Gesellschaft: „**er** hat mich gewiesen"; „**er** wandelt es mir zum Grauen". Das wird er jetzt noch deutlicher aussprechen, 30,20ff.:

30,20 Ich stöhnte auf zu Dir, Du antwortest mir nicht,
ich stehe da, daß Du auf mich aufmerksam wirst,
21 aber Du hast Dich verwandelt in etwas Brutales,
mit Deiner eigenen Hand bekämpfst Du mich.
22 Du hebst mich auf den Wind, läßt mich fahren,
läßt meine Klugheit dahinschmelzen,

23 Ja, ich weiß, in den Tod läßt Du mich kehren,
ins Haus, wo sich alles Lebende schließlich begegnet.

Diese vier Verse beschreiben die Verwandlung Ijjobs, des thoratreuen Israels, als verursacht durch eine Verwandlung Gottes. In Vers 15 hörten wir: „Er hat es mir zum Grauen verwandelt" (*hehaphak*), in Vers 21: „Du hast Dich in etwas Brutales verwandelt" (*thehaphak*). Genau das ist es, was er nicht versteht; er sieht nicht, daß „Gott" ersetzt worden ist durch einen anderen „Gott". Das wird für alle sichtbar werden, wenn der hellenistische Großkönig das Haus des Gottes Israels in Jerusalem dem Zeus Olympiakos umwidmet. Wir sind in der Lage, von diesem Resultat her den ganzen Prozeß zu begreifen; Ijjob sieht nur, daß sich seine Lage fundamental geändert hat, daß alles, was früher Geltung hatte, was früher in Ehren gehalten wurde, jetzt durch den Dreck gezogen wird, und er interpretiert dies als eine ebenso unbegreifliche wie grausame Verwandlung Gottes selber. Was wir als informierte Hörer aus dem Prolog schon wußten, das spricht Ijjob hier aus: die Verwandlung, die Verfremdung Gottes, d.h., die Verwandlung und Verfremdung einer von der Thora bestimmten Gesellschaft, einer Thorarepublik, in eine moderne, hellenistische Gesellschaft, in eine Polis des hellenistischen Ostens.

'akzar, brutal, ist ein Wort, das wir aus dem Lied des Mosche kennen, wo es um die Feinde Israels geht, die „brutal" sind, „wie Gift von Vipern" (Dtn 32,33). Bei Jirmejahu hören wir es dreimal, auch dort geht es um die Grausamkeit der Feinde Jerusalems. Im Buch der Gleichsprüche hören wir es viermal; es bedeutet jedesmal erbarmungslose Grausamkeit, wie die eines Feindes. Gott hat sich in das verwandelt, was die Feinde Israels auszeichnet: erbarmungslose Grausamkeit; er ist zum Feind Israels geworden, und zwar in diesem Fall *chinnam*, grundlos.

In den letzten sieben Versen dieses Kapitels schildert Ijjob noch einmal sein Elend. Der Text ist teilweise unübersetzbar.

24 Daß er nicht auch noch seine Hand gegen den Schrott schickt [?],
...
25 als ob ich nicht weinte um die Härte des Tages,
meine Seele sich nicht kümmerte um den Bedürftigen.
26 Denn das Gute erhoffte ich, das Böse kam,
ich harrte das Lichts, Düsternis kam.
27 Meine Eingeweide brodeln, schweigen nicht,
voran kamen Tage meines Elends;

28 in Eintrübung gehe ich, ohne Glutlicht,
ich stehe auf in der Versammlung, ich stöhne auf:
29 Bruder wilder Hunde bin ich geworden,
Geselle der Straußtöchter,
30 meine Haut blättert schwarz von mir ab,
mein Gebein verbrannt, von mir abgedorrt,
31 meine Leier wurde zum Trauerinstrument,
meine Schalmei zur Stimme Weinender.

Wie absolut die Verwandlung ist, zeigt der Vers 26. „Licht“ und „gut“ gehören zu den Grundelementen der Schöpfung nach Gen 1. Den Gegenbegriff zu „gut“, „böse“, hören wir in Gen 1 nicht; und statt „Finsternis“ *(choschek)* hören wir hier *`ophel*, jenes Dunkel, das vor dem Gewitter hereinbricht und das in Prophetensprüchen oft als Zeichen des Gerichtstages des Gottes Israels fungiert. Was kam, ist nicht das Gute und das Helle, das die Schöpfungstat den Menschen verheißt, sondern das Böse, das sich die Menschen antun, das Dunkel, das drohende Bestrafung (vgl. Ex 10!) bedeutet. Und dies alles ohne irgendwelche Zusammenhänge mit Taten Ijjobs, die derlei hätten hervorrufen können. Das, was in der Schrift Schöpfung heißt, ist umgewandelt durch diese Verwandlung der gesellschaftlichen Verhältnisse, durch diese Verwandlung „Gottes“ in ein finsteres Chaos.

4.6.3.2. Der Schlußstrich

31,1 Einen Bund habe ich mit meinen Augen geschlossen,
auf was wurde ich aufmerksam bei der Jungfrau?
2 und was ist der Anteil Gottes aus der Höhe,
das Eigentum des Gewaltigen aus dem Erhabenen?
3 Ist es nicht Unheil für den Verirrten,
Verfremdung für Harmwirkende?
4 Sieht er nicht meine Wege,
zählt er nicht all meine Schritte?

Vers 1b hat wörtlich: „Wie wurde ich aufmerksam auf ein Mädchen“, und man interpretiert gewöhnlich: Ijjob hätte es seinen Augen verwehrt, lüsterne Blicke auf Mädchen zu werfen (etwa Lamparter 1951, S. 185; Weiser 1974[6], S. 213; Habel 1985, S. 431). Nun ja. In der Septuaginta fehlten ursprünglich die ersten vier Verse dieses Kapitels völlig. Das zeigt, wie schwierig die Verse sind. Wir haben zwei Kennworte: *brith*, Bund, und *bthulah*, jungfräuliches Mädchen; und wir haben eine auffällige Konstruktion. Einer Aktion Ijjobs folgt eine zweifache Frage; die erste Frage bezieht sich auf Ijjob und die zweite auf Gott, beide eingeleitet durch die Partikel *mah*, was, wie.

„Was soll ich betrachten eine Jungfrau“ und: „Was ist der Anteil Gottes von oben her?“ Und die Aktion Ijjobs: „Ich habe einen Bund geschlossen mit meinen Augen?“ Nun bedeutet „einen Bund schließen“, *karah eth–brith,* niemals: etwas verbieten; also kann der Sinn nicht sein: „Ich habe es meinen Augen verboten, Mädchen zu betrachten.“ Das Wort Bund, *brith*, kommt im Buch Ijjob nur noch als Zynismus im Munde Gottes, in 40,27, vor. Ijjob hat einen Bund mit seinen Augen geschlossen; er, Ijjob, verpflichtet sich zu etwas, seine Augen verpflichten sich zu etwas. Ijjob wird sich feierlich bekennen zu dem, was er in seinem Leben getan hat. *Bthulah* ist das jungfräuliche Mädchen, „das noch nie einen Mann erkannte“ (Gen 24,16 usw.). Das Wort wird bei einigen Propheten und in der Rolle Wehe als Andeutung für das Volk Jerusalems, Jehudas und Israels gebraucht, etwa: *bthulah bath–zijjon*, das Mädchen, Tochter Zions. Insgesamt haben wir diesen Wortgebrauch 13mal; das ist immerhin ein bemerkenswerter Befund; ein Viertel des Gesamtbestandes. Sein Auge wird also das Mädchen, die Tochter Zions, das Volk betrachten. Und gleichzeitig wird es den Anteil Gottes betrachten, dessen Ureigenstes *(nachalah)*. Und mit zwei Fragen, die nur eine befestigende Antwort zulassen (eingeleitet durch *halo')*, wird gleich gesagt, was Gottes Anteil und sein Ureigenstes wohl wäre: daß er den, der Verbrechen begeht *('awwal,* Ez 18!), der Katastrophe zuführt, den, der sich vergreift *('awen)*, in dessen Gegenteil verkehrt, also den Garaus macht; das heißt: so behandelt, wie er Ijjob behandelt. „Sieht er nicht Ijjobs Wege, zählt er nicht dessen Schritte? Wie soll er, Ijjob, das Mädchen betrachten: als *'awwal* oder *'awen?* Wie soll er sich betrachten? Sein Auge soll urteilen, wer dem Bund (denn jeder Zuhörer denkt dabei natürlich an **den** Bund!) die Treue hielt und wer nicht!

Aber davon ist nur, wegen der literarischen Fiktion, verklausuliert die Rede: wir befinden uns im Land 'Uz, weit weg von Israel. So wird durch die Worte *brith* und *bthulah* einerseits und durch die Konstruktion mit den zwei wirklichen und den zwei rhetorischen Fragen andererseits genau die Bundeswirklichkeit aufgerufen, ohne die Fiktion zu sprengen. Damit sind wir auf den Ernst dessen, was ab Vs. 5 gesagt wird, angemessen vorbereitet.

5 wenn ich je umging mit dem Wahnhaften
mein Fuß eilte zur Arglist,
6 Wiege er mich auf der Schale der Wahrheit,
erkenne Gott meine Vollkommenheit.

7 Wenn ich je ausschritt über meinen Weg,
hinter meinem Auge mein Herz herging,
ein Schaden klebte an meiner Hand,
8 dann möge ich säen, ein anderer essen,
meine Nachfahren entwurzelt werden!
9 Wenn je mein Herz wegen einer Frau töricht wurde,
ich an meines Genossen Pforte lauerte,
10 drehe für einen anderen meine Frau die Mühle,
knien über ihr andere.
11 – denn das wäre Unzucht,
das wäre Verfehlung, Gerichtssache;
12 denn Feuer wäre das, fressend bis zum Hinschwinden,
all meine Einkünfte entwurzelte es–.
13 Wenn ich je verwarf das Recht meines Knechtes, meiner Magd,
in ihrem Streit mit mir,
14 was sollte ich wohl machen, wenn die Gottheit sich erhebt,
mich mustert, was erwiderte ich ihm?
15 Hat nicht im Leibe mich gemacht, der auch ihn machte,
uns begründet im Schoß der EINE?
16 Wenn ich je den Armen verweigerte, was sie verlangen,
ich je die Augen der Witwe verenden ließ,
17 wenn ich je meinen Bissen allein aß,
die Waise nicht davon mitaß.
18 Denn von meinem Knabenalter machte er mich groß wie ein Vater,
vom Mutterschoß an leitete ich sie an.[11]
19 Wenn ich je einen Schwindenden sah, kleiderlos,
keine Bedeckung für den Bedürftigen,
20 wenn seine Lenden mich nicht segneten,
als er an der Schur meiner Lämmer sich wärmte.
21 Wenn ich je meine Hand gegen eine Waise[12] ausholte,
als ich im Tor nach meiner Hilfe aussah,
22 möge dann mein Achselbein mir von der Schulter fallen,
mein Arm aus seinem Gelenk brechen.
23 – Denn ein Schrecken ist mir das Unheil der Gottheit,
vor ihrem Auffahren vermag ich nichts. –

11. In Vs. 18a ist das Subjekt „er" (Gott?), in Vs. 18b „ich" (Ijjob). Man hat vielfach vorgeschlagen, dies auszugleichen und in beiden Zeilen entweder „er" oder „ich" zu lesen. Aber man kann interpretieren; da Gott Ijjob von jung an groß gemacht hat wie ein Vater, ist Ijjob zum Leiter der Witwen und Waisen geworden.

12. Buber liest statt *'al– jathom 'ali–thom* und übersetzt: „schwang ich je meine Hand gegen einen Biedern".

24 Wenn ich je setzte auf das Gold meines Stumpfsinns,
zum Feingold sprach: „meine Sicherheit";
25 wenn ich mich freute an meinem vielfachen Wohlstand,
daß meine Hand Großartiges fand.
26 Wenn ich je das Licht sah, wie es strahlte,
den Mond, wie er herrlich daherging,
27 mein Herz dann heimlich betört wurde,
meine Hand mir am Munde sich küßte.
28 – Denn auch das wäre Verfehlung, Gerichtssache,
denn ich hätte die Gottheit da oben verleugnet –.
29 Wenn ich je mich je freute am Untergang meines Hassers,
aufgekratzt war, als das Böse ihn fand,
30 nein, nicht gab ich zu, daß mein Gaumen sündigte,
dadurch, daß er dessen Seele verfluchte.
31 Wenn die Leute meines Zeltes nicht sprachen:
„wo gab es einen, der von seinem Fleisch nicht satt wurde,
32 auf der Straße übernachtete kein Fremder";
für den Wanderer öffnete ich meine Tür.
33 Wenn ich nach Menschenart meine Abtrünnigkeit verdeckte,
in meinen Busen meine Verirrung zu verstecken,
34 weil ich mich vor dieser großen Masse fürchtete,
die Verachtung der Sippen mich entsetzte,
ich schwieg, aus der Pforte nicht heraustrat ...!

35 Wer gäbe mir den, der hört auf mich?
Hier ist mein Taw, der Gewaltige entgegne mir!
Das Zahlenwerk, das mein Rechtsgegner mir schrieb.
36 Wenn ich es nicht auf meiner Schulter trug,
es mir nicht umbinde wie ein Diadem.
37 Die Zahl meiner Schritte will ich ihm melden,
wie ein Fürst will ich ihm nahen;

38 – wenn über mich mein Boden aufschrie,
zusammenweinen seine Furchen,
39 ich je ohne Geld seine Kraft gegessen,
die Seele seines Besitzers weggeblasen hätte:
40a statt Weizen fahre dann Reisig hervor,
b– statt Gerste Taumellolch –

40c Vollendet sind die Reden Ijjob.

Die Verse 38 – 40b setzt Buber zwischen „..." Das heißt, auch er sieht hier ein Problem, weil diese Verse durch ihren Aufbau zu jener Reihe gehörten, die mit Vs. 5 anfangen und durch eine besondere Konstruktion (Konjunktion *'im*, gefolgt durch ein finites Verb) gekennzeichnet sind. Man hat diese Abfolge einen „Reinigungseid" genannt (u.a. Weiser 1974[6], S. 210), weil sie in sehr feierlicher Form vorzählt, was er nicht getan hat, und dabei widrigenfalls Fluch heraufbeschwört: „Wenn ich dies und das getan habe, möge mich dieses oder jenes Unheil treffen." Die Verse 38 – 40 sind klar in dieser Form gefaßt. Anders aber die Verse 35 und 37, wo diese Form nicht auftritt. Der Vers 36 hat dann diese Form wieder, weil Ijjob stolz diese Aufzählung als eine Zierde für sich betrachtet. Wir widerstehen der Versuchung, den Text umzustellen, wie das viele tun, weil man dann das ganze Buch Ijjob auseinandernehmen müßte.

Statt „Reinigungseid" sprechen andere von „Beichtspiegel". Aber Ijjob beichtet natürlich nicht. Er fordert Gott in Vers 4 auf, seine Schritte zu zählen; er zählt sie ihm vor (Vs. 5 – 34; 37 – 40) und fordert ihn dann auf, dieser Aufzählung sein eigenes Zahlenwerk (*mispar*) entgegenzusetzen. Er, Ijjob, habe nun sein Taw (den letzten Buchstaben des Alphabets, der in der althebräischen und altaramäischen Schrift die Form eines „X" hatte und als Unterschrift diente) unter sein Zahlenwerk gemalt, mehr habe er nicht zu sagen. Fünfzehnmal hat er aufgezählt, was er nicht getan hat, und somit ebensooft, was er bestrebt war zu tun.

Die ersten zwei Verfehlungen, deren er sich nicht schuldig gemacht hat, sind allgemein gehalten: Umgang mit dem Wahnhaften (eitlen, leeren Beschwörungen und Versprechungen, gipfelnd im abgöttischen Mißbrauch des NAMENS, (Ex 20,7) und Arglist (die oft tödliche Täuschung der Mitmenschen, Gn 34) wie auch jede Abweichung vom Weg der Thora, indem „das Herz hinter dem Auge herging" (was nicht unbedingt „lüstern" heißen muß), und jedes Handeln, das anderen Schaden zufügte (vor allem Gott, indem schadhafte Opfertiere dargeboten wurden, Lev 21, 22; Dtn 17).

Dann folgt eine Liste mit sechs sozialen Vergehen, (Vs. 9 – 23). Sich betören lassen durch die Frau eines Genossen ist ein schwerer Eingriff in das Recht dieses Mitmenschen. Und der entsprechende Fluch ist dann auch, daß andere sich seiner Frau „bedienen". Sie geht voran, dann kommt der Knecht und die Magd, dann die sozial stark Gefährdeten (*dalim*, eigentlich die Baumelden, wie die Witwe und die Waise, die nackten „Penner", *'obadim*, die „Schwindenden"). Dies zeigt übrigens, daß die Frau de facto zu den sozial gefährdeten Gruppen gehört, auch wenn sie verheiratet ist; für die Knechte ist sie vielleicht die Meisterin, für ihren Mann aber nur eine privilegierte Dienstmagd.

Ijjob beschwört, daß er nicht so stumpfsinnig war, auf Gold zu setzen; der Ausdruck *zahab kisli*, Gold meines Stumpfsinns, setzt voraus, das Ijjob ein Weiser ist, denn der *kesil*, der Stumpfsinnige, ist in den Psalmen und vor allem im Buch der Sprüche Schlomos der Gegenpart zum *chakam*, dem Weisen. Er setzt auch nicht auf Horoskope (das scheint mir wohl der Sinn von Vs. 26 – 27 zu sein, wo dann ein Redaktor das als Vergehen gegen das erste Gebot deutet, Vs. 28). Er widersteht der Versuchung, sich zu laben am Mißgeschick seiner Gegner, und er übt die im alten Orient so eminente Tugend der Gastfreundschaft. Schließlich verdeckt er keine Abtrünnigkeit, verheimlicht keine Verirrung. Das heißt nicht, daß Ijjob „vor anderen die eigenen Sünden verheimlicht und das Licht der Öffentlichkeit scheut, weil er mehr scheinen will als sein" (Weiser 1974[6], S. 215), denn er hat ja nun gerade erzählt, daß er sich nichts zuschulden hat kommen lassen; vielmehr ist auch die letzte Beschwörung wieder allgemein; mit Abtrünnigkeit *(pscha')* ist in den prophetischen Schriften immer die Abtrünnigkeit Israels von seinem Gott, mit Verirrung *('awon)* die Abweichung Israels vom Weg der Thora gemeint. In den Gesprächen haben diese Worte ihre Rolle gespielt. Immer wieder fragt Ijjob, worin seine Verirrung und seine Abtrünnigkeit bestünde, etwa 13,23:

> Worin dann mir Verirrung und Sünde?
> Abtrünnigkeit und Verirrung, laß sie mich erkennen!

Ijjob ist das thoratreue, traditionelle, „weise" Israel, denn dieses ganze 31. Kapitel atmet die Atmosphäre des Buches der Sprüche Salomos. Er brauchte sich nicht zu verstecken als ein Abtrünniger, Verirrter: das ist der Sinn dieses Verses. Und damit zieht er den Schlußstrich. Ein Redaktor hat dann noch eine letzte Beschwörung angehängt, die sich auf Mißbrauch von Grundbesitz bezieht. Ganz deutlich ist das aber nicht; der Acker schreit, die Furchen weinen, weil derjenige, der sich dieses Verbrechens schuldig macht, seine „Kraft" ohne Geld aß und somit die Seele des Besitzers (*ba'aleh*) weggeblasen hat. Das könnte heißen, daß er sich die Ernte der Grundbesitzer aneignet, ohne sie zu bezahlen. Hier wäre dann die Beschwörungsformel etwas abgeändert worden: das Verbrechen bestünde in jenem Machtmißbrauch, der Fluch im Schreien des Ackers und dem Weinen der Furchen. Offenbar hat irgendein Redaktor es für unumgänglich gehalten, auch dieses offenbar wohl verbreitete Verbrechen zu erwähnen.

Das Wort hätte jetzt der von Ijjob angerufene Gott, aber, wie wir oben schon erwähnten, zunächst müßte, nach dem Willen irgendwelcher Redaktoren, noch ein letzter Versuch unternommen werden, die Sache „unter Menschen" zu klären.

4.6.4. Eine Bilanz

„Vollendet sind die Reden Ijjob", heißt es in Vers 40c, und damit sind wir wieder beim Anfang. Auf hebräisch lautet dieser redaktionelle Abschluß: *thammu dibre ijjob*; und in Vers 1,1 heißt es von Ijjob: *ha'isch hahu' tham*, und dieser Mann war vollkommen, vollendet. So wie der Mann, so seine Reden.

Die Reden zeigen ihn als einen Mann, der verzweifelt ist, todessüchtig. Eliphaz, der Timniter, hatte ihm gesagt:

> 5,16 Da, glücklich der Mensch, den Gott überzeugt,
> Züchtigung des Gewaltigen verwerfe nicht.

Eliphaz verdreht die Schrift ein wenig: da heißt der Mann glücklich, „der nicht geht in den Rat der Verbrecher / der nicht steht auf dem Weg der Sünder ...", Psalm 1,1. Dies wird Ijjob für sich in Anspruch nehmen. Er fordert seine Gegner auf, 6,24:

> Unterweist mich, ich werde schweigen,
> was ich Falsches tat, laßt es mich merken.

Auch hier wieder das Verb, das die gleiche Wurzel hat wie Thora, *horuni:* „meßt mich mit dem Maßstab der Thora, ich habe nach unserer Thora gelebt", will Ijjob hier sagen. Bildad unterstellt ihm genau das Gegenteil, wenn er ihm sagt, 8,5f.:

> Suchst Du die Gottheit geflissentlich,
> flehst du den Gewaltigen an,
> bist du lauter und geradeaus,
> ja, dann erweckt er dich.

Nun, Gott suchen, und zwar geflissentlich, das tut er; ihn anflehen, das tut er auch; geradeaus ist er; lauter (*zak*) bedeutet eigentlich transparent, nicht trübe. Das Argument der Gegner ist immer: vor Gott ist nichts rein, weder die Gestirne (25,5) noch der Himmel (15,15) wie denn erst der Mensch (15,14; 25,4) oder gar Ijjob selber (11,4; 33,9). Er sagt von sich selber: „rein ist mein Gebet" (16,17), aber er bezweifelt, ob ihm das weiterhilft, 9,30:

Wenn ich mich badete im Schnee,
wenn ich meine Hände läuterte mit Lauge,
Du würdest mich in die Latrine tauchen,
daß mich meine Kleidung verabscheut.

Zofar zweifelt diese Lauterkeit an; Ijjob solle eben das Unrecht an seiner Hand entfernen (11,14) und dann wird Gott wohl das Entsprechende veranlassen. Aber dieser hält an seiner Wahrheit fest: „Ich weiß, daß ich bewahrheitet bin, wer will das mir bestreiten?" (13,18) und fordert Gott auf, ihm das Gegenteil nachzuweisen (13,23).

Eliphaz bringt das ewige klerikale Argument, 15,14: „Was ist der Mensch, daß er sich als geläutert, daß wahrhaft sei der vom Weibe Geborene?" Aber Ijjob läßt sich nicht in die Irre führen. Es kommt, nachdem Ijjob Gott in 16,2–15 als den grausamen Feind beschrieben hat, zu einem verzweifelten Gebet, einem der Höhepunkte des ganzen Buches, 16,18:

18 Erde bedecke nicht mein Blut,
nicht werde sie der Ort meines Aufschreiens;
19 Auch jetzt ist mir mit dem Himmel noch ein Zeuge,
ein Leumund mit der Höhe.
20 Wenn meine Genossen meine Verächter sind,
– Tränen meiner Augen zu Gott hin –
21 erwirke er eine Entscheidung für den Mann bei Gott,
zwischen dem Menschen und seinen Gesellen.
22 Denn die Zahl meiner Jahre schreitet dahin,
ich gehe ja auf dem Pfad, von dem ich nicht wiederkehre!

Ijjob nimmt den Himmel und die Erde zum Zeugen, **daß Gott eben nicht der Gott ist, den Israel gekannt hat!** Wenn dieser Zeuge die Entscheidung zwischen „Gott" und Mann herbeigeführt haben wird, dann wird auch die Sache zwischen Ijjob und seinen Gesellen bereinigt werden können. Er, Ijjob, hat aber keine Hoffnung mehr, 17,13ff.:

13 Wenn ich etwas hoffe: dann das Totenreich als mein Haus,
in der Finsternis mein Bett bereitet,
14 der Verwesung rufe ich zu: „du bist mein Vater",
„meine Mutter, meine Schwester" den Würmern.
15 Wo wäre dann wirklich meine Hoffnung,
meine Hoffnung, wer kann sie erspähen?
16 Als Teil des Totenreichs sinkt sie herab,
wenn sie sich gemeinsam [mit mir] zu Staub zerruht.

Es besteht keine Hoffnung, denn es gibt keine Perspektive, daß sich auf der Erde etwas ändert, daß eine „Entscheidung zwischen Menschen und ihren Gesellen" herbeigeführt wird, die in der „Entscheidung für den Mann bei Gott" verwirklicht würde und deren Wirklichkeit sie ist. Die Wirklichkeit des Friedens der Menschheit mit Gott ist der Friede der Menschheit auf der Erde. Gibt es keine irdische Perspektive, dann gibt es auch keine himmlische, dann ist die Lage hoffnungslos. Diese Hoffnungslosigkeit ist heute die Wirklichkeit für Milliarden von Menschen. Gott ist nicht Gott. Wir müssen sowohl Ijjobs Hoffnungslosigkeit, wie auch seine Hartnäckigkeit ernst nehmen. Auch wenn es keine Perspektive gibt, heißt das nicht, daß die Wahrheit eine Lüge war. Auch wenn man bei der Wahrheit bleiben will, bedeutet das nicht, daß es begründete Hoffnung gibt, sie durchsetzen zu können. Ijjob, das ist die Notwendigkeit der Revolution in einer Lage, wo sie auf absehbare Zeit nicht auf der Tagesordnung zu stehen scheint. Ijjob, das ist der schmale Pfad zwischen Phrasendrescherei und opportunistischer Anpassung. Ijjob, das ist Israel; aber Ijjob „zum Gleichnis *(limschol)* der Völker" geworden, das sind auch unzählige Menschengeschlechter, die auf das Gute hofften und das Böse ernten mußten, auf das Licht warteten und in Finsternis leben mußten. Ijjob, das ist auch Menschheit, verloren, verworfen, ausgeschieden wie Dreck, „wie es heute am Tag ist" ...

Sicher, Ijjob hält daran fest, daß die alte Ordnung, die des Sabbath und die der Ge'ulah, nicht endgültig besiegt sein kann:

> 19,25 Ich aber weiß, mein Auslöser [go'el] lebt,
> und zuletzt wird er gegen den Staub auftreten.
> 26 Und nachdem meine Haut hier zerfetzt ist,
> werde ich von meinem Fleische her Gott sehen.
> 27 Was ich mir erschauen werde,
> meine, nicht eines Fremden, Augen werden es sehen.
> Danach verzehren sich meine Nieren in meinem Leib.

Er wird „Gott" sehen. Den „Gott", den er gekannt hat? 42,1–6 werden auf diese Frage antworten. Einstweilen droht er seinen Gesellen Vergeltung an; das scheint der Sinn der folgenden fünf Zeilen zu sein, obwohl der Text korrupt ist.

> 28 Wenn ihr sprecht, wie sollen wir ihm verfolgen?
> Die Wurzel der Sache werde in mir gefunden,

29 dann seid bedroht durch das Schwert,
denn glühender Zorn, Verfehlungen, Schwert:
damit ihr erkennt ...[13]

Aber eine Welt ist untergegangen, die Welt jenes Projektes, das von 'Ezra und Nechemja auf dem Fundament der Thora aufgebaut wurde, eine Welt, in der eine Thorarepublik eine reale Chance hatte, weil sie ein dazu ausreichendes Maß an Autonomie besaß. Strukturell war sie gekennzeichnet durch ein relativ hohes Maß an Egalität, die durch eine funktionierende Ge'ulahordnung abgesichert war. Ein Großteil der „Vaterhäuser" war intakt, die Großfamilien konnten sich selbst versorgen. Jetzt aber gibt es verstärkte Ausbeutung durch die Einführung der hellenistischen Staatspacht. Das bedeutet eine immer weiter um sich greifende Aushöhlung der Egalität, weil die verstärkte auswärtige Ausbeutung, wie oben gezeigt, negative Verteilungseffekte hatte. Diejenigen, die sich mit den Gojim und mit korrupten Eliten gut stellen, prosperieren. Die Gruppen, die ökonomisch ins Hintertreffen geraten, ja, durch Verschuldung völlig marginalisiert werden, müssen in dieser neuen Entwicklung, gegen die kein Kraut gewachsen scheint, eine schicksalhafte Verwandlung der Welt erblicken: es waltet ein neuer „Gott". Diese „Verstellung Gottes" ist das Problem des Buches Ijjob, aber auch des Koheleth und vieler Psalmen. Ijjob ist nun der, der sich auf keinen Fall mit dieser Entwicklung abfinden will.

Es kann nur einen Gott geben, das steht für alle Beteiligten fest. Dieser Gott war der oder das, was die Thorarepublik fundierte und strukturierte. Jetzt gibt es statt Thorarepublik eine erbarmungslose Gesellschaft, die ganz nach hellenistischen Maßstäben funktioniert, in der die Bewährten unter die Räder kommen und die Verbrecher an Macht gewinnen. „Also muß Israel gesündigt haben, mit einer geheimen Sünde, die jetzt, in dieser neuen Lage, als Fluch ans Licht kommt", meinen die drei Gesellen. „Nicht wir haben gesündigt, sondern Gott muß sich gewandelt haben", meint Ijjob. Ist dann Gott noch der *Zaddiq*, der Bewährte, dessen Wahrheit das Recht derjenigen ist, die sich im Recht der Thorarepublik bewährt hatten? Oder ist es „Gott", wie oft gesagt wurde, im Grunde egal, ob Recht und Wahrheit geschieht? Ist „Gott" nur und ausschließlich das jeweils Herrschende, nicht der *Zaddiq*, der Bewährte von jeher, sondern der *Schaddai*, der Gewalttäter? Wenn das so ist, und es scheint so zu sein, gibt es keine Hoffnung.

---

13. *schadjn* (ketib) *schadun* (qere) unerklärt. Buber: „auf daß ihr erkennt, daß (*sch*) ein Urteil (*din*) ist. Andere (Belege bei Habel 1985 z.St.) sehen eine Schreibweise für die Gottesbezeichnung *schaddaj*, also: „damit ihr den Gewaltigen *(schaddaj)* kennenlernt.

Aber das kann nicht sein, meint nicht nur die alte, sondern auch die jüngere Theologie. Sie erhält jetzt das Wort. Wahrheit, *zedaqah*, bewahrheitet, bewährt sein, *zadaq*, ist ihr Stichwort. Die Redaktion hat noch sechs Kapitel zwischengeschaltet, weil in der Diskussion ein neues Argument aufgetaucht war: Ijjobs Elend sei nicht verursacht durch seine Schuld, sondern mit ihm sei eine göttliche Absicht, ihm zum Guten, verbunden.

Wir aber wissen, was weder Ijjob noch die alte Theologie noch die junge Theologie, die jetzt zu Wort kommt, weiß: Gott hat sich verwandelt in einen Dämon, der „grundlos verschlingt". Im Gefälle zwischen unserem Wissen und deren Unwissen liegt, wie gesagt, der Schlüssel zum Verständnis!

4.7. Ein letzter Versuch

4.7.1. Eine neue Generation

Der Name Elihu kommt in der Schrift noch in 1Sam 1,1 und 1Chr 12,21 vor. Im Samuelbuch bezeichnet er ein Geschlecht aus Ephraim, in 1Chr bezeichnet er einen Gefolgsmann Davids aus dem Stamm Manasse. Etwas anders buchstabiert noch 1Chr 26,12 (ein Levit) und 27,18 (ein Bruder Davids). Der Familienname Barak'el kommt nicht weiter vor. Der Familienname Buz ist identisch mit dem Namen des Vaters eines Priesters, Ez 1,3. Der Geschlechtsname Ram schließlich begegnet in 1Chr 2,9.10 und Ruth 4,19 und bezeichnet einen Vorvater Davids; wir finden ihn auch in 1Chr 2,25.27. Der Name Elihu *('elihu)* ruft Reminiszenzen wach; der Name des großen Propheten Elijahu wird in der Konsonantenschrift genauso geschrieben. Anders als die Namen der drei Kollegen Ijjobs und der Name Ijjob selber ist Elihu ein echter israelitischer Name, der die prophetische Urvergangenheit Israels aufrufen soll. Es geht hier nicht um einen „angry young man" (Habel 1985, S. 447), sondern jetzt soll hörbar werden die Stimme Israels, die Stimme der Propheten; Elihu, der israelitische Name, soll auf die Rede des NAMENS vorbereiten. Wir dürfen also gespannt sein.

Betrachten wir die Einleitung etwas genauer.

> 31,1 Aufgehört hatten jene drei Männer, Ijjob darauf zu entgegnen,
> daß dieser ein Bewährter in seinen Augen war.

Hier wird also der Inhalt des völlig mißlungenen Gespräches bezeichnet: Ijjob wäre in seinen Augen ein *zaddiq*, sie hätten versucht, ihm das auszureden. Sie hörten auf, *jischbethu*; d.h., sie machten „Schabbat"; Ende dieses Gespräches.

32,1 Es entflammte der Zorn Elihus, Sohns Barak'els, des Buziters aus dem Clan Ram
gegen Ijjob entbrannte sein Zorn,
weil dieser seine Seele für bewährter erachtete als Gott.

Elihu macht es zornig, daß einer wie Ijjob sich für bewährter hält als Gott selber. Er schließt aus Ijjobs Spruch: „Ich weiß, daß ich bewährt bin" (13,18), daß damit Gott zumindest weniger bewährt als Ijjob, wenn nicht gar ein Verbrecher sein soll. Damit ist schon gesagt, was Elihu breit ausführen wird; er wird Gott vor diesem Vorwurf zu retten versuchen, Ijjobs Bewährung könne Gott nicht weniger bewährt machen, dies sei von vorneherein auszuschließen. Auch Elihu will also den Gedanken nicht zulassen, daß Gott sich nicht bewährt hat. Die Frage ist, wo er sich denn von ihnen unterscheiden will.

32,3 Gegen jene drei Männer entflammte sein Zorn,
weil sie nichts gefunden hatten, ihm zu entgegnen,
sondern daß sie Ijjob zum Verbrecher gemacht hatten.

Der Vorwurf ist also doppelt: Sie haben keine richtige Antwort gefunden, und sie haben sich mit der billigsten Lösung zufriedengegeben, wenn Ijjob leide, so müsse er wohl Dreck am Stecken haben. Buber übersetzt anders: „daß sie Entgegnung nicht gefunden hatten, Ijjob zu schuldigen". Nun steht unter dem Verb „entgegnen" ein sehr starker distinktiver Akzent, der die zweite Hälfte des Verses so unterteilt wie oben angegeben (der Hauptdistinctivus steht unter dem Wort „sein Zorn"). Wir können das waw consecutivum hier mit „sondern" übersetzen. Es wird ja nicht darum gehen, Ijjob zu **be**schuldigen: „Ich habe Gefallen an deiner Wahrheit", sagt er, 33,32. Eher schon geht es darum, Gott zu **ent**schuldigen. Es hat offenbar Probleme mit dem Text gegeben, denn diese Stelle ist eine jener achtzehn Stellen, die die Schriftgelehrten verbessert hatten (die sog. *tiqquneh sopherim*); ursprünglich soll an dieser Stelle statt des Wortes „Ijjob" das Wort *eth–ha`elohim*, „Gott", gestanden haben. Die drei hatten ja nun eben nicht Gott beschuldigt, sondern Ijjob; es sei denn, der Sinn wäre: indem sie Ijjob zum Verbrecher machten, machten sie im Grunde genommen Gott zum Verbrecher, weil sie den Sinn des Ganzen verfälschten.

32,4 Elihu hatte mit Widerreden gegen Ijjob gewartet,
denn älter als er waren sie an Tagen.

5 Aber Elihu sah, daß keinerlei Entgegnung im Munde der drei Männer war,
also entflammte sein Zorn.
6 Und Elihu antwortete, der Sohn Barak`els, der Buziter, er sprach:
„Der Jüngere bin ich an Tagen, ihr aber Alterfahrene.
Deswegen hielt ich mich zurück, zu furchtsam,
7 um euch mein Wissen zu erklären; ich sprach: „laß Tage reden,
die viel an Jahren sind, ihr Erkennen ist Weisheit."
8 Jedoch: Geist, er ist im Menschen,
Atem des Gewaltigen macht einsichtig,
9 nicht eben jene Vielfalt {an Jahren} ist weise,
haben die Ältesten Einsicht ins Recht.
10 Deswegen spreche ich jetzt: „hört mir zu,
erklären will ich mein Wissen, ja ich!
11 Da, ausgeharrt habe ich bei eurer Rede,
gehorcht eure Einsichten,
bis Worte es erforscht haben.
12 Bis zu euch hin meine Einsichten,
aber da: kein Argument gegen Ijjob,
antwortend auf dessen Sprechen, von euch aus!
13 Daß ihr ja nicht sprecht: ‚wir haben Weisheit gefunden,
Gottheit blase ihn weg, nicht ein Mann!'
14 Nicht gegen mich hat er Worte geordnet,
nach euren Sprechblasen werde ich ihm nicht erwidern!"
15 – bestürzt sind sie, sie antworten nicht mehr,
weggeschritten von ihnen hinweg Worte,
16 ich harrte aus, da sie aber nicht redeten,
da ich nun dastand und sie nicht mehr antworteten,
17 will ich nun antworten, ja, ich, meinen Teil!
Ich erkläre mein Wissen, ja, ich!
18 Denn ich bin erfüllt von Worten,
Geist in meinem Leibe drängt mich.
19 Da, mein Leib, wie nicht geöffneter Wein,
wie neue Schläuche berstend;
20 ich muß reden, dann habe ich wieder Luft,
meine Lippen öffnen, daß ich antworten kann.
21 Nicht aber werde ich das Antlitz eines Mannes erheben,
denn einem Menschen werde ich nicht schmeicheln,
22 denn ich kenne das nicht, schmeicheln,
ein wenig wäre es dann, daß der, der mich machte, mich weghob.

Die Alten reden zuerst, denn sie verfügen über die meiste Lebenserfahrung. Aber wenn sie nichts zu sagen haben, muß die jüngere Generation einspringen. Elihu hat sich kaum beherrschen können. Die ältere Generation hat versagt: „bestürzt sind sie, antworten nicht mehr" (32,15). Die alte, herkömmliche Theologie hat die Aufgabe nicht gelöst, nämlich nachzuweisen, daß das neue Elend nicht gleichzeitig das Versagen (die Unwahrheit) des alten Gottes bedeutet. Sie hat Weisheit nicht gefunden; dreimal hören wir dieses Wort. Ijjob hat ihre Theologie ad absurdum geführt; er hat nachgewiesen, daß er ohne Schuld sei, daß ihm Unrecht geschehe, daß also Gott kein Zaddiq sein kann; denn sie hatten immer wieder aus seinem Elend auf seine Schuld geschlossen und im übrigen Gott als den absolut Entrückten dargestellt. Elihu brennt darauf, es besser zu tun: dreimal hören wir *'aph–'ani*, ja, ich!. Und er kündigt gleich an, daß Ijjob bei ihm keine Schmeicheleien zu hören bekommen wird.

33,1 Vielleicht hörst du nun, Ijjob, auf meine Worte,
horchst auf all meine Reden.
2 Da, ich werde meinen Mund öffnen,
meine Zunge redet durch meinen Gaumen.
3 Gerade aus dem Herzen werde ich sprechen,
das Wissen meiner Lippen, sauber meine Worte es sagen.

Die Ausführungen Elihus kann man folgendermaßen einteilen:

I.		32,6 – 22:	Elihu rechtfertigt sein Eingreifen.
II.	1)	33,1 – 7:	Aufforderung an Ijjob, zuzuhören.
		33,8 – 30:	Das Schweigen Gottes ist kein Argument.
		33,31 – 33:	Weitere Aufforderungen an Ijjob, zuzuhören.
	2)	34,1 – 4:	Aufforderung an die Weisen, zuzuhören.
		34,5 – 33:	„Weitab die Gottheit von der Freveltat".
		34,34 – 37:	Schlußfolgerung: Ijjob redet ohne Wissen.
	3)	35,1 – 16:	Beweis: Gott hat nichts von deiner Wahrheit.
		36,1 – 14:	Beweis: „Den Erniedrigten gibt er recht".
	4)	36,15 – 21:	Des Rätsels Lösung.
III.		36,22 –37,24:	Der überragende Gott; Überleitung zu 38 – 41.

4.7.2. Wenn es einen Boten gäbe, einen Dolmetscher ...

Im zweiten Teil zitiert er Ijjob gelegentlich recht ausführlich und versucht, ihn zu widerlegen. Ijjob hatte gesagt: Da nun „ich habe meine Rechtssache geordnet, ich weiß, daß ich bewährt bin, wer führt die Verhandlung gegen mich?“ (13,18) und Gott (oder seine Gegner aufgefordert), „die Faust entferne von mir, nicht soll Dein Terror mich einschüchtern“ (13,21). Elihu konstatiert, daß er und Ijjob beide gleich sind; deswegen könne Ijjob sich ihm stellen:

33,4 Geist der Gottheit machte mich,
Atem des Gewaltigen hält mich am Leben.
5 wenn du es kannst, erwidre mir,
ordne dich mir, stelle dich,
6 da: ich bin wie du vor Gott,
aus Lehm bin ich getöpfert, auch ich;
7 Meine Wut soll dich nicht einschüchtern,
mein Drängen auf dir nicht wuchten.

Elihu will Ijjob als Mensch gegenübertreten, und seine Linie wird sein, Ijjob solle sich mit Menschen auseinandersetzen, nicht mit Gott. Inwiefern dies „originell“ ist, d.h., inwiefern er nun wirklich andere Argumente findet als seine Vorgänger, steht zunächst auf einem anderen Blatt. So faßt er Ijjobs Worte zusammen:

33,8 Da hast du ja gesagt in meine Ohren,
Stimme von Worten habe ich gehört:
9 „Rein bin ich, ohne Abrünnigkeit, [16,17]
sauber ich, ja ich,
bei mir keine Verfehlung.
10 aber da: Verwehrung findet er gegen mich,
er rechnet mich zu seinem Feind, [13,24]
11 legt in den Block meine Füße, [13,27]
bewacht all meine Pfade.“ [13,26]

Elihu sagt:

12 Da dies: Du bist nicht bewahrheitet *[lo–zadaqtah]*, antworte ich dir,
denn viel mehr ist Gott als der Mensch;

Das ist nicht viel Neues, denn das haben die anderen, ja, auch Ijjob selber, schon gesagt.

13 Warum suchst du gegen ihn einen Rechtsstreit?
denn all seine Reden sind keine Antwort!

Am einfachsten wäre es, mit der griechischen Übersetzung und einigen anderen Versionen zu übersetzen: „denn all **meine** Reden beantwortet er nicht“, also: der Grund wäre der, daß Ijjob keine Antwort erhält. Aber ich vermute doch, daß mehr dahintersteckt. Wie wir gesehen haben, bezweifelt Ijjob, ob die Reden Gottes, so wie sie ihm vertraut waren, überhaupt noch Geltung haben, d.h. eine Antwort auf seine Lage beinhalten. Das bestätigt Elihu; Gott ist nicht etwas, das man zur Verantwortung rufen kann. Diese Linie wird nicht nur er, sondern Gott selber durchhalten.

14 Denn einmal kann die Gottheit reden,
ein zweites Mal spürt[14] man es nicht.
15 Im Traum und Nachtvision,
wenn Tiefschlaf den Menschen überfällt,
wenn er schlummert auf seiner Liege,
16 dann offenbart er sich dem Ohr des Menschen,
mit ihrem Band versiegelt er.[15]

Eine solche Sonderoffenbarung war auch dem Eliphaz schon zuteil geworden: „bei alptraumartigen Nachtvisionen, wenn Tiefschlaf den Menschen überfällt", 4,13. Daß es solche Offenbarungen geben kann, bezweifelt die Schrift nicht; aber dann bedarf es meistens des prophetischen Interpreten, wie man im Buch Daniel nachlesen kann. Außerdem können diese Nachtvisionen nicht etwas anderes als die Thora zum Ausdruck bringen. Für Ijjob hat dies alles nichts Tröstliches, er hat sich darüber beklagt, daß er nicht einmal in seinem Schlaf Ruhe findet: „Du entsetzt mich mit Träumen, mit Visionen wütest Du gegen mich" (7,14). Welchen Sinn haben nun solche Visionen? Elihu:

17 Damit er Menschheit von ihrem Tun weichen läßt,
Übermut vor dem Mann verbirgt,
18 seine Seele von der Grube fernhält,
sein Leben davon, ins Wurfmesser zu laufen;
19 überzeugt wird er durch Schmerzen auf seinem Bett,
durch Streit seiner Knochen, ständig.

Es folgt in den Versen 20 – 22 eine Beschreibung dieser Schmerzen, und dann heißt es:

23 Wenn es wirklich einen Boten, einen Dolmetscher gibt,
einen aus tausend,
der dem Menschen seine Gradheit ankündigt,
24 dann erweist er Gunst, dann spricht er:
„... vom Untergang in die Grube,
ich habe Deckung gefunden".

---

14. jschurennah; eine ganz befriedigende Erklärung gibt es nicht. *Schur* bedeutet wahrnehmen.

15. Vers 16b: der Halbvers ist unverständlich; es gibt eine ganze Reihe von Verbesserungsvorschlägen (vgl. Habel 1985, S. 458).

25 ... sein Fleisch von Knabenalter an[16],
er kehrt zu den Tagen seiner Jugend zurück.

Die Verse sind schwer verständlich. Offenbar gibt es zwei Möglichkeiten: entweder wird ein Mensch zu Unrecht gepeinigt, oder er ist schuldig. Die erste wird hier abgehandelt; wenn es einen Boten gibt, der Gott davon überzeugen kann, daß der Gepeinigte ein gerader Mensch ist, wird Gott von ihm ablassen, weil er „Deckung" *(kopher)* gefunden habe (was etwas mit *jom kippur*, Bedeckungstag, zu tun hat).

Wer dieser „eine aus tausend" sein mag, ist unklar. Elihu meint, daß ein Mensch zu Unrecht gequält wird, sei die unwahrscheinlichere von den zwei Möglichkeiten. Hier zeigt sich nun ein Unterschied: Elihu läßt die zwar höchst unwahrscheinliche Möglichkeit offen, daß ein Mensch zu Unrecht leidet, was die drei älteren Kollegen immer kategorisch verneint hatten. Wahrscheinlicher aber ist:

26 Er fleht Gott an, der erweist sich ihm gnädig,
er sieht sein Antlitz mit Jubel,
er läßt die Wahrheit dem Menschen zurückkehren.
27 Er singt es den Menschen zu, spricht:
„ich habe gesündigt, Gerades habe ich krumm gemacht,
er hat desgleichen mir nicht getan.
28 Freigekauft hat er meine Seele von der Fahrt in die Grube,
mein Leben sehe ich im Licht."

Das beste ist also, sich als sündiger Mensch flehend Gott zuzuwenden. Gott wendet sich dann diesem Menschen zu, er „bekehrt" sich zu ihm, er „läßt die Wahrheit dem Menschen zurückkehren". Darum ging es die ganze Zeit. Ijjob war bewahrheitet in seinen eigenen Augen; seine Wahrheit wurde ihm genommen; sie kehrt zu ihm zurück, wenn er entweder einen Boten findet, der Gott überzeugt (was unwahrscheinlich ist), oder wenn er spricht: „ich habe gesündigt". Elihu beschließt:

29 Da: dies alles bewirkt die Gottheit,
ein paar Mal, dreimal, mit dem Mann,
30 dessen Seele von der Grube abzukehren,
zu leuchten mit dem Licht der Lebenden:
31 Sei aufmerksam, Ijjob, höre mir zu:

16. Die Wurzel *pada`* (24b) und die Verbalform *rutapasch* (25a) sind Hapaxlegomena und ungeklärt. Man vermutet: „kaufe ihn frei" bzw. „es wird frisch".

In der Septuaginta folgt dann gleich Vs. 34,1; es scheint, als ob Ijjob hier etwas hätte sagen wollen, aber Elihu ihn nicht zu Worte kommen lassen möchte, weil er noch nicht ausgeredet hat. Was Ijjob hier hätte sagen können, können wir nur erahnen; er hat nicht viel Neues zu hören bekommen und hätte allenfalls gefragt: „Warum war unter euch vieren dann nicht der ‚eine aus tausend'?" Die Werke Gottes sind: er schickt Nachtvisionen, er foltert (mit den besten pädagogischen Absichten); entweder findet sich nun ein Bote, oder der Mensch gibt seine Sünde zu; in beiden Fällen gibt es dann ein happy end. Elihu fährt fort:

schweige, denn ich will reden.
32 Wenn du wirklich Worte findest, erwidere mir
rede, denn ich habe Gefallen an deiner Bewährung.
33 wenn aber keine da sind, du, höre mir zu, schweige, ich erteile dir Weisheitslektionen.

Bescheiden ist er nicht; gottgleich hat er Gefallen an Ijjobs Bewährung. Wir sind nicht überzeugt. Aber es kommt noch mehr. Die Weisen sollen jetzt hören.

4.7.3. Elihu nimmt es für Gott gegen Ijjob auf

4 Recht wollen wir uns erwählen,
erkennen unter uns, was gut ist.
5 Denn Ijjob sprach: „bewährt bin ich, [13,18]
aber die Gottheit ließ mein Recht entweichen. [27,2]
6 Soll ich meines Rechtes wegen lügen? [6,28]
Der Pfeil macht mich todkrank, ohne Abrünnigkeit!" [6,4]
7 Wer ist ein Mann wie Ijjob,
der Spott trinkt wie Wasser;
8 er muß wandeln in einer Gesellschaft von Übeltätern,
gehen mit Männern des Verbrechens,
9 denn er sprach: „kein Gewinn dem Mann,
Gnade zu haben bei Gott." [Mal 3,14]

Die vielen Zitate zeigen, daß sich ein Redaktor mit dem vorliegenden Text auseinandergesetzt und offenbar begriffen hat, welche Brisanz er hatte, wie 34,10ff. zeigen werden. Das Wort „Recht" hören wir hier dreimal; Elihu will es erwählen, Ijjob klagt es ein. Vers 7 muß man nicht negativ auslegen und Elihu als Zyniker darstellen; Vers 8 ist eine Folge von Vers 9: Ijjob habe gesagt, von Gott sei Gutes nicht zu erwarten, das führt ihn in die Gesellschaft der Verbrecher. Das Wort *sakan* hat nun aber gerade Ijjob nie in den Mund genommen; es ist ein Lieblingswort des Eliphaz: 15,3; 22,2a.b; 22,21. „Was für einen Gewinn wäre es, seine Verwahrungen zu verwahren, melancholisch einherzugehen vor des EWIGEN der Heerscharen Angesicht", fragen sich Maleachis Gegner (Mal 3,14), „aufgebaut werden die, die Verbrechen tun, sie provozieren Gott und kommen heil davon (3,15)". Elihu sagt hier – und das ist boshaft, weil er den Sinn der Worte Ijjobs verdreht –, Ijjob sei nichts als einer derjenigen, die Maleachi tadelt, und fühlt sich dann auch sofort bemüßigt, Gott zu verteidigen, was wohl heißt, der Gedanke, Gott sei ein Verbrecher, werde hier zumindest zugelassen:

10 Deswegen, Herzensmänner, hört mir zu:
weit ab von der Gottheit, daß sie verbrecherisch wäre,
vom Gewaltigen, daß er falsch täte.
11 Denn dem Werk der Menschheit zahlt er es heim,
nach dem Wandel des Mannes läßt er es ihn treffen;
12 ja, amen, die Gottheit ist nicht verbrecherisch,
der Gewaltige krümmt nicht das Recht.

Hier widerspricht Elihu vehement dem, was Ijjob in Vs. 9,22 zumindest suggeriert hatte: „Einerlei ist es, darum spreche ich es aus: Vollkommene und Verbrecher macht er alle." Wir haben gesehen, daß dies nun wiederum in Widerspruch stünde zu Gen 18, wo der EWIGE die Bewährten Sodoms und Gomorras eben nicht mit den Verbrechern umbringt. Elihu weist nun nicht auf diese Stelle hin, sondern argumentiert wieder mit Gottes Schöpfungsallmacht – besser: mit seiner Naturdämonie, denn die Frage drängt sich auf, ob dies alles noch etwas mit dem zu tun hat, was Gen 1 und Jes 40 – 48 Schöpfung nennen. Das kennen wir nun zur Genüge. Dann stellt er die rhetorische Frage:

17 Kann denn der, der das Recht haßt, bändigen?
Als ob der mächtig Bewährte freveln könnte!

Nicht sein kann, was nicht sein darf. Er weist die Mächtigen in die Schranken, niemand kann sich ihm widersetzen, er bestraft die Verbrecher, 18 – 26, also:

27 deswegen, weil sie von hinter ihm her abwichen,
alle seine Wege nicht verstanden haben,
28 den Aufschrei der Armen vor ihn kommen zu lassen,
damit er höre den Aufschrei der Unterdrückten.
29 [ist Er's aber, der still hält, wer kann schuldigen?
verbirgt er sein Antlitz, wer wird sein gewahr?]
über einen Stamm, über einen Menschen zumal, –

30 vom Königtum verrückter Menschheit,
das einem Volk zum Fallstrick ist.

Die Klammern stammen von Buber. Man kann es auch anders übersetzen, etwa Habel (1985, S. 474):

29 When he silences, who could prove him wrong?
If he hides his face, who can see him.
Be it one nation or all humanity.

Der Unterschied liegt darin, daß Buber das Hiphil *jaschqit* als passive Aktivität auffaßt, stillhalten, d.h. sich nicht einmischen; Habel aber als aktiv–causatives „zur Ruhe bringen"; im letzteren Fall bezieht es sich auf die Armen und Unterdrückten von Vers 28; im ersten Fall wird der Vers zu einer Glosse, der Gott auch Inaktivität vorwirft. In der Buberschen Auffassung wird der Vers zu einem Zwischenruf Ijjobs bzw. eines Redaktors, der die Ohnmacht des verelendeten Volkes zum Ausdruck bringen will. Vers 30 ist nur ungefähr übersetzbar, weil ein Verb zu fehlen scheint und die Präposition *min* (aus, entfernt von) am Anfang der beiden Verszeilen schwer erklärbar ist (Buber hat „wider", was auch nur eine Notlösung ist). Im Text geht es weiter mit noch schwerer zu übersetzenden Versen, wo auch Buber nicht ohne Korrekturen auszukommen scheint.

31 Denn zu Gottheit werde gesprochen: „ich habe es ertragen,
ich handle nicht schädlich [bzw. habe nicht gepfändet],
32 außer dem, was ich geschaut habe, unterweise Du mich,
wenn ich falsch gehandelt habe, füge ich nicht hinzu."
33 Soll etwa von dir aus er bezahlen, was Du verwarfst?
Du hast gewählt, nicht ich.
Was weißt denn Du? Rede!

Dies ist kein „Text", sondern „Textsalat". Versuchen wir trotzdem, diese Worte zu erklären. Deuten wir in Vers 31 *he'amar* als Imperativus niphal, haben wir es mit einer allgemeinen Aufforderung zu tun: es soll gesprochen werden. Ab Vers 33 richtet sich Elihu direkt an Ijjob. Übersetzen wir das Verb *chabal* mit „pfänden", dann könnte sich die Sache auf Kap. 22 und 24 beziehen, wo Pfänden eine Form der Ausplünderung der Schwachen ist (22,6; 24,3.9). Man soll also entweder zu Gott sagen: „ich habe nicht gesündigt, soviel ich weiß (‚außer dem, was ich geschaut habe')", oder, wenn doch: „so zeige es mir mit Deiner Thora (*horeni* gleiche Wurzel wie Thora!); ich werde nicht weiter sündigen". Der Sinn von Vers 33 könnte sein: „Soll Gott etwa dafür aufkommen müssen, daß Du, Ijjob, resigniert hast?" Das Verb *ma'as* bedeutet verwerfen und wird noch eine wichtige

Rolle spielen, wie wir bei der Besprechung von 42,6ff. sehen werden. Also: entweder eine Unschuldserklärung abgeben und abwarten oder Schuld bekennen. Aber Elihu, d.h. die ersten Kritiker dieses von Anfang an umstrittenes Buches, hat keine hohe Meinung von Ijjob:

34 Leute mit Herz sagen zu mir,
ein weiser Mann, der mir zuhört:
35 Ijjob redet eben nicht mit Wissen
und seine Reden sind ohne Verstand,
36 ...[17] Ijjob wird bis zum Ende geprüft,
wegen der Erwiderungen an die Männer der Verirrung.
37 Denn er fügt seiner Sünde Abtrünnigkeit hinzu,
schlägt unter uns um sich,
mehrt seine Sprüche wider[18] Gott.

Elihu sieht Ijjob als Sünder, d.h., er sieht es als unwahrscheinlich an, daß Ijjob Unrecht erdulden muß, obwohl er die Möglichkeit theoretisch offengehalten hat. In dem er, Ijjob, **gegen** Gott redet, wird er ein Abtrünniger, der Gott die Gefolgschaft aufkündigt. Der zweifache Beweis folgt umgehend.

4.7.4. Gott hat nichts von Bewährung und Recht

35,1 Elihu antwortete, er sprach:
2 Rechnest du das zum Recht,
daß du sprichst: „ich habe mich mehr bewährt als die Gottheit".
3 Du sagst, welchen Gewinn es dir bringen könne,
„was wäre mir nützlicher als meine Sünde".
4 Ich werde dir Worte erwidern,
deinen Kollegen mit dir!

Der Konstruktion *zidqi me'el*, „mein Bewährtsein mehr als die Gottheit" in Vers 2 entspricht *mah–'o'il mechatta'thi*, „was wäre mir nützlicher als meine Sünde". Ich fasse das Präfix *me* als Zeichen des Komparativus auf. Nach Elihu läuft die Argumentation Ijjobs auf zwei Behauptungen hinaus: er meint, wahrhaftiger als Gott zu sein; gleichzeitig zweifelt er daran, ob es nützlich wäre, nicht zu sündigen. Auf das erste Argument ist Elihu in Kap. 33 eingegangen, sei es auch nur mit dem nicht sehr überzeugenden Ar-

---

17. Vers 36: das erste Wort 'abi, mein Vater, ist unerklärlich.

18. So Buber und andere. *le'el* kann aber auch „für Gott" bedeuten. Der Zusammenhang suggeriert „gegen/wider Gott", aber die Ambiguität der Partikel *le* könnte ein Hinweis sein. Mit seinen Sprüchen täte Ijjob mehr für die Ehre des Gottes Israels als die Gott rechtfertigende Theologie.

gument, daß Gott größer wäre als der Mensch (33,12). Auf das zweite Argument hat er eine recht originelle, wenn auch keineswegs neue Antwort.

5 Betrachte den Himmel und sieh,
gewahre die Wolkenschwaden, die dich überragen:
6 wenn du sündigst, was bewirkst du Ihm,
deine Abtrünnigkeiten vermehrst, was tust du Ihm?
7 Wenn du dich bewährst, was gibst du Ihm,
oder was nimmt er dabei aus Deiner Hand?
8 Dem Mann, dir gleich, gilt deine Freveltat,
dem Menschenkind deine Bewährung.

Man nennt dies „a theology of divine detachment" (Habel 1985, S. 491) oder die Widerlegung einer „eudämonistischen Nützlichkeitsmoral", nach der „die Wirkungen von Gut und Böse nur im Bereich des Menschlichen verbleiben" (Weiser 1974[6], S. 230). Gott habe nichts von unserer Bewährung, unsere Sünden fügen ihm keinen Schaden zu, er habe also kein „Interesse" an unserm Tun. Genau dieses hatte aber Eliphaz schon gesagt (22,2–3). Ijjob hatte es anders gesagt. Auch er sieht den absoluten Unterschied zwischen Gott und Mensch:

7,17 Was ist der Mensch, daß du ihn groß machtest,
daß Du auf ihn Dein Herz setztest?
18 Du musterst ihn jeden Morgen,
jeden Augenblick probierst Du ihn aus.
19 Wieso wendest Du Dich nicht von mir ab,
läßt mich in Ruhe, daß meine Spucke ich verschlinge?
20 Habe ich gesündigt, was bewirke ich Dir,
Aufpasser der Menschheit,
warum hast Du Dir mich als Zielscheibe gesetzt,
sodaß ich mir zur Last geworden bin?
21 Warum erträgst Du meine Abtrünnigkeit dann nicht,
läßt meine Verfehlung vorbeigehen?
Denn ich dürfte mich dann in den Staub legen,
hieltest nach mir Ausschau, ich wäre aber nicht mehr da.

Ziehen also Eliphaz und Elihu aus der Erhabenheit Gottes das Argument, daß es sinnlos ist, Gott zur Verantwortung zu rufen, so sagt Ijjob, daß genau diese Erhabenheit das Problem ist: Gott habe es ja nun nicht nötig, der doch nicht! Der Sadismus des höchsten Wesens wird aber für die alte und die moderne Theologie nie zum Stein des Anstoßes, denn, noch einmal, nicht sein kann, was nicht sein darf: daß Gott ein Sadist wäre. Wobei doch der EWIGE selber zugegeben hatte, daß er Ijjob „grundlos verschlungen hatte" (2,3). Das beste wäre, es würde ihn nicht geben. Gibt es ihn, und daran zweifeln weder Ijjob noch seine Kollegen, wird das Problem zwar nicht für die professionelle, distanzierte Theologie, wohl aber für die Opfer des göttlichen Sadismus unlösbar. Die Folgen eines solchen göttlichen „detachment" wären verheerend. „Gott", das tatsächliche Ausschlaggebende in der Gesellschaft, wird aus der Sphäre des Rechts der Gebeugten und Erniedrigten entlassen. Aber Elihu kommt jetzt erst richtig in Schwung.

9 Vor großer Unterdrückung schreien sie auf,
rufen um Hilfe vor dem Arm der Großen.
10 Man spricht nicht: „wo ist Gott, mein Macher,
der Eingeber von Liedern in der Nacht,
11 der uns mit dem Getier des Landes unterrichtet,
mit den Vögeln des Himmels weise macht.
12 Dort schreien die auf – er antwortet nicht –
vor dem Übermut des Bösen."
13 Nur: wahnhaftes will die Gottheit nicht hören,
der Gewaltige nimmt das nicht wahr.
14 Und dann sagst du: „er nimmt mich nicht wahr",
Urteilsfindung steht bei ihm an, Du wartest darauf
15 ...[19]
16 Ijjob macht das Maul auf um Dunst,
macht sich dick mit Worten ohne Erkenntnis.

Die Opfer der Gewalt schreien. Und Ijjob scheint, nach Elihus Verständnis, zu sagen: sie schreien vergebens wie die Tiere des Landes und Vögel des Himmels. Das sei „wahnhaft", sagt nun Elihu, *schaw*; es ist das Wort, das wir aus den „zehn Geboten" kennen:

Ex 20,7 Du sollst nicht den Namen des EWIGEN, Deines Gottes, wahnhaft tragen,
denn nicht läßt der EWIGE den straffrei,
der seinen Namen wahnhaft trägt.

Die Übersetzung Bubers mit „wahnhaft" ist sehr genau: Sinn dieses Gebotes ist es, Gott für etwas in Anspruch zu nehmen, daß seinem Namen zuwider ist, etwa mörderische Ausbeutung mit seinem NAMEN zu sanktionieren; „wahnhaft" ist das, was Jirmejahu im siebten Kapitel anprangert, Hallelujas singen („SEIN Haus, SEIN Haus, SEIN Haus ist hier ...") und

19. Der ganze Vers 15 und sicher die zweite Zeile ist unerklärlich („the ambiguous grammatical construction of this verse has given rise to a diversity of translations", Habel 1985, S. 488).

mit Verbrechen fortfahren. Elihu macht dem Ijjob also einen schweren Vorwurf: er lästere den NAMEN, indem er behauptet, Gott behandle Menschen wie Tiere. *Das* sei „Dunst" (*hebel*, mit diesem Wort aus dem Buch Kohelet hatte Ijjob die Theologie seiner Kollegen disqualifiziert, 27,12), sein Schicksal habe einen Sinn, er werde genau mit diesem Schicksal „angeredet" und er sollte lieber zuhören. Das sagt er dann im folgenden Abschnitt, 36,1–21.

4.7.5. Gott reizt wieder

Elihu hält zum Schluß eine sehr lange Rede, die aus zwei Teilen und einer Einleitung besteht. Er beginnt so:

36,1 Elihu fügte hinzu, er sprach:
2 Warte mir, bitte, ein wenig, ich erkläre es dir,
daß es für Gott noch Worte gibt...
3 ich trage mein Wissen von ferne bei,
dem, der mich machte, gebe ich die Wahrheit.
4 Denn, amen, keine Lüge sind meine Worte,
ein Vollkommener an Wissen ist mit dir.

Es geht ihm, dem Viel- und Besserwisser, um Theodizee, um Bewahrheitung Gottes, es geht ihm nicht um Ijjob. Theologie und Verelendung reden in diesem Buch ununterbrochen aneinander vorbei.

Beide Teile der nun folgenden Rede beginnen mit ähnlichen Sätzen: „Da, die Gottheit ist großmächtig *('el kabir*, arabisch heißt das: *'allahu 'akbar!)*, er wirft es nicht hin/er ist mächtig an Herzenskraft" (36,5) und: „Da, die Gottheit ist herausragend an Kraft / wer unterweist wie er?" (36,22.)

5 Da, die Gottheit ist großmächtig, er verwirft nicht,
großmächtig an Herzenskraft.
6 Nicht lebt der Verbrecher,
den Gebeugten gibt er das Recht,
7 vom Bewährten wendet er seine Augen nicht ab.

Das hat aber Ijjob mit Fug bezweifelt: er ist bewährt, aber wo ist Gott? Nun, bei Ijjob wird es wohl so sein wie:

bei Königen, für den Thron
8 siedelte er sie an; sie aber wurden hochfahrend.
Werden sie dann mit Fesseln gefangen,
mit Stricken der Erniedrigung gepackt,
9 vermeldet er ihnen ihre Werke,
ihre Abrünnigkeit, als sie hochfahrend wurden,

10 macht ihre Ohren offen für Gefaßtheit,
spricht zu ihnen, sich von Verirrung umzukehren.
11 Wenn sie hören und dienen,
beenden sie ihre Tage im Guten,
ihre Jahre in Wohlbehagen.
12 Wenn sie nicht hören, laufen sie ins Messer,
verscheiden ohne Kenntnis.
13 Irregeleitete Herzen setzen auf Zorn,
sie rufen ihn nicht an, wenn er sie fängt,
14 ihre Seele muß jugendlich sterben,
ihr Leben zu der Zeit der Jugendheiligung.
15 Erniedrigte erzieht er durch die Erniedrigung,
durch Verdrückung macht er ihre Ohren offen.

Es ist also egal: ist einer hochfahrend, wird er gepackt; ist einer erniedrigt, wird er auch gepackt. *Chalaz* bedeutet: herausziehen („entschnüren" hat Buber). Meistens sind es hochfahrende Könige (*qabah*), die gezügelt werden müssen. Wenn es sich ausnahmsweise um das Gegenteil handelt, um erniedrigte (*'anawim*), müssen sie durch ihre Erniedrigung erzogen werden. So kann dieser Gott machen, was er will, es ist alles wohlgetan. Elihu hat tatsächlich „Worte für Gott" gefunden. Aber nun hat er auch noch Worte für Ijjob:

16 Und so hat er dich aus dem Maul der Bedrängnis herausgereizt,
Weite, wo es nie eng wird,
geruhte, deinen Tisch voll von Fett zu machen.
17 Bist du aber voll des Urteils des Verbrechers,
greift dich das Recht und das Urteil an.
18 Wütender Zorn – es sei denn, dieses Reizen sei dir genug –,
möge dann die große Bedeckung sich nie über dich breiten!
19 Ordnest du deinen Hilferuf nicht in Bedrängnis
und alle deine Kraftanstrengungen?
20 Schnappe nicht nach der Nacht,
Völker von ihrer Stelle wegzuheben,
21 hüte dich davor, daß du dich der Trübsal zuwendest,
daß du sie wählst lieber als die Erniedrigung.

Was hat Elihu mit diesen Versen, die schwer zu übersetzen und in ihrer Bedeutung nicht immer deutlich sind, mehr zu bieten als Konvention und etwas Pädagogik? Gott hat, nach eigener Aussage, sich „reizen" lassen, Ijjob umsonst zu verschlingen; jetzt soll er Ijjob bloß aus der Bedrängnis „hinausgereizt" (das gleiche Verb *suth* hier wie in 2,3!) haben, in die ihn hineinzuführen er sich selber vom Hinderer hat „reizen" lassen. Und Ijjob soll sich fügen, dieses göttliche „Reizen" genug sein lassen (die Übersetzung ist aber umstritten und unsicher!), sonst würde ihm die „große Bedekkung" *(rab-kopher)*, die Vergebung des Bedeckungstages *jom-kippur*, nie zuteil werden. Er ruft „in der Bedrängnis mit all seiner Kraft"; nun soll er sich nicht dazu verleiten lassen, sich wieder der Trübsal zuzuwenden; nein, die Erniedrigung, die ja das pädagogische Mittel Gottes ist, soll ihm lieber sein. Der Vers 20a entzieht sich meiner Auslegungskunst; 20b bezieht sich auf 12,23: Ijjob soll nicht denken, er sei mächtig wie Gott.

Das plötzliche zweimalige Auftreten des Verbes *suth*, reizen, scheint mir einen Hinweis zu geben auf die Absicht des Endredaktors. Er scheint uns darauf aufmerksam machen zu wollen, daß wir etwas wissen, was Elihu nicht einmal ahnen will: diese Erniedrigung, *'ani*, stammt zwar von Gott, denn dieser Gott hat sich dazu „reizen" lassen, Ijjob zu erniedrigen, aber sie ist *chinnam*, grundlos, sinnlos. Es gibt keine Erklärung als diese eine: dies hätte nicht sein sollen. Wenn irgendwo, dann wird hier die Spannung zwischen Prolog und „Theologie", sowohl der „alten" als auch „jungen", deutlich. Hier wird gesagt, Gott habe einen guten, „pädagogischen" Grund, zu reizen und sich reizen zu lassen. Gott aber selber hatte gesagt, er habe das „grundlos" getan. Der Gottgelehrte ist klüger als Gott. Es gibt ein Denkverbot in dieser Theologie, ein absolutes Tabu: nämlich den real waltenden Gott als einen zu denken, der „grundlos" quälen könnte. Solange dieses Denkverbot bestehen bleibt, kommt auch Elihu keinen Schritt weiter.

4.7.6. Gottheit unfindbar

36,22 Da, die Gottheit, überragend an Kraft,
wer gibt Thora wie Er?
23 Wer verordnet ihm seinen Weg?
Wer sagt: „Deine Werke sind nicht richtig?"
24 Bedenke, daß du sein Werk hervorhobst
wie es die Menschen besingen.
25 Die ganze Menschheit schaut ihm zu,
der Mensch erblickt ihn von ferne:
26 Da, herausgehoben die Gottheit, uns unerkenntlich.
Die Zahl seiner Jahre: unerforschbar:
...

Die Thora des Gottes Elihus ist dessen Pandämonismus. Es ist die herzlose Macht der Natur, die hier aufgeführt wird, 36,27 – 37,14. Damit leitet Elihu über zu den Reden dieses Gottes selber. Ijjob hatte gesagt:

12,23 Er hebt Volksmächte heraus und läßt sie wieder verschwinden.
Er bringt sie nach vorne und führt sie wieder hinweg.
...
13,1 Da, dies alles hat mein Auge gesehen,
mein Ohr hat es gehört, es bemerkt,
2 Was ihr wißt, daß weiß ich auch,
ich falle hinter euch nicht zurück.
3 Aber ich will vielleicht zum Gewaltigen reden!
Mich auseinandersetzen mit der Gottheit, das möchte ich.
4 Ihr seid vielleicht Lügner!
Scheißärzte ihr alle!

Damit ist Elihu eigentlich schon erledigt. Er zitiert 12,23, läßt 13,1ff. unter den Tisch fallen: nicht die Naturmächtigkeit Gottes steht zur Debatte, sonder seine absurde Grausamkeit! Aber Elihu macht unverdrossen weiter;

37,14 lausche diesem, Ijjob,
stelle dich, vermerke die Wundertaten der Gottheit.

Immer wieder die Zwielichtigkeit. Die Wunder, die Israel gekannt hat, die *niphl'oth*, sind die Wunderwerke der Befreiung, Ex 3,20, 34,10, Jos 3,5, Jer 21,2, Mich 7,15, Neh 9,17, Ps 78,4.11.32, 98,1, um nur einige Stellen zu nennen. Mit Ausnahme von Dan 8,24 und 11,36 bezieht sich das Wort immer auf die Befreiungstaten des Gottes Israels, auch wenn ein einziges Mal seine Naturmächtigkeit bemüht wird, Ps 107,24. Bei Daniel handelt es sich um die „Wunder" des verbrecherischen Königs Anthiochos IV: dort sind es „niphl'oth-Karikaturen"! Das hatte Ijjob durchschaut. Er redet von den Wundern Gottes (9,10), aber dann stellt er fest, daß diese ihm nicht zur Befreiung dienen. Ganz im Gegenteil: dieser Wundertäter hat „das Land in die Hand der Verbrecher gegeben" (9,24). Die neue Nutzlosigkeit der Wunder Gottes verkehrt sich für die Menschen von Befreiung in Bedrohung, denn sie macht aus Gott einen Superanthiochos. Elihu nun hat damit offenbar keine Probleme; er schildert ihn noch einmal als himmlischen Handwerker, der die *raqi`a*, das Himmelsgewölbe, zimmert (aber nicht, um die Menschenwelt gegen die Transzendenz abzuschirmen, wie in Gen 1!), und dann:

37,19 Laß uns erkennen, was wir ihm sagen sollen,
wir ermessen es nicht vor Finsternis!

20 Muß es ihm erzählt werden, wenn ich rede,
wenn ein Mann spricht, ihm berichtet werden?
21 Jetzt eben konnte man kein Licht sehen:
schon wieder Glanz in der Luft!
Der Wind treibt weg und reinigt sie,
22 vom Norden schreitet Gold hervor,
von Gotteswegen Glanz, furchtbar!
23 Der Gewaltige, unfindbar für uns, hervorragend an Kraft,
Sein Recht und große Wahrheit, die keine Antwort gibt.
24 Deswegen fürchten ihn die Menschen,
nicht sehen ihn alle, die herzensweise sind.

Damit ist auch die Rede Elihus zu Ende. Die letzten Verse sind so niederschmetternd für das thoratreue Israel, daß Ijjob auch nichts mehr sagen kann. Es hieß einmal, Ps 33:

4 Gerade sind die Wege des EWIGEN,
All seine Taten sind in Treuen,
5 der Liebhaber von Wahrheit und Recht,
von seiner Huld ist die Erde voll!

Hier sind die vier Hauptattribute Gottes, die die Schrift kennt: *zedaqa*, Wahrheit, Bewährung; *mischpat*, Recht; *`emeth*, Treue; *chesed*, Huld. Auch hier wird die „Naturmächtigkeit" dieses Gottes besungen, aber jetzt als Schöpfer:

6 Durch die Rede des EWIGEN wurden die Himmel gemacht,
durch den Geistbraus seines Mundes all ihr Heer.
7 Er sammelt und staut die Wasser des Meeres,
gibt in die Speicher die Urwirbel.
8 Vor ihm fürchtet sich die ganze Erde.
Vor ihm schaudern alle, die auf dem Erdrund weilen.
9 Denn er sprach; es ward,
er gebot; es entstand.
10 Der EWIGE bricht auf den Rat der Weltmächte,
er erstickt die Pläne der Völker.
11 Der Rat des EWIGEN hat Bestand in Weltzeit,
die Pläne seines Herzens, Geschlecht für Geschlecht.
12 Glücklich die Volksmacht, der der EWIGE Gott ist,
das Volk, das er sich wählt als Erbbesitz.
13 Vom Himmel her betrachtet der EWIGE,
sieht er alle Kinder der Menschheit,
14 von der Feste seines Sitzes nimmt er wahr,
alle Bewohner der Erde,

15 der ihr Herz bildete zumal,
der all ihre Pläne vermerkt.
...
18 Da, das Auge des EWIGEN auf die, die ihn fürchten,
die seiner Huld harren,
19 der ihre Seele vom Tode rettet,
sie am Leben zu halten in der Hungersnot ...

Das ist eine andere Welt. Noch deutlicher wird das z.B. im Lied: „Begnadet, EWIGER, hast Du Dein Land", Ps 85, dort heißt es u.a.:

9 Ich will hören, was die Gottheit redet, der EWIGE;
denn er redet Frieden,
10 seinem Volk, denen, die ihm hold sind,
denen, die sich von Torheit abkehren.
11 Seine Befreiung ist ihnen nahe, die ihn fürchten,
damit seine Ehre wohnen kann im Lande.
12 Huld und Treue treffen sich,
Frieden und Wahrheit küssen sich.
13 Treue sprießt aus der Erde,
Wahrheit schaut aus dem Himmel hervor.
14 Ja, der EWIGE gibt das Gute,
unser Land gibt seinen Ertrag.
15 Wahrheit geht vor ihm einher,
setzt dem Weg seine Spuren.

Es ist wichtig, diese Kontraste zu hören, um ermessen zu können, was Elihu hier tut. Psalm 85 stammt aus der Zeit Nechemjas. Psalm 33 könnte etwas älter sein. Beide aber zeigen einen „Gott", dem es um Recht und Wahrheit geht, der eben diese nicht verbirgt, sondern, wie bei den großen Propheten, vor allem Jechezq'el, wiederholt zu hören, sie zu tun fordert. Das setzt voraus, daß Menschen wissen können, was es mit Gottes Wahrheit und Gottes Recht auf sich hat.

Aber diese Zeiten sind vorbei, die Zeiten nach der „Wiederkehr Jakobs". Es herrschen andere Zeiten, und es waltet eine andere Gottheit. *Mischpat wzedaqah*, Recht und Wahrheit Gottes, sind keine Antwort mehr auf das, was Menschen brauchen. Damit ist Gott, damit ist das, was herrschend ist, endgültig aus der Sphäre des Rechtes und der Wahrheit entlassen, denn Wahrheit und Recht sind den Menschen entrückt. Und so wandelt sich die Gottesfurcht. In den alten Liedern bedeutet das Verb *jara`* „Respekt haben"; bei Ijjob bedeutete es in 1,1.8 und 2,3 ebenfalls „Respekt haben", aber im Laufe des Buches wandelt sich das in „Angst haben", und das bedeutet es in der christlichen Religion bis zum heutigen Tag. Die Menschen fürchten Gott, der sich in einen erbarmungslosen Diktator verwandelt hat. Kein Wunder, daß die Weisheit sinnlos wird. Wenn die Zeiten sich wandeln, die Verhältnisse durch Unrecht, durch Tyrannei, durch Lüge, durch Verrat gekennzeichnet sind, wandelt sich Gott. Für Ijjob ist das so. für Elihu war Gott nie anders ...!

Elihu hat immerhin letzte Klarheit in die Situation Ijjobs/Israels gebracht. Es gibt keine Hoffnung, nur ein Lottospiel; der himmlische Tyrann kann – aber muß nicht! – den Armen und Gebeugten Recht und Wahrheit tun. Es waltet das Schicksal.

Es fragt sich, warum die Redaktion dieses Buches das Stück aufgenommen hat. Wirklich neue Argumente hat Elihu, der sich ja als Verfremdung Elijahus, des Künders aus Tischbe, erwiesen hat, nicht. Im Gegenteil, er sagt zu den alten Männern: es ist egal, ob Ijjob Sünder ist oder nicht. Hauptsache, er erkennt an, daß dieser Gott so unendlich über uns erhaben ist, daß er machen kann, was er will. Dies, nur dies, soll Ijjob anerkennen und diese Anerkennung, nur sie!, wird sie befreien. Das scheint gut Barthianisch zu sein, aber man täte Barth unrecht, würde man ihm diese boshafte Verfremdung des Gottes Israels unterstellen, trotz aller Probleme, die man sonst mit der Barthschen Transzendenz haben kann. Nein, die Redaktion will uns vorführen, daß man bereits so weit gegangen ist, zu unterstellen, daß man den Gott des Schilfmeers und des Sinai, den Schöpfer des Himmels und der Erde nicht mehr ernst nimmt, sein Wort, seinen Bund für erledigt erklärt und **genau das für die wahre Frömmigkeit ausgibt!** Mit dem verglichen waren die Irrtümer der alten Männer noch zu verzeihen: sie zumindest glaubten noch, Gott würde auch in Ijjob das Böse ahnden. Elihu ist das alles aber egal. Und er findet, wie es scheint, nunmehr seine Bestätigung in den Reden eben dieses Schicksals, das sich mit dem unaussprechlichen NAMEN schmückt.

4.8. Gott

4.8.1. Der Orkan

> 38,1 Und der EWIGE antwortet Ijjob aus dem Orkan heraus,
> er sprach:

Sturm als Warnzeichen göttlichen Zorns wider Israel oder wider seine Feinde ist eine traditionsreiche Vorstellung in der Schrift. Die Destruktivität eines plötzlichen Einbruchs von Unwetter, die Ohnmacht ihm gegenüber haben die Menschen damals mit „übermenschlichen" Wesen in Verbindung gebracht. 1Kö 19,11 hat dies schon korrigiert; der Zorn Gottes besteht nicht in Sturm, Erdbeben oder Feuersbrunst; diese sind nur Vorspiel. Der eigentliche Zorn ist in der „Stimme zermalmenden Schweigens"; wenn es keine *dabar* mehr gibt, wenn der EWIGE nicht mehr redet, und das heißt: nicht mehr befreit: das ist „zermalmend", nicht der Klamauk der Theophanie. Hier „redet" Gott „aus dem Sturm". Das ist schon mal eine Umkehrung dessen, was wir erwarten: der Sturm geht vom EWIGEN aus und nicht umgekehrt: „Orkan des EWIGEN, Zornglut, fährt aus, hinrollender Orkan ..." Jer 23,19; 30,23. Der Sturm aus dem Norden geht von ihm aus, der Orkan, mit dem ER die Stadt erobert und zerstört, Ez 1,4, und er ist der Sturm, der Elijahu aufnimmt, 2Kö 2,11. Hören wir eine Stelle wie Nachum 1,2f.:

> Gottheit eifersüchtig, rächend der EWIGE,
> rächend der EWIGE, Herr der Zornglut,
> rächend der EWIGE sich an den Drängern,
> hegend Groll wider seine Feinde,
> der EWIGE, langmütig ja, aber groß an Kraft,
> der nichts ungeahndet läßt, ungeahndet,
> der EWIGE Sturm und Orkan sein Weg,
> Wetterwolke Staub seiner Füße ...

Diese Worte leiten die wütende Vision Nachums gegen Ninive ein, die Hauptstadt des Feindes aller Völker in der Region. Die *s'arah* ist eigentlich der Wirbelsturm, der Tornado, der bei einem plötzlichen Wetterumschwung alles auf seinem Weg vernichtet. Hier richtet sich dieser Tornado gegen Ninive, bei Jirmejahu und Jechezq'el gegen die Stadt Jerusalem selber. Er ist das Zeichen der erbitterten Feindschaft Gottes gegen seine Feinde, gegen das Volk, das ihn verriet. Das ist der Ausgangspunkt der sog. Gottesreden im Buch Ijjob; hier spricht ein erbarmungloser Feind Ijjobs. Es bleibt kein anderer Schluß, wenn wir die Rolle ernst nehmen, die dieses Wort in der Schrift spielt, denn auch der Sturm, durch den Elijahu weggenommen wird, ist für seinen Schüler Elischa zunächst nur das, was seine absolute Gottverlassenheit bestätigt. Erst wenn sich erweist, daß die *ruach*, die Begeistung Elihahu, ihm verliehen wird, wendet sich das Geschick Israels. Und Ijjob hat es auch selber gesagt; er nennt die Gottheit den, „der im Sturm nach mir schnappt" (9,17). Ijjob weiß, was auf ihn zukommt.

4.8.2. Das Verhör

2 Wer ist das, der Rat verfinstert,
mit Worten ohne Erkenntnis?
3 Gürte nun wie ein Mann deine Hüften,
ich werde dich befragen, du läßt es mich erkennen.

Der EWIGE macht weiter, wo Elihu aufgehört hatte. Wie für diesen (34,35; 35,16; 36;12) ist Ijjob einer, der „ohne Erkenntnis redet". Es findet Krieg statt, Ijjob muß sich rüsten; er wird verhört, es folgen Fragen, die er nur negativ beantworten kann. Die Kommentatoren sehen hier göttliche Ironie. Wir wollen uns aber daran erinnern, in welcher Lage sich Ijjob befindet: er ist grundlos vernichtet worden, von eben dem Gott, der ihn jetzt verhört. Von eben genau demselben Gott, der hier ja auf einmal wieder denselben NAMEN trägt, wie im Prolog. Das ist das Unerträgliche. Es ist nicht eine blinde Gottheit, irgendein *'eloah*, sondern es ist der NAME, der Befreier Israels! Ijjob wird befragt, obwohl er gefragt hatte. Und er wird befragt nach belanglosem Zeug, belanglos, weil die Mächtigkeit Gottes nie, seine Gerechtigkeit aber immer in Abrede stand:

Gott antwortet nicht auf Ijjobs Frage, sondern stellt Gegenfragen

4 Wo warst du denn, als ich die Erde gründete?
Vermelde es, wenn du es in deiner Klugheit weißt?
5 Wer setzte ihr Maß, wenn du es weißt,
wer breitete über sie die Meßschnur aus?
6 Auf was wurden ihre Pfeiler gesenkt,
oder wer warf ihr den Eckstein hin?
7 Es jauchzten zusammen die Gestirne des Morgens,
es jubelten alle Söhne des Gottes.
8 Er umzäunte mit Doppeltürmen das Meer,
als es sprudelnd dem Schoß entfuhr,
9 als ich Wolken setzte als ihr Gewand,
Gewitterluft als ihre Hülle.
10 Ich unterbrach es mit meinem Gesetz,
als ich ihm Tür und Riegel vorschob.
11 Und sprach: bis hier kommst du, weiter nicht,
hier setze sich ab der Übermut deiner Wellen!

Das sind die „Schöpfungs"werke des dritten Tages. Nur kommt das Wort für Schöpfung nicht ein einziges Mal in diesem Buch vor. Es ist also fraglich, ob hier der Schöpfer redet, ob hier Schöpfung vorgeführt wird. Mir scheint, hier findet vielmehr statt, was wir Natur nennen würden. Es folgen nun die Werke des vierten Tage:

12 Hast je in deinen Tagen du entboten den Morgen,
der Morgenröte ihren Ort zuerkannt,
13 daß sie erfasse die Flügel der Erde,
schüttele die Verbrecher von ihr ab?
14 Sie wandelt sich wie Siegellehm,
stellt sich ihr an wie ein Gewand.
15 Den Verbrechern wird das Licht verweigert,
der erhobene Arm wird zerbrochen.

Die Morgenröte färbt die Erde langsam, sich wandelnd, sich verfärbend und damit werden die, die als ihr Element die Finsternis haben, verjagt, wie Ijjob schon selber gesagt hatte. (24,16f.) Entboten hat er in seinen Tagen nicht den Morgen, er hat mit den Wundern des werdenden Tages nichts zu tun gehabt. Aber er hat in „all seinen Tagen“ –jeden Morgen– Gott geopfert für seine Söhne, falls sie sündigten, 1,5. Es ist bezeichnend, daß Gott, der sich im Aufzählen seiner Kunststücke auf die Werke des dritten, vierten und fünften Schöpfungstages beschränkt, den Menschen erwähnt, das Geschöpf des sechsten Tages, aber so, wie er nicht sein soll: als Verbrecher!

16 Bist du an die Brunnen des Meers gekommen,
bist du gegangen, den Urwirbel zu durchsuchen?
17 Haben sich dir die Pforten des Todes offenbart,
hast du die Pforten des Todesschattens gesehen?

Diese letzte Frage könnte er mit „ja“ beantworten (10,21f.; 16,16), aber nicht so, wie die Frage es meint: die Pforte des Todesschattens ist der Dreckhaufen, auf dem Ijjob leben muß, nicht irgendein abgrundtiefer Hades.

18 Hast du dir die Weite der Erde gemerkt,
vermelde es, wenn du alles weißt!
19 Wo ist doch der Weg, wo das Licht wohnt,
Finsternis, wo ist ihr Ort,
20 daß du sie nimmst auf ihrem Kamp,
sie bemerkst auf ihren Pfaden?
21 Du weißt es, denn damals wurdest du geboren,
groß ist die Zahl deiner Tage!

Und so weiter. Gefragt wird, ob er je dort war, wo das Wetter gemacht wird, wo Wind, Hagel, Schnee, Eis, Regen und Wolken herkommen (38,22 – 38); gefragt wird, ob er die Geheimnisse der Tiere kennt, der Löwen, Raben, Felsenböcke, Wildesel, der Wisente, Straußvögel, Pferde, der Falken (38,39 – 39,30), Werke des fünften Tages. Natürlich ist das großartige Naturdichtung, die Leserinnen und Leser mögen sich davon überzeugen. Nur:

was wird hier eigentlich gesagt? Daß die ganze Natur ohne die Menschen auskommt? So etwas steht als Mahnung an einem Berliner S–Bahnhof: „Die Natur kommt ohne den Menschen aus, der Mensch nicht ohne die Natur." Billige Wahrheit. Eines Tages wird sich die Sonne aufblähen und alles verbrennen; dann könnte man schreiben: „Die Natur kommt ohne das Leben aus, das Leben nicht ohne die Natur." Von der Güteklasse sind auch diese Ausführungen des EWIGEN. Nur leider hat er am fünften Schöpfungstag, wo er die grünen Kräuter und die Tierwelt schuf, nicht aufgehört. Er machte am sechsten Tag weiter und schuf Menschheit „mit seinem Bild, nach seinem Gleichnis". Und das Bild dieser Menschheit, repräsentiert durch den Elenden auf dem Schutthaufen, ist bis zur Unkenntlichkeit verunstaltet. Das ist der Punkt, den der Naturmacher – wohlweislich? – ausläßt.

Der meint freilich am Ziel zu sein:

40,1 Und der EWIGE antwortete dem Ijjob, er sprach:
2 Der den Rechtsstreit sucht mit dem Gewaltigen,
will der ihn maßregeln?
Der Gott verweist, möge darauf antworten!

Was heißt dies denn, daß der EWIGE sehr gut weiß, daß es um einen Rechtsstreit geht (*rib*, *harob*) und nicht darum, den Gewaltigen in seiner Naturmächtigkeit zu disziplinieren. Der Verweis Ijjobs besteht darin, daß er grundlos vernichtet wurde. Gott zieht sich aus der Affäre mit dem zerschmetternden Trommelfeuer seiner Werke dreier Schöpfungstage. Er sagt hier: Ich habe es nicht nötig, mich dem Gericht zu stellen. Dieser Gott mit seiner unvollendeten Schöpfungssymphonie ist kein Schöpfer; hier ist ein bißchen Genesis ohne die Spur von Exodus, wo uns doch der Prophet gelehrt hat, daß das eine nicht ohne das andere ist (Jes 40 – 48).

Ijjob ist dann auch nicht sehr beeindruckt.

3 Und Ijjob antwortete dem EWIGEN, er sprach:
4 Da, ich bin nur verächtlich, was soll ich Dir erwidern.
Meine Hand lege ich auf meinen Mund.
5 Einerlei habe ich geredet, ich antworte nicht mehr;
Zweierlei, ich habe nichts hinzuzufügen.

Qalothi, ich bin nur verächtlich. Die Wortgruppe, die von der Wurzel *qalal* abgeleitet wird, hat eine große Bandbreite von Bedeutungen. Die Wurzel bedeutet „leicht, schnell sein". Daraus entwickelt sich die soziologische Bedeutung: „gering im gesellschaftlichen Ansehen sein". Kausativ wird daraus: „Durch Wortgewalt machen, daß einer gering wird, verfluchen.“ Ijjob sagt von sich selber, er sei gering; und er sei deswegen gering, weil seine Tage verflucht sind, 3,1; seine Tage „schnellen hin mehr als ein Weberschiffchen/gleiten hin ohne Hoffnung“ (7,6; vgl. 9,25). Das bezieht sich dann aber gerade durch die Verwendung der Wurzel *qalal* auf 3,1: nicht die Vergänglichkeit an sich wird bedauert, sondern die Vergänglichkeit, wenn er eine solche **verfluchte** Existenz führen muß. Seine Geringheit ist also keine Aussage über seine „menschliche Natur“ verglichen mit der „göttlichen Natur“; hier wird keine Metaphysik getrieben. Ijjob ist verflucht, er weiß es, er will wissen warum und er hat keine Antwort erhalten. Was soll er auf dieses Pandämonium von bizarren und weniger bizarren Lebewesen und Naturphänomenen erwidern?

Was Vers 5 betrifft, gibt Josy Eisenberg einen sehr wichtigen Hinweis. In seinem Gespräch mit Eli Wiesel erwähnt er eine nicht näher bezeichnete Talmudstelle, in der dieser Vers in Verbindung gebracht wird mit 9,22:

> Es ist einerlei; deswegen sage ich:
> den Vollkommenen und den Verbrecher bringt er um,

oder 23,13:

> Ihm ist es einerlei, wer kehrt ihn um?
> seine Seele begehrt es, er macht`s!

und mit 13,20f.:

> Nur zweierlei tue mir nicht an,
> dann will ich mich vor Deinem Antlitz nicht verbergen:
> Deine Hand entferne von mir hinweg,
> Dein Terror erschrecke mich nicht.

Eisenberg schließt daraus, Ijjob scheine zu sagen: „Ich habe gesagt: ‚es gibt keine Gerechtigkeit und Du vernichtest uns‘. Ich ziehe zurück, was ich gesagt habe. Ich glaube an Deine Gerechtigkeit, und ich sehe wohl, da Du nun mit mir sprichst, daß der Mensch nicht vernichtet wird durch die göttliche Transzendenz.“ Wiesel ist nachdenklicher: „Ist das [Vs. 5] nicht eine Manier, auf seinen Positionen zu beharren, indem er feststellt, daß jede Diskussion nutzlos, ja, unmöglich ist?“ (Eisenberg/Wiesel 1986, S. 379f.)

Der Prophet Jirmejahu hatte ähnliche Fragen:

> 12,1 Zu bewährt bist Du, Ewiger,
> daß ich mit Dir streiten sollte;
> aber über Gerechtigkeit muß ich mit Dir reden:

warum gelingen die Wege der Verbrecher,
sind vergnüglich, die trügerisch betrügen?

Es gibt die unendliche Distanz zwischen Gott und Mensch, sicher. Aber das ist eine genauso belanglose Wahrheit wie die, daß das Weltall unendlich und wir endlich sind. Da dieser Gott sich an das Recht gebunden hat, bleibt uns nichts anderes übrig, als ihn bei seinem Wort zu nehmen, notfalls in einem Rechtsstreit. Ich vermute daher, daß Wiesel den Punkt berührt, um den es sich handelt: 38 – 39 sind keine Antwort auf die Frage, die Ijob in 3 – 31 gestellt hat. Es ist die klerikale Antwort aller Zeiten: „Er ist groß, du bist klein, du mußt zufrieden sein, also ...". Wenn wir *qalithi* nicht ontologisch, sondern soziologisch übersetzen, wozu der direkte Kontext doch wohl zwingt, dann läuft dieses „also ..." ins Leere. Ijob ist nicht ontologisch klein, sondern sozial ausgestoßen. Warum?

Der EWIGE ist nicht am Ziel. Also geht das Verhör weiter, freilich jetzt mit einer neuen „Musik":

4.8.3. Die Verhöhnung Israels

40,6 Und der EWIGE antwortete dem Ijob aus dem Sturm, er sprach:
7 Gürte nun wie ein Mann deine Hüften,
ich werde dich befragen, du läßt es mich erkennen.
8 Willst du etwa mein Recht brechen,
mich zum Verbrecher machen, damit Du bewahrheitet wirst?

Er ist also klüger als die meisten Kommentatoren. Er weiß, daß Ijobs Antwort keine Unterwerfung ist. Er wird zornig, er sagt ihm: „Willst Du den Spieß etwa umdrehen?" Spürt er, daß er im Unrecht ist? Jetzt also dreht der EWIGE den Spieß um:

9 Wenn Dein Arm dir dann wie eine Gottheit ist,
mit einer Stimme wie sie donnern kann.
10 Schmücke Dich mit Hoheit und Erhabenheit,
mit Hehre und Glanze bekleide dich,
11 streue aus das Überschäumen deines Zornes,
siehe auf das Stolze, demütige es,
zerstampfe die Verbrecher an ihrem Platz,
13 verscharre sie im Staub zusammen,
ihre Visagen verstecke, verscharrt.
14 Auch ich werde dich rühmen,
daß deine Rechte dich befreit hat.

Im Klartext, für die Schöpfung(skarikatur) ist er, der EWIGE, zuständig, für Exodus Ijjob. Der Gott Israels scheint hier Ijjob zum „mündigen Menschen" machen zu wollen. Aber es kann ohne die Schöpfung von Gen 1,1 – 2,4 keinen Exodus geben! Die Verse 10 – 14 sind ein Psalm; so hat Israel gebetet, in seiner Wut, in seinem ohnmächtigen Zorn, aber auch in seiner Dankbarkeit, etwa Psalm 118:

> 15 Stimme des Jubels, der Befreiung
> in den Zelten der Bewährten:
> die Rechte des EWIGEN bewirkt Kraft,
> 16 die Rechte des EWIGEN ist erhoben,
> die Rechte des EWIGEN bewirkt Kraft.

Oder, in ganz anderer Tonlage, Psalm 74:

> 10 Bis wielange, Gott, darf der Bedränger höhnen,
> der Feind Deinen Namen schmähen in die Dauer?
> 11 Warum ziehst Du zurück Deine Hand, Deine Rechte?
> Heraus aus dem Busen, beende es!

Der EWIGE leiert Ijjob die Psalmen Israels vor, fordert ihn auf, sich die Attribute anzueignen, die der Lobpreis Israels ihm zuschreibt: Hehre, Glanz, Hoheit, Erhabenheit. Er macht ihn zuständig für seine eigene Befreiung, wo doch Israel weiß, daß nur SEINE Hand Befreiung wirkt, Ex 15,12: „Du breitetest aus Deine Rechte, da verschlang sie [Pharaos Heer] die Erde." Es ist schwierig, hier nicht die Akte „EWIGER" zu schließen, wenn man ihn so zu diesem verrottenden Menschen in seinem Dreck reden hört. Wer sich hier nicht empört, hat einen blinden Fleck, legt sich ein Denkverbot auf, ihm durch Jahrtausende klerikaler Tradition eingeimpft. Hier aber erreicht die Verkehrung Gottes seinen Gipfel: unter dem Etikett JHWH treibt ein Monstrum sein Unwesen.

Aber es kommt noch mehr.

> 40,15 Da nun, Behemoth, das ich machte bei dir,
> Gras wie das Rind frißt er,
> 16 Da nun, seine Kraft in seinen Lenden,
> strotzend die Potenz an seinem Bauch,
> 17 steif macht er seinen Schwanz wie eine Zeder,
> die Sehnen seiner Schenkel wie Seilgeflecht.
> 18 Seine Knochen sind wie Rohre aus Bronze,
> sein Gebein wie Stangen aus Eisen.
> 19 Er ist der Erstling auf den Wegen der Gottheit,
> sein Macher reicht ihm das Schwert zu.

20 Den Ertrag des Gebirges tragen sie ihm an,
– alles Getier des Feldes spielt dort –
21 Unter dem Lotusgebüsch legt er sich hin,
im Versteck von Schilf und Sumpf.
22 Lotusgebüsch deckt ihn zu mit seinem Schatten,
Weiden des Bachtals umstehen ihn.
23 Drängt auch der Strom, er läßt sich nicht vertreiben,
er ist sicher, wenn auch der Jordan ihm ans Maul steigt.
24 Mit seinen Augen wird er genommen[20]
mit Stricken wird seine Nase durchbohrt.
25 Schleppst du den Lewjathan mit der Angel,
hältst mit einem Seil ihm die Zunge nieder?
26 Legst du ihm eine Schnur um die Nase,
durchbohrst mit einem Haken ihm die Backe?
27 Wird er dich vermehrt um Gnade angehen,
wenn er etwa mit dir zärtlich redete?
28 Schließt wohl gar einen Bund mit dir,
und du nimmst ihn zum Sklaven in Weltzeit?
29 Wirst wohl mit ihm wie einem Vögelein spielen,
ihn an die Leine nehmen für deine Mädchen?
30 Wollen die Genossen um ihn feilschen,
ihn unter den Kanaanitern verteilen?
31 Machst du seine Haut mit Stacheln voll,
seinen Kopf mit Harpunen?
32 Lege doch Hand an ihn,
des Krieges gedenken wirst du nie mehr.
41,1 Seine Erwartung erwiese sich als trügerisch,
ja, würde er nicht, wenn er ihn nur sieht, niedergestreckt?
2 Nicht so brutal wäre er, daß er ihn aufweckt:
"wer denn, er trete vor mich!
3 Wer stellt sich mir, daß ich es ihm vergelte!
Unter dem ganzen Himmel, mein ist er!
4 Nicht würde ich schweigend übergehen sein Geschwätz,
das Gerede um seinen Heldenmut, um seine schöne Rüstung!"

Es folgt die Beschreibung dieses Tieres, das dem Drachen anderer Sagen ähnlich ist. Mit einem Krokodil hat es kaum Ähnlichkeit, mehr mit einem hochmütigen Krieger: „Erhoben die Rinnen seines Schildes.“ (Vs. 7.)

---

20. Ungeklärt. Die vorgeschlagenen Retouches sind auch nicht besser. Buber: „Das hole, ihm in die Augen, sich einer.“

10 Sein Niesen strahlt Licht aus,
seine Augen wie die Wimpern der Morgenröte,
11 von seinem Maul gehen Fackeln aus,
Feuerfunken schießen hervor;
12 Seinen Nüstern entfährt Rauch,
wie einem qualmenden Pott, strudelnd.
13 Sein Atem entzündet Kohle,
Flamme fährt aus seinem Maul.

Bei herkömmlichen Krokodilen wurde dies bislang nicht beobachtet!

14 Auf seinem Nacken nächtigt die Macht
vor ihm springt Verzagtheit auf.
15 Das weiche Fleisch klebt ihm an,
wie angenagelt und wankt nicht.
16 Angenagelt ihm das Herz, wie ein Stein,
angenagelt wie der untere Mühlstein.
17 Vor seinem Gehabe erschrecken Götter,
vor seiner Verschlagenheit versündigen sie sich.

Es wird gezeigt, wie aussichtslos der Kampf gegen ihn ist, wie er den Schlamm aufwühlt, wie er das Meer aufkocht, eine Leuchtspur hinterläßt. Kurz:

25 Keiner auf dem Staub wie seine Sorte,
die es machen können ohne Angst.
26 Auf alles Erhabene sieht er herab,
er, ja er ist der König über alle Söhne des Stolzes.

Ein gewöhnliches Krokodil ist dies genausowenig, wie Behemoth ein gewöhnliches Nilpferd ist. Wir kennen die beiden aus dem Buch Henoch, 60,7f.

> An jenem Tag [des Endgerichts] werden zwei Ungeheuer verteiit:
> ein weibliches namens Leviathan,
> um in des Meeres Tiefe über den Wasserquellen zu hausen.
> Das männliche aber heißt Behemoth;
> dies nimmt mit seiner Brust eine ungeheure Wüste namens Durdain ein,
> im Osten des Gartens, wo die Auserwählten und Unsterblichen wohnen ...

Wenn das Gericht vollendet ist, werden diese beiden Ungeheuer, „nach Gottes Größe geschaffen", (60,24) verspeist, „damit Gottes Strafgericht nicht umsonst sei". Aquila, ein Jünger des großen Rabbinen Aqiba, hat eine nahezu wortwörtliche Übersetzung der Schrift ins Griechische angefertigt, da die gängige Übersetzung durch ihre Popularität bei den Christen für Juden anrüchig geworden war. In Ez 32,2 übersetzt er das Wort *thannim* mit leuiatan, statt mit *drakoon*, wie üblich. Im Kontext dort geht es um Ägypten. Der Lewjathan ist für ihn eine Umschreibung des hellenistischen Ägypten, so wie Behemoth eine Umschreibung für das andere hellenistischen Großreich war, das die syrisch-babylonischen Gebiete umfaßte.

Es gibt sicherlich noch eine andere Deutungsmöglichkeit: beide Geschöpfe – denn das bleiben sie – sind die Symbole des Urchaos, das durch göttliches Wirken gebändigt ist. Das ist zwar gute kanaanitische und ägyptische Mythologie, aber keine biblische Theologie. Behemoth kommt im Tenakh nur hier vor, der Lewjathan sonst noch Jes 27,1 (wo es eindeutig um eine irdische politische Macht geht), Ps 74,14, wo Gott ihn zerstückelt und zum Fraß hingegeben hat, Ps 104,26, wo er zu einem harmlosen Spielzeug Gottes geworden ist. Nur Ijjob 3,8 rechnet mit ihm noch als etwas, das mit Magie „geweckt" werden könnte. In Kap. 41 – 42 aber ist Lewjathan eine real existierende Macht, die als Reich des Staubes – seines Staubes! –, als Reich der Verkommenheit erscheint.

Versuchen wir also eine politische Lektüre. Dem Behemoth wird der Ertrag *(bul)* der Berge gebracht: Habel (1985, S. 550, 567) übersetzt das Wort mit „Tribute". Vers 24 wird meistens als Zähmung des Behemoth durch Gott gedeutet; aber der Vers ist korrupt, der überlieferte Wortlaut „mit seinen Augen hat er ihn genommen/mit Schlingen wird seine Nase durchbohrt" erlaubt nur nach umfangreichen und spekulativen Textoperationen, wie sie Kittel und die meisten Kommentare vornehmen, diese Deutung. Offenbar ist das Wort „Jordan" in Vers 23b absichtlich eingefügt. Irgendein Überlieferer meinte wohl, die Drohung, die von diesem Monster ausgeht, unmittelbar an Israels Grenzen rücken zu müssen. Es handelt sich dann um ein real existierendes Monstrum, das in einem real existierenden Grenzfluß sein Unwesen treibt.

Noch eindeutiger sind die politischen Hinweise beim Lewjathan. Seine Macht wird beschrieben, und dann wird Ijjob gefragt, ob er mit dieser Macht ein Bündnis schließen kann, durch das sie zu seinem Vasallen, ja Sklaven (*'ebed'*) wird. Der Sarkasmus des nächsten Verses bestätigt das; Ijjob soll als Großkönig seinen besiegten Vasallen Lewjathan als Spielzeug behandeln, ihn seinen Gespielinnen als Hündchen anbieten. Wir kennen die Skulpturen, auf denen assyrische Großkönige abgebildet sind, die ihre Vasallen wie kleine Hunde an der Leine halten. Gefragt wird dann, ob die

Kanaaniter (*kna'anim*) die Leichname des besiegten Monstrums verteilen, nach einem Gefeilsche unter den „Kumpeln" (*chabarim*). Der Ausdruck ist eigentümlich; *chabarim* sind die Gesellen, die sich vereinigt haben, um gemeinsam eine Sache zu betreiben, Ez 37,16.19; Jes 44,11; in späterer Zeit sind es Genossenschaften, die sich zusammentun, um gemeinsam Pessach zu feiern. Es handelt sich also um genossenschaftlich handelnde Einwohner Kanaans, die eine Beute verteilen möchten, und nicht um „Krämer". Man kann natürlich nur spekulieren, aber es spricht einiges dafür, das Ganze als eine Warnung zu sehen, Lewjathan/Ägypten zu unterschätzen, nachdem sich der Nordkönig Anthiochos III angeschickt hatte, seinem ägyptischen Rivalen die syro-phönizische Provinz zu entreißen. Darür spricht die eindeutig aggressive Darstellung des Lewjathan und seiner uneingeschränkten Macht. So hätte zumindest dieser Textteil einen akuten historischen Bezug: der 4. syrische Krieg 221 – 217 v.u.Z., der mit einer vernichtenden Niederlage der nördlichen Heere (Behemoths!) endete.

Einigermaßen ausschlaggebend ist auch, wie man die Verse 40,1-3 deutet. Der Zusammenhang ist folgender: der EWIGE hatte gefragt, 40,31:

> Lege doch Hand an ihn,
> des Krieges gedenken wirst du nie mehr!

und fährt fort:

> 41,1 seine Erwartung erwiese sich als trügerisch,
> ja, würde er nicht, wenn er ihn nur sieht, niederstrecken?
> 2 Nicht so brutal wäre er, daß er ihn aufweckte:

Das Problem ist der Wechsel von der 2. in die 3. Person. Dieser Übergang weist dieses Fragment als redaktionellen Kommentar aus.

Wessen Erwartung erwiese sich als trügerisch? Wer könnte sich in „Brutalität" (*'akzar*) nicht mit ihm messen? Wir haben dieses Wort in 30,21 kennengelernt, als Ijjob von Gott sagte: „Du hast Dich gewandelt in etwas Brutales mir." Dann wird ab Vs. 2b eine Figur eingeführt, die in der Ichform redet:

> Wer ist das? Er trete vor mich!
> 3 Wer stellt sich mir, daß ich es ihm vergelte?
> Unter dem ganzen Himmel: mein ist er.
> 4 Ich werde sein Geschwätz nicht schweigend übergehen
> sein Gerede über Heldenmut, seine schöne Rüstung!

Wer redet hier? Fast alle Kommentare antworten: „der EWIGE". Aber der Passus ist zweideutig. Vers 1-2a schließen direkt an Vs. 40,31 an. Und ab

Vs. 2b könnte genausogut Lewjathan selber reden. Das ergäbe auch einen besseren Anschluß an Vs. 41,5ff., wo es ja um die kriegerische Macht dieses Unwesens geht. Betrachten wir die Sache als einen redaktionellen Kommentar, der den EWIGEN redend einführt, dann haben wir einen sehr frühen Versuch, die unerträgliche Provokation, die von diesem Text ausgeht, zu entschärfen. Es wäre dann, als ob dieser Redaktor sagen würde: „Lasse ich dies so stehen, dann gibt es für Israel keine Hoffnung; der EWIGE ließe so Israel mit den Weltmächten allein, es habe keine Chance mehr. Das kann aber nicht sein. Der EWIGE stellt sich selber diesem Monstrum Ägypten/Damaskus/Rom usw. Nur ER ist brutal genug, sich mit ihm auseinanderzusetzen." In dem Fall unterstreicht der Kommentar die nicht zu überbietende Frechheit der Provokation, die diese Rede für Ijjob, den verelendeten Menschen, das geschundene Israel, bedeutet. Im anderen Fall „toben die Gojim", Ps 2,1, unwidersprochen. In beiden Fällen kann Ijjob nur auf eine Weise reagieren!

4.8.4. Ijjob ist es leid

42,1 Und Ijjob antwortete dem EWIGEN, er sprach:
2 Ich habe erkannt, daß Du alles vermagst,
kein Ziel Dir unerreichbar ist,
3 „Wer war das, der Rat aufhebt ohne Erkenntnis?"
weswegen ich angemeldet, aber nichts begriffen haben soll.
– es wäre zu wunderbar für mich, ich hätte es nicht erkannt –
4 „Höre nun, und ich selber will reden,
ich frage dich und du läßt es mich erkennen":
5 Mit dem Hören meines Ohres höre ich Dich,
jetzt hat mein Auge Dich gesehen.
6 Darum werfe ich es hin und bin es leid,
auf dem Staub und der Asche ...

Die Aussage ist komplex aufgebaut. Er beginnt mit einer Erkenntnis. Und er endet mit einer Aktion: des Verwerfens und des Bedauerns, wie traditionell übersetzt wird. Dazwischen steht der Gegensatz: Ijjob hat nicht erkannt.

Er erkennt, daß Gott alles vermag. Nun ist das nicht so selbstverständlich, wie es scheint. Das Verb *jakal* mit dem Subjekt JHWH kommt recht selten vor, insgesamt siebenmal. Viermal nur negativ, wie überhaupt das Verb meistens mit einer Negation versehen ist, er kann etwas nicht: Gen 19,22; Jes 1,13; Hab 1,13, oder es gibt einen Zweifel daran, ob er etwas kann: Jer 18,6; 2Chron 32,14. Und wenn er etwas kann, dann ist es nicht erfreulich: „Du wolltest mich ergreifen und Du hast es vermocht", sagt Jeremia von sich, 20,7. Im Lobpreis kommt der Ausdruck nicht vor. Wir schließen: Es handelt sich nicht um einen Lobpreis. Das zweite Glied dieses Verses bringt zwei Wörter, die wir aus der Geschichte des Turmbaus zu Babel kennen.

Dort sagt der EWIGE, Gen 11,6:

> „Da, ein Volk mit einer Zunge sind sie alle,
> dies ist nur der Anfang ihrer Machwerke.
> Und nun: nichts wird ihnen mehr *unerreichbar* sein,
> auf das sie *zielen*, es zu tun."

Die beiden Wurzeln aus Gen 11,6: *bazar* (steil sein, unerreichbar sein) und *zamam* (zielen, planen) finden wir auch in Ijjob 42,2. Das erste Glied dieses Verses ist kein Lobpreis; das zweite Glied vergleicht das Tun Gottes mit dem Tun der Menschenkinder in der Ebene von Schin`ar. Ein frommer Beter scheint Ijjob hier nicht zu sein; es würde auch nicht zu ihm passen.

Dann wiederholt er die schroffe Anrede des EWIGEN aus 38,2: „Wer ist das wohl, der Rat verfinstert [mit Worten] ohne Erkenntnis?" und fährt fort: „Weswegen ich angemeldet, aber nie etwas begriffen haben soll, es wäre zu wunderbar für mich, ich hätte es nicht erkannt." Darin erschöpft sich für Ijjob die Substanz der beiden göttlichen Reden. Gott sagt nicht mehr, als alle anderen auch gesagt haben, die ewige klerikale Leier: „Gott ist groß und du bist klein, also hast du Unsinn geredet."

Ijjob hat erkannt; er hat erkannt, daß er in Gottes Augen nie etwas erkannt haben soll und daß die Allmacht dieses Gottes die Allmacht der sinnlosen Willkür jener Menschenkinder von Schin`ar und nicht die Allmacht von Ps 115,3 ist: „Aber unser Gott ist im Himmel/alles, was ihm gefällt, macht er", nämlich Wahrheit, Recht, Treue, Huld. Ijjob hat erkannt. Er hat „mit dem Hören seiner Ohren gehört", genauso wie „Schwund" und „Tod" mit dem Hören ihres Ohres gehört haben (28,22), nur Gott kenne die Weisheit, Menschen sei sie unzugänglich. Was Ijjob hört, ist, daß Gott unnahbar ist. Er hat Gott gesehen – was in der Schrift ja nicht geht, da läßt Gott sich sehen im Ausrufen des NAMENS, Ex 34,6. Man kann ihn „schauen" (das hofft Ijjob trotz allem, 19,26, aber die Schau, die den Propheten zuteil wird, ist immer nur eine Rede, die man hört, z.B. Jes 1,1. Was er zu hören bekommt ist keine biblische Theologie; was er zu sehen bekommt ist ein Gespenst der Allmacht und der Willkür, aber nicht, Ex 34,6, den

EWIGEN, EWIGEN,
Gottheit erbarmend,
Gunst erweisend,
langmütig,
reich an Huld und Treue,

nicht den, der Verfehlung und Abtrünnigkeit nicht auf die leichte Schulter nimmt, sondern bei dem die Barmherzigkeit der Ahndung vorangeht.

Ijjob hat, fast höhnend, die einleitenden Worte des Verhörs wiederholt: „Höre nun, ich selber werde reden/ich werde dich fragen, du läßt es mich erkennen." Was hat er zu hören bekommen, was für Fragen wurden gestellt? Er hat diese unerträglichen Redensarten eines Herstellers seelenloser Schöpfungswerke, der seine unvollendete Symphonie anpreist, zu hören bekommen; seine Augen haben den Gott gesehen, der ihn mit diesen Monstren der zermalmenden Macht allein läßt, ja, der ihn höhnt, indem er ihn auffordert, doch einmal selber Hand anzulegen und sie – ohne ihn! – zu zähmen.

Wenn das Gott ist, wenn Gott so ist, dann hat alles keinen Sinn.

Deswegen werfe ich hin und bin es leid,
auf dem Staub und der Asche ...

Es geht bei der Auslegung dieser allerletzten Worte Ijjobs, um die beiden Verben *ma'as* und *nacham*. *Ma'as* bedeutet zurückweisen, verwerfen. 75mal kommt es vor, und nur in sieben Fällen ist kein direkter Bezug vorhanden zur Ablehnung des abtrünnigen Volkes seitens Gottes oder des EWIGEN, dessen Worte und dessen Weisung seitens des Volkes. *Ma'as* hat also fast immer mit dem Verhältnis zwischen dem EWIGEN und seinem Volk zu tun. In 9,20f. hatte Ijjob gesagt:

20 Wäre ich auch bewährt, mein Mund spräche mich schuldig;
Wäre ich, ja ich, vollkommen, er dreht's mir um.
21 Wäre ich, ja ich, vollkommen, darf ich meine Seele nicht kennen;
hinwerfen kann ich mein Leben!

Das wiederholt Ijjob hier, mehr nicht!

Nacham kommt öfter vor, 127mal. Die Wurzel hat etwas mit „heftig atmen" zu tun, also „starke Emotionen verarbeiten". In der reflexiven Form bedeutet die Wurzel: „etwas bereuen, es leid sein, sich trösten", aber dann auch „sich rächen"; in der aktiv-kausativen Form dann „trösten, machen, daß jemand seine Emotionen verarbeiten kann". Im Buch Ijjob gibt es die Reflexivform nur einmal, eben 42,6, die aktive Form sechsmal: zweimal im

Prolog und Epilog an entsprechender Stelle (2,11 und 42,11), weitere dreimal in den Erwiderungen Ijjobs–zweimal sehr sarkastisch: 16,2 und 21,34, und schließlich noch einmal in seiner Verteidigungsrede, 29,25.

Im Passus 7,13ff. hören wir:

13 Spreche ich: „mein Bett wird mich trösten,
ich will meine Klage erheben von meiner Liege her",
14 erschreckst Du mich mit Träumen,
mit Angstgesichten fällst Du über mich her.
15 Erstickung erwählt sich meine Seele,
Tod lieber als mein Gebein.
16 Ich werfe es hin, nicht in Weltzeit will ich leben,
laß doch von mir ab – ein Dunst sind meine Tage.

Hier haben wir beide Worte *ma'as*, verwerfen, und *nicham*, trösten. Ijjob wird nicht getröstet, und deswegen verwirft er sein Leben. Es gibt keine Hoffnung, denn:

17 Was ist denn schon der Mensch, daß er Dir etwas Großes wäre,
daß Du Dein Herz auf ihn setztest? [vgl. dazu Psalm 8!]

Nun aber ist er getröstet, nachdem er es hingeworfen hat: *'em'as wnichamthi.* Aber dieser Trost ist Bitterkeit, ja, Sarkasmus. Deswegen übersetze ich: „Ich bin es leid." Er hat einen Gott gehört, der ihm nur erzählt, wie toll seine Naturwerke sind, der ihm die Macht der Feinde Israels bis ins letzte Detail schildert. ER hat ihn mit seinen eigenen Augen gesehen, das heißt, er hat gesehen, was in dieser seiner Welt als einzig realer „Gott" funktioniert. Er hat nichts mehr zu erwarten. Es hat keinen Sinn mehr. Auf seine Fragen kommt keine Antwort, nicht aus dem Mund dieses „EWIGEN", also wirft er es hin, ist es leid, schmeißt die Sache, hat es satt.

Nun hatte Elihu gesagt: „Da, Gott ist groß, er wirft nicht hin/großmächtig ist sein Herz", 36,5. Aber er hatte dann sofort hinzugefügt, daß dies erkennbar wird an der Tatsache: „Nicht am Leben bleibt der Verbrecher", 36,6. Und dem hatte Ijjob widersprochen; dem widerspricht die Wirklichkeit: die Verbrecher leben, werden alt, ihre Oliven sind fett usw. Zwischen diesem Hinwerfen Ijjobs und dem Nichthinwerfen des Gottes Elihus und Ijjobs klafft die unüberbrückbare Kluft der Wirklichkeit Ijjobs und Israels auf dem Staub, in der Asche, im Dreck.

Denn seine letzten zwei Worte: -*'aphar wa-'ephar* rücken das ganze Gerede der letzten vier, ja, der letzten zehn Kapitel zurecht. Er ist und er bleibt der grundlos Geschlagene, der grundlos verschlungen wurde, grundlos zu

Dreck geworden ist. Er bleibt getretene, erniedrigte Menschheit. Und diesem Umstand bleiben die Redensarten Gottes unangemessen.

Es fällt uns schwer, diese Schlußfolgerung zu ziehen. Es kann nach unserem „Bild" von Gott nicht sein, daß dieser etwas tut, was unrecht ist, auch nicht, wenn er selber feststellt, „ich habe mich reizen lassen, ihn grundlos zu verschlingen", 2,3. Wir sind so dogmatisch, so immer nur auf Linie, daß uns das nicht in den Kopf will; wir suchen danach, nicht Ijjob, nicht der geschundenen Menschheit Recht widerfahren zu lassen, sondern nach einer Rechtfertigung Gottes und so Ijjob nun doch zu einem „Schuldigen", einem Verbrecher zu machen. Irgendwo hatte er ja nun doch unrecht, geschah ihm irgendwie doch recht, war es nicht grundlos, *chinnam*, mag die heilige Schrift es wiederholt anders sagen. Also übersetzt z.B. die revidierte Lutherfassung von 1964: „Ich spreche mich schuldig und tue Buße in Staub und Asche." Das paßt dann wunderbar zum Vulgärluthertum des Auslegers Weiser, der schreibt: „Denn für Hiob bedeutet das Gericht, das Gott an ihm vollzieht, die Befreiung von jenem unseligen Widerspruch und Selbstanspruch dieser letzten Hemmung, die trennend zwischen ihm und Gott stand. Er erlebt das Gericht als den Akt der göttlichen Gnade: sola gratia!" (Weiser 1974, S.265.) Aber auch Barth kann nicht hinter sein Gottesbild zurück, das, wie mir scheint, von einem existentialistischen und also zutiefst bürgerlichen Freiheitsbegriff geprägt ist. Der Leser des Buches Ijjob stehe „vor der Tatsache, daß Hiob gewissermaßen in einem Sprung ein theologisch aufs gründlichste Belehrter und Bekehrter geworden ist, sich also nicht in alle die Eigenheiten des Kosmos gefügt, nicht nur ihnen gegenüber seine Inkompetenz zugestanden, sondern sich der Freiheit seines Gottes gegenüber beschieden hat". (Barth, KD IV, 3, S. 498f.)".

Aber wenn unsere Deutung zutrifft, ist zu fragen, was hier denn geschieht. Wir werden im letzten Teil dieses Buches darüber systematischer zu sprechen haben. Aber so viel sei hier schon gesagt: hier weigert sich ein Sohn Israels, hinzunehmen, daß der EWIGE „sich in etwas Brutales Israel gegenüber verwandelt" und so die Züge eines hellenistischen Megatyrannen annimmt. Er hat, in Thora und Kündung, den EWIGEN anders kennengelernt, und daran will er festhalten. Nicht bekehren muß er sich, sondern er muß aus seinem Dreck befreit werden. Nicht Gott kann bleiben, der er hier ist, sondern er muß werden, was er von Anfang an war, Schöpfer und Befreier Israels. Wenn schon, dann müsse sich Gott bekehren; sonst ist alles sinnlos. Das paßt nicht in Lutherische oder Barthianische dogmatische Schemata. Aber das ist wohl die einzige Schlußfolgerung einer nicht dogmatischen Exegese. Und zwar einer Exegese, die durch den gleichen Barth in die richtige Richtung verwiesen wurde: es gehe hier um Gott und um nichts sonst.

Am Ende ist zwar eine gewisse Kampfmüdigkeit unüberhörbar, aber wer von uns ist in der Lage, diesem Menschen daraus einen Vorwurf zu machen. Diese Müdigkeit ist aber nicht Resignation. Ijjob gibt nicht klein bei, er läßt Gott dessen „Verwandlung in etwas Brutales" nicht durchgehen, aber er hat nicht mehr die Kraft, seinerseits eine Wende herbeizuführen.

Wie „begründet" Ijjob geredet und gekämpft hat, werden wir jetzt **aus berufenem Munde!** erfahren.

4.9. Gottes Bekehrung

4.9.1. Begründet und nichtig

42,7 Und es geschah:
Nachdem der EWIGE diese Reden geredet hatte zu Ijjob,
sprach der EWIGE zu Eliphaz dem Timniter:
entflammt ist mein Zorn wider dich und wider deine zwei Gesellen,
denn nicht habt ihr über mich begründet geredet wie mein Knecht Ijjob.
8 Und jetzt:
nehmt euch sieben Farren und sieben Widder,
erhöht sie als Erhöhungsopfer euretwegen;
Ijjob, mein Knecht, soll für euch beten, denn nur sein Antlitz will ich emporheben,
damit man euch nichts Nichtiges antue;
denn nicht habt ihr über mich begründet geredet, wie mein Knecht Ijjob.
9 Und sie gingen, Eliphaz der Timniter und Bildad der Schuchiter und Zophar, der Naamiter,
und sie taten, wie zu ihnen der EWIGE geredet hatte,
und der EWIGE hob das Antlitz Ijjobs empor.

Nachdem nun die Reden von 38 – 41 verklungen waren, aber dann auch nach der Entgegnung Ijjobs, richtet sich der EWIGE an die drei Figuren, die wir schon fast vergessen hatten. Und zwar mit glühendem Zorn.

Dieser Zorn wird ausgelöst durch die Tatsache, daß diese drei Gesellen nicht „begründet" geredet hatten, *nkonah*. Die Grundbedeutung der Wurzel *kun* ist „eine feste Grundlage haben"; reflexiv also „befestigt, fundiert, begründet sein". Das reflexive Partizip *nakon*, fest, ist in den Psalmen eine Eigenschaft des menschlichen Herzens (57,8; 78,37; 108,2; 112,7). In Dtn

3 Freunde als die Metaphern für die Eliten, Ijob steht für Israel

13,15 und 17,4 geht es um eine Zeugenaussage; zu prüfen ist, ob diese „vertrauenswürdig und begründet *('emeth nakon)*" ist. In Ijob 42,7.8 hat das Partizip die weibliche Form; die Frage ist also, auf was es sich bezieht. Soweit ich sehe, gibt es nur eine einzige Parallele zum selbständigen Gebrauch der weiblichen Form ohne zugehöriges Substantiv: in Ps 5,10. Es geht dort um den Verleumder: „Nicht ist in seinem Mund Begründetes (*nkonah*)." Mit dieser Form wird so etwas wie ein Neutrum angedeutet. Wir müssen daher schließen, daß sich das Wort auf das Ganze, was vorangegangen ist, bezieht: was Ijob geredet hat, war begründet, was die drei geredet haben, war nicht begründet. Das heißt aber, daß sie sich einer „falschen Aussage" schuldig gemacht haben. Sie hatten andauernd versucht, Ijob dazu zu bringen, daß er sich schuldig erkläre, sie haben versucht, ihn in seinem Rechtsstreit zu belasten, wo doch die ganze Sache zu Lasten dessen ging, der dies alles verursacht hat, nämlich des EWIGEN selber. Ijob hat eine begründete Aussage gemacht: „Ich weiß, daß ich bewährt bin", 13,18. Jene aber haben falsch ausgesagt.

Nach der Thora der Erhöhungsopfer Lev 4,1 – 5,26 ist das Opfer eines Farren zu bringen, wenn ein Priester (4,3) oder wenn die ganze Gemeinschaft Israels sich versündigt (4,13). Durch dieses Opfer soll also eine Sünde bedeckt werden, die das Leben der Gemeinschaft als solches direkt und unmittelbar bedroht. Ein Widder ist zu bringen, wenn „eine Seele Veruntreuung veruntreut" (5,14), wie z.B. in Jos 7, wo ein Mann aus Israel aus der Kriegsbeute, die dem EWIGEN zu übereignen war, etwas für sich abzweigt, so aus einem Befreiungskrieg einen Raubzug machend, oder wenn ein Mensch seinem Volksgesellen etwas unterschlägt (5,21f.), gleich ob bewußt oder unbewußt (5,17). Im Fall des Farrenopfers muß der Priester das Blut siebenmal versprengen vor dem Antlitz des EWIGEN. Hier nun ist das Opfer siebenmal zu erbringen, sowohl des Farrens wie des Widders. Das Vergehen der drei bedroht unmittelbar und direkt das Leben der Gemeinschaft Israels als solches, und es ist eine Veruntreuung gegenüber dem Volksgesellen, wie Ijob selber sagt: „Von euren Antworten bleibt nur die Veruntreuung" (21,34). Das Vergehen dieser drei Theologen bzw. dieser Theologie bedroht also erstens die ganze Gemeinschaft Israels, *kol-`adath jißrael,* und es ist ein Betrug, eine Veruntreuung gegenüber dem Mitmenschen in Israel. Und zwar ist dieses Vergehen so umfassend und so tiefgreifend, daß es siebenfach zu sühnen ist und zudem das Gebet dessen erfordert, der geschädigt worden ist, nämlich des Mannes und dessen, was er repräsentiert, des geschundenen, verelendeten Israels. Es geht um das Recht des geschundenen und verelendeten Israel gegen die Theologie und gegen das, was diese Theologie repräsentiert: die priesterlichen Eliten und ihre Herrschaftsideologie. Für diese Eliten gibt es nur Zukunft, wenn sie von ihrer Ideologie lassen – das zeigen sie in ihren Opfern. Tun sie das nicht, droht ihnen „Nichtigkeit", *nbalah.* Dieses Wort stammt von einer Wurzel, die sowohl „welken, erschöpft hinfallen" wie auch „hohlköpfig sein" bedeutet. Das Substantiv wird sowohl für schwere Verbrechen gebraucht (etwa die brutale Vergewaltigung in Gen 34; Ri 19 – 20 und 2Sam 13) wie für Hinterlist und dumpf – brutale Gesinnung; wir haben dazu das Nötige bei der Auslegung von 2,10 gesagt. Jetzt verstehen wir also auch, weshalb Ijjob seiner Frau einen so schweren Vorwurf machte, sie solle ja nicht wie eine der „Nichtigen" reden; sie solle nicht reden, wie die Ideologen von Eliphaz bis Elihu reden, die Gott eben „Gott" sein lassen, oder, was das gleiche ist, „in ihrem Herzen sagen: kein Gott da (Ps 14,1)". Er wirft ihr also vor, daß sie, wie die herrschende Ideologie, mit einem Gott des Rechts nicht mehr rechnet, sondern resigniert.

Ijjob muß für die drei beten, der EWIGE wird das Antlitz des betenden Ijjobs emporheben, er wird sein Beten hören und verhören. Dieses Beten (*hit pallel*) ist vorwiegend das Gebet der Repräsentanten und Repräsentantinnen Israels (Abraham, Mosche, Channah, Samuel, Salomo, Elischa und anderer Propheten); nur an wenigen Stellen ist es das Volk selber, das betet (1Kö 8,33; 33,35; 44,45 und die Parallelen in 2Chr 6), oder die Ausländer (1Kö 8,42; 2Chr 6,32). Ijjob ist hier also in diese Reihe derer zu stellen, die Israel vor seinem Gott vertreten. Wenn Worte einen Sinn haben, und wenn Worte der Schrift ihren Sinn von der Schrift her erhalten, kann man weder das zweimal siebenfache Erhöhungsopfer noch das Wort *nbalah* elegant übergehen (Weiser 1974 erwähnt sie nicht einmal), noch auch dieses Beten als einen moralisch anständigen Akt deuten. Die drei Verse 42,7–9 stellen nicht nur das Recht Ijjobs her und bezeichnen die Theologie und das Auftreten der drei Gesellen als kaum wiedergutzumachendes Unrecht. Vielmehr erfährt hier das gesamte gesellschaftliche Gefüge eine entscheidende Änderung. Der Geschundene, Zertretene übernimmt das königliche, prophetische Amt, dem die öffentliche „Intercessio" (wie der alte liturgische Terminus lautet) übertragen wird. Das ist nichts weniger als eine revolutionäre Perspektive, die im makkabäischen Aufstand eingelöst werden wird. Und so entsteht eine Alternative, die mehr als bloße Auswechslung der Charaktermasken der Macht ist.

Ijjob hat sich nicht unterworfen; hätte er sich unterworfen, hätte er sinngemäß gesagt: „Der Mensch hat eben keine Rechte, erst recht nicht Gott gegenüber, er muß es nehmen, wie es kommt, inschallah!“ so hätte er, wie seine Freunde, „nicht begründet“ ausgesagt. Nun hat er aber sein Recht – und eben keine Gnade – gefordert.

Er wird den Grund seines Leidens nicht erfahren; er wird nicht erfahren, daß er das Opfer der Perversion des NAMENS wurde. Ijjobs Kampf um sein Recht hat die hellenistische Degenerierung Gottes in der Ideologie der priesterlichen Eliten entlarvt. Aber für uns oder ansich. Die Beteiligten auf der Erde erfuhren es nie. Aber sie ahnen etwas. Angesichts jenes erbarmungslosen Kampfes um Wahrheit und Recht und Würde muß Gott auf seinen Triumph verzichten. Gott muß sich bekehren!

4.9.2. Gott kehrt um

42,10 Und der EWIGE kehrte Ijjobs Wiederkehr, als er betete für seine Gesellen,
er fügte allem, was Ijjob hatte, ein Doppeltes hinzu.
11 Es kamen zu ihm all seine Brüder und all seine Schwestern und all seine Bekannten;
sie aßen mit ihm Brot in seinem Haus,
sie nickten ihm zu und trösteten ihn wegen alles Bösen,
das der EWIGE über ihn hat kommen lassen.
Sie gaben ihm jeder eine Qußita und jeder einen goldenen Ring.
12 Der EWIGE segnete die Spätzeit Ijjobs mehr als seine Frühzeit.
Sein wurden vierzehntausend Schafe, sechstausend Kamele, tausend Joch Rinder und tausend Eselinnen.
13 Sein wurden sieben Söhne und drei Töchter.
14 Er rief den Namen der ersten Jemima, Taube, den Namen der zweiten Qzi'ah, Zimt, den Namen der dritten Keren-Hapuk, Augenschminkhorn.
15 Nicht fand man Frauen so schöne wie die Töchter Ijjobs auf der ganzen Erde,
und ihr Vater gab ihnen Eigentum inmitten ihrer Brüder.
16 Ijjob lebte danach hundertvierzig Jahre und sah Söhne und Söhne der Söhne, vier Geschlechter.
17 Ijjob starb, alt, satt an Tagen.

Daß Gott sich nicht bekehren kann, weil er sich nicht bekehren muß, ist eine dogmatische Auffassung, die von der Schrift her nicht erhärtet werden kann. Gott kehrt häufig um, d.h., er kommt zurück auf das, was er zu tun beschlossen hatte. Die berühmteste Stelle ist Gen 18, wo Abraham Gott davon abhalten will, Sodom und Gomorra zu zerstören. Wenn dort bewährte Leute gefunden werden, sagt er: „Ich will umkehren, umkehren, deinetwegen (18,10.14)." Das heißt, Gott kann nach guter biblischer Tradition dazu bewegt werden, etwas nicht zu tun, was er zu tun vorhatte. Er ist kein „unbewegter Allbeweger", d.h., er ist kein philosophisches Prinzip. Wir nennen dies mit der Überheblichkeit unserer dominanten Kultur abschätzig „Anthropomorphismus". Er hat Böses über Ijjob kommen lassen – und dies verstößt gegen seinen eigenen Bund. Das ist gespenstisch, daß „Gott" so pervers ein kann. Schweigend nickten sie ihm zu, wie die drei damals.

„Der EWIGE kehrte um Umkehrung Ijjobs", steht hier wörtlich. *Schbuth* kann auch Gefangenschaft (von *schabah*, gefangen sein) bedeuten; Buber leitet es von *schub*, umkehren, her, wie das Wort *schibath* aus Psalm 126, 1, wo fast der gleiche Ausdruck steht: „Als der EWIGE umkehrte die Umkehrung Zions." Jankowski (1985, S.13) verweist auf die Stelle Dtn 30,2-5:

> 2 Du kehrst um, zum EWIGEN, deinem Gott,
> du hörst auf seine Stimme,
> nach allem, was ich selber dir heute gebiete,
> Du und dein Sohn,
> von ganzem Herzen, mit ganzer Seele:
> 3 der EWIGE wird umkehren, deine Wiederkehr,
> er erbarmt sich deiner,
> er kehrt um,
> holt dich zurück,
> aus allen Völkern, unter die dich der EWIGE, dein Gott, dich
> zerstreut hat,
> von dort holt der EWIGE, dein Gott, dich zurück,
> von dort nimmt er sich deiner an.

Es ist natürlich unmöglich, diese Stelle bei der Deutung von Ijjob 42,10 zu überhören. Ijjobs Lage ist nicht verschieden von der Israels in der Katastrophenzeit nach 587 v.u.Z. Israel mag dann im Lande sein, in der Gestalt des Bezirkes Jehuda in der syro-phönizischen Provinz des hellenistischen Ägyptens, aber es lebt dort wie in „Babel" dereinst unter fremden Herren und unter fremden Göttern. Aber anders als jenes Israel damals, das sich von seinem Gott abgewendet hatte und von dem sich deswegen sein Gott abwendete, ist Ijjob jenes Israel, das ja an seinen Worten festgehalten hat und dennoch als Flüchtling im eigenen Land leben muß – wenn man das Leben nennen kann. Das ist der Unterschied. Und deswegen ist das Umkehren Gottes auch ein anderes als damals. Gott kehrt von jener „Fremdgestalt“ um, in der ihn Israel nie gekannt hat und auch nie erkennen kann. Gott bekehrt sich von seiner Perversion hinweg zu sich selber! Hier, erst hier und nur hier ist es tatsächlich Gott und nicht Ijjob, der die entscheidende Wende herbeiführt, indem er sich von Ijjob bei seinem Wort nehmen läßt.

Israel hatte eigentlich keine andere Persepktive, als den Weg aller Völker zu gehen, nämlich zu verschwinden, unterzugehen in das Völkergemisch des antiken Ostens, wo alle Völker ihre eigenen Gesichter schließlich verloren. Die einzige Wiederkehr, die Ijjobs Israel zu erwarten hatte, wurde in Vs. 1,21 ausgesprochen: „Nackt zog ich aus dem Schoß meiner Mutter, nackt kehre ich wieder dorthin.“ Aber Israel hat sich immer geweigert, sich in dieses Schicksal zu fügen. Es blieb in der Hoffnung. Die einzige Wiederkehr, die Israel immer erhoffte und so auch immer wieder ermöglichte, ist diese, die hier erzählt wird.

Das zeigt sich natürlich materiell; platonisch geht es in der Schrift nie zu. Die Kinderzahl bleibt gleich, Kinder sind ja keine Habe. Aber es gibt einen Unterschied. Es „wurden ihm“ sieben (eigentlich eine „Siebenzahl“, also eine Fülle) Söhne und drei Töchter“, das ist eine ähnliche Passivität wie in 1,3, wo es hieß, „ihm wurden gezeugt“. Aber nun wird Ijjob aktiv: Er ruft die Namen seiner Töchter (die Übersetzung ist etwas spekulativ, aber Buber hat recht: sie sind zu hübsch, um sie den des Hebräischen Unkundigen vorzuenthalten). Nicht die Namen seiner Söhne, sondern der Töchter; sie sind es, die den Glanz und die Glorie des wieder in sein Recht eingesetzten Ijjob/Israel repräsentieren sollen, die schönsten Frauen der Erde! Und schön nicht zuletzt deswegen, weil sie Erbtöchter waren, autonome Inhaberinnen von Grundeigentum. Welch eine Umkehrung aller herkömmlichen Zustände, wenn die Frauen in tiefster Patriarchenzeit – denn das literarische Setting der ganzen Erzählung ist die Zeit der sog. Erzväter – zu autonomen Eigentümerinnen von Produktionsmitteln – eben Boden – werden. Num 27 hatte dies nur ausnahmsweise zugelassen, nämlich nur dann, wenn keine männlichen Erben da sind. 2Kö 4,8–37 in Verbindung mit 2Kö 8,1–7 zeigt, wie bedroht in der altorientalischen Welt die Position auch einer Eigentümerin war, etwa jener „Großfrau, seßhaft mitten unter ihrem Volk“ (4,8.13). Jene Frau war „groß“, weil sie autonom war. Und diese Frauen sind „schön“, weil sie autonom sind. Dies ist keine nette Geste Ijjobs und noch weniger eine Selbstverständlichkeit, wie die Gute Nachricht suggeriert (Ijjob „bedachte sie in seinem Testament genau wie ihre Brüder“); hier wird das Erbrecht im Sinne der Töchter Israels revolutioniert.

Erblickt man in Ijjob den „Patriarchen", trübt sich das antisexistische Bild etwas ein, obwohl er auch dann Recht stiftet. Erblickt man in ihm das geschundene und zertretene Israel, dann erweist sich diese Tat als Revolution – die Geschundenen, die immer die Frauen waren, werden zu autonomen Subjekten ihrer eigenen Rechte.

Damit sind wir an das Ende der Erzählung gekommen. Nicht alle Bitterkeit ist verschwunden. Immerhin sind bei diesem Experiment eine Hundertzahl von Menschen ums Leben gekommen, die Bediensteten Ijjobs und seine Kinder. Immerhin wird Ijjobs Frau, nicht weniger die Leidtragende der göttlichen Frevel, schweigend übergangen, auch wenn die Tatsache, daß keine neue Frau auftritt, darauf hindeutet, daß sie es ist, die die zehn neuen Kinder gebiert. Es gibt keine Wirklichkeit ohne Widersprüche, und die Narben der Wunden Ijjobs, dem nun Geschwister und Bekannnte ihren Tribut zollen, werden nicht verschwinden, solange er lebt.

Und er lebt lange, bis er gesättigt ist von diesem Leben.

*

Das, was in diesem Text, der das Buch des Lobpreises Israels (die Psalmen) und das Buch der Weisheit Israels (die Gleichsprüche) umzukehren und außer Kraft zu setzen scheint, geschieht, ist so entscheidend, daß wir im abschließenden dritten Teil dieses Buches darüber nachdenken müssen, in welche Krise dieses Buch auch für uns alles Reden über Gott stürzt. Das soll dann durch ein nochmaliges Hören auf die Thora geschehen, Dtn 4. Aber zunächst wollen wir fragen, wie das Volk den Verlust seiner Autonomie erlebt und sich ihre Wiederherstellung gedacht hat.

→ Ijjob hält am Bund fest zu Gott, deshalb hält Gott letztendlich an Ijjob fest (wechselseitiger Bund)

5. Der Verlust der Autonomie oder: ein Bild aus Gold

5.1. Der Kontext

5.1.1. Der Wellenschlag in Israels Geschichte

Die Perioden politischer Autonomie in Israels Geschichte sind relativ kurz, verglichen mit den Perioden der Fremdherrschaft. Die erste Phase, die des davidisch-salomonischen Großreiches und der zwei Reiche, liegt im Dunkel der Geschichte. Diese Phase endete in einer Periode heftiger sozialer Auseinandersetzungen und mit dem Verlust der Autonomie. Die Aramäer von Damaskus ersetzten die hebräischen Monarchien als lokale Hegemonialmacht; überhaupt scheint der Kampf zwischen den hebräischen Monarchien einerseits und der aramäischen Lokalmacht in Damaskus andererseits die Zeit der Territorialstaatenbildung in diesen Gebieten seit den Tagen Davids bestimmt zu haben.

Weder in der politischen noch in der sozial-ökonomischen Struktur noch im ideologischen Bereich scheinen sich die hebräischen Monarchien viel von ihren Nachbarn in Edom, Moab, Ammon, Philistäa, Phönizien und Aram-Damaskus unterschieden zu haben. Erst mit dem Entstehen der frühen prophetischen Bewegung unter Elischa, des Schülers des legendären Elijahu von Tischbe, einer Bewegung, die sich gegen das Grundgesetz der altorientalischen politischen Ökonomie richtete, gegen die Akkumulation des Grundbesitzes, entsteht das ganz eigene, aber ideologisch auch ganz fremdartige Gesicht Israels. Je „normaler" die politische Situation wird, um so mehr tritt dieses Eigene dann wieder in den Hintergrund und wird, als Israel/Samaria unter den Königen Joasch und Jarobam II (800 – 740 v.u.Z.) wieder die Hegemonie in der Region erkämpfen konnte, zur reinen Opposition (vgl. Amos 7!), oder verschwindet fast ganz (im assyrischen Jahrhundert ab 700 v.u.Z.). Nur ausnahmsweise prägt dieses eigene Gesicht dann auch die Politik: unter König Joschijahu (622 – 609 v.u. Z. als die „Thora des Mosche", eine Vorform von Dtn 12 – 26 und/oder Exodus 20,1 – 23,19 aufgefunden wird), um dann aber sofort wieder zur politisch ohnmächtigen Opposition zu werden (Jirmejahu, die Exilpropheten). Auch nach dem Wiederaufbau des Tempels in Jerusalem scheint die altorientalische „Normalität" den Ton angegeben zu haben, und das „Eigene" ist Oppositionsbewegung. Nach der Erlangung eines lokalen Autonomiestatuts im persischen Reichsverband, als durch die Maßnahmen Nechemjas die

Thorarepublik entstand (entweder 445 v.u.Z. oder 385 v.u.Z. je nachdem man unter König Artaschastra den ersten oder zweiten „Artaxerxes" versteht), kann das eigene Gesicht Israels, das nun als Thora die Verfassung des Gemeinwesens ist, das gesellschaftliche Leben prägen.

5.1.2. Die makkabäische Revolution

Was dann geschieht, wissen wir nicht, aber als das Licht der Geschichte wieder auf Jerusalem fällt, hat die jetzt hellenistisch ausgeformte, altorientalische „Normalität" Jerusalem und Jehuda schon längst wieder eingeholt. Um das Jahr 200 war Jerusalem eine hellenistische Stadt mit nur noch rein folkloristisch anmutenden „jahwistischen" Kultgewohnheiten, Jehuda ein hellenistisches Gebiet, das durch Großgrundbesitz einerseits und einer verpauperten und verschuldeten Landbevölkerung andererseits geprägt wurde. Die sozialen Verhältnisse und die damit einhergehenden ideologischen Fundamentalkrisen werden u.a. sehr drastisch im Buch Ijjob beschrieben. Um das Jahr 165 kam es dann zu einem Aufstand, der eine Revolution war: sie zielte auf eine totale Änderung des politischen Lebens (Autonomie), des sozialen Lebens (Egalität) und des ideologischen Lebens (die Ausmerzung des Hellenismus und die Ausschaltung der hellenistischen Eliten) ab.

Diese Eliten hatten sich aus jenen herrschenden Gruppen gebildet, die schon Nechemja angetroffen hatte. Die *chorim,* „Freien", waren unabhängige Grundbesitzer, eine Art Landadel; die anderen, die Priester, mit der politischen Führung der Thorarepublik betraut, sollten nach der gleichen Thora nicht über Grundbesitz verfügen (Num 18,20ff., Dtn 18,1ff.); diese Konstruktion ist eine „Erfindung" des Verfassungsentwurfes Ez 40 – 48, der der Priesterschaft richterliche Funktionen anvertraut (44,24), aber ihnen das Recht auf Eigentum an der ökonomischen Hauptressource abspricht (44,28): die Priester sollten ausschließlich „frei" sein für das Gemeinwohl, deswegen erklärt der EWIGE den Priesterstamm der Leviten zu Seinem Eigentum (Num 3,13.45). Ein erbliches, von den öffentlichen Abgaben des Volkes abhängiges Beamtentum sollte da entstehen; der Tempel sollte ebensowenig Grundeigentum haben wie seine Beamten, in krassem Unterschied zu den großen und mächtigen Tempeln und Priesterschaften Babels und Ägyptens. Aber auch aus diesen Priestern wurde eine grundbesitzende Aristokratie. Kein Wunder, daß zwischen ihnen und den nichtpriesterlichen Eliten, wie der in die Stadt drängenden Grundbesitzerschicht oder sonstigen „Aufsteigern", ein Kampf um die Macht im Staat entsteht. Dieser Kampf ist ein Fraktionskampf zwischen Elitefamilien, zwischen der priesterlichen Familie der Onijaden, die im späten dritten und frühen zweiten Jahrhundert die Führung hatte, und der Tobijaden, Gefolgsleute der Tobijadenfamilie, eines Beduinenclans aus Transjordanien, dessen Zugehörigkeit zum Volk Israel umstritten war (Esra 2,60), der aber von der damaligen ägyptischen Reichsregierung mit dem Tributeinzug in den asiatischen Provinzen des Reiches beauftragt war. Aus letzterem Grund hatten sie geschäftlich mit den Eliten Jerusalems zu tun, die im Namen des Volkes dem jeweiligen Landesherrn den Tribut aushändigten und wohl auch dessen Höhe mit ihm aushandelten (Flavius Josephus, Jüdische Altertümer, XII, 4,1). Beide Eliten waren hellenisiert, d.h., sie lebten und dachten wie die hellenisierten Eliten aller größeren Städte in der Region. Aber die priesterlichen Eliten nahmen Rücksicht auf die Gefühle des Volkes und verhielten sich in kultischen Angelegenheiten traditionell. Die nichtpriesterlichen Eliten fühlten sich einer solchen Rücksichtnahme kaum verpflichtet. Die Aushöhlung alles dessen, wozu die Thora Volk und Führung verpflichtet, war nur die ideologische Seite jenes fundamentalen Prozesses der „Ijjobisierung", der Verelendung des Volkes, des Verlustes der intendierten Egalität und mußte den Verlust der Autonomie nach sich ziehen, denn wahre Autonomie ist die politische Gestalt des eigenen Gesichtes. Als die ägyptische Herrschaft von der „syrischen" abgelöst wurde, kam es zur Machtergreifung der extrem-hellenistischen Elite; diese hatte sich mit den Seleukiden im Norden, ihre Gegner, die Oniaden, sich mit den Ptolemiden im Süden verbunden. Die Kämpfe zwischen den beiden Reichen, eigentlich eine nicht enden wollende Fortsetzung der Diadochenkämpfe, werden im Buch Daniel ausführlich beschrieben. Im Jahre 167 ersetzte Anthiochos IV, der König des Seleukidenreiches, den Kult in Jerusalem durch einen „normalen" hellenistischen Kult für den Zeus Olympiakos. Damit wurde die Autonomie, die ja schon längst verspielt war, sozusagen offiziell und mit dem Segen des tobijadischen Hohepriesters Menachem (der sich sinnvollerweise Menelaos nannte, wie sein oniadischer Gegenspieler Jeschua sich Jason nennen ließ) am 15. Tag des Monats Kislew (Dezember) des Jahres 167 v.u.Z. de facto wie de jure preisgegeben. Den Hintergrund dieser Politik zeigt uns eine Bemerkung im ersten Buch Makkabäer, 1,41f.: „Der König schrieb seinem ganzen Königreich, daß alle zu einem Volk werden sollten und daß jeder seine eigene Rechtsordnung aufzugeben hatte; und alle Völker (! Dan 3) ließen dies nach der Maßgabe des Königswortes zu." Anthiochos wollte, beeindruckt von der sozialen, ideologischen und politischen Geschlossenheit des Reiches seines Konkurrenten in Ägypten, die immer wieder zu inneren Konflikten führende politische, sozial-ökonomische und ideologische Vielfalt seines Vielvölkerreiches durch eine modern-hellenistische Einheit ersetzen. Den Eliten Jerusalems war dies gerade recht.

Außer den beiden Fraktionen der Eliten Jerusalems gab es noch eine oppositionelle Partei. Sie war nicht einheitlich. Zum einen bestand sie aus Grundbesitzerfamilien auf dem Lande, deren Position durch die fortschreitende Akkumulation des Grundbesitzes in den Händen der Eliten bedroht war. Zum anderen gab es Gruppen, denen die ganze hellenistische Modernisierung höchst suspekt war. Das erste Buch der Makkabäer erzählt, wie Gruppen sich in die Wüste zurückzogen und sich am Tag des Sabbats widerstandslos umbringen ließen (2,29 – 38), wie aber gerade dieser Vorfall bei anderen den Willen stärkte, sich nicht ohne weiteres zu ergeben: „Wenn wir alle so tun, wie unsere Brüder getan haben, und nicht kämpfen gegen die Völker um unser Leben und um unsere Rechtsordnung, werden sie uns schnell aus dem Land ausgerottet haben" (2,40). Eine Landpriesterfamilie aus Modin wurde das Zentrum des Widerstandes. Ihr schlossen sich Leute an, die die „Partei der Huldvollen" (*'adat chassidim*, *synagogè Asidaioon* 2,42) genannt werden, eine radikale Thorapartei, die mit der Waffe in der Hand und in Guerillamanier die Hellenisten bekämpfte. Sie erhielten Zulauf aus den Gruppen, die sich anfänglich in die Wüste zurückgezogen hatten. Landadel, radikale Thoraguerilleros und Entwurzelte bildeten also die Koalition des Widerstandes. Sie werden im Buch Daniel nicht erwähnt; dafür gibt es die Gruppe, die mit dem Wort *maskilim*, „diejenigen, die es begriffen haben", angedeutet werden. Was es damit auf sich hat, werden wir sehen.

Das Nahziel des Befreiungskampfes war die Beseitigung des Greuels des Zeuskultes im Tempel, des „Greuels der Verödung" (*schiqquz schomem*), wie Daniel sagt. Aber hinter diesem Kampf stand die Sehnsucht nach der Wiederherstellung des Zustandes der Solidarität aus den alten Tagen der Thorarepublik, der Wiederherstellung der Autonomie *und* der Egalität. Der *schiqquz schomem* wurde im Jahr 164 v.u.Z. entfernt, und am 25. Tag des Monats Kislew wurde der Tempel gereinigt und neu konsakriert (was in den jüdischen Festkalender als das Chanukkafest einging). Merkwürdig genug wurde ein gemäßigter Hellenist, der Onijade Alkimos, Hohepriester. Das scheint darauf hinzudeuten, daß die Ziele der Bewegung zunächst formal-politische waren: die traditionelle politisch-kultische Ordnung sei wieder einzusetzen. Nach den ersten Erfolgen gab es Rückschläge, Jehuda Makkabi wurde getötet (160 v.u.Z.) und die Hellenisten gewannen wieder die Oberhand. Jonathan, Jehudas Nachfolger, mußte sich zurückziehen. Es gelang ihm aber, in Michmas, nördlich von Jerusalem, ein eigenes Machtzentrum zu gründen. Er macht sich Streitigkeiten über die Thronfolge im Seleukidenreich zunutze und ließ sich vom Thronprätendenten Alexander Balas zum Hohepriester einsetzen. Nun gehörten die Makkabäer nicht zum Priestergeschlecht Zadok, dem die Hohepriesterwürde traditionell reserviert war. Die Chassidim werteten dies als glatten Rechtsbruch, sahen dadurch auch die anderen Ziele der Bewegung als äußerst gefährdet an; sie schlossen, daß diese Ziele mit der neuen Herrscherfamilie kaum erreichbar sein würden, und die meisten von ihnen verließen die Koalition. Einige aber spalteten sich nun von den Chassidim ab, wohl mit der Absicht, daß sie als radikale Thorapartei politikfähig bleiben sollten: diese Abgespaltenen (*perizim* oder Pharisäer) sollten mehr als zwei Jahrhunderte lang ein wichtiger Faktor in der Politik bleiben, wobei die Radikalen, die sich in die Wüste zurückgezogen hatten, als Essener zu einem Randphänomen der Politik wurden.

Die Familie der Makkabäer hat die Macht dann nicht mehr abgegeben. Nach der Erringung der uneingeschränkten politischen Autonomie vereinigten sie die hellenistisch-moderne Funktion des Königtums mit der traditionellen Würde des Hohepriestertums, etwas, was in der Geschichte Israels immer vermieden worden war. Dieser „makkabäische Hellenismus", wie Elias Bickermann (Bickermann 1975) es nennt, wurde unterstützt von der gemäßigt-hellenistischen, „zadokitischen" Priesterschaft (der Partei der Sadduzäer), bekämpft von den Pharisäern und von den Chassidim in der Wüste.

Man kann dies folgendermaßen schematisieren:

Makkabäische Revolution

Regionalmacht (Seleukiden/„Syrer")

↕

Landpriester,
Entwurzelte,
Chassidim } Thoraopposition

Städtische Eliten (Tobijaden, Onijaden).

↳ Beduinenstamm

Religion als folkloristische Veranstaltung → Kommt z... Revolution (Ralf: zu romantische Revolutionsvorstellung von Y. Veekam...

Makkabäischer Hellenismus (Keine Thora-Republik mehr)

Regional- bzw. Zentralmacht

↕

Chassidim { Perizim/Pharisäer, Essener/Qumran } Thoraopposition

Messianische Randgruppen

Hasmonäer
Städtische Eliten: Priester (Sadduzäer)
Lokale Potentaten („Herodianer")

Diese politische Grundstruktur bleibt bis zum Ende des 1. Jh. u.Z. bestehen. Es entstand ein „bewaffneter Arm" der Pharisäerpartei, die Zeloten. Die Thoraopposition war teilweise „messianistisch"; aber die messianischen Bewegungen rekrutierten sich vor allem aus der verarmten Landbevölkerung. Städtische Unterschichten waren in Jehuda, Samaria und Galiläa unbedeutend und politisch nicht eindeutig produktiv. Die Herausbildung dieser bürgerkriegsträchtigen Struktur beschreibt das Buch Daniel und seine in Kreisen des ägyptischen Diasporajudentums entstandene Gegendarstellung 1. und 2. Makkabäer.

5.1.3. Das Buch Daniel

→ aus Thora-Opposition der Pharisäer entstanden

Das Buch eröffnet die zweite Serie von vier Büchern in der dritten Abteilung der Schrift: Daniel, Ezra, Nehemia, Chronik. Zusammengenommen beschreiben sie einerseits den Weg der Thorarepublik rückwärts von ihrem Untergang bis zu ihrem Anfang nach der Rückkehr aus der Verschleppung und andererseits den Weg von den Anfängen Israels bis zum Rückkehrerlaß des Perserkönigs Kourosch. Das Buch Daniel beschreibt den Tiefpunkt der Geschehnisse in der Thorarepublik und die erhoffte Wende zum Besseren. Sein auffälligstes Merkmal ist, daß es in zwei Sprachen geschrieben wurde:

1,1	– 2,4a:	hebräisch
2,4b	– 7,28:	aramäisch
8,1	– 12,13:	hebräisch

Der aramäische Teil ist sehr eindeutig konstruiert. Den äußeren Rahmen bilden die Kapitel 2 und 7, zwei Visionen über die Abfolge der Großreiche; der Rahmen thematisiert die Autonomiefrage. Dabei ist für diese Vision die

Geschichte kein sinnloses Wechselspiel der Charaktermasken der Macht, sondern sie hat ein Ende und in diesem Ende spielt das „Volk der Heiligen des Höchsten" (7,27), repräsentiert durch einen „Menschensohn" (7,13), eine zentrale Rolle. Der innere Rahmen, die Kapitel 3 und 6, haben den Widerstand gegen den Anpasssungsdruck, unter dem das Diasporajudentum zu leiden hatte, zum Thema. Und den Kern bilden zwei Visionen über die Relativität der Macht der Großkönige, Kapitel 3 und 4.

Dieser Teil des Danielbuches ist eindeutig der Versuch des Diasporajudentums, die politischen Entwicklungen seiner Zeit zu deuten. Er ist als Ermutigung der Juden außerhalb für die Juden innerhalb des Landes aufzufassen: sie seien eigentlich auch in eine Diasporasituation geraten und sollen sich an den Beispielen Daniels und seiner drei Freunde schulen und im übrigen bedenken, daß „der Höchste die Königsmacht verwaltet: wem er will, gibt er sie" (Dan 4,22) und daß schließlich dies alles eines Tages ein Ende haben werde und sich die Vision des dritten Jesaja (66) erfüllen werde.

Diesem Buch der Ermutigung haben nun die von den Makkabäern Enttäuschten ihre Sicht auf die Kämpfe zwischen Nord und Süd angefügt. Der Aufbau ist nicht so eindeutig. Kapitel 8 nimmt die Sprache der letzten Tiervision aus Kapitel 7 auf. Kapitel 9 hat als Kern das Bußgebet Daniels, das dem großen Ezragebet in Neh 9 nachempfunden ist und die Geschichte des Volkes reflektiert. Die Kapitel 10,11 und die ersten drei Verse des 12. Kapitels beschreiben die Not des Volkes, das zwischen die Fronten geraten ist und schließlich von einem grauenvollen Tyrannen beherrscht wird. Der Epilog, 12,4 – 13, beschwört Daniel noch einmal, durchzuhalten.

Ein Redaktor hat dem Buch eine in hebräischer Sprache abgefaßte Legende vorgeschaltet; in ihr wird erzählt, wie Daniel und seine Freunde schon während ihrer Ausbildungszeit dem Anpassungsdruck zu widerstehen hatten.

Es gibt im Buch Daniel eine Gruppe, die *maskilim* genannt werden. Die Wurzel *sakal* bedeutet „umsichtig handeln und deswegen Erfolg haben". David handelt so am Hofe Schauls und hat damit also mehr Erfolg als die anderen Diener Schauls (1Sam 18,30). Wir finden das Wort hauptsächlich in den Psalmen, den Sprüchen Schlomos und bei Daniel. Im Buch Daniel taucht es fünfmal (von neunmal insgesamt) als Partizip hiphil plural auf, eben als *maskilim*. Es sind die Leute, von denen gesagt wird, daß sie „aufmerksam sind" und andere „aufmerksam machen" (11,33; 12,10). Als der *schiquz schomem* aufgestellt und das „Stetigkeitsopfer" (*'oleh thamid)* eingestellt worden ist, heißt es:

11,32 Die sich am Bund schuldig machen, hat er mit schleimigen Worten verleitet;
das Volk aber, die Gott erkennen, bleibt fest und tut entsprechend.
33 Die Klugen (*maskilim*) des Volkes machen die Vielen aufmerksam;
sie straucheln durch das Schwert, durch die Flamme, durch Ausplünderung, durch Gefangenschaft, die Tage.
34 Wenn sie straucheln, wird ihnen geholfen, mit wenig an Hilfe;
viele machen sich an sie heran mit Schleimigkeiten.
35 Von den Klugen straucheln einige,
um sie zu läutern, Auslese zu halten, zu reinigen bis an die Zeit des Endes,
denn noch steht es an.

Es handelt sich um eine Oppositionsgruppe, die versucht, das Volk zu festigen, die deswegen aber gerade blutig verfolgt werden. Einige von ihnen werden sich in die Wüste zurückziehen. Aber als dann das erste Ziel der Oppositionsbewegung erreicht ist, kommt es zu einem Bruch. Dieser Bruch ergibt sich aus dem Schlußwort des Buches.

12,10 Die Vielen werden ausgelesen, gereinigt und geläutert;
Die Verbrecher verüben Verbrechen, nicht merken es die Verbrecher,
die Klugen aber merken es.
11 Von der Zeit des Aussetzens des Stetigkeitsopfers,
des Greuels der Verödung an: tausend-zweihundert-neunzig Tage.
12 Glücklich, wer ausharrt und tausend-dreihundert-fünfunddreißig Tage erreicht.
13 Du aber, gehe auf das Ende zu.
Du wirst ruhen,
du wirst aufstehen zu deinem Anteil am Ende der Tage.

Die Zahl der 1290 Tage ist ebenso einmalig wie die andere Zahl der 1335 Tage. Wir haben einige Zeitangaben im Buch Daniel: „eine Zeit, eine Doppelzeit, eine halbe Zeit" (dreiundhalb Jahre, 7,25); „2300 Abend-Morgen" (1150 Tage?; 8,14); „die halbe Woche" (dreieinhalb Jahre, 9,27). Die tatsächliche Dauer des hellenistischen Kultdienstes im Tempel Jerusalems betrug aber drei Jahre und zehn Tage. Rechnet man für das Jahr 360 Tage (alle sechs Jahre wurde ein Monat eingeschoben), dann sind 1290 genau dreieinhalb Jahre bzw. eine „halbe Woche" bzw. „eine Zeit, eine Doppelzeit und eine halbe Zeit"; diese drei Zahlen stimmen überein. Die

Angabe 8,14 bleibt unklar. Aber was hat die bewußte Verlängerung der 1290 Tage in Vers 12,12 um 45 Tage zu bedeuten? Das kann nur heißen, daß die Verfasser des Buches Daniel in der Tempelweihe durch Jehuda Makkabi nicht das Hauptziel, sondern eben nur ein Etappenziel sahen. Die maskilim sind also sehr kritische Beobachter des ganzen Prozesses. Diese Verlängerung der Zeit kombiniert mit der Tatsache, daß die Familie der Makkabäer nirgendwo auch nur mit einer Silbe erwähnt wird, scheint doch wohl anzudeuten, daß das Buch aus Oppositionskreisen stammt, die, um es vorsichtig zu sagen, den Makkabäern äußerst skeptisch gegenüberstanden. Denn die Erfolge des makkabäischen Kampfes waren ja dem Verfasser oder den Verfassern bekannt. Wahrscheinlich ist diese Darstellung entstanden, nachdem Jonathan sich zum Hohepriester machen ließ und gleichzeitig die Königswürde in Jerusalem annahm. In der Kombination beider Ämter mußte die thoratreue Opposition eine tödliche Gefahr sehen. Daß die Könige als Priester funktionieren, ist altorientalische „Normalität"; gerade aber gegen diese Art von „Normalität" war die Revolution gerichtet. Jonathans Tat konnte daher nur als Verrat an der Revolution gewertet werden. Das Buch Daniel in der uns vorliegenden Gestalt ist eine Darstellung des in ihren Augen mißlungenen Befreiungskampfes aus spätchassidischer, wenn nicht gar frühessenischer Sicht. Das erklärt auch den finstern Ton des hebräischen Teils.

Jedenfalls haben die legitimen Erben der Pharisäer, die Rabbinen, zwar das Buch Daniel, nicht aber die Bücher der Makkabäer, die eine für die Makkabäerfamilie glorifizierende Darstellung der Ereignisse bringen, in die Schrift aufgenommen und damit bestätigt, daß in ihren Augen Daniel zu ihrer ureigensten Tradition gehört.

5.2. Der Text

1 Nebukadnezar, der König, machte ein Bild von Gold.
Seine Höhe: sechzig Ellen,
seine Breite: sechs Ellen;
er stellte es auf in der Ebene Dura, in der Provinz Babel.
2 Nebukadnezar, der König, sandte aus, zu versammeln die
Satrapen, die Verwaltungschefs, die Gouverneure, die
Regierungsräte, die Minister, die Richter, die Behördenleiter, alle,
die Verwaltungsmacht besaßen in der Provinz,
daß sie zur Einweihung des Bildes kamen,
das Nebukadnezar, der König, aufgestellt hatte.

3 Daraufhin versammelten sich die Satrapen, die Verwaltungschefs, die Gouverneure, die Regierungsräte, die Minister, die Richter, die Behördenleiter und alle, die Verwaltungsmacht in der Provinz hatten,zur Einweihung des Bildes,
das Nebukadnezar, der König, aufgestellt hatte;
sie stellten sich auf vor dem Bild, das Nebukadnezar, der König, aufgestellt hatte.
4 Der Herold rief laut:
„Zu euch ist gesprochen, Völker, Gemeinschaften, Sprachgruppen,
5 in dem Moment, da ihr hört die Stimme des Hornes, der Schalmei, der Zither, der Harfe, des Psalters, des Dudelsacks, allerlei Sorten Musik,
sollt ihr niederfallen und Ehrfurcht erweisen dem Bilde, das Nebukadnezar, der König, aufgestellt hat.
6 Wer nicht niederfällt, Ehrfurcht nicht erweist,
der wird im gleichen Augenblick mitten in einen feurig brennenden Ofen geworfen."
7 Daraufhin, zu der Zeit, als alle Völker die Stimme des Hornes, der Schalmei, der Zither, der Harfe, des Psalters, allerlei Sorten Musik hörten,
fielen sie nieder, alle Völker, Gemeinschaften, Sprachgruppen,
erwiesen Ehrfurcht dem Bilde aus Gold,
das Nebukadnezar, der König, aufgestellt hatte.

8 Daraufhin, zu dieser Zeit, näherten sich chaldäische Männer
und zerfraßen den guten Ruf der Juden.
9 Sie entgegneten, sie sprachen zu Nebukadnezar, dem König:
„Der König, er lebe in Weltzeit."
10 Du, König, hast festgesetzt eine Verordnung, dahingehend, daß jedermann, der die Stimme des Hornes, der Schalmei, der Zither, der Harfe, des Psalters, des Dudelsacks, allerlei Sorten Musik hört,
niederfällt und dem goldenen Bild Ehrfurcht erweist,
11 und wer nicht niederfällt, Ehrfurcht nicht erweist, in einen feurig brennenden Ofen geworfen werden soll.
12 Da gibt es nun jüdische Männer, die du angestellt hast über den öffentlichen Dienst in der Provinz Babel,
Schadrak, Meschak und `Abed-Ngo,
diese Männer haben sich dir, König, gegenüber nicht ordnungsgemäß verhalten,
deinen Gott haben sie nicht geehrt,
dem goldenen Bild, das du aufgestellt hast, Ehrfurcht nicht erwiesen."

13 Nun sprach Nebukadnezar, glühend vor Zorn, herkommen zu lassen Schadrak, Meschak, `Abed-Ngo;
daraufhin kamen diese Männer vor den König.
14 Nebukadnezar entgegnete, er sprach zu ihnen:
"Ist das zutreffend, Schadrak, Meschak, `Abed-Ngo,
daß ihr, ja ihr, meinen Gott nicht geehrt habt,
daß ihr dem goldenen Bild, das ich aufgestellt habe, Ehrfurcht nicht erwiesen habt?
15 Nun gut, seid ihr wirklich bereit,
daß ihr in dem Augenblick, da ihr die Stimme des Horns, der Schalmei, der Zither, der Harfe, des Psalters, des Dudelsacks,
allerlei Sorten Musik hört,
niederfallt und dem Bild Ehrfurcht erweist, das ich gemacht habe,
...?
aber wenn ihr in dem Moment Ehrfurcht nicht erweist, so werdet ihr sofort in den feurig brennenden Ofen geworfen.
Wer ist wohl der Gott, der euch meiner Hand entreißt?"
16 Schadrak, Meschak und `Abed-Ngo entgegneten, sie sprachen:
„Wir haben es nicht nötig, dir darauf auch nur eine Silbe zu erwidern;
17 da: unser Gott, den wir verehren, vermag wirklich uns dem feurig brennenden Ofen zu entreißen;
18 und wenn auch nicht,
so werde dir, König, bekannt:
deinem Gott werden wir keineswegs dienen,
dem goldenen Bild, das du aufgestellt hast, Ehrfurcht nicht erweisen."
19 Nun wurde Nebukadnezar voll zornig
das Bild seines Antlitzes änderte sich gegen Schadrak, Meschak und `Abed-Ngo,
er entgegnete und sprach:
„Man soll den Ofen heizen und zwar siebenmal mehr, als man gehalten ist, ihn zu heizen."
20 Zu manneskräftigen Männern der Garde sprach er,
Schadrak, Meschak, und `Abed-Ngo zu fesseln,
sie in den feurig brennenden Ofen zu werfen.
21 Dann wurden diese Männer in ihren Mänteln, Röcken, Mützen und Kitteln in den feurig brennenden Ofen geworfen.
22 Aus dem Grunde, daß das Wort des Königs so überhart war, der Ofen also überheizt war,
tötete die Flamme des Feuers jene Männer, die Schadrak, Meschak und `Abed-Ngo hereingebracht hatten.

23 Und diese drei Männer, Schadrak, Meschak und `Abed-Ngo, fielen in den feurig brennenden Ofen, gefesselt.
24 Aber nun wunderte sich Nebukadnezar, er stand auf, durcheinander,
er entgegnete, er sprach zu den Verantwortlichen:
„Haben wir diese drei Männer nicht ins Feuer geworfen, gefesselt?"
Sie antworteten und sprachen zum König:
„Sicherlich, König!"
25 Der antwortete und sprach:
„Da sehe ich doch vier Männer, entfesselt, gehend mitten in der Glut, keinerlei Schaden an ihnen,
das Antlitz des Vierten ist wie eines Gottessohnes."
26 Nun näherte sich Nebukadnezar dem feurig brennenden Ofen, entgegnete, sprach:
„Schadrak, Meschak, `Abed-Ngo traten hervor, mitten aus dem Feuer."
27 Es versammelten sich die Satrapen, die Verwaltungschefs, die Gouverneure, und die Verantwortlichen des Königs,
und schauten sich diese Männer an,
über deren Leiber das Feuer keine Macht hatte;
das Haar ihrer Köpfe war nicht versengt,
ihre Mäntel hatten sich nicht geändert,
Brandgeruch war an sie nicht gekommen.
28 Nebukadnezar entgegnete, er sprach:
„Gesegnet sei der Gott des Schadrak, des Meschak, des `Abed-Ngo,
der seinen Boten gesandt hat,
der rettete seine Knechte,
die sich auf ihn verließen
das Wort des Königs umänderten,
hingaben ihre Leiber,
die nicht niederfielen,
die keinem Gott Ehrfurcht erwiesen, es sei denn ihrem Gott.
29 Von mir geht nun Verordnung bezüglich aller Völker, Gemeinschaften und Sprachgruppen aus:
soweit jemand dem Gott Schadraks, Meschaks und `Abed-Ngos widerspricht,
wird er zu Einzelteilen gemacht,
sein Haus gleich einem Misthaufen,
aus dem Grund, daß es keineswegs einen anderen Gott gibt, der helfen kann wie dieser!"
30 Sodann rehabilitierte der König Schadrak, Meschak und `Abed-Ngo in der Provinz Babel.

5.3. Auslegung

Der Text ist klar gegliedert. die Gliederung ergibt sich aus den Wiederholungen. Diese Wiederholungen wirken sehr eindrucksvoll, wenn man den Text gut vorliest. Man kann ihn einer Gemeinde durchaus in seiner vollen Länge zumuten, ja, dieses Vorlesen ist eigentlich schon mehr als die halbe Predigt.

5.3.1. Gold, König, Honoratioren und Musik: die innere Struktur des Textes

Da ist zunächst das Bild. Wir hören das Wort „Bild" (*zlem, zalma')* und achtmal mit dem Zusatz *di h-dehab* oder *dahaba'*, aus Gold bzw. golden, und achtmal mit dem Zusatz *di haqim nebukadnezzar malka'*,das Nebukadnezar, der König, aufgestellt hatte. Viermal, in Vs. 7, als alle niederfallen und dem Bilde Ehrfurcht erweisen, in Vs. 12, wo die Verweigerung der drei jüdischen Männer gemeldet wird, in Vs. 14, wo der König selber seine Verordnung zitiert, und in Vs. 18, wo die drei Männer sich weigern, der Verordnung nachzukommen, hören wir das Wort mit beiden Zusätzen. In Vers 7 gehen alle in die Knie. In den Versen 12,14 und 18 geht es um eine Verweigerung.

Dann gibt es die ganze Reihe von Würdenträgern. Man hat den Eindruck, auch wenn wir bei einigen Amtsbezeichnungen nur vermuten können, wen sie bezeichnen, und die Übersetzung also spekulativ bleiben muß, daß das ganze höhere Beamtentum, also die ganze staatstragende Schicht, zugegen sein muß, sieben Besoldungsstufen und, damit keiner ausgelassen wird, der Zusatz: „alle, die Verwaltungsmacht besaßen in der Provinz". Sie werden gerufen, und sie kommen auch alle, ohne Ausnahme. Ab Vs. 7 treten sie nicht mehr auf, denn die Mannschaft, die schließlich in Vs. 27 aufläuft, ist arg reduziert.

Weiter die Verordnung des Königs. Sie hören wir dreimal: Vs. 5,10. 14, das dazugehörende Symphonieorchester sogar viermal, wobei der Dudelsack einmal (Vs. 7) fehlt.

Die Honoratiorenmannschaft ist in Vers 27 reduziert auf die Satrapen, Verwaltungschefs und Gouverneure; neu sind hier die *dabre malk'a*, die laut Vers 24 etwas mit der versuchten Hinrichtung zu tun hatten. Bis Vers 8 läuft alles, wie geplant. Ab Vers 19 findet eine „Transformation" statt: Bild und Verordnung werden nicht mehr erwähnt, der König ist durcheinander und erweist sich schließlich als „Wendehals", die staatstragende Schicht hat Schaden genommen und die drei jüdischen Männer werden rehabilitiert.

Wir können also einteilen:

Vers 1 – 7: der Kult des Goldes;
Vers 8 – 18: die Verweigerung
Vers 19 – 27: der König ist durcheinander;
Vers 28 – 30: der König wird einstweilen fromm.

5.3.2. Der Kult des Goldes

„König Nebukadnezar machte ein Bild aus Gold", heißt es. Nebukadnezar war der König, der Ägypten vorerst als ernstzunehmenden Konkurrenten um die Vorherrschaft in der Region ausschaltete, indem er ihm das gesamte ägyptische Vorfeld im syro-phönizischen Raum wegnahm. Dabei zerstörte er die Stadt Jerusalem, deren Eliten auf die ägyptische Karte gesetzt hatten. Ein schicksalhafter Name also, Inbegriff der zerstörerischen Allmacht des altorientalischen Königtums. Sein Name war gut für zahllose Geschichten und Legenden, vor allem unter dem babylonischen Diasporajudentum. Ob unsere Geschichte auf eine solche traditionelle Legende zurückgeht, wissen wir nicht. Aber der Name Nebukadnezar bürgt auf alle Fälle für Qualität!

Das Bild war aus Gold. Und es war riesig: 60 Ellen sind immerhin ungefähr 30 Meter. Ein goldenes Monstrum. Das Gold vermittelt Transaktionen zwischen gegenwärtigen und zukünftigen Warenbesitzern; gehortet ist es künftige Kaufkraft und quantifiziert ist es anwendbar als Wertbemessungsmittel. Tauschmittel, Wertaufbewahrungsmittel und Maß der Werte: das Gold ist das Gravitationszentrum der hellenistischen Ökonomie. Der König der Könige macht daraus ein Bild, er verdinglicht die Ökonomie und macht sie zum Kultgegenstand, er fetischiert das Gold. Der Inbegriff des Königtums (die Politik) erhebt den Inbegriff der Ökonomie (das Gold) zum Gott der ganzen Welt, das ist der Vorgang, der hier erzählt wird. Die Erzählung beschreibt also die Einheit von Politik, Ökonomie und Ideologie in der hellenistischen Zeit. Sie beschreibt eine **Weltwirtschaftsordnung**.

Hellenistische Ökonomie, sagten wir; denn Nebukadnezar ist eine Symbolgestalt, die dem Gold entspricht: Allmacht des Königs und Allmacht der Ökonomie; das Ganze findet in der „Ebene von Dura" statt. Dura war eine bedeutungslose babylonische Siedlung, die erst unter der Herrschaft der Seleukiden wichtiger wurde. Es lag am Schnittpunkt der großen Karawanwege von Babel nach der nordphönizischen Küstenregion und vom iranischen Ekhbatana nach Damaskus und Ägypten. In dieser hellenistischen Stadt gab es einen großen Tempel für den „allergrößten Zeus", gegründet von Anthiochos III oder vielleicht auch von Anthiochos IV. Indem der Erzähler die Namen Nebukadnezar, auf den er auf Grund seiner erzählerischen Fiktion angewiesen war (Daniel sollte ja eine Gestalt aus der Zeit der Verschleppung gewesen sein), und Dura kombiniert, kombiniert er die Zeit der schwersten Krise Israels mit der Zeit, in der das Seleukidenreich auf dem Höhepunkt seiner Macht angelangt war. In diesem Reich herrschte das Gold. Und diese Herrschaft war uneingeschränkt. Das Gold war der Gott.

Die tatsächliche Macht wirkt auch dann, wenn sie nicht gefeiert wird; aber die Feier soll jedweden Zweifel an ihrer Wirkung beseitigen. Die staatstragenden Schichten der Provinz Babel, des Kernbereiches des ganzen Reiches, sollen auf sie verpflichtet werden, indem gerade sie zur Einweihungsfete gerufen werden. Indes ist dies nur der Vordergrund des Anliegens. Der Herold (das Wort *karuza'* ist ein Leihwort aus dem Griechischen, *kéryx)* ruft alle Völker, Gemeinschaften und Sprachgruppen auf, dem Bild Ehrfurcht zu erweisen. Hier, denke ich, müssen wir an das oben erwähnte Dekret des Anthiochos IV „an alle Völker" denken, die zu „einem Volk" werden sollten (1Makk 1,41f.). Auch hier wird nichts und niemand ausgelassen; die Gruppen mit einer gewissen Autonomie (*'amemajja, ethneè kai choorai* in der Septuaginta, also „Völker und Landstriche"), die Volksgemeinschaften, die ein Autonomiestatut nicht besaßen *(`ummaja', laoi* bzw. *phylai*; die *`umma* bezeichnet auch heute noch die islamische Gemeinschaft der Gläubigen), und Sprachgruppen *(lischanaja'* bzw. *gloosai)*, Gruppen, die sich durch eine gemeinsame Sprache erkennbar machen: alle, ohne Ausnahme, müssen im buchstäblichen Sinne „antanzen".

Und alle kommen, alle fallen nieder vor dem Bild, dem goldenen, das Nebukadnezar, der König, aufgestellt hatte. Die Herrschaft des Goldes ist universal, unbeschränkt und alle, „universi", ohne Ausnahme, erkennen diese universale Macht an. Ein wahres goldenes Universum. Auch hier beschreibt die Erzählung die hellenistische Wirklichkeit. Die Perser hatten die Universalisierung der Ökonomie vorbereitet, indem ihr genialster König, Dareiosch I, als erster so etwas wie „Weltgeld" einführte; dadurch wurden, wie oben ausgeführt, Tributleistungen quantitativ vergleichbar, ihre Erhebung weniger willkürlich und politisch etwas leichter durchsetzbar. Unter hellenistischen Generälen und Königen mit ihren riesigen stehenden Heeren und Beamtenapparaten wird diese Universalisierung der Ökonomie vorangetrieben und gleichzeitig umgewälzt. Denn die Perser hatten das Gold gehortet, es der Zirkulation entzogen und somit eine Wirtschaftskrise nach der anderen verursacht; so zahlten die Perser zum Beispiel den Sold nicht aus, die auf sich gestellten Söldner verwüsteten vor allem in Anatolien ganze Landstriche; auch wurden die Beamtenapparate nicht ausreichend mit „Liquidität" versorgt, so daß diese sich wiederholt zu verselbständigen suchten. Die hellenistischen Städtegründer und Heerführer plünderten die vorwiegend in Tempeln gehorteten Schätze, wo sie nur konnten, und warfen das Gold immer wieder in die Zirkulation. Sie setzten damit eine „Modernisierung" in Gang, die überall traditionelle Strukturen auflöste. Diese Auflösung hatte Folgen für solche Gebiete wie Judäa; aber sie hatte auch Folgen für die zerstreute Ethnie der Judäer in Syrien oder Mesopotamien. Die Perser hatten das Gold mythisch behandelt, für sie war es in erster Linie Wertaufbewahrungsmittel, Schatz. Die Hellenisten machten es zum Zirkulationsmittel der Weltökonomie, zum ruhelosen Pol der rastlosen Bewegung, zu einem sehr bewegten Allbeweger, zum Maß aller Dinge. Das Gold war der einzige wahre Gott. Nicht Götze, sondern einzig wahrer Gott, denn das Gold funktioniert als einzig wahrer, nämlich als einzig real existierender Gott. Dies aber nun ist in der großen Liturgie Nebukadnezars feierlich zu bestätigen. Denn die Götter lieben die Feier, das heißt: ihre tagtägliche Göttlichkeit, ihre gewöhnliche Herrschaft muß periodisch verinnerlicht werden, damit sich keine Gottlosigkeit breitmacht. Und die Feier muß eine königliche sein, damit verinnerlicht wird, daß ohne die Absicherung durch die Politik die Ökonomie ihr segensreiches tägliches Werk nicht vollbringen kann. Deswegen die aufwendige Inszenierung einer Banalität, der Herrschaft des Goldes.

Auf die Knie, ihr alle!

5.3.3. Die Verweigerung

Das geht einige Zeit so, wie es gedacht war. Dann geschieht aber folgendes: „Einige chaldäische Männer fraßen die Teile der Juden." Der Ausdruck ist sonderbar, doch beschreibt er ziemlich genau die Wirkung einer Denunziation. Juden, *jehudim;* offenbar handelte es sich im Reiche des Anthiochos II bzw. IV in Mesopotamien, also in der Hauptprovinz des Reiches, um eine klar erkennbare ethnische Minderheit. Und offenbar standen sie in jener Zeit unter einem schweren Anpassungsdruck. Das Buch

Esther, das im gleichen Millieu und zur gleichen Zeit entstanden sein dürfte, berichtet, wie wir sehen werden, einen ähnlichen Vorgang.

Die chaldäischen Männer denunzieren die Juden; sie zitieren die Anordnung mit der Strafandrohung und interpretieren den Verstoß gegen die Anordnung:

> 12 „Deinem Gott haben sie sich nicht dienstbar gezeigt,
> dem goldenen Bild, das du aufstelltest, Ehrfurcht nicht erwiesen."

Dieser Satz hatte den griechischen Übersetzern Schwierigkeiten bereitet; die Septuaginta hat statt „Gott" (gr. *theos*) Götterbild (gr. *eidoolos*) und Theodotion hat statt Singular das Plural *theoi*. Das zeigt ein Problem an. Das harte Singular „Gott" ist für einen Juden untragbar; daß es Götter und Idole gibt, das wußten sie; daß es aber einen „Gott" gibt, der dem Gott Israels seinen Platz streitig macht, war für sie ein unerträglicher Gedanke. Weiter fällt auf, daß die Denunzianten zwei verschiedene Verben gebrauchen; dem Gott werde nicht „gedient" (aramäisch *pelach*, gr. *latreuein*), dem Bild wurde Ehrfurcht nicht erwiesen (aram, *segid*, gr. *proskynein*). Letzteres ist die extrem unterwürfige Haltung, die man Großkönigen und anderen sehr hochgestellten Personen, wie Haman im Buch Esther, entgegenzubringen hat. Diese Haltung setzt voraus, daß man niederfällt, deswegen verlangt die Anordnung „niederfallen und Ehrfurcht erweisen". Aber die Denunzianten interpretieren die vorgeschriebene Haltung als einen religiösen Akt: „Gottesdienst". Es wird daher verlangt, daß den herrschenden Verhältnissen mit einem absoluten, nicht mehr hinterfragbaren Gehorsam gedient wird, mit Religion also. Es gibt ein Wort *palch'a* (von pelach), das „Soldat" bedeutet. Das griechische *latreuein* unterstreicht das religiöse Element in dieser Dienstbeflissenheit. Gottesdienst als Heeresdienst ist der Herrschaft des Goldes, dem Gott „Gold" zu erweisen. Über dem Staat, der seine Herkunft aus dem Kriegswesen noch nie verleugnen konnte, schwebt immer die Religion. Man muß sich zu ihm „bekennen", man verlangt den Untertanen ihm gegenüber eine religiöse Haltung ab, eine Haltung, die jedes Hinterfragen, jede Kritik von vornherein als zersetzend, als zerstörerisch, eben als „gottlos" abqualifiziert. Der Text ist hier also sehr genau. Er benennt das Bild als „Gott", als Gott des Königs; nicht als Gott, den sich der König ausgedacht hat, sondern als Gott, dessen höchster Diener der König selber ist. Lebt er etwa nicht vom Gold? Die Denunzianten verfügen über eine klare Analyse. Ein Bekenntnis wird es auch hier geben! Der König reagiert entsprechend. Das ist durchaus nicht die Marotte eines Tyrannen, dem man sein schönes Spiel verdorben hat. Nebukadnezar handelt nicht als Verrückter; er weiß, was auf dem Spiel steht. Seine Macht ist gesichert, wenn das, was er verkörpern muß und was er in seinem riesigen Bild aus Gold verdinglicht hat, vorbehaltlos anerkannt wird. Er interpretiert seine Anordnung wie seine Denunzianten:

14 „Ist es zutreffend, daß ihr wirklich meinem Gott nicht gedient,
dem goldenen Bild, das ich aufstellte, Ehrfurcht nicht erwiesen
habt?"

Er zitiert die Anordnung, gibt sozusagen den drei jüdischen Männern noch eine letzte Chance, sich hinzuwerfen, wenn die Musik losgeht, widrigenfalls:

15 ...
„Wenn nicht ihr Ehrfurcht erweist zu dieser Stunde,
so werdet ihr sofort in den feurig brennenden Ofen geworfen."

Die Anfangsworte dieser Androhung: *wehèn-la* werden auch von den drei Männern gebraucht. Zunächst freilich weisen sie des Königs Ansinnen schroff zurück:

„**Wir** haben es nicht nötig,
darauf auch nur ein Wort zu erwidern.
Da, unser Gott, dem **wir** dienen, ist wirklich bei Machte,
uns dem feurig brennenden Ofen zu entreißen,
er wird uns deiner Hand, König, entreißen.
Und wenn auch nicht,
so werde es dir, König, bekannt:
Deinem Gott dienen wir sicher nicht,
dem goldenen Bild, das du aufstelltest, erweisen wir Ehrfurcht nicht."

Drei Teile hat die Antwort. Der erste Teil fängt mit einem emphatischen „wir" an. Gerade weil es sich um dieses „wir" handelt, ist jede Diskussion sinnlos. Im zweiten Teil wird das gleichermaßen emphatische „wir" inhaltlich gefüllt: da der Gott, dem sie dienen, absolut unterschieden werden muß von dem Gott, dem zu dienen der Großkönig von ihnen verlangt, wie der Gott, der befreit, vom Gott, der versklavt, haben sie es nicht nötig, sich auf eine sinnlose Diskussion, auf einen unproduktiven Konflikt einzulassen. Der dritte Teil der Antwort fängt an mit den gleichen Partikeln, mit denen der König seine Strafandrohung einleitet: *wehèn-la*, „und wenn auch nicht." Wir erwarten: „dann werden wir eben verbrannt"; das wäre zwar heroisch, aber, wie alle Heroik, sinnlos, tragikomisch. Nein: jetzt kommt das „Bekenntnis". *jedi'a lehew'e-lak malka'*, „bekannt werde es dir, König". Dieses Bekenntnis, denn darum handelt es sich, **ist** die Verweigerung, sich dem Gott des Königs und des Reiches, dem Golde, zu unterwerfen. Das Bekenntnis ist die Ankündigung einer Tat, einer Tat der Verweigerung. Sie sprechen also kein billiges Credo, sondern sagen, was sie tun, oder vielmehr nicht tun werden, und sie sind sich des Risikos dieses Nichttuns voll bewußt: *wehèn-la*, und wenn auch nicht!; diese Partikel machen das Bekenntnis zu einer Praxis, zu einer sehr gefährlichen Praxis!

Nun wurden die Männer von den Denunzianten vorgestellt als solche, die der König „über den öffentlichen Dienst in der Provinz Babel" angestellt hatte. Gedient haben sie, eingebunden waren sie. Aber sie waren eingebunden **im** System, wie sie **im** System ihren Dienst ausgeübt haben; aber sie weigern sich, **dem** System zu dienen, ihm **ver**bunden zu sein. Das kann, das darf ein jüdischer Mann nicht. Und das erfährt seine Bestätigung im Buch Esther. Der legendäre König Achasweroscn hatte einen gewissen Haman zum zweiten Mann im Staate gemacht und die *proskynesis* ihm gegenüber zur Bürgerpflicht gemacht. Ein jüdischer Mann mit Namen Mordekai, Vormund des Mädchens Esther, weigert sich, diesem Gebot nachzukommen. Man fragt ihn, weswegen. Zunächst schweigt Mordekai. Er wird angezeigt, und Mordekai zeigt nun seinerseits an, daß er ein Jude sei. Und das erklärt ja, weswegen er dem Gebot nicht nachkommen kann. Ein Jude wirft sich nicht vor einem Menschen nieder, und wenn es der König selber wäre. Die Reaktion Hamans ist daher strukturverwandt mit der Reaktion Nebukadnezars. Sie schließen aus der Tatsache, daß es für einen Juden eine absolute Loyalität gegenüber Menschen und ihren Werken nicht geben darf, daß auf sie kein Verlaß sein könne, daß sie staatsgefährdend seien und dementsprechend zu behandeln seien. Nun war aber im Buche Esther gerade erwähnt worden, daß Mordekai eine Verschwörung gegen den König aufgedeckt hatte; das heißt: die Tatsache, daß Juden dem Staat keine göttliche Ehre erweisen dürfen und können, steht nicht im Widerspruch zu ihrer gewöhnlichen politischen Zuverlässigkeit. **Darum** geht es also nicht, aber diese Zuverlässigkeit ist **nicht** identisch mit blinder Ergebenheit: **darum** geht es.

In beiden Büchern geht die Sache gut aus. Aber das *wehèn-la* ist blutige Realität. Das Eiserne Kreuz der Tapferkeit bei der „Verteidigung" des Vaterlandes 1914 – 1918 hat die Juden 25 Jahre später vor der Vergasung durch Schergen dieses gleichen Vaterlandes nicht bewahrt, und kein Gott hat sie den Öfen der Faschisten entrissen...

5.3.4. Der König ist durcheinander

Die Überreaktion des Königs zeigt sich in der Anordnung, den Ofen siebenmal stärker zu beheizen, als man gewohnt war. Sie erklärt sich aus der grundsätzlichen Natur der Antwort der drei jüdischen Männer. Sie hat dem König klargemacht, daß eine hundertprozentige Sicherung seiner Herrschaft und der Herrschaft des Goldes nicht erreicht werden kann, solange es Menschen gibt, die sich dem ersten Gebot des Zehnwortes verpflichtet wissen. Sie erklärt sich aber auch aus der Tatsache, daß diese Männer hohe Beamte waren, die die Gunst des Königs genossen. Das ändert sich: sein Antlitz ändert sich, er entzieht ihnen seine Gunst. Beschrieben wird, wie „brennbar" und wehrlos die Männer sind: sie werden mit ihrer ganzen Amtsbekleidung und gefesselt in die Glut geworfen. Ihre Henker kommen dabei ums Leben. Es folgt in der Septuaginta ein Bußgebet, das Asarja, wie `Abed-Ngo in Wahrheit hieß, zusammen mit seinen Genossen mitten im Feuer ausspricht. Nun wendet sich die Geschichte. Die Septuaginta berichtet, wie die Flammen neunundvierzig Ellen hoch aus dem Ofen herausloderten, siebenmal sieben, unendlich, himmelhoch eine Feuerfanfare des Jobel!; wie der Bote des EWIGEN herunterkommt, die Flammen herausdrängt und im Ofen selber Kühle entstehen läßt; wie schließlich die drei anfangen Gott zu ehren, zu preisen, zu erhöhen, indem sie ein Loblied singen, das so endet:

3,88 Segnet Chananja, Azarja, Mischael den EWIGEN,
singt ein Loblied Ihm, erhöht ihn in Weltzeit,
denn er entriß uns dem Totenreich, befreite uns aus der Hand des Todes,
rettete uns aus der Mitte der glühenden Flamme
und aus dem Feuer kaufte er uns frei.
89 Preist den EWIGEN, denn er ist gut,
denn in Weltzeit seine Wohlgesinnung.
90 Segnet alle, die den Gott der Götter ehren,
singt ein Loblied Ihm,
denn in Weltzeit seine Wohlgesinnung, in Weltzeit der Weltzeiten.

Es lohnt sich, in diesem Zusammenhang über den Ausdruck „Gott der Götter" nachzudenken. Der Ausdruck begegnet in Dan 11,36; in Jos 22,22 hören wir:

Der Gott der Götter, EWIGER,
der Gott der Götter, EWIGER,

er, er weiß
und Israel, es weiß ...

Das bedeutet nicht in erster Linie, daß der Gott Israels der allerhöchste Gott ist, sondern es bedeutet, daß der NAME der einzige Maßstab bleibt, was auch immer sich als real existierender Gott erweisen mag, was immer als letztendgültiger Maßstab ausgegeben werden mag. Die drei Jünglinge im Ofen besingen eben diesen EINEN und demaskieren damit das Bild aus Gold als dessen Untertanen. Der Ausdruck ist eine andere Gestalt des praktischen Bekenntnisses der drei, bevor sie in den Ofen geworfen werden.

Kein Wunder, daß der König „durcheinander" ist. Leider kommt das Verb, das diesen Gemütszustand beschreibt, nur im Biblisch-Aramäischen, und zwar nur an dieser Stelle, vor; die Bedeutung von *thewah* muß aus dem Kontext erschlossen werden. Der König hat drei Männer bekleidet und gefesselt in einen derart überheizten Ofen werfen lassen, daß seine Schergen getötet werden. Er sagt:

„haben wir nicht **drei** Männer in den **feurigen** Ofen
geworfen, **gefesselt**?"

Auf die Antwort: „Gewiß doch, König", erwidert er:

„Da sehe ich doch **vier** Männer,
gelöst sich ergehend durch den feurigen Ofen,
Schaden gar nicht an ihnen –
das Aussehen des Vierten: Gestalt eines Gottessohnes!"

Dreifacher Gegensatz: drei/vier, gefesselt/gelöst, feurig/ohne Schaden. Der erste Gegensatz ist der wichtigste; die beiden anderen sind nur ein Ergebnis dieses Gegensatzes. Bubers Übersetzung des *scherajin mahlekin*, „gelöst sich ergehend", ist genial; sie trifft die heitere Stimmung, die in der Septuaginta, wie wir sahen, zu Gesängen Anlaß gab. Die drei Männer – und sie sind Israel in der Diaspora – sind nicht allein und auf sich gestellt. Einer ist bei ihnen und der hat „Gestalt eine Gottessohnes". Wir denken dabei sofort an Gen 1,26 und 5,1. Dort wird gesagt, daß Gott Menschheit macht *bidmuth 'elohim*, in der Gestalt Gottes. Hier, in Dan 3,25, hören wir: *dameh lebar-'elahin*. Da muß ein Zusammenhang sein, den übrigens auch der Hymnus der Septuaginta aufruft. Es ist die Gestalt, der Adam-Menschheit eingeschaffen wurde, die nie verlorenging und die im Antlitz Israels der Menschheit bewahrt blieb. Aber in dieser vierten Gestalt schwingt noch eine andere Konnotation mit. Der König sieht diese vierte Gestalt zunächst als irgendein „Gottwesen“, als gehobenen Himmelsfunktionär, analog seinen eigenen Funktionären. Aber er wird diese Gestalt auch noch anders sehen lernen, es wird sich ihm noch jene andere Konnotation aufdrängen.

Die alte Kirche hatte Dan 3,1-24 in der großen Nachtwache vor Ostern als zwölfte und letzte Lesung aus der Schrift vorgeschrieben. Diese Lesungen und das große Loblied auf das Licht der Osterkerze, das ihnen vorangeht, sind eingebettet in der Atmosphäre der Schöpfungstheologie von Gen 1 und der Befreiungstheologie. Diese Erzählung will dem aufs Äußerste bedrängten Israel einschärfen, daß die Berufung und die Verheißung, die in der „Gestalt eines Gottessohnes“ liegt, unwiderruflich ist, und zwar auch dann, wenn ein goldenes Monstrum von sechzig Ellen hoch das unausweichliche Schicksal der Menschheit zu beschwören scheint; daß Befreiung auch dann geschieht, wenn sie kein Mensch mehr für möglich hält, eben auch und gerade der Großkönig Nebukadnezar nicht; deswegen heißt es, Vs. 24: *'edin nebukadnezzar malka' thewah*, „denn war Nebukadnezar, der König, durcheinander“, und zwar ziemlich! Die Befreiung geschieht nicht ohne die Erschütterung derer, die dieses und jedes andere goldene Bild aufrichten lassen.

5.3.5. Der König wird fromm, in seiner Weise!

Der Rest ist schnell erzählt: die Unversehrtheit der Männer wird amtlich festgestellt, vom König selber und von einer Auswahl hoher Beamten. Der König sagt:

> 28 „Gesegnet der Gott von Schadrak, Meschak und Abed-Ngo,
> der aussandete Seinen Boten,
> der seine Knechte errettete,
> die sich auf Ihn verließen,
> das Wort des Königs umänderten,
> hingaben ihre Leiber,
> die nicht niederfielen,
> die keinem Gott Ehrfurcht erwiesen, es sei denn ihrem Gott.“

Drei Zeilen dieses Lobliedes haben Gott, fünf die drei jüdischen Männer zum Gegenstand. Gott wird als Gott der Befreiung gepriesen: das Senden seines Boten und seiner Knechte ist genau das, was in Ex 3,1 – 15,21 erzählt wird. Zunächst nennt der König die vierte Gestalt die „eines Gottessohnes“; hier aber nennt er sie *mal'akeh*, seinen, Gottes, Boten. Und dann ist diese Gestalt nicht nur das, was Adam-Menschheit wesentlich ist, das, was Israel als erstgeborenes aller Völker, also als Repräsentant jener Menschheit wesentlich ist, nämlich „Gestalt Gottes“ (Gen 1,26), sondern sie ist zugleich (eben als „Bote“, Ex 3,2; Ri 6,11; 13,3 usw.) die Nähe jenes Gottes zu seinem Volk; und so, indem und weil er seinem Volk nahe ist, ist er der Adam-Menschheit nahe. Und das mitten im siebenfach überheizten Glutofen dessen, was wir Menschheitsgeschichte nennen. Anlaß zu einer triumphalistischen Theologie kann das nicht sein. Denn Gott war, wenn überhaupt, seinem Volk in den Öfen der deutschen Faschisten nahe als der, der mit seinem Volk vergast und verbrannt wurde. Christen können so etwas kaum denken; für sie ist Gott letztlich der, der sich als „Vater“ aus der Schußlinie hält, denn es darf unter Christen nicht gesagt werden, wie es die alten modalistischen Ketzer vom Schlage Sabellius sagten: der Vater habe gelitten. Es muß wohl beides gesagt werden: der Bote Gottes, also Gottes Präsenz, ist auch mit seinem Volk verbrannt; das *wehèn-la*, das „wenn auch nicht“, war blutiger Ernst, gerade auch zu Daniels Zeit, die eine Zeit des blutigen Martyriums war. Aber kein Ofen von Großkönigen oder Faschisten kann das Gerücht von Befreiung, das dieser Gott ist, endgültig zum Verstummen bringen: einige werden gerettet, immer wieder, solange dieses Volk, solange Adam-Menschheit lebt: auch das muß gesagt werden, mit allergrößtem Zögern. Denn diese Erzählung ist nach Auschwitz fast nicht mehr hörbar zu machen, erst recht nicht für die Täter, die **wir alle** in irgendeiner Weise waren, sind. Hier wird nun der König, der Jerusalem zerstörte, zum Propheten, indem er diese vierte Gestalt genau als das benennt, was sie ist: nicht als irgendeinen „Engel“, der nicht leiden kann, sondern als SEINEN Boten, der in der Regel mit seinem Volk untergeht, aber, so die Hoffnung, auch unsere Hoffnung, letzten Endes nicht ...

Die Knechte haben sich „auf Gott verlassen“, sie haben also „keinem anderen Gott Ehrfurcht erwiesen als nur ihrem eigenen Gott“: die Zeilen rahmen diesen Teil des Lobliedes ein. Sich auf Gott verlassen bedeutet, daß sie das Wort des Königs „umändern“ müssen. Das Verb *schana'* bedeutet „verschieden sein“, in der Intensivform „verschieden machen, verändern“. Buber hat „übertreten“. Aber hier ist mehr als eine „Übertretung“; das Wort des Königs wird in sein Gegenteil verkehrt, indem genau das nicht mehr geschieht, was durch den Kult des Goldes sichergesteltt werden sollte: die unangefochtene, nicht mehr hinterfragbare Alleinherrschaft des Goldes. Die drei Männer „fielen nicht nieder“, heißt es dann in der vierten Zeile: das ist negativ genau das, was positiv in der fünften Zeile gesagt wird. Aber die Männer gehen ein großes Risiko ein, dessen sie sich bewußt waren und das sie mit den beiden Partikeln *wehèn⁻la* in Vers 18 zum Ausdruck brachten: „und wenn auch nicht". Sie mußten ihre Leiber hingeben, ohne sicher zu sein, daß die „Glut keine Macht über ihre Leiber haben" würde, Vs. 27. Dieses unkalkulierbare Risiko steht in der Mitte jener fünf Zeilen des Lobliedes, die sich mit den drei jüdischen Männern beschäftigen. Die Befreiung hat keine Sicherheitsgarantie, wie die Märtyrergeschichten aus jenen Tagen genügend beweisen.

Der König zieht die Konsequenzen. Er erläßt ein universelles Reichsdekret, das wieder an „alle Völker, Gemeinschaften und Sprachgruppen" geht und das jeden „Widerspruch" gegen den Gott der drei unter eine drakonische Strafandrohung stellt. Das ist deutlich eine Anspielung auf den Erlaß des Anthiochos IV, 1Makk 1,41. Unter Widerspruch (wörtlich: schädliche Sprüche) muß, nach Analogie von Ezra 4,22 und 6,9, wohl „zuwiderhandeln" verstanden werden. Ob im Reich dieses Potentaten einem solchen Dekret überhaupt gehorcht werden kann, steht auf einem anderen Blatt. Denn, so meint der König: es gebe keinen Gott, der so zu retten (*hazzalah*) vermöge. Recht hat er; aber ob er es auch begreift? Auch das steht auf einem anderen Blatt. Er müßte denn aufhören, König zu sein (wie man aus Dan 3,31 – 4,34 lernen kann). Die drakonische Strafandrohung zeigt nun aber, daß der König den neuen Gott nicht anders auffaßt als den alten. Für ihn wechseln die Insignien, aber die Macht, die sie bezeichnen, bleibt dieselbe, die Macht des Goldes. Gegen diesen Betrug muß sich der Gott Israels ebenfalls mit einer drakonischen Maßnahme wehren, wie im anschließenden Kapitel erzählt wird.

Die drei Männer werden rehabilitiert; so muß wohl der Ausdruck *hazlach* verstanden werden. Das ist dann auch der feine Unterschied zwischen dem, was der König kann, *hazlach*, und dem, was Gott getan hat, *hazzalah*. Beide Verben kommen nur in dieser Erzählung und in der Erzählung Dan 6 vor, wo Daniel ein ähnliches Schicksal wie die drei Männer erfährt. Wird Israel von seinem Gott nicht befreit, kann es kein „Gelingen" haben (Grundbedeutung des Verbes *nezal*). Das Gelingen, das der Gunst eines Königs entspringt, ist ohne Befreiung durch den Gott Israels immer in der Gefahr, sich in sein Gegenteil zu verkehren. Das galt für die Gunst des Pharaos Joseph gegenüber; und das kann man in Lion Feuchtwangers finsterem Roman „Jud Süss" nachlesen.

5.4. Weltwirtschafts„ordnung"

Das goldene Bild ist die verhimmlichte Form einer Wirtschaftsordnung. Gold als Tauschmittel, als Maß der Werte, als Wertaufbewahrungsmittel und vor allem als Akkumulationsmittel ist das Herz jener Ökonomie, das unentbehrliche Schmiermittel der damaligen Weltwirtschaftsmaschinerie. Diese Ökonomie verlangt von den Menschen harte Anpassungsleistungen. In erster Linie von den Sklavinnen und Sklaven auf den Domänen und von den freien landwirtschaftlichen Produzenten, die gegen die Domänenwirtschaft zu konkurrieren hatten. Denn sie produzieren die Reichtümer, die das Gold bewertet, und deren Austausch gegen andere Reichtümer das Gold für dessen Besitzer erleichtert. Ihre Reproduktion darf nur das äußerste Minimum an Lebensmitteln kosten, damit ein stattliches Surplus übrigbleibt; in einer Zeit großer Feldzüge und riesigen Angebots an Sklavinnen und Sklaven braucht nicht einmal dieses Minimum gezahlt zu werden; krepieren sie, gibt es billigen Ersatz; für diese Arbeitsmaschinen galt in gewissen Epochen: Ersatz ist billiger als Unterhalt. Sklavenarbeit gab es ja nun auch im damaligen „Dienstleistungssektor", im mühseligen und gefahrvollen Warentransport über weite Strecken. Aber nicht überall in den hellenistischen Königreichen gab es die Sklavenwirtschaft; in Palästina dürfte sich neben einer wachsenden Zahl Entwurzelter noch eine größere Schicht freier landwirtschaftlicher Produzenten gehalten haben; der makkabäische Krieg war kein Sklavenaufstand, sondern ein Krieg des Landvolkes gegen die städtischen Eliten. Die Sklavenwirtschaft setzte sich vor allem zwischen dem Ende des zweiten Jahrhunderts v.u.Z. bis zum Ende des zweiten Jahrhunderts u.Z. als relativ dominierendes Produktionsverhältnis durch; der Untergang der römischen Republik hängt damit zusammen wie auch der qualvolle Übergang des sog. Prinzipats zum Dominat. Letzteres ist gekennzeichnet durch das sog. Kolonat: die Bauern bleiben an ihre Dörfer gebunden; dafür dürfen sie nicht mehr als Sklaven verkauft werden. Wir sind dann nicht mehr weit von klassischen europäischen Feudalverhältnissen. All diese Formen wechseln sich in vorkapitalistischer Zeit ständig ab; deswegen gibt es keinen „Fortschritt" in der Ökonomie jener vorkapitalistischen Zeiten und auch keinen Fortschritt in der Ideologie oder in den politischen Organisationsformen. Jede Form kann unter bestimmten Umständen wieder in eine andere umschlagen. Aber einen Zweck muß jede Ideologie erfüllen: sie sollte die unmittelbaren Produzenten dazu bringen, die Herrschaftsansprüche der Besitzer von Produktionsmitteln zu verinnerlichen. Diesem Zweck diente das goldene Bild.

Die Vermittlung dieses ideologischen Zweckes durch die Ausformungen der Religion ist ein kunterbuntes Geschäft gewesen: der Phantasie wurden dort keine Grenzen gesetzt. Der Widerstand gegen das vorherrschende Produktionsverhältnis war wesentlich dumpfer. Die großen Sklavenaufstände waren sich einig in dem, was sie abschaffen wollten: den aktuellen Grundbesitzer. Ihre Gewalt war einfache, unmittelbare Negation. Soweit wir informiert sind, verfügten die Sklavenanführer weder über andere Götter noch über andere Vorstellungen als die ihrer Herren. Das galt erst recht für jene Vorform des Aufstandes, das Räubertum. Bei Flavius Josephus ist das Wort für Räuber und zelotischen Guerillero das gleiche: *lèistes*. Anders war es mit dem ideologisch durchorganisierten Widerstand gegen die hellenistische Modernisierung. Auch dieser war ein komplexer Prozeß; alte Eliten, die im Zuge des Aufstiegs neuer Eliten ihren angestammten Platz in der Gesellschaft verloren hatten, verbündeten sich mit anderen benachteiligten Gruppen. Da eine vorwärtsweisende Alternative zur vorherrschenden Produktionsform nicht entwickelt werden konnte, nahm die Ideologie des Widerstandes entweder eine betont traditionalistische Gestalt an oder sie wurde zur reinen, jenseitigen Utopie. Beide Züge sind im Buch Daniel präsent.

Der Hellenismus war ein Weltsystem. Ein politisches System; ein ökonomisches System; ein ideologischen System. Ein Weltwirtschaftssystem. Und die Verweigerung, die ideologischen Herrschaftsansprüche dieses Systems anzuerkennen, bedeutet die Verweigerung, dieses System überhaupt als legitim zu bezeichnen. Der Befreiungskrieg, der zwar schließlich zu nichts anderem als zu einer clever verpackten Form des Hellenismus, nämlich dem „makkabäischen" oder „hasmonäischen" Hellenismus führte, intendierte für Jehuda den Sturz des goldenen Bildes. Denn Thorarepublik und Kult des goldenen Bildes schließen einander wie Wasser und Feuer aus. In den Qumranrollen befindet sich ein Text, ein Kommentar zum Propheten Chabbakuk, der sich mit den Zuständen im makkabäischen Jerusalem befaßt. Zu Hab 2,17: „wegen des Blutes der Menschheit, der Gewalttat an Land und Festung, und allen, die darin wohnen", heißt es (Maier/Schubert 1973, S. 278ff.):

> „Die Deutung des Wortes geht auf den Frevelpriester,
> daß man ihm vergelten werde sein Tun, das er an (den) Armen getan –
> denn der Libanon, das ist die Gemeinschaft der Einung
> und die Tiere, sie sind die Einfältigen Judas,

die Täter des Gesetzes –
welchen Gott zur Vernichung verurteilen wird,
wo wie der geplant hat, (die) ‚Armen' zu vernichten.
Und wenn es heißt: ‚wegen der Blutttaten an der Stadt und der Gewalttat am Lande', so ist die Deutung:
‚die Stadt': das ist Jerusalem,
in der der Frevelpriester Abscheulichkeiten begangen hat
und das Heiligum verunreinigt hat.
Und ‚die Gewalttat am Lande',
das sind die Städte Judas,
wo er das Vermögen (der) ‚Armen' geraubt hat."

Dieser Text stammt aus Kreisen jener, die die Koalition verlassen und sich in die Wüste zurückgezogen hatten. Sie und ihre Nachfahren beobachteten die Ereignisse mit größter Ablehnung; ihre Ablehnung ist doppelt. Sie bezieht sich auf den makkabäischen Versuch, eine, wie Kippenberg recht unterkühlt sagt, „traditionsfreie Herrschaft" zu errichten, d.h., die Würde des Hohepriesteramtes an sich zu reißen. Und sie bezieht sich auf die asoziale, „hellenistische" Skrupellosigkeit, mit der jede Solidarität, jede Egalität im Volke vernichtet wird. Das Ganze wird dann im Königreich des Herodes gipfeln und im möderischen Bürgerkrieg mit römischer Einmischung untergehen.

Die makkabäische Revolution sollte nach den Vorstellungen dieser Fraktion die Autonomie als Grundbedingung und die Egalität als Rahmen wiederherstellen. Statt dessen wurde das „Vermögen" der „Armen" geraubt und wurde dem goldenen Bild bloß ein „Jahweh-Mäntelchen" umgehängt. Damit wurde das Opfer der Märtyrer jener Tage und das Bekenntnis der drei Männer im Ofen verraten.

Aber welche Perspektive hatte eine Revolution in einem kleinen, rückständigen Gebiet im Reich des Goldes, unter den Bedingungen der herrschenden Weltwirtschaftsordnung?

6. Die Weltordnung der Autonomie – Daniels letzte Vision

6.1. Daniel 7 – der Text

1 Im ersten Jahr Bel'schazzars, des Königs von Babel, hatte Daniel
Schau eines Traumes,
Schau seines Kopfes auf seinem Bett;
daraufhin schrieb er den Traum auf,
Hauptsache der Reden;
er sprach:
2 Daniel entgegnete, er sprach:
Ich schaute zu in meiner Nachtschau,
da: vier Windgeiste des Himmels, aufwühlend das große Meer.

3 Und vier Lebewesen, großmächtig, tauchten auf aus dem Meer,
das eine unterschieden vom anderen.
4 Das vorderste war wie ein Löwe, aber es hatte Flügel wie ein Adler;
ich schaute zu, bis seine Flügel ausgerissen wurden,
es wurde von der Erde gehoben,
es wurde auf die Füße gestellt wie ein Mensch,
ein Menschenherz wurde ihm gegeben.
5 Da: ein anderes Lebewesen, ein zweites,
seine Gestalt: ein Bär,
nach einer Seite war er aufgerichtet,
drei Rippen in seinem Maul zwischen seinen Zähnen,
so wurde zu ihm gesprochen:
„richte dich auf, fresse Fleisch, mächtig!“
6 Nach Ablauf dieses schaute ich zu;
da: ein anderes, wie ein Panther,
es hatte vier Flügel wie von Vögeln auf seinem Rücken,
vier Köpfe hatte das Lebewesen,
die Gewalt wurde ihm gegeben.
7 Nach Ablauf dieses schaute ich zu in meiner Nachtschau,
da: ein viertes Lebewesen,
schrecklich, grauenvoll, kraftstrotzend;
es hatte Zähne von Eisen, große,
es fraß, zermalmte und den Rest zerstampfte es mit seinen Füßen.
Dieses war verschieden von allen anderen Lebewesen, die vor ihm
waren;
zehn Hörner hatte es.
8 Ich überlegte über die Hörner
und da tauchte ein anderes, kleines Horn auf zwischen ihnen;

und drei der vorderen Hörner wurden entwurzelt vor ihm;
da: Augen wie Menschenaugen waren an diesem Horn,
ein Maul, großspurig redend.
9 Ich schaute zu,
bis Throne hochgestellt wurden,
ein Fortgeschrittener an Tagen setzte sich;
sein Gewand wie Schnee so weiß,
das Haar seines Kopfes wie reine Wolle;
sein Thron umgeben von Licht,
seine Räder wie Lichtblitze.
10 Ein Strom von Licht floß und brach aus ihm hervor,
Tausende und Abertausende dienten ihm,
Vielzahl der Vielen war vor ihm aufgestellt.
Das Gericht setzte sich -
Bücher wurden geöffnet.
11 Ich schaute zu:
dann von dieser Stimme aus großspurige Redensarten, die das Horn geredet hatte -
ich schaute zu -
bis sie getötet wurde, ihr Körper verreckte und der Glut des Feuers übergeben wurde.
12 Der Rest der Tiere: ihre Gewalt wurde befristet,
Lebensdauer wurde ihnen gegeben bis zu einer befristeten Zeit.
13 Ich schaute zu in meiner Nachtschau,
da: von den Wolken des Himmels wie ein Menschenkind war einer angekommen;
zum Fortgeschrittenen an Tagen kam er,
er wurde nahe an ihn herangebracht.
14 Ihm wurde die Gewalt übergeben, die Würde und das Königtum;
alle Völker, Gemeinschaften, Sprachgruppen erwiesen ihm die Ehre.
Seine Gewalt ist eine Gewalt in Weltzeit, die nicht befristet wird:
sein Königtum kann nicht zerstört werden.

15 Mein Geist – ich, Daniel – schmerzte in seiner leiblichen Hülle,
was mein Kopf geschaut hatte, alarmierte mich.
16 Ich näherte mich einem von denen, die dort standen,
und ich suchte Gewißheit bezüglich all dieses.
Er sprach zu mir, den Sinn der Reden ließ er mich erkennen:
17 „Diese vier Lebewesen, die ihrer vier sind:
vier Könige werden sich von der Erde her aufrichten.
18 Aber erhalten werden das Königtum die Heiligen des Höchsten,
sie werden das Königtum in Weltzeit besitzen,
von Weltzeit zu Weltzeit."

19 Aber nun begehrte ich Gewißheit über das vierte Tier,
das verschieden ist von all diesen,
schrecklich, strotzend,
seine Zähne aus Eisen, seine Klauen aus Bronze,
das frißt und zermalmt und den Rest zerstampft mit den Füßen.
20 Und über die zehn Hörner, die auf seinem Kopf sind,
und ein anderes taucht auf und drei fallen vor ihm,
und jenes Horn mit Augen und einem Maul, großspurig redend,
und es ist anschaulich größer als seine Gesellen,
21 Ich hatte zugeschaut:
dieses Horn macht einen Krieg gegen die Heiligen
und macht sie fertig,
22 bis ein Fortgeschrittener an Tagen kommt,
das Gericht sich setzt für die Heiligen des Höchsten.
Die Zeit ist erreicht,
das Königtum erhalten die Heiligen.
23 So sprach er:
„Das vierte Lebewesen wird das vierte Königreich auf der Erde sein;
es wird verschieden von allen Königreichen vor ihm sein,
es wird die ganze Erde fressen, sie niedertreten, sie zermalmen.
24 Und die zehn Hörner:
aus diesem Königreich stehen zehn Könige auf;
ein anderer steht auf nach ihnen,
er wird verschieden sein von denen, die vor ihm waren,
drei Könige wird er erniedrigen.
25 Redensarten wider den Höchsten wird er reden,
er wird die Heiligen des Höchsten zermürben,
er wird trachten, Fristen und Gesetze zu ändern,
und sie werden in seine Hand gegeben werden -
bis zu einer Zeit, Zeiten und einer halben Zeit.
26 Aber das Gericht wird sich setzen,
die Gewalt wird es ihm wegnehmen,
um es zu zerstören und verschwinden zu lassen, endgültig!
27 Und das Königtum, die Gewalt und die Größe alles Königtums unter dem ganzen Himmel
wird dem Volk der Heiligen des Höchsten gegeben;
sein Königtum wird ein Weltzeitkönigtum sein;
alle Gewalt wird ihm die Ehre erweisen, ihm Gehör schenken."

28 Bis hier; Ende der Rede.
Mich, Daniel, alarmierten meine Gedanken überaus.
Meine Farbe änderte sich mir,
aber ich behielt die Rede in meinem Herzen!

6.2. Auslegung

6.2.1. Einteilung, Struktur und Kontext

Vers 1 : Einleitende Bemerkung;
2 – 18: Traum und Deutung;
  2 – 14: Der Traum;
  15 – 16: Reaktion und Deutungsbegehren zum Traum;
  17 – 18: Deutung des Traumes.
19 – 27: Traum und Deutung;
  19 – 22: Der Traum über das vierte Lebewesen;
  23 – 27: Deutung des Traumes.
28: Schlußbemerkung, Reaktion.

Diese Einteilung macht eine inhaltliche Struktur sichtbar. Die überragende Bedeutung des vierten Lebewesens für den Träumer entspricht der überragenden Bedeutung der gegenwärtigen Zeit für die, die in ihr leben müssen. Ich habe diesem Umstand dadurch Rechnung getragen, daß ich den zweiten Traum – denn um eine solchen handelt es sich, er ist ja mehr als eine Wiederholung – im Präsens übersetzt habe. Gleichzeitig macht die Struktur den qualitativen Unterschied zwischen der vorhellenistischen Antike und dem Hellenismus deutlich.

Die Einteilung der Abläufe in der Weltpolitik in vier Epochen ist ein traditionelles Element, das wir aus verschiedenen antiken Überlieferungen kennen. Die Einteilung Gold-Silber-Bronze-Eisen kennen wir bereits aus dem Werk Hesiods und aus der Vorstellungswelt des Zarathustra. Die Zahl vier hat sich bis G.W.F. Hegel gehalten: orientalische Welt, griechische Welt, römische Welt; dann kommt das „Reich der sich wissenden Subjektivität ... Aufgang des wirklichen Geistes; damit tritt das vierte Reich ein, nach der natürlichen Seite des Greisenalters des Geistes“ (Hegel 1955[5], S. 253); nur ist die Reihenfolge hier umgekehrt. Sah die Antike den Fortgang als Dekadenz, so sieht ihn Hegel als Fortschritt, ganz in Übereinstimmung mit seinem dem Christentum entliehenen Eurozentrismus. Das hat sich dann in anderer Gestalt in die marxistische Theorie hinübergerettet (Marx, MEW 13, S.9). Diese Vorstellung hat also ein hartnäckiges Leben.

Daniel hat uns diese metallische Reihenfolge im zweiten Kapitel hören lassen. Dabei hat er das Thema variiert. Er introduziert ein fünftes Reich in der eisernen Epoche des Hellenismus, indem er dem Eisen jenes Element Ton beimischt, das zum Untergang der ganzen, durch vier Perioden unterteilten Weltzeit führt (Dan 2,32-35; 38-45). Abgelöst wird die Epoche von einem völlig neuen Königreich, das alle anderen zertrümmern wird und das, da von Gott selber errichtet, nicht vergänglich sein wird.

In Übereinstimmung mit diesem Traum des goldenen Königs Nebukadnezar handelt er in Kap. 3 entsprechend und stellt das goldene Bild auf. In Kap. 4 wird er dann zu einem Gras fressenden Tier erniedrigt, bis er erkennt, wer die Königswürde vergibt. In Kap. 5 wird dann der Untergang des goldenen Reiches erzählt und in Kap. 6 der Umstand, daß unter dem neuen (silbernen) König, „Dareiosch, dem Meder", die gleichen Herausforderungen zu bestehen sind wie unter dem goldenen Nebukadnezar. Von nun an aber träumt Daniel selber, unter der Regierungszeit jenes Königs, der den Untergang des goldenen Reiches verkörpert, Bel'schazzar.

Es ist der letzte Traum, der in aramäischer Sprache niedergeschrieben wird. Der hebräische Teil wird sich ausschließlich mit weiteren Ausführungen jenes Themas befassen, das im zweiten Teil des Traumes zum ersten Mal zu hören war. Das Thema der Diaspora wird im Lande selber und in der Sprache der Thora aufgegriffen, durchgeführt, verfremdet und endet in jenem Akkord des Ausharrens, das alles offen läßt. Dagegen wird die Melodie des siebten Kapitels in der ihm eigenen Tonart zu Ende geführt. Um im Bild zu bleiben; die Musik des siebten Kapitels ist tonal, die der Kapitel acht bis zwölf atonal. Das hat wohl etwas damit zu tun, daß der komplizierte Kampf der makkabäischen Revolution in ein Ergebnis mündete, das für die Verfasser des hebräischen Teils, also für die unmittelbar Betroffenen, weniger befriedigend war, als es aus der Ferne der Diaspora den Anschein hatte.

„Geschichte" kennt die Schrift nicht. Sie ist ein Begriff der Moderne. Aber Abläufe und Folgen kannte sie sehr wohl. Und sie suchte sie zu systematisieren. Israels Propheten haben immer versucht, die politischen Ereignisse als Folge menschlichen Handelns und nicht als blinde Schicksalskette darzustellen. Insofern gibt es bei Daniel durchaus ein prophetisches Erbe. Daniel setzt sich auseinander mit einer völlig neuen Lage; wo die Propheten meinten, das Volk habe seine Zukunft in seinen eigenen Händen, es könne umkehren und somit Unheil abwenden, so muß Daniel zur Kenntnis nehmen, daß gerade die Getreuen, oder die, die er in diesem Text die „Heiligen" nennt, Objekt und nicht Subjekt des Geschehens zu sein scheinen. Sie müssen nicht umkehren, dennoch werden sie verfolgt. Ihnen scheint als das Gesetz des Handelns die Gewalt (*schaltan*, ein Stichwort unseres Textes, das wir achtmal hören) über ihr eigenes Geschick genommen zu sein. Daniel muß, angesichts dieser Lage, den Kampf gegen den Fatalismus, gegen jenes lähmende, terrorisierende Gefühl der Ohnmacht aufnehmen, das er selber so gut kennt (Vs. 15; 28.b). Der Mann wird unterschätzt – das ist ein Unheil, das vor allem Gerhard von Rad angerichtet hat (1962, S. 321f.).

Nur am Anfang dieses Kapitels wird gesagt, daß Daniel einen Traum aufschreibt: „Daraufhin schrieb er den Traum nach, Hauptsache der Reden; er sprach: ...„. Diese umständliche Formulierung soll uns aber daran erinnern, daß in Jehuda nicht gelesen, sondern gehört wird: Daniel schreibt „das Haupt der Reden“ (*resch millin*) auf. Und diese Reden werden gesprochen: zweimal hören wir das Wort *'amar*, sprechen. Am Ende der Vision sagt er, daß er die Rede in seinem Herzen bewahrt. Was es damit auf sich hat, soll an geeigneter Stelle gefragt werden. Aber soviel ist deutlich, daß diese Vision eine zentrale Stelle im Buch nimmt.

6.2.2. Die gewöhnliche Unterdrückung

Diesmal kein Metall, sondern Tiergestalten. Auch das ein traditionelles Element, das sich bis in unsere Tage hält; die vordere Wand im Plenarsaal des Bundestages wird durch ein etwas zerfleddertes Vogeltier geschmückt, das ein Adler sein soll. Erst also der Löwe.

Es ist aber zunächst notwendig, festzuhalten, daß Daniels Reihenfolge abweicht von unserer, historisch-chronologischen. Die chronologische Reihenfolge ist: medisches Reich, neubabylonisches Reich, persisches Reich, hellenistisches Reich. Für Daniel gehören Meder und Perser zusammen und das neubabylonische Reich mit seinem sagenumwobenen König Nebukadnezar macht für ihn den Anfang. Denn unter diesem König beginnt der Abschnitt des Judentums auf dem Weg Israels. Die Reihenfolge ist bei ihm: Neubabylonien, dann Medien und Persien, die beiden Reiche, die die Völker vom assyrischen bzw. babylonischen Joch befreiten, und schließlich der Hellenismus. Diese Reihenfolge ist durchaus logisch. Die Meder waren vermutlich ein iranisches Bergvolk, das im heutigen Aserbaidshan lebte und sich nur zeitweilig als politische Macht in die Ereignisse Mesopotamiens und Kleinasiens einschaltete. Die Perser, ebenfalls ein iranisches Volk, sollten mehr Epoche machen. Sie waren es, die schließlich das Erbe der altorientalischen Reiche antraten.

Es fängt an mit einem Gegenbild zu Genesis 1. Vier Windgeiste (*ruche*) wühlen das große Meer auf und dabei heraus kommen Ungeheuer, die letzten Endes alle destruktiv sind. Im Gegensatz dazu der eine „Windgeist (*ruach*) über dem Antlitz des Urwirbels", der das göttliche Wort „es werde" erwartet, Schöpfung atmet. Schöpfung, es kann nicht oft genug gesagt werden, ist Zukunftsmusik; die Musik, die wir hier hören, das Getöse der vier Windgeister über dem großen Meer, ist die der Gegenwart, zerrissen, nur Fetzen von Klang, Echos von Sehnsucht.

Die ersten drei Reiche werden nur kurz charakterisiert. Neubabylonien ist der Löwe mit Flügeln wie von einem Adler bzw. einem Geier, denn das Wort *nschar* (hebr. *nescher*) kann sowohl das eine wie auch das andere bedeuten. Wie dem auch sei: Jechezq'el nannte sowohl den König von Babel wie den Ägyptens Geier oder Adler, 17,1–10. Den Löwen kennt er auch: er ist eine durchweg negative Gestalt, ein Menschenfresser, 19,3.6.; 22,25. So charakterisiert er die Fürsten Jehudas. Beide Tiersymbole deuten auf den räuberischen, menschenvernichtenden Charakter des ersten Lebewesens: ein mörderischer Löwe mit Geierflügeln. Aber nun werden dem Löwen die Geierflügel ausgerissen, er wird aufgehoben und auf die Füße gestellt, wie ein Mensch und er erhält statt Geierflügeln ein Menschenherz. Das kann nur heißen, daß Daniel der Auffassung ist, das neubabylonische Reich habe irgendwie eine humane Funktion gehabt; aber diese habe er nur von „irgendwoher", nicht von sich selber; das Passiv *jehib*, es wurde gegeben, bedeutet zumindest so viel, daß Daniel nicht an irgendeine Qualität Babyloniens, sondern an eine ihm vom Gott Israels aufgetragene Aufgabe denkt. Das ist durchaus in Übereinstimmung mit jenem Bild, das die Kapitel 2–4 von Nebukadnezar vermitteln, in Kap.3 und 4 macht jener Nebukadnezar eine mehr oder weniger „menschliche Entwicklung" durch.

Das wird von den beiden anderen Reichen nicht gesagt. Der medische Bär ist nicht weniger ein Sinnbild der Gewalt. Er ist nur nach einer Seite aufgerichtet, d.h., das medische Reich hatte nur eine Aufgabe in der Geschichte zu erfüllen, die Zähmung der Reiche des Nordens; nach der Erfüllung dieser Aufgabe zog es sich, wie man interpretieren kann (aber nicht ohne zu spekulieren!), nach der „einen Seite" zurück, in seine Heimat in Nordpersien. Was es mit den drei Rippen zwischen seinen Zähnen auf sich hat, läßt sich schwer sagen; die meisten Ausleger denken an drei Gebirgsrükken in Nordpersien, aber auch das ist rein spekulativ. Ebensogut können die drei Rippen die Reste dreier Reiche, Assurs, des lydischen Reiches in Anatolien und des neubabylonischen Reiches bedeuten, die dann alle drei von den Medern zerschlagen sein sollten. Die Aufgabe dieses brutalen,

„bärenstarken" Reiches bestand darin, Fleisch zu fressen, und zwar mächtig, d.h. die Mächte vor oder neben ihm zu zerfleischen.

Der Panther (*nmar*, hebr. *namer*) ist ebenfalls ein wildes, reißendes Tier. Es erhält vier Flügel, die ihn überall hintragen, und vier Köpfe, die überall hinblicken, und die Gewalt, die demnach universal ist. Das persische Reich ist tatsächlich das erste Weltreich gewesen. Kein Reich vor ihm hatte sich so weit ausgedehnt: vom Kaspischen und Schwarzen Meer bis in den Sudan und von Libyen bis in die Steppen Zentralasiens.

Das alles war eine schwere Belastung für das Volk Israel gewesen. Hoschea 13,7ff. faßt es zusammen; der Heilige Israels spricht:

7 Ich bin ihnen wie ein Löwe geworden,
wie ein Panther lauere ich ihnen auf,
8 begegne ihnen wie eine Bärin, der Jungen beraubt,
ich zerreiße das Schild ihrer Herzen,
fresse sie dort wie eine Löwin,
Getier des Feldes zerfleischt sie.

Offensichtlich denkt Daniel hier an diese Stelle. Sie bezieht sich auf Samaria, das vernichtet wurde. Auch Jerusalem wurde zerstört. Und dennoch hat es immer wieder eine neue Zukunft, einen Neuanfang gegeben. Die Herrschaft dieser Fleischfresser war nicht das Ende gewesen. Israel war nie ohne seinen Gott. Aber jetzt?

6.2.3. Die neue Lage

Alles, was gewesen ist, war Kinderspiel, verglichen mit dem, was jetzt auf die Weltbühne getreten ist. Dieses Wesen hat kein Gleichnis mit einem bekannten Tier. Es kann nur noch mit Worten des Entsetzens beschrieben werden: „schrecklich, grauenvoll, vor Kraft strotzend". In der Sicht Daniels ist der hellenistische Staat etwas ganz Neuartiges; er ist die absolute Negation dessen, was Israel heilig war. Denn er wurde die Negation des Heiligen Israels.

Ist das die Aufregung einer entlegenen Bergprovinz über die moderne, dekadent-urbane Kultur des Hellenismus? Diese Sicht ist möglich. Der Hellenismus hebt die altasiatische Traditionalität auf; sein Mittelpunkt ist die Stadt, und er macht die ganze Ökonomie, deren produktive Basis nach wie vor die Landwirtschaft ist, als Geldökonomie den Bedürfnissen der neuen urbanen Bevölkerung untertan. Sicher bleibt auch der Hellenismus innerhalb des Rahmens antiker Wirtschaft, aber er lebt von einer neuen Universalität, die die letzten Reste lokaler oder regionaler Autonomie mehr oder weniger geräuschvoll eliminieren wird. Deswegen war der Kulturimperialismus des Anthiochos IV sachgemäßer Ausdruck jener modernen Universalität, für die der sich seiner Einverleibung in das hellenistische Pantheon widersetzende Gott Zions zu lästigem, Rebellion treibendem Sperrgut geworden war. Spätere Herrscher arrangierten sich zwar, vor allem die auf dem Gebiet der Manipulation sehr geschickten Römer, aber die Spielräume waren gerade durch die Entwicklung der neuen Ökonomie so eingeschränkt, daß man das bißchen Selbstverwaltung, das übrigblieb, nun wirklich nicht länger Autonomie nennen konnte. Was geschah, war schon damals „Strukturanpassung".

Daniel hat die neue Qualität der hellenistischen Unterdrückung, gegen die sich überall in Asien und Afrika lokaler und regionaler Widerstand erhob (Eddy 1961), erkannt und das ist seine einmalige Leistung gewesen. Es ist nicht merkwürdig, daß diese Sicht der Dinge von einem Schriftsteller vorgebracht wurde, der aus der babylonischen Diaspora stammt. In Babylonien war der Widerstand gegen den Hellenismus zwar gering, man hatte sich mit ihm abgefunden, wie man sich mit der persischen Unterdrückung, die anfangs in Babylonien ziemlich hart war, hatte abfinden müssen. Aber die Juden in Mesopotamien, die unter hartem Anpassungsdruck standen, hatten, anders als in Ägypten, Widerstandsliteratur produziert; die Rolle Esther ist ein Beispiel, Daniel ein anderes. Sie waren also darauf vorbereitet, die Dinge ziemlich illusionslos wahrzunehmen.

Es geht um den Hellenismus und nicht um den individuellen Terror eines einzelnen Königs. Das geht aus dem Bild der zehn Hörner hervor, aller Wahrscheinlichkeit nach die zehn Könige des Seleukidenreiches, die vor Anthiochos IV König waren oder hätten sein sollen, inklusive Alexander und die von Anthiochos IV verdrängten Seleukos IV und dessen Söhne Anthiochos und Demetrios, jene „drei Hörner, die entwurzelt wurden". Das ganze Lebewesen ist „ schrecklich, grauenvoll und vor Kraft strotzend". Ägypten fällt außerhalb des Gesichtskreises Daniels. Was nun aber das neue Horn auszeichnet ist, daß es Augen hat und einen Mund, der großspurig redet. Dies unterscheidet ihn von seinen Vorgängern. Die Augen deuten auf ortsansässige Komplizen und der Mund, der „großspurige Reden redet", auf seine Reichserlasse, die, wie wir bei der Besprechung von Daniel III gesehen haben, die ideologische Vereinheitlichung des Reiches zum Ziel hatten. Dieser König will vollenden, was im Hellenismus angelegt war: den Absolutismus einer neuen Welt, die keinerlei ökonomische, politische oder ideologische Autonomie mehr zuläßt.

6.2.4. Das Gericht und die Macht des Menschenkindes

Dieser König hat überall Widerstand provoziert, vor allem im Osten, in den mesopotamischen Grenzgebieten, in Persien und in Jehuda. Wieder einmal zeigt sich jene merkwürdige Konstellation der gleichgerichteten Interessen der Perser und der Juden. Sie tauchte zum ersten Mal um 550 v.u.Z. auf, findet hier eine Fortsetzung und wurde zum letzten Mal aktiv im Kampf der persischen Sassaniden gegen die byzantinische Unterdrückung am Ende des 6. und Anfang des 7. Jh. u.Z., kurz vor der islamischen Eroberung der Region.

Dies hat auch Daniel gesehen, und dieser Widerstand ist die reale, materielle Basis für seine Gerichtsvision. Das Gericht wird beschrieben in einer an Jechezq'el geschulten Sprache. Sie hat folgende Elemente: der „Fortgeschrittene an Tagen" und sein Thron, die Sitzung des Gerichte, Urteil und Urteilsvollstreckung, die Verleihung der Macht an ein Wesen „wie ein Menschenkind".

– Der Thron und der Fortgeschrittene an Tagen.

Der Thron (*karse*, hebr. *kisse*) ist dem König vorbehalten. Der darauf Platz nimmt, ist also König. Das Wort wird hier vermieden. Statt dessen hören wir von einem *`athiq jomin*, einem „Fortgeschrittenen an Tagen". Das Wort *`athiq* hat im Hebräischen viele Bedeutungsnuancen; die zugrunde liegende Wurzel bedeutet „vorwärts kommen". Das Wort kann „alt" bedeuten und von daher „würdig" oder „ausgezeichnet", aber auch „verschlissen". Hier ist an eine Mischung von „alt" und „würdig" gedacht. Das zeigt die Beschreibung des Gewandes und die Bezeichnung der Haarfarbe. Der Thron ist offensichtlich der aus Ez 1,26ff.:

26 Oberhalb des Gewölbes, das über ihren (der „Cherube") Köpfen war:
dem Aussehen nach ein Saphirstein,
Gestalt eines Thrones;
auf der Gestalt eines Thrones,
dem Aussehen nach Menschheit, oben auf ihm darauf.
27 Ich sah:
Schein des Elektrons
dem Aussehen nach ein Feuer, mit einem Gehäuse ringsherum,
dem Aussehen nach von seinen Hüften aufwärts,
dem Aussehen nach von seinen Hüften abwärts;

ich sah:
dem Aussehen nach Feuer,
Glanz rings um es herum.
28 Wie dem Aussehen nach der Bogen,
der an der Wolke ist am Tage des Schauerregens,
so war dem Aussehen nach der Glanz ringsherum;
das war dem Aussehen nach die Gestalt der Erscheinung des EWIGEN;
ich sah es, ich fiel auf mein Angesicht,
ich hörte: Stimme, redend.

So auch hier, verhaltener:

sein Thron, ringsherum Licht,
dessen Räder Blitze von Licht,
ein Lichtstrom floß, brach aus ihm hervor...

und wichtiger noch:

Tausende und Abertausende dienten ihm,
eine große Großzahl stand vor ihm,

weil sichtbar zu machen ist, daß nur ihm zu dienen ist, keinem sonst, weil eben Licht von ihm ausgeht. Hier ist auch Genesis 1, aber jetzt nicht in einem Zerrbild. Das erste Schöpfungswerk ist Licht, heilsames, heilendes Licht, klare, hell leuchtende Gerechtigkeit ...

– die Sitzung des Gerichts.

Daniel geht es um die Frage, wer dann in dieser Welt die Macht hat. Die Macht hat einer, der auch bei Daniel „Gestalt von Menschheit" hat, hier ein altehrwürdiger Mensch, rein wie Schnee und blanke Schurwolle. Und seine Macht ist die Macht des Richters. Er ist das Gericht: „das Gericht setzt sich, Bücher werden geöffnet". Das ist der Traum aller, denen Unrecht geschah, das nie gutgemacht wurde: daß irgendwie nichts verlorengeht, alles aufgeschrieben wird, daß eines Tages „die Bücher geöffnet werden".

– Urteil und Vollstreckung.

Das Lebewesen wird getötet und restlos vernichtet. Dies soll die anschließende Verbrennung des Leichnams deutlich machen. Von dieser Macht soll nichts bleiben. Auch hier wird die unterschiedliche Bedeutung der Lebewesen deutlich. Den restlichen Lebewesen wird die Gewalt, das heißt auch ihre Verwaltungskompetenz (*schaltan*), zeitlich befristet. Sie dürfen ihre historische Aufgabe erfüllen, bis das Maß an Zeit (*zman w'iddan*) voll ist. Die altorientalischen Reiche haben für Daniel und für den Teil der jehudischen Bevölkerung, den er vertritt, eine positive Bedeutung. Den Königen Nebukadnezar und Bel'schazzar aus Babel, dem medischen Dareiosch sowie dem späteren persischen Kourosch war beizukommen. Ihre Gewalttätigkeit steht außer Zweifel, aber es gab einen „politischen Diskurs" mit ihnen. Die Zerstörung Jerusalems durch die Babylonier war die Folge des Abfalls des Volkes, aber sie hatten einen Rest gelassen und diesem erlaubt, nach seinen eigenen Gesetzen zu leben (Jer 40,7ff.); die Meder hatten Ninive zerstört und somit die Region von einem gnadenlosen Unterdrücker befreit, die Perser schließlich hatten die Rückkehr aus dem Exil und die Errichtung eines Gemeinwesens mit relativer Autonomie ermöglicht. Aber die hellenistische Herrschaft hatte in den Augen Daniels und seiner Genossen nichts Positives; sie hatte nur Nachteile, Unterdrückung, innere Zersetzung und schließlich fast die restlose Hellenisierung Jehudas gebracht. Anders gesagt: Daniel wertet die Vorgeschichte so, daß sie zumindest in Nischen ein Stück Autonomie ermöglicht oder gelassen hatte, der Hellenismus habe, nach dieser Auffassung, die letzten Refugien zerstört, indem er sie von innen her wie Krebs durchwucherte. Deswegen fällt das abschließende Urteil über die letzten vier Jahrhunderte unterschiedlich aus. Daniel bringt eine sehr eindeutige, wenn nicht gar einseitige Lesung von Geschichte, aber sie ist rational auch für uns nachvollziehbar.

– Das Menschenkind.

Die Vernichtung des vierten Lebewesens und die Befristung der Gewalt der anderen ist nicht das Ende. Vielmehr geht die Gewalt über auf irgendetwas, irgend jemanden, der „wie ein *bar 'enosch*, ein Menschensohn oder Menschenkind", ist. Auch hier hören wir die Schulung Daniels durch Jechezq'el. Dieser wurde von „seinem Herren, dem EWIGEN" mit „*ben-'adam*, Menschheitssohn", angesprochen. Über diesen Titel ist endlos spekuliert worden. In unserem Text ist deutlich, daß ein weiterer grundlegender Kontrast aufgerufen wird. Zwischen den ersten drei Lebewesen und dem vierten Lebewesen war eine abgrundtiefe Kluft. Aber diese ist nichts, verglichen mit der Kluft zwischen diesen vier und dem, was kommt. Die Gewalt, die kommt, die an der Zeit ist, ist ein **Humanum**; sie ist endlich **menschliche** Verwaltung. Daran muß man denken, wenn Paulus später von *eschatos adam*, endgültiger Menschheit, redet. Was davor war, die Prähistorie der Menschheit, war tierische Herrschaft, in ihrer Zeit vielleicht ein bestimmtes Maß an Nutzen aufweisend, vielleicht auch nur böse, aber immer nur tierisch, also letztlich menschenunwürdig. Was kommt, ist das **Menschen**kind. Und diese Verwaltung darf dann auch ruhig räumlich unbegrenzt (für „alle Völker, Gemeinschaften, Sprachgruppen") und zeitlich unbefristet (*di la-je`deh)*, eben „in Weltzeit" (*schaltan-`alam)*, sein. Weil sie eine humane Verwaltung ist, von einem Menschenkind für die Menschenkinder. Aber eben **nur** deswegen. Auf die Identifizierung des Menschenkindes mit „den Heiligen des Höchsten" kommen wir noch zu sprechen.

6.2.5. Daniels Verwirrung und eine erste Deutung

Für Daniel ist das Ganze zunächst ein Alptraum. Er weiß nicht, was es zu bedeuten hat, aber er weiß, was auf sein Volk zukommt. Denn die Hellsichtigkeit, die Katastrophen kommen sieht, wo die Politiker Aufschwung und Frieden in Aussicht stellen, hat nichts mit Besserwisserei zu tun und erst gar nichts mit aufkommender Schadenfreude, wenn die Befürchtungen sich bewahrheiten. Diese Sicht ist zunächst einmal nichts als deprimierend. Entsprechend wird die Reaktion beschrieben: „Mein Geist – ich Daniel – schmerzte (*ethkrith*; das Verb *kara* bedeutet leiden, innerlich verletzt sein)", und zwar „körperlich", angesichts der vier Geiste, die soviel Ungeheuerliches aus dem Meer herauspeitschten. Und so ist er alarmiert; das Verb *bahal* bedeutet beunruhigt sein, zu eiliger Handlung angerechnet werden.

Die Deutung ist zunächst sehr spröde. Vier Königreiche und dann kommt das „Königreich der Heiligen des Höchsten"; großen Nachdruck legt der Deuter auf die Tatsache, daß die Dauer dieses Reiches unbefristet ist: „das Königreich wird in Weltzeit sein, in Weltzeit der Weltzeiten". Es ist keine Episode, keine Epoche, sondern es überdauert alle Epochen. Wer dieser Deuter ist, bleibt unerwähnt. In der Traumvision ist dieser Daniel nie allein; er kann sich immer an einen Anwesenden wenden. Irgend etwas ist immer da, was uns diese ungeheuerliche Masse an unüberwindlicher Bosheit durchscheinend macht, weil wir eben dieses Recht erwarten, von diesem Licht her denken und wissen: für dieses Chaos war die Erde nicht bestimmt, von Anfang an war sie für etwas anderes bestimmt.

Einstweilen aber ist alles ziemlich deprimierend und alarmierend.

6.2.6. Noch einmal: das Ungeheuer

Mit der Auskunft, Ende gut, alles gut, mögen manche ruhig schlafen können, Daniel gehört nicht zu ihnen. Er möchte genaueres wissen, und zwar möchte er im Bilde sein über das, was sich jetzt, in seinen eigenen Tagen, abspielt. Mit den alten Reichen und Herrschaften ist er in den Kapiteln 3–6 selber einigermaßen klar gekommen, d.h.: **sie** hat Israel überlebt. Wie kann es das, was jetzt ist, überleben?

Er beschreibt also alles, was er gesehen hat, noch einmal so genau, daß er es ein zweites Mal sieht. Vergleichen wir die erste Beschreibung mit der zweiten.

Vs. 7	... das vierte Lebewesen schrecklich, grauenvoll, vor Kraft strotzend, Zähne von Eisen hatte es, große, es fraß, zertrümmerte und den Rest zertrampelte es mit seinen Füßen.	Vs.19	... über das vierte Lebewesen
	Und dieses Lebewesen war verschieden von allen Lebewesen, die vor ihm waren		das verschieden war von diesen allen, schrecklich, strotzend, seine Zähne von Eisen seine Klauen von Bronze, es fraß, zertrümmerte und den Rest zertrampelte es mit seinen Füßen
	zehn Hörner hatte es.	20	und über die zehn Hörner die auf seinem Kopf sind.
	ich überlegte über die Hörner und da tauchte ein anderes, kleineres Horn auf zwischen ihnen, und drei der vorderen Hörner wurden vor ihm entwurzelt.		und ein anderes tauchte auf und drei fallen vor ihm.
	Da: Augen wie Menschenaugen waren an diesem Horn, ein Maul, großspurig redend.		Und jenes Horn mit Augen und einem Maul, großspurig redend, und es ist anschaulich größer als seine Gesellen.
9	Ich schaute zu,	21	Ich hatte zugeschaut: dieses Horn machte Krieg gegen die Heiligen und macht sie fertig,

bis Throne hochgestellt wurden;
ein Fortgeschrittener an Tagen
setzte sich,
sein Gewand wie Schnee so weiß,
das Haar seines Kopfes wie reine
Wolle;
sein Thron umgeben von Licht,
seine Räder wie Lichtblitze.
10 Ein Strom von Licht floß und brach
aus ihm hervor,
Tausende und Abertausende
dienen ihm,
Vielzahl der vielen waren vor ihm
aufgestellt.
Das Gericht setzte sich –
Bücher wurden geöffnet.
11 Ich schaute zu;
dann von dieser Stimme aus groß-
spurigen Redensarten, die das Horn
geredet hatte –
ich schaute zu –,
bis sie getötet wurde, ihr Körper
verreckte und der Glut des Feuers
übergeben wurde.
12 Der Rest der Tiere: ihre Gewalt
wurde befristet.
Lebensdauer wurde ihnen gegeben
bis zu einer bestimmten Frist.
13 Ich schaute zu in meiner Nachtschau.
da von den Wolken des Himmels wie ein
Menschenkind war einer angekommen,
zum Fortgeschrittenen an Tagen kam er,
er wurde nahe herangebracht.
14 Ihm wurde die Gewalt gegeben,
die Würde und das Königtum;
alle Völker, Gemeinschaften, Sprach-
gruppen erwiesen ihm die Ehre.
Seine Gewalt ist eine Gewalt in
Weltzeit, die nicht befristet wird.
Sein Königtum kann nicht zerstört
werden.

22 bis ein Fortgeschrittener
an Tagen kommt.

Das Gericht setzt sich für
die Heiligen des Höchsten.

Das Bestimmte ist erreicht

und das Königtum erhalten
die Heiligen.

In der Wiederholung wird die Gerichtsszene auf das Wesentliche reduziert, und das Wesentliche besteht offenbar darin, daß ein Hochbetagter kommt, eine Sitzung des Gerichtes stattfindet „für die Heiligen des Höchsten" (die hier also als Kläger auftreten), das Bestimmte (nämlich die Befristung der Lebensdauer der Tiere) erreicht ist und das Königtum auf die Heiligen übergeht. Weder der Menschensohn noch die Tötung des vierten Ungeheuers finden Erwähnung.

Die Beschreibung dieses Wesens weicht in zwei Details vom ersten Traum ab: es hat nunmehr Klauen aus Bronze und es führt einen Krieg gegen die Heiligen. Das Bronze erinnert an Dan 2,32.39. Es ist das dritte Reich aus Bronze, das dem zweiten, silbernen, und dem ersten, goldenen, dem Reich des Nebukadnezar, nachfolgt. Nach gängiger Deutung ist das dritte Reich das der Perser, es ist das erste Universalreich, denn ausdrücklich wird gesagt, daß es „Gewalt haben wird über die ganze Erde", 2,40. Dadurch, daß hier die Klauen des Ungeheuers aus Bronze sind, wird die Verwandtschaft des Perserreiches mit dem hellenistischen Großreich Alexanders – dem eisernen von Daniel 2 – unterstrichen: mit seinen bronzenen Klauen beerbt dieses Wesen seinen Vorgänger. Die eisernen Zähne machen es als das vierte Reich, das hellenistische aus 2,31ff. erkenntlich. Da Daniel 7 voraussetzt, daß die Zuhörer Daniel 1 – 6 im Ohr haben, müssen wir das eine mit dem anderen verbinden. Alle Gewalt, ob babylonisch, medisch, persisch oder hellenistisch, ist „erschreckend" (*dechil*), 2,31; 7,7.19. Aber der Terror des vierten Ungeheuers stellt eine neue Qualität dar, auch schon in Daniel 2. Die Merkmale werden wiederholt: *thaqif*, Kraft, *deqah*, zertrümmern. Anders als in Daniel 2 aber unterstreicht die auffällige Wiederholung der „Verschiedenheit" des vierten Lebewesens (Vs. 7,19 und 23) die totale Destruktivität der Gewalt des Hellenismus. Das widerspricht unseren kulturellen Wertungen, aber entspricht den Erfahrungen, die Jehuda mit ihm gemacht hat. Keine „Weltanschauung" hatte zuvor eine so grosse Attraktivität auf die Eliten der Thorarepublik gehabt und hatte so destruktiv auf die innere und äußere Autonomie des Landes und die Egalität seiner Bewohner gewirkt wie eben dieser Hellenismus.

Der Krieg gegen die Heiligen wird der Gegenstand der letzten, hebräischen Kapitel des Buches sein. Er geht vom neuen Horn aus, das hier als „größer" als seine Vorgänger beschrieben wurde. Es handelte sich um Anthiochos IV, der von 175 – 164 v.u.Z. regierte. Er ist nun aber in unseren Geschichtsbüchern gerade nicht als „Großer" bekannt, vielmehr wird sein Vater, Anthiochos III (223 – 187, dazwischen regierte noch ein anderer

Sohn, Seleukos IV), so genannt. Dieser hatte große Pläne gehabt. Er entriß seinen ptolemäischen Konkurrenten in Ägypten die syro-phönizische Provinz (also auch das autonome Gebiet Jehuda) und vergewisserte sich der Dienste einer Militärkapazität ersten Ranges, des Urfeindes Roms Hannibal. So setzte er alles daran, den Reichsteilen Westiran, Mesopotamien, Syro-Phönizien nunmehr ganz Anatolien bis zur Ägäis hinzuzufügen. Damit war die Absicht klar. Sollte Anthiochos in Anatolien erfogreich werden, wäre dann der ganze asiatische Teil des Reiches Alexanders wieder vereint gewesen. Es wäre dann nur eine Frage der Zeit, bis Anthiochos auch Ägypten, Thrakien/Mazedonien und die griechischen Kerngebiete erobern würde. Er wäre dann automatisch der Schirmherr des italienischen Griechenlands nördlich Tarents. Zu diesem Zweck schloß er erst einmal ein Bündnis mit dem mazedonischen König. Dieser sollte Griechenland wieder unter seine Herrschaft bringen, er selber Anatolien. Dann würde man weitersehen. Diese Absichten riefen nun aber die Römer auf den Plan, die nach der Ausschaltung Karthagos auch das östliche Becken des Mittelmeeres beherrschen wollten. Sie schafften es, die Mazedonier gegen Anthiochos aufzuwiegeln. Da sie auch mit Ägypten verbunden waren, war Anthiochos III isoliert. Er wurde bei Ephesos (189 v.u.Z.) vernichtend geschlagen, und im Frieden von Apameia wurde ihm auferlegt, Hannibals Lieblingswaffe – die Kriegselefanten – auszuliefern, sich hinter das Taurusgebirge an der heutigen türkisch-syrischen Grenze zurückzuziehen und außerdem die gigantische Summe von 120 000 Talenten Gold zu zahlen, was wertmäßig so ungefähr einer Jahreswirtschaftsleistung seines ganzen Reiches entsprochen haben dürfte. Derart verschuldet (gibt es etwas wirklich Neues unter der Sonne?) endete der „Große" als Weltrekordler im Aussaugen und Tempelplündern, um seinen Liquiditätsengpässen abzuhelfen, und verdammte seine Söhne dazu, die gleiche Politik weiterzuführen: die Römer waren ungemütliche Gläubiger. Seleukos IV sandte schon mal einen Spion zum Jerusalemer Tempel (2Makk 3,1–12). Die Plünderung fand vorerst nicht statt, wurde dann aber von dessen Bruder, Anthiochos IV, unserem kleinen Horn, nachgeholt. Auch er fand die Römer auf seinem Weg. Nachdem er seine ägyptische Konkurrenz praktisch ausgeschaltet hatte und sein Reich fast persische Dimensionen aufwies (bis auf Anatolien), zwangen ihn die Römer, sich aus Ägypten zurückzuziehen, 168 v.u.Z. Auf dem Hinweg hatte er den Tempel in Jerusalem geplündert, auf dem Rückweg ließ er die Stadt erobern, die Bewohner massakrieren und einen Militärstützpunkt einrichten. Anschließend wurde der Hellenismus zwangsweise als Staatsreligion für das ganze Gebiet Jehuda verordnet, alles andere verboten.

Dabei wurde der König nach Kräften von hellenisierten jehudischen Eliten unterstützt. Sie sind des Hornes „Augen" wie „Menschenaugen". Und dessen „Maul mit großspurigen Redensarten" sind die vielen Erlasse und Dekrete bezüglich des neuen Staatskultes.

So deutet es der geheimsinnige Deuter, von Daniel angesprochen: „er [jenes Horn] sucht Fristen und Gesetz zu ändern", d.h. die zeitliche Bestimmung des Sabbats und des jehudischen Festkalenders sowie die Thora. Statt von „Krieg gegen die Heiligen" (*qrab*) redet er von „Mißhandlung" (*bla'*), womit wohl das Massaker des Generals Appolonios in Jerusalem gemeint ist. In der Hand dieses Königs werden sie „eine Zeit, Zeiten und eine halbe Zeit" sein, gemeinhin als dreiundhalb Jahre gedeutet. Aber diese Deutung ist problematisch, da die Zeit der Einführung des Kultes des Zeus Olympiakos, aramäisch Baal-schmajin, bis zur Reinigung des Tempels durch Jehuda Makkabi nur wenige Tage mehr als drei Jahre beträgt, vom 6.12.167 bis 14.12.164, die Militärherrschaft über Jerusalem knapp vier dauert (Anfang 167 bis Ende 164). Entweder wird auf ein anderes Ereignis angespielt, oder die Angabe soll so unbestimmt sein, wie sie sich anhört, weil das, was dann geschehen soll, auch für Daniel noch aussteht. Denn erst nach diesen Ereignissen „setzt sich das Gericht". Genau das geschieht aber mit der Rückeroberung der Stadt durch Jehuda Makkabi nicht. Die Kriegsfortüne verläßt die Makkabäer wieder, und als Jehudas Bruder Jonathan die Macht übernimmt, ist das sicher nicht die Erfüllung jenes Traumes: das Kommen des Reiches des Menschenkindes.

Der Deuter setzt wieder andere Schwerpunkte. Für ihn geht es um das endgültige Ende der Reihe jener Ungeheuer, die nicht abreißende Kette von Gewalt und neuer Gewalt. Un zwar *`ad supha'*, endgültig, bis zum Ende. Was es auch immer unter dem ganzen Himmel an Königtum, Gewalt und Größe gibt, es wird dem Volk der Heiligen des Höchsten übergeben, dem damit auferlegt wird, die Alternative zu allem zu werden, was es an Herrschaft je gab.

6.2.7. Zwischenfrage: Was ist heilig?

Heilig ist in der Schrift nicht eine religiöse Kategorie. Eine berühmte Stelle, Ex 3,5:

> ER sprach:
> komme nicht näher heran,
> Ziehe deine Schuhe von deinen Füßen,
> denn der Ort, worauf du stehst,
> heiliger Boden ist das !

Oder Jos 5,15:

> Und der Oberst des Heers des NAMENS sprach zu Jehoschua:
> ziehe deine Schuhe von deinen Füßen,
> denn der Ort, worauf du stehst,
> heilig ist der;
> und Jehoschua tat so.

Der Ort, der Boden kann nicht so betreten werden, wie man jeden beliebigen Ort, beliebigen Boden betritt. Das scheint nun doch etwas mit Sakralität, mit Tabu, mit der Sphäre des Religiösen zu tun zu haben. Und es mag von den Leuten auch wohl so empfunden sein. Denn diese Menschen waren natürlich, wie alle anderen jener Tage auch, religiös. Es heißt nun aber in der Thora, Lev 20,7f.:

> 7 Heiligt euch, werdet Heilige,
> denn ich bin es,
> der EWIGE,
> euer Gott.
> 8 Wahrt meine Gesetze,
> tut sie,
> ich bin es,
> der EWIGE,
> euch Heiligende.

„Heilig" hätte nach den ersten beiden Stellen das „Sakrale" sein können, aber sie leiten unmittelbar eine Tat ein, die zwar „heilige" Tat, nicht aber „sakrale" Tat ist: die Befreiung aus Ägypten und die Befreiung des Landes vom Regime der „Herrschaft Jerichos" (*ba`ale jericho*). Heiligkeit in Israel kann nur sein, was diese Freiheit bewahrt. Der Heilige Israels ist der Befreiende; die Heiligkeit Israels ist die Bewahrung der Freiheit, ihre Disziplin, die Thora. Der Befreiende ist der Heiligende.

Der zweite Teil des Buches Leviticus beginnt so, 18,1ff.:

1 Der EWIGE redete zu Mosche, sprechend:
2 Rede zu den Kindern Israels, du sollst sprechen zu ihnen:
Ich bin es, der EWIGE, euer Gott!
3 Nach den Machwerken des Landes Ägypten, wo ihr wohntet,
macht's nicht!
Nach den Machwerken des Landes Kanaan, wohin ich euch
kommen ließ,
macht's nicht,
nach ihren Gesetzen geht nicht!
4 Meine Rechtsverordnungen sollt ihr tun,
meine Gesetze sollt ihr wahren,
nach ihnen gehen.
Ich bin es, der EWIGE, euer Gott!
5 Wahrt also meine Gesetze und meine Rechtsverordnungen,
wie sie Menschheit tut und am Leben bleibt durch sie.

Heiligkeit ist also eine Ordnung, die sich von den Ordnungen um Israel herum so unterscheidet, wie sich der Boden am brennenden Dornbusch oder am Jordan bei Jericho von allen anderen Böden unterscheidet, es ist die Ordnung der Freiheit. Ihre Einmaligkeit ist die Einmaligkeit, die Einheit des EWIGEN. Schon aus diesem Grund ist *qodesch* nicht eine Gattungskategorie, etwas Allgemeines, durch besondere Merkmale von anderen Realisierungen dieser Allgemeinheit unterschieden. *Deus in aliquo genere non est*, sagten die alten Scholastiker, Gott ist nicht in irgendeiner Gattung unterzubringen; ebensowenig ist „Heiligkeit", wie sie hier gemeint ist, in irgendeiner Gattung des allgemein Religiösen. Sie soll vielmehr die Einmaligkeit dieses Volkes aus dem Gerechtigkeitswillen und den aus ihren jeweils entwickelten Ordnungen seines einzigen Gottes festigen, ja, sie ist diese Einmaligkeit.

Heiligkeit ist also keine „religiöse", sondern eine „ordnungspolitische" Kategorie. Was es immer sonst noch an „Heiligkeit", an „Numinosem" geben mag, das ist von Interesse für Religionswissenschaftler, aber es ist kein Gegenstand biblischer Theologie.

In diesem Sinne heilig zu werden ist die Aufgabe, die dieser Gott seinem Volk stellt. Hier ist jedes Wort wichtig. In diesem Sinne, also nicht im „religiösen" Sinne des Wortes. Aufgabe: denn diese „Heiligkeit" ist kein Zustand, sondern ist immer nur im Werden. Es ist eine Aufgabe, die der **Gott Israels** Israel stellt: nichts und niemand anders. Wenn Israel Königreiche gründet oder Republiken, sind diese wohl kaum etwas anders als Gold oder Silber oder Bronze oder Eisen; heilig sind sie genausowenig wie alle anderen Königtümer oder Republiken aller anderen Völker auch. Diese haben also Israel keine Aufgabe zu stellen. Wenn die Völker Regeln aufstellen, mit denen sie das Zusammenleben der Völker versuchen so zu gestalten, daß nicht nur das Recht des Stärkeren den Ausschlag gibt, so können sie von irgendeinem Königtum oder irgendeiner Republik Israels verlangen, daß es sich an diese Regeln hält. Mit der Heiligkeit, von der hier die Rede ist, hat das nichts zu tun.

Wir, Nicht-Juden, haben natürlich keinerlei Recht, die Thora gegen die jeweiligen historischen Gestalten Israels auszuspielen. Wir dürfen aber diese Thora, oder besser das, was sie für Israel intendiert, Autonomie und Egalität, als Aufgabe annehmen, die **uns**, **unseren Völkern**, gestellt wurde, eben als „Ordnungen, Formen des Rechtes, die Menschheit tut und am Leben bleibt durch sie".

Mit der Thora wird die normale, tagtägliche Kette von Gewalt, von Menschenschinderei, von Lüge, Betrug und Heuchelei, von Mord und Todschlag, nur hin und wieder aufpoliert durch das, was man dann „Kultur" nennt, durchbrochen. Der blutige Dreck, den Adam, Menschheit, Geschlecht für Geschlecht angerichtet hat, muß nicht für immer ihre Geschichte bestimmen. Das ist Thora, zumindest für ein Volk; und wenn für ein Volk, dann auch für andere Völker, denn dann ist es menschenmöglich, ohne Mord und Raub und Vergewaltigung auszukommen.

Wie dem auch sei: für Daniel ist Recht Recht für die Getretenen, denn das Gericht „setzt sich für die Heiligen des Höchsten", wie Daniels zweiter Traum präzisiert, und für den Herrn Anthiochos oder für den Herrn Menelaos, seinen Komplizen in Jerusalem, setzt es sich nur insofern, als sie und ihre Herrschaft vernichtet werden. Das ist auch für uns der Maßstab, und in dem Sinne ist Messias von Anfang an mit Israel, mit dem der Thora verschriebenen Israel gekommen: denn wir wissen, mit welchen Maßstäben wir alle Herrschaft zu messen haben. Aus dem Grunde kann – und soll – die Herrschaft der **Heiligen des Höchsten** zeitlich ohne Grenzen sein, *schaltan `alam*, Weltzeit-Verwaltung. Denn dies wäre, was später **Königtum Gottes** genannt werden wird. Kein Gottesstaat von irgendeines Papstes oder Imams Gnaden, sondern Zusammenleben von gleichen und selbstbestimmten Menschen. Und das kann ruhig weitergehen, Geschlecht für Geschlecht, in Weltzeit. Gold, Silber, Bronze, Eisen kann man unterscheiden, wie man Löwe, Bär, Panther und jenes Schreckgespenst unterscheiden kann; die Historiker wollen auch leben. Doch jene Unterschiede sind nichtig, verglichen mit dem Unterschied, den die Thora aufrichtet. Die

Thora ist das Humanum, sie ist extra seriem; denn menschlich ging es auf dieser Welt noch nie wirklich zu!

6.2.8. Verwirrung

„Bis hier, Ende der Rede". Das Wort Ende, *supha'*, hörten wir im vorigen Vers, als der Traumdeuter davon sprach, daß die Macht des letzten Ungeheuers „endgültig" weggenommen werden soll. Und nun erwarten wir Freude, Zuversicht, neue Kampfkraft und so weiter. Aber wir hören:

> „mich, Daniel, alarmierten meine Visionen überaus,
> meine Farbe ändert sich mir.
> Aber ich behielt die Rede in meinem Herzen.

Die Visionen, die *ra`jon*, sind die Dinge, die einem mit großer Wucht durch den Kopf gehen. „Gedanken", wie meist übersetzt wird, ist zu schwach. Es sind die Dinge, die man sich wünscht und die man zugleich fürchtet. Denn angesichts der Machtverhältnisse in dieser Welt und angesichts des Blutes, das vergossen wird, um auch nur die geringsten Änderungen durchzusetzen, kann Freude hier kaum aufkommen. Daniel ist erschüttert, das Blut steigt ihm zu Kopfe, zieht sich in das Innerste seines Leibes zurück, seine Farbe ändert sich. Denn vom vierten Ungeheuer wird nunmehr ausführlich die Rede sein, in der Sprache der Thora, der Sprache des Landes. Das, was Daniel jetzt zu sehen und zu hören bekommt, wird nur auszuhalten sein, wenn er diese Rede vom Gericht und vom Menschenkind „im Herzen behält", dort, wo der Mensch denkt und fühlt und handelt.

So wird er durch diese Vision zuinnerst ein anderer Mensch. Und wenn sich am Lauf der Welt zunächst wenig ändert, er kann ihn nie wieder mit den gleichen Augen sehen. Er kann alarmiert, deprimiert, ziemlich ratlos und er kann verzweifelt sein. Er kann das tun, was ihm am Ende des Buches aufgetragen wird: dem Ende entgegengehen und dennoch mit größter Ruhe seinem Los standhalten bis zum Ende der Tage (Dan 12,13), d.h. bis zu jenem Tag, wo die Königtümer der Gewalt am Ende sein werden, ein Menschenkind mit den Wolken kommt. Derart „beruhigt" (*nuch*) in der tiefsten „Beunruhigung" (*behal*), ist Politik möglich.

Es ist ein großartiger Text, dieses siebte Kapitel des Danielbuches. Er gehört nicht in die Reihe großer politischer Utopieentwürfe; dafür ist die Vision zu entsetzlich, der Visionär zu deprimiert und alarmiert. Es ist aber ein Text der großen Hoffnung. Wir werden, angesichts des Zustandes unserer Welt, so von Skepsis, ja, Zynismus zerfressen, daß es uns kaum gelingen mag, ein Verhältnis zu dieser Hoffnung zu finden. Die Griechen fürchteten die Hoffnung, weil sie wie eine Droge wirken kann: die großen Hoffnungen machen blind für die kleinen Möglichkeiten, zumindest örtlich und zeitweilig diese viehische Pest der Gewalt und der Ausbeutung zu vertreiben. Sie verführt dazu, sich in irgendeine Wüste zurückzuziehen und alles abzulehnen, was der großen Hoffnung nicht entspricht, in unserer Sprache: politikunfähig zu werden. Den Pharisäismus zu schmähen, diejenigen, die im Jerusalem der Makkabäer und Hasmonäer politikfähig bleiben wollten, die fast alle Hoffnungen enttäuschten. Das ist die Gefahr dieses Buches Daniel. Auch der Pharisäismus ist gefährlich; denn ohne große Hoffnung sind kleine Möglichkeiten schnell nichts anderes als kleine Kabalen um ein bißchen Macht und ein bißchen Anerkennung seitens des großen Ungeheuers, das in dieser Welt die Macht endgültig erobert zu haben scheint. Aber vielleicht ist der Schluß des Buches „pharisäisch" zu lesen: ausharren, mit der Rede, dieser Rede, dieser Vision, „aufgehoben im Herzen".

7. Zusammenfassung

Nicht die fortlaufende Auslegung eines einheitlichen Textfragmentes hat uns in diesem ausführlichen zweiten Teil beschäftigt, sondern ein Streifzug durch die Schrift, und zwar durch ihre erste und dritte Abteilung.

Die beiden Thoratexte zeigten uns, welcher Art die Gesellschaft sein sollte, die die Alternative zum Sklavenhaus Ägypten darstellt. Gegründet soll sie sein auf den beiden Säulen Autonomie und Egalität. Daß dies nicht nur ein Gedankenexperiment war, dem geduldigen Papier anvertraut, sondern im Experiment der Thorarepublik Wirklichkeit wurde, hörten wir aus den Tagebüchern Nechemjas.

In welche tiefste Krise der Verlust der Egalität die Gesellschaft stürzte, hat uns Ijjob gelehrt. Mit ihm haben wir uns dann am ausführlichsten beschäftigt. Die Zentralvokabel war dort „Gott", *'eloah* Sie ist ein Kürzel für das ganze Gesellschaftsgefüge, seine innerste Normierung und Verankerung. Da sich die Gesellschaft bis zur Unkenntlichkeit geändert hat, wenn man sie mit der Thorarepublik Nechemjas und Ezras vergleicht, hat sich auch „Gott" bis zur Unkenntlichkeit geändert. Ijjob vermutet so etwas, aber die traditionelle Theologie hat nicht die leiseste Ahnung, daß in einer Gesellschaft ohne Autonomie und Egalität der Gott Israels nicht mehr „erkannt" werden kann. Das, was als Gott „erkannt" wird, dürfte nicht jener „Gott" sein, auf den Israel harrt. Das werden wir in der trockenen, spröden Art der Theorie zu vertiefen suchen.

→ mit Entfremdung in unserer Gesellschaft erkennen wir nur Götzen, nur bei Autonomie und Egalität auch Gott
→ nur so Leute wie Hiob erkennen den wahren Gott auch in pervertierter Form

Daniel führte uns vor, wie allmächtig die Versuchung war, sich den neuen Umständen anzupassen, der Herrschaft des Goldes. Aber er, der von allen biblischen Autoren vielleicht der war, der keine Illusionen mehr hatte, hält die Rede fest, die Rede eines Reiches des Rechtes, der „Heiligkeit", eben der Thora. Und mit dieser Vision schickt er Israel in die dunkelste Epoche seines Ganges durch die Weltzeiten, in die Epoche der Römer, die ja schon vor der Makkabäerzeit anfängt: denn schon damals galt die Pax Romana, den Völkern des Ostens zum ersten Mal im Friedensschluß von Apameia (189 v.u.Z.) auferlegt.

Und nun müssen wir noch einmal alles von vorne bedenken. Welchen Sinn hat es für Ijjob, den real herrschenden Gott, die real existierende Gottheit so herauszufordern, daß dieser, diese sich dechiffrieren muß? Was geschieht, wenn Menschen sich dieser Vokabel bedienen? Was geschieht, wenn Menschen sich mit dieser Vokabel ein Loch in die Mauer der tierischen Herrschaft von Menschen über Menschen zu schlagen versuchen?

III. „Gott“

1. Freiheit von „Ägypten“

1.1. „Ägypten“

> „Brot war nicht im ganzen Land,
> denn schwer wuchtete der Hunger, sehr,
> erschöpft war das Land Ägypten und das Land Kanaan vor dem
> Hunger.“

So beginnt Gen 47,13ff., eine der merkwürdigsten Erzählungen der Schrift. Es ist der Versuch, sich zu erklären, wieso es in Ägypten zur Herausbildung jener für Israel äußerst ungewöhnlichen Eigentumsverhältnisse gekommen war; das ganze Land war Eigentum des Pharao bzw. des Staates geworden, mit Ausnahme einiger größerer Tempeldomänen. Die Erzählung beschreibt, wie die Ägypter durch den Hunger gezwungen wurden, erst das Geld, dann das Vieh und schließlich den Boden und sich selber herzugeben. Ein Prozeß, den die Verfasser des Textes aus eigener Beobachtung kannten, wird hier verallgemeinert: die Schuldsklaverei. Der Prozeß verläuft aber nicht schicksalhaft, sondern ist das Werk des unbarmherzigen Wesirs Joseph, Sohn Ja`akobs. Das Ergebnis, Vs. 20:

> „Joseph erwarb den ganzen Boden Ägyptens für Pharao,
> denn jeder Ägypter hatte sein Feld verkauft,
> denn der Hunger hatte sie in seinem Griff;
> und das Land wurde Pharaos.“

Die Tempeldomänen wurden ausgenommen, weil die Priesterschaft Anspruch auf ein gesetzmäßig festgelegtes Einkommen *(choq)* hatte und diese also nicht in die Verlegenheit kam, sich und ihr Eigentum verkaufen zu müssen. Das Ergebnis war, daß nahezu die ganze Bevölkerung Ägyptens zu abhängigen bzw. unfreien Bearbeitern des Bodens wurde. Der Wesir ließ die Leute dann auf ihrem eigenen Boden, der nunmehr der Boden des Staates war, arbeiten und zog 20% der Erzeugnisse für den Staat ein. Den Leuten soll es recht gewesen sein, Vs. 25:

> Sie sprachen:
> „Du hast uns leben lassen;
> finden wir nun Gunst in den Augen meines Herrn,
> so werden wir dem Pharao zu Sklaven.“

Das machte der Wesir zum „Gesetz bis zum heutigen Tag“ (Vs. 26), wobei wir anmerken, daß ein Ausbeutungsgrad von S:R = 25% außerordentlich hoch war und für die Produzenten in normalen Jahren ein absolutes Existenzminimum bedeutet haben muß.

Diese Beschreibung läßt keinen Zweifel bestehen: die sozialen Verhältnisse sind das Ergebnis eines Machtkampfes zwischen den Produzenten und dem nichtproduktiven Apparat gewesen. Der Apparat war durch Anhäufung des Surplus über Jahre hinweg in der Lage gewesen, in Jahren der Hungersnot die „Preise“ zu diktieren, nicht nur ökonomische, sondern auch politische und soziale Preise. Die Gesellschaft besteht aus Pharao, seinen Funktionären und den priesterlichen Eliten einerseits, der praktisch versklavten produktiven Bevölkerung andererseits. Wo diese oder ähnliche Verhältnisse herrschen, liegt für die Schrift „Ägypten“. Aus solchen Verhältnissen muß Israel befreit werden und befreit bleiben.

Die großartige „theoretische“ Leistung dieser Erzählung besteht darin, daß sie erstens einen qualitativen Unterschied zwischen sozial-ökonomischen Verhältnissen Ägyptens und denen, die die Thora zumindest intendiert, feststellt und daß sie zweitens den Unterschied auf einen einfachen Begriff bringt, den zwischen Freiheit und Unfreiheit, verbunden mit einem extrem hohen Abgabenzwang. Nicht immer hat dies „Modell“ funktioniert, wie die zahlreichen Aufstände in Ägypten zeigen und die manchmal so überhand nahmen, daß der Pharao praktisch von der Bildfläche verschwand. Die Geschichtsschreibung nennt solche Zeiten der sozialen Unruhe und des schnellen Herrschaftswechsels „Zwischenzeiten“, die die „Geschichte“ Ägyptens unterbrochen haben sollen. Interessant wird es für sie meistens erst dann wieder, wenn es erneut einen ordentlichen, kräftigen Pharao gibt, der die traditionelle ägyptische Sozialordnung wiederherstellte. Daß die Priester von der „verallgemeinerten Versklavung“ (eine Umschreibung der sogenannten „asiatischen Produktionsweise“, Parin 1974, S.170ff.) ausgenommen sind, zeigt ihre Bedeutung für das Funktionieren des Modells. Die Diener des Kultes des Sonnengottes Re sichern so den Sklavendienst für den „Sohn des Re“, den Pharao, ab. Sicher hat die besondere Ausformung des ägyptischen Klassenstaates etwas mit der besonderen Beschaffenheit der natürlichen Ressourcen des alten Ägypten zu tun, aber gerade die drei Zwischenzeiten, die jeweils immerhin einige Jahrhunderte andauerten, zeigen, daß auch andere Lösungen das Leben und die Produktion sichern konnten. Unsere Erzählung zeigt aber durchaus die ägyptische „Normalität“ und beruht auf guten Kenntnissen der Verhältnisse im „saitischen“ Ägypten (665 – 525 v.u.Z.).

Die Religion Ägyptens ist weder aus dieser spezifischen Sozialstruktur noch aus den natürlichen Gegebenheiten des Landes ableitbar. Aber sie muß, will sie Bestand haben, die Sozialstrukturen festigen und darf ihnen nicht widersprechen. Was wir über den Streit zwischen mächtigen Tempelhierarchien und dem Pharao wissen, deutet nicht auf einen fundamentalen Widerspruch, sondern eher auf Konkurrenzkampf zwischen Eliten hin. Auch die berühmten Religionsreformen Echnatons dienten wohl dem Zweck, die Macht der konkurrierenden Hierarchien zu schwächen, und waren keineswegs der Ausdruck eines Versuches, die Gesellschaft umfassend zu erneuern. Grundsätzlich ist daher in solchen Fällen von einer **Konjunktion** von Religion und Sozialstruktur zu reden. Die Religion widerspiegelt nicht die gesellschaftlichen Verhältnisse, sondern sie sucht diese auf ihre eigene, in der konkreten Ausgestaltung nicht ableitbare Weise zu festigen.

Gen 47,13ff. ist für das gute Verständnis dessen, was mit „Befreiung aus Ägypten“ gemeint war, eine Schlüsselerzählung. Es gibt gelegentlich sicher auch eine polemische Bemerkung zum für Israel äußerst rätselhaften Totenkult dieses Landes, aber „Ägypten“ war vor allem dies: Pharao besitzt alles Land und alle sind seine Sklaven. Dies wollte die Thora auf alle Fälle nicht.

1.2. Gesellschaft ohne Staat

Das Deuteronomium sieht eine Abgabeordnung vor, die höchst eigentümlich ist: Die Zehnten und die Erstlinge sollen „abgegeben“ werden, indem sie „am Ort, den der EWIGE erwählt“, von den Abgabepflichtigen selber verzehrt werden. Nur sollen alle drei Jahre „Transferzahlungen“ zugunsten nichtproduktiver Gruppen geleistet werden. Zu diesen Gruppen gehören:

a) die, die zu keinem Familienverband (*beth-aboth*), aber zum Volk gehörten, Witwen und Waisen;
b) die, die nicht zu einem Familienverband des Volkes gehörten, die Fremden mit Gaststatus;
c) die, die zwar eine Funktion im Volk hatten, zu einem Familienverband gehörten, aber kraft Gesetz nicht über Produktionsmittel verfügen durften, die levitischen Priester.

Ihnen ist ein Teil des gesellschaftlichen Produkts abzutragen. Sie sind aber keine soziale Klasse, weil sie nicht über Machtmittel verfügen, diese Abgaben zu erzwingen und nach ihren Bedürfnissen deren Höhe festzusetzen. Sie blieben **abhängig** von den Abgaben. Es handelt sich beim Modell des Deuteronomiums um eine **klassenlose** Gesellschaft im strikten Sinne des Wortes. Es gibt demnach keinen staatlichen Apparat; staatliche Funktionen wie Richteramt oder Verwaltungssekretariat (16,18) sind ebenso wie das Königtum ehrenamtlich. Der König habe die Thora zu studieren „alle Tage seines Lebens", 17,18, „damit

> er lernt den EWIGEN, seinen Gott, zu fürchten,
> zu wahren alle Reden dieser Weisung (Thora),
> und alle Gesetze, sie zu tun.
> Keineswegs erhebe sich sein Herz über seine Brüder...

Die Gesellschaft des Deuteronomiums ist also weitgehend eine Gesellschaft ohne Staat. Das ist der vollkommene Gegensatz zu Ägypten, wo die ganze Gesellschaft „verstaatlicht" war und der König unendlich weit erhaben über seinen Sklaven. Das gesellschaftliche Mehrprodukt – so es überhaupt ein Mehrprodukt gab – wird nicht von einer nichtproduktiven Gruppe unter Einsatz politischer Macht abgeschöpft.

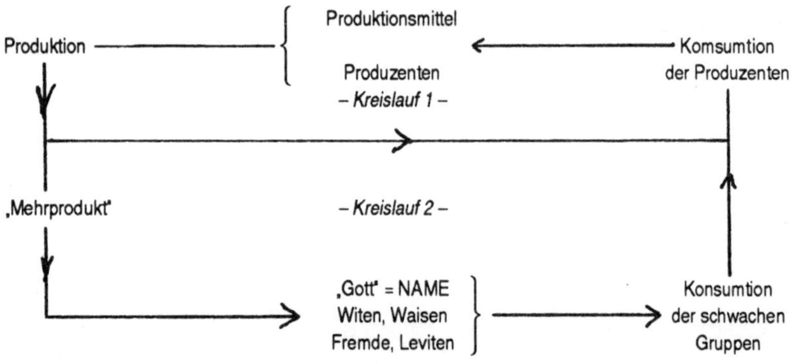

„Gott" ist hier also keine Instanz außerhalb des elementaren Kreislaufs Produktion durch Produzenten/Konsumtion durch die Produzenten. Die Gruppen, die vom Mehrprodukt „profitieren", verfügen in diesem Modell nicht über die Macht, dessen Abgabe zu erzwingen. Auch die Leviten, die sich zum priesterlich-staatlichen Apparat entwickeln könnten, verfügen nicht über diese Macht, da sie nicht über Produktionsmittel verfügten. Sie werden ja stereotypisch als derjenige charakterisiert, „der keinen Anteil oder Eigentum neben dir hat".

Auch der Verfassungsentwurf Ez 40 – 48 betont die Tatsache, daß der priesterliche Apparat über keinerlei Eigentum an Produktionsmitteln verfügen sollte, Ez 44,28:

> Und es werde ihnen [den Priestern] zum Eigentum:
> Ich, der EWIGE, bin ihr Eigentum;
> Besitz gebt ihnen nicht in Israel,
> Ich bin ihr Besitz.

Ob diese sehr eigentümliche „Freiheit vom Eigentum" eine Erfindung des Deuteronomiums war, ist unwahrscheinlich. Solche fundamentalen ideologischen Strukturen werden nicht frei erfunden, erst recht nicht in einem so „traditionellen" Milieu, in dem das Buch entstanden ist. Wo diese Besitzfreiheit herkommt, wissen wir nicht. Möglich ist, daß es eine traditionelle Besitzfreiheit der levitischen Priester gab. Der legendäre Prophet Elischa lebte mit Gruppen von *bene-hannebiim*, „Jungkündern", wie Buber übersetzt. Den Lebensunterhalt bestritten sie, nach 2Kö 4, aus Spenden. Vielleicht waren diese derwischartigen, besitzlosen Gruppen die Vorläufer der levitischen Priester des Deuteronomiums. Viele aber dürften vom „jahwistischen" Königtum Samarias als lokale Kultfunktionäre in das System eingebunden worden sein; die Eroberung des Nordens und die Kultzentralisierung in Jerusalem durch Joschijahu um 620 v.u.Z. hätte sie dann wieder brotlos und „frei von Eigentum" gemacht. Aus der Not wurde dann die Tugend des besitzlosen, levitischen Agitators und Priesters. Die „Freiheit vom Eigentum" war später bei den mystischen Derwischen des Islam und den Bettelorden des mittelalterlichen Christentums ein hohes Ideal. Nur so waren sie wirklich frei für ihren Gott und für ihre Mitmenschen. Sie stießen aus dem Grunde bei den jeweiligen Machthabern, bei Kalifen und Päpsten und Königen, immer auf Argwohn. Das mußte der Scheikh Al-Husain ibn Mansur al-Halladsch, der unter dem Kalifen Al-Muqtadir 922 in Bagdad gekreuzigt wurde, ebenso erfahren wie Fra Girardo Segarelli, der unter dem Papst Bonifaz VIII. 1300 verbrannt wurde. Die „Freiheit vom Eigentum" hatte tiefe und uralte Wurzeln und Nachwirkungen, die bis in unsere Tage anhalten.

„Gott" ist die einzige Instanz, der hier „Tribut" gezollt wird. Dieser „Tribut" fließt sofort in die Konsumtion der gesellschaftlichen Produzenten zurück. Nur alle drei Jahre gibt es Transfers, aber diese Transfers begründen keine Rechtsansprüche irgendwelcher mit Macht ausgestatteter, nichtproduktiver Gruppen, sondern es handelt sich gerade um ihr Gegenteil: um schwache gesellschaftliche Gruppen, mit denen sich die Instanz „Gott" identifiziert.

Dieses Modell konnte nur dort entstehen, wo der Staat und seine Apparate aufgehört hatten zu existieren und wo man mit ihnen durchweg negative Erfahrungen gemacht hatte. Das Deuteronomium ist der Entwurf jener „Volksarmut", die, nach Jer 39,10, durch Nebukadnezar im Lande zurückgelassen wurde und die, nach der Ermordung Gedaljahus, ihre Angelegenheiten weitgehend selber regeln mußte. Die Gesellschaft, die dem Deuteronomium vorschwebte, war keine vorstaatliche Idylle. Auch hier wurde aus der Not eine Tugend, die Tugend einer Gesellschaft, in der sich zwischen dem Volk und seinem „Gott", der der imperative Inbegriff dieser Ordnung ohne Staat ist, keine weiteren Instanzen festsetzen konnten, da sie nur ein flüchtiges Dasein hatten: sobald man sie nicht mehr brauchte, konnten sie in den Wartestand zurücktreten.

1.3. Die priesterliche Führung

Ganz andere Erfahrungen machten die Nachkommen derer, die Nebukadnezar nach Babel verschleppte. Nicht nur waren sie die Nachkommen der Eliten, die Nebukadnezar geschont hatte; sondern sie waren in Babel mit einem eindrucksvollen und funktionsfähigen staatlichen Gebilde konfrontiert. Sie sahen, wie der mächtige Tempelkonzern des Marduk in Babel gegen die letzten Könige Babyloniens, denen sie Vernachlässigung des Stadtkultes Babels – sprich Deprivilegisierung der Mardukpriesterschaft – vorwarfen, erfolgreich Front machte. Sie lernten also priesterliche Macht als Gegengewicht zu königlicher Macht schätzen.

Aber auch sie übernahmen die „Freiheit von Eigentum" für die Priester, weil sie ebenfalls die ungeheure Macht solcher Tempelkonzerne wie die des Marduktempels zu Babel oder ähnlicher Institute in Ägypten kennenlernten. Die genau vermessene Tempeldomäne, die wir aus dem bereits erwähnten Verfassungsentwurf Ez 40-48 kennen, zeigt das eindrucksvoll; der „Engel mit der Meßschnur" hat ja eine eindeutig politische Funktion: er schränkt den Machtbereich des Tempels ein.

Gleichwohl hat die Priesterschaft, die „im Hause Gottes amten" soll, wie Buber übersetzt, bleibende politische Aufgaben. Sie ist kein flüchtiges Institut für hin und wieder anfallende Aufgaben. Das Deuteronomium kannte keinen regelmäßigen Opferbetrieb; „opfern", das heißt schlachten und „nach dem Begehr der Seele Fleisch essen" (Dtn 12,15.20), konnte jedes

Mitglied des Volkes. Für anfallende Dienstleistungen, etwa die Gelübdeopfer oder Sühnopfer, gab es eine Rechtsverordnung (*mischpat*, Dtn 18,3), die die Anteile der levitischen Priester bei der Ausführung des Opferrituals regelt. Die Gebühren nehmen sich sehr bescheiden aus: Kinnbacken, Bug und Magen des Opfertieres und, für den weiteren Lebensunterhalt, „den Beginn des Kornes, des Weinsaftes und des Öls". Hier ist natürlich ein gewisser Widerspruch zu Dtn 14;27ff. vorhanden, wo der Levit mit den anderen schwachen Gruppen nur alle drei Jahre die Zehnten haben soll. Aber solche Gruppen müssen ja ständig mitversorgt werden.

Jechezq'el kennt zwei Sorten von Priestern: die Leviten und die „levitischen Priester des Hauses Zadoq"; die einen werden abqualifiziert, sie hätten den „Klötzen" (*gillulim*) öffentlichen Dienst erwiesen. Diese „Klötzen" sind ein Schimpfwort für lokale Kultobjekte im Lande, das besonders gerne von Jechezq'el gebraucht wird: von 49mal kommt es 40mal bei ihm vor. In seinen Augen waren die Leviten solche lokalen Kultfunktionäre gewesen und deswegen für den neuen Dienst am neuen Haus des Gottes Israels ungeeignet; allenfalls konnten sie in der Verwaltung des Hauses eingesetzt werden: „ich gebe ihnen auf, die Verwahrung des Verwahres des Hauses, Dienst zu tun bei allem, was zu tun ist" (44,14). die zadoqitischen Priester aber haben die Führung und die Oberaufsicht; sie sind ein ständiges Rechtskollegium. Durch diese Aufgabe werden sie zu einer Institution, die beständigen und nicht bloß flüchtigen Charakter hat. Aus dem Grund sind ihnen regelmäßig Abgaben zu entrichten, 44,29:

> Spende, Entsündung, Entschuldung sollen sie essen,
> alles, was dem Bann verfallen in Israel, ihnen soll es sein;
> der Beginn aller Erstgeburt aller Art,
> alle Hebe aller Art, von allen euren Heben, sei den Priestern,
> der Beginn eurer Teige sollt ihr dem Priester geben,
> Segen ruhen zu lassen auf euren Häusern.

Alle persönlichen „Opfer", „Spenden", *minchoth* (die Erstlinge der Pflanzenproduktion), „Entsündung", *chatta`*, und „Entschuldung", *'ascham*, sowie die Erstlinge der Tierproduktion gehören demnach den Priestern; dazu kommen die Heben (*therumoth*), soweit sie nicht zweckbestimmt sind, etwa für den Fürsten (45,13ff.); hier handelt es sich um Abgaben, die aus besonderen Anlässen erhoben werden (vgl. Ex 25,2f.; 30,13ff. usw). Wir haben hier bereits einen nicht unansehnlichen Fonds, der den Priestern zur Verfügung steht. Die Priester sind eine für politisch-richterliche Aufgaben freigestellte, nicht produktiv arbeitende Gruppe, die mit Machtbefugnissen ausgestattet ist.

Ez 40 – 48 rechnet noch mit einem weiteren Funktionär, der *nasi'*, Fürsten, genannt wird. Dieser Funktionär hat nur zeremonielle Aufgaben und ist wohl das, was vom ehemaligen Königtum übriggeblieben ist. Der Unterschied zu Ez 34,23, wo dieser Fürst „David" genannt wird und wo er eine richtige Hirtenfunktion, also eine politische Leitungsfunktion haben soll (vgl. 37,22), ist ziemlich auffällig. Der Verfassungsentwurf rechnet also nicht mehr mit einer Monarchie, auch nicht mehr im eingeschränkten Sinne des Wortes. Aber die Funktion soll beibehalten werden. Und auch ihm werden Abgaben zur Verfügung gestellt. Im Gegensatz zu den Priestern soll er über Grundbesitz verfügen, aber dieser Grundbesitz wird beschränkt auf einen Streifen der Breite des Tempelbezirkes und der Länge des Landes, also ein Streifen von 10000 Ellen (5 km) breit und etwa 100 Kilometer lang, von der Westgrenze bis zur Ostgrenze des Landes. Ausdrücklich wird dem Fürsten untersagt, sich das Erbeigentum der Kinder Israels anzueignen. Will er verdienten Höflingen Schenkungen machen, so geht das nur aus dem ihm zugewiesenen Gebiet und nur vorübergehend, bis zum Jobeljahr. Das wird so begründet: „damit nicht verdrängt werde mein Volk, jedermann von seinem Besitz", 46,18). Damit wird die Vermehrung des Grundbesitzes, der Fürsten, eine uferlose Ausdehnung der *gè basilikè* (des Königslandes) verhindert, wie es sie unter den alten jehudischen oder israelischen Monarchen oder später unter den hellenistischen Königen gegeben hat, für die die meisten Leute dann praktisch als Unfreie hatten arbeiten müssen. Ebenso wird der Entstehung einer adligen Großgrundbesitzerschicht ein Riegel vorgeschoben; entstanden doch in der Königszeit die Latifundien aus erblichen Schenkungen der Könige an ihre Günstlinge (Alt 1968, III, S. 348ff.).

Man sieht hier noch einmal, wie gut durchdacht die ganze Geschichte ist, wie gründlich die historischen Erfahrungen verarbeitet wurden. Wie gezeigt, sind die hier Freigestellten schon mit Machtbefugnissen ausgestattet. Noch bedeutet dies keineswegs die Entstehung einer herrschenden Klasse; die Priester sind absolut „weisungsgebunden", wie das auf Amtsdeutsch heißt, gebunden an die Weisung Gottes, an die Thora. Die Thora soll die Macht haben, und die Priester sollen „dienen", nämlich der Durchsetzung und Einhaltung der Thora. Die Ausführungen in den Büchern Leviticus und Numeri sind nähere Bestimmungen dessen, was bereits hier grundsätzlich geregelt ist. In diesem Entwurf sollten die Priester eine

„schwache Gruppe“ bleiben. Die anderen „schwachen Gruppen“ finden hier kaum Erwähnung; die Fremden mit Gaststatus rechnen hier wie Kinder Israels (47,22); die Leviten sind zu Funktionären zweiten Ranges geworden. Die Versorgung der Waisen und Witwen wird als selbstverständlich gegolten haben (vgl. Ez 22,7). Dennoch ist die Gefahr, daß sich eine solche herrschende Schicht herausbildet, hier schon angelegt.

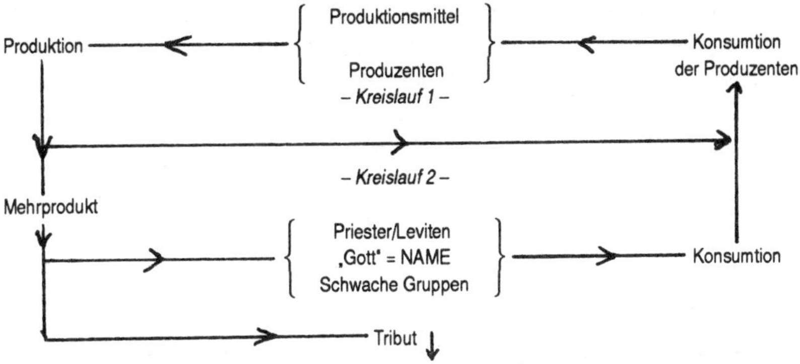

Der Einbau „Gottes“ in einen priesterlichen Apparat macht auf uns einen negativen Eindruck, nachdem wir die Unmittelbarkeit des Modells im Deuteronomium kennengelernt haben. Es gehört nun aber zum Wesen der Thora, daß beide Modelle gleichwertig nebeneinander überliefert wurden. Eigentlich könnte, nach Num 36, sofort das Buch Josua beginnen, oder zumindest hätte man hier Lied, Vermächtnis, Segen und Tod des Mosche einfügen können; alles, was zu sagen war, schien gesagt. Und nun mußte es doch noch einmal ganz anders gesagt werden, damit keine Mißverständnisse aufkommen. Und das Mißverständnis, das eine Thora der vier Bücher Genesis, Exodus, Leviticus und Numeri aufkommen lassen könnte, besteht in der Verselbständigung des priesterlichen Apparates. Aber eine nichtpriesterliche Thora könnte die Illusion verbreiten, daß Recht ohne Macht sein könnte, daß Gerechtigkeit nicht der Organisation bedarf, um sich halten und durchsetzen zu können. Beide Modelle der Thorarepublik beruhen auf verschiedenen politischen und sozial-ökonomischen Erfahrungen. Es wäre verderblich, eigenmächtig das eine gegen das andere zu favorisieren.

Beide Modelle sind „geschlossene Modelle“. Solche Modelle geben natürlich die Wirklichkeit nicht wieder. Als das Perserreich die Ordnung in den babylonischen Westprovinzen wiederhergestellt hatte – und das durfte eigentlich erst nach dem Amtsantritt des Dareiosch (521 v.u.Z.) geschehen sein –, wird aus dem geschlossenen ein offenes Modell, und zwar durch den Tribut. Ein Teil der Produktion fließt nach außen ab, ohne wieder in den inneren Wirtschaftskreislauf eingespeist zu werden. Wir haben schon gezeigt, daß der Tribut auf die soziale Struktur einen verheerenden Einfluß hat (oben § I,4.). Aber wenn er sich innerhalb bestimmter Grenzen hält, kann sich lokal oder regional noch ein hohes Maß an Autonomie und Egalität halten. Nach Kippenberg (1978, S. 51) betrug der Tribut in persischer Zeit kollektiv 350 Talente Silber; dies wäre der Gegenwert von 85.000 Hektoliter Gerste oder gut 6000 Tonnen, der Ertrag von schätzungsweise 15–20% des brauchbaren Bodens. In der hellenistischen Zeit lag der Tribut bei 33,3% des Ertrags, knapp zweimal soviel. Unter diesen letzten Umständen läßt sich die Egalität nicht halten. Nach Josephus (Ant XII, 4) betrug der Tribut 20 Talente, d.h. ungefähr 2% der Produktion. Das ist mit Sicherheit zu wenig.

1.4. Der Zerfall der Thorarepublik

Geld hat Korn, Traubensaft, Öl und erst recht Opferfleisch voraus, daß es unbegrenzt haltbar zu sein scheint. Zwar schwankten Geldpreise auch in der Antike, aber die Geld- oder Goldillusion war damals noch stärker verbreitet als heute. Schatzbildung bzw. die Bildung von Vorsorgekassen kennen wir aus vielen Dokumenten.

Jehuda hatte im vierten Jahrhundert angefangen, selber Münzen in Umlauf zu bringen. Das deutet darauf hin, daß die oben erwähnten Abgaben teilweise in Geld erbracht wurden. Wir erwähnten schon, daß Anfang des 2. Jahrhunderts der Tempel über große Geldreserven verfügte. Teilweise gehörten diese einer Familie der neuen Eliten Jerusalems und teilweise waren es Abgaben, für Waisen und Witwen bestimmt, 2Mak 3,10. Da die Angehörigen der Tempelhierarchie selber abgabepflichtig waren (denn erst Anthiochos III befreite sie von der Kopfsteuer, Flav. Jos. AJ. XII, 3,3; vgl. Kippenberg 1978, S.83), müssen sie über ein Geldeinkommen verfügt haben. Woher stammt dieses Geldeinkommen? Zunächst aus einer „Hebe“ (*therumah*), was allgemein als Tempelsteuer bezeichnet wird (vgl. Ex 30,11). Diese Abgabe, ursprünglich nur gelegentlich aus gegebenem Anlaß erhoben, wurde bald zu einer festen Steuersumme. Weiter wurde der Tempel durch diese Verfügungsgewalt über Geldmittel selber geschäftsfähig. Es ist nicht sicher, ob die Priesterschaft das Verbot des Grundbesitzes eingehalten hat. M. Stern behauptet, daß die vorgesehenen Einkünfte nicht ausreichten, um den Lebensunterhalt der Priester und ihrer Familien zu sichern; sie übten daher ein Handwerk aus und manche sollten auch über Grundbesitz verfügt haben (Stern 1976, S. 587); Kreissig sieht für die römische Zeit die Schicht der führenden Priester als Großgrundbesitzer (Kreissig 1970, S.82).

Wir wissen, daß das Amt des „Hohenpriesters" in der römischen Zeit vom römischen Legaten „gekauft" werden mußte. Das war damals schon traditionell. Schon unter den Seleukiden bestachen die Konkurrenten um die Großpriesterwürde den jeweiligen Landesherren mit riesigen Summen. Sicher ist auch, daß diese Geldmittel nicht nur aus Tempelabgaben, Zehnten und Opfergebühren stammen konnten; sie reichten dafür nicht aus.

Im dritten Jahrhundert erkennen wir eine neue, nichtpriesterliche Schicht von Eliten. Sie stammten teilweise von einer freien jehudischen Grundbesitzerschicht, deren Akkumulationsbestrebungen Nechemja eingedämmt hatte, teilweise waren sie nichtjehudischer Herkunft. Diese neuen Eliten festigten ihre Position durch das System der Verpachtung des Tributs durch den Staat an Großsteuereintreiber; der Staat veranstaltete regelmäßig Auktionen, durch die die Steuereinnahmen einer Provinz an den verkauft wurden, der bereit war, die höchste Summe im voraus dafür zu entrichten. Einzelheiten erzählt uns Josephus in seinen „Jüdischen Altertümern" (XII, 4). Daraus entnehmen wir, daß die Steuereinnahmen Syriens, Phöniziens, Samariens und Jehudas auf 18.000 Talente geschätzt wurden und daß ein gewisser Joseph, Sohn des Tobijja, 36.000 Talente bot, dazu die Enteignung der Güter jener, die nicht zahlen wollten. An gleicher Stelle erfahren wir, daß der Tribut für Jehuda 20 Talente betrug. Die Angaben reichen für eine „volkswirtschaftliche Gesamtrechnung" nicht aus, zumal sie widersprüchlich sind (s. oben); jedoch mußte Jehuda jetzt wohl weit über 1.000 Talente an Tribut aufbringen, ein Vielfaches dessen, was traditionell für Jehuda vom Tempel entrichtet wurde. Das Ganze spielte sich unter dem König Ptolemaois Euergetes ab, der von 246–221 v.u.Z. regierte. Die außerordentliche Verschärfung der Ausbeutung trieb die Leute in den wirtschaftlichen Ruin; dies ist der reale Hintergrund der Rahmenerzählung unseres Buches Ijjob. Gleichzeitig wurden größere Teile des Landes in Staatsbesitz (*gè basilikè*, „Königsland") überführt. Aber dieser Prozeß wurde durch den makkabäischen Krieg zumindest für das jehudische Kerngebiet rückgängig gemacht bzw. unterbrochen. Anweisungen für Domänenwirtschaft in Jehuda gibt es nur sehr spärlich und dann allenfalls für die neuen Agrargebiete in der Jordansenke.

Die Annahmen Sterns und Kreissigs werden durch Quellenangaben nicht erhärtet. Dennoch kann kein Zweifel daran bestehen, daß die priesterlichen Eliten große Reichtümer besaßen. Diese Reichtümer stammen nicht oder nur zu einem geringen Teil aus „Amtsgehältern". Sie sind entweder Einkünfte aus Grundbesitz oder Einkünfte aus vermehrten Abgaben, in beiden Fällen beruhen sie auf erzwungener Aneignung fremder Arbeitsleistung. Dieser Prozeß war im dritten Jahrhundert v.u.Z. schon voll entfaltet, und es ist nicht zufällig, daß der makkabäische Krieg auch (nicht nur!) ein Krieg „Land" gegen „Stadt" war. Auch wenn wir das juristische Verhältnis zwischen Priestertum und Grundbesitz nicht zweifelsfrei klären können, so ist doch einigermaßen sicher, daß sich die Priester aus ihrer Position als „schwache Gruppe" haben befreien können. Sie erzwangen eine Erhöhung der Abgaben, wobei sich die eigene Zwangslage durch die Verschärfung der staatlichen Ausbeutung im Steuerpachtsystem mit den eigenen Interessen verband. So wurden die Priester von einer mit der politischen Führung beauftragten Schicht zu einem Teil der herrschenden Klassen.

Dies hat Konsequenzen für „Gott" gehabt. Das, was nunmehr als „Gott" funktioniert, ist das genaue Gegenteil dessen, was als „Gott" in „Israel" zu funktionieren hat und was die politische Führung durch die Priester immer wieder durchzusetzen hatte: das, was aus dem Sklavenhaus herausführt: der NAME. „Gott" ist jetzt zunächst die Bestätigung der aktuell herrschenden Macht, der Macht der hellenistischen Ökonomie, zu deren Agenten die Priester geworden sind, oder, vielleicht besser und fairer gesagt, als politische Führung einer ökonomisch gleichgeschalteten *ethnos* werden mußten. Der Tribut in der Geldform des Steuerpachtsystems hat „Gott" bis zur Unkenntlichkeit verändert. Das ist das Thema der Monologe Ijjobs und seiner Widersacher, wie die Rahmenerzählung eine drastische Darstellung jenes sozial-ökonomischen Prozesses ist, des Prozesses der Verfremdung und der Verdoppelung Gottes. Das zeigt sich im Schicksal der schwachen Gruppen, die aus dem gesellschaftlichen Prozeß ausgeschieden werden und an „Gott" verzweifeln bzw. den neuen „Gott" im Namen des alten bekämpfen werden.

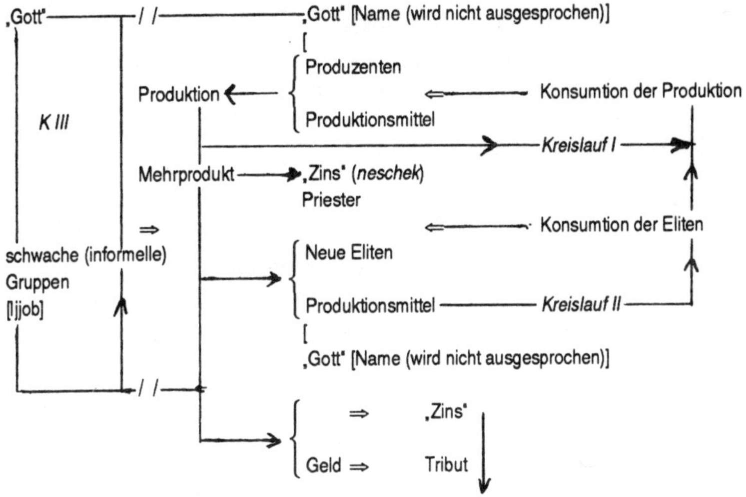

Die Eliten und die auswärtige Hegemonialmacht (Alexandrien/Damaskus/Rom) teilen sich das Mehrprodukt, das sie den unmittelbaren Produzenten durch die Anwendung unmittelbarer Gewalt oder durch die Verfremdung der Tradition entziehen. Es gibt also in dieser Volkswirtschaft drei Kreisläufe: die der Produktion/Konsumtion durch die unmittelbaren Produzenten, die der Aneignung des Mehrprodukts mittels Entwendung und Konsumtion durch die Eliten und den „informellen" Kreislauf der Marginalisierten. Da die autochthonen Eliten auf die Unterstützung durch die auswärtige Hegemonialmacht angewiesen waren, verschmolzen jene sozial-politisch immer wieder mit dieser zu einer Einheit, wobei es natürlich Interessengegensätze gab: da nur das eine Mehrprodukt verteilt werden konnte, bedeutete die Erhöhung des Anteils des Tributs eine Verringerung des Anteils der Eliten, da die Ausbeutung nicht schrankenlos verschärft werden konnte. Unter den autochthonen Eliten gab es auch Reibungen: die traditionellen priesterlichen Eliten (Sadduzäer) mußten mit den neuen Eliten (den Tobijjaden, später den Hasmonäern und, in der römischen Zeit, mit den Herodianern) teilen. Da all diese Gegensätze gleichzeitig wirksam sind, entsteht bei der Betrachtung der Zeit kurz vor dem großen judäischen Krieg (66–73 u.Z.) der Eindruck eines fast absoluten politischen, sozialen und ideologischen Chaos. Der Grund dieses Chaos ist die zersetzende Wirkung der Hegemonialmacht auf die unterdrückten Völker.

Die Gruppen, die aus dem gesellschaftlichen Produktions- und Reproduktionskreislauf herausgefallen waren (Bettler, Krüppel, chronisch unterbeschäftigze Tagelöhner, Witwen und Waisen, Lazarus, Luk 16!), lebten eine informelle Existenz. Sie spielten buchstäblich *keine* Rolle, oder besser: sie stellten ein destruktives Rebellionspotential dar.

2. Ideologische Strukturen

2.1. Akzeptanz und Verinnerlichung

Im vorigen Abschnitt haben wir Modelle beschrieben. Wir wollen jetzt etwas über **ideologische Strukturen** sagen. Wir wollen versuchen zu zeigen, wie die Vokabel „Gott" die gesamtgesellschaftliche Struktur umfassend und erschöpfend beschreibt. Wir führen das noch einmal an den drei Modellen und einigen ihnen eigentümlichen Texten aus. Vorab eine kleine ideologietheoretische Skizze.

Keine Gesellschaft kann auf Dauer existieren, wenn ihre Mitglieder sie nicht in irgendeiner Form **akzeptieren**. Die **Akzeptanz** mag anfangs mit der Knute erzwungen, irgendwann muß sie **verinnerlicht** sein, damit die Gesellschaft funktionieren kann.

In der Klassengesellschaft eignet sich eine nicht unmittelbar produktive Gruppe, die mit Macht ausgestattet ist, das gesellschaftliche Mehrprodukt unter Zwang an und verwendet es nach eigenem Gutdünken. Die materielle Bedingung für diese Abschöpfung besteht in der Verfügungsgewalt über Produktionsfaktoren (Boden und/oder Arbeit). Diese Verfügungsgewalt kann aber nicht auf Dauer willkürlich und durch Anwendung unmittelbarer Gewalt ausgeübt werden. Sie muß auch **akzeptiert** werden. Das heißt, es müssen „Titel" vorhanden sein, auf Grund derer die Abschöpfung „gerechtfertigt" erscheint. „Eigentum" ist ein solcher Titel, aber er ist nicht der einzige. Es gibt ein ganzes Geflecht von Verhältnissen, in denen die Produktion und die Verwendung ihrer Ergebnisse organisiert sind. **Akzeptanz** von **Gesellschaft** bedeutet also die **Verinnerlichung von Produktionsverhältnissen.** Akzeptanz von **Klassengesellschaften** bedeutet Verinnerlichung von **nichtegalitären** Produktionsverhältnissen.

Zwar ist die Ausübung von unmittelbarer Gewalt zur Erzwingung dieser Akzeptanz auf Dauer allein kontraproduktiv, **sofern** reibungsloses Funktionieren von bestimmten Produktionsverhältnissen wünschenswert erscheint, aber sie kann in einer Klassengesellschaft nie ganz fehlen. Die Instanz, der die Ausübung solcher Gewalt obliegt, ist der **Staat**, in welcher Form auch immer. Es ist nicht zweckmäßig, Staat als reine Agentur einer herrschenden Klasse aufzufassen. Das kann es zwar geben, aber nur dann, wenn die herrschende Klasse wie die ausgebeutete Klasse strikt homogene Gebilde sind, etwa, wenn es nur **eine** homogene Großgrundbesitzerschicht und nur **eine** homogene ausgebeutete Landarbeiterschicht gibt. In der Regel ist eine Klassengesellschaft heterogen strukturiert, d.h., sowohl in den herrschenden wie in den ausgebeuteten Schichten gibt es jeweils Interessenunterschiede, ja, -gegensätze. Ein Land wie Kolumbien ist deswegen so instabil, weil seine herrschenden Klassen, Latifundienoligarchie, städtische Bourgeoisie, Industriekapital, Drogenkapital, unterschiedliche, ja, gegensätzliche Interessen haben. In einer solchen Gesellschaft muß der Staat die Form einer allen übergeordneten Instanz versuchen anzunehmen, was in der bürgerlichen Ideologie dann **Rechtsstaat** genannt wird. Die britischen Theoretiker Hindess und Hirst schreiben: „Der Staat ist deshalb eine Existenzbedingung für die Klassengesellschaft und in keiner Weise reduzierbar zu seiner Funktion als Instrument in den Händen der herrschenden Klasse (1977, S. 35)". Anders gesagt, der Staat dient sowohl der Aufrechterhaltung des herrschenden Verhältnisses zwischen herrschender und unterdrückter Klasse als auch dem Interessenausgleich zwischen verschiedenen Fraktionen in den gesellschaftlichen Klassen. Für diesen Interessenausgleich setzt er Spielregeln fest und übt somit seine legislative Kompetenz aus; er setzt die Einhaltung dieser Spielregeln durch und übt damit einerseits seine exekutive, andererseits seine judikative Kompetenz aus. Daß diese drei in einer bürgerlichen Gesellschaft in relativer Autonomie gegeneinander vollzogen werden durch Regierung, Volksvertretungskörperschaft und den Apparat der Justiz ändert nichts an der Tatsache, daß hier drei Vollzugsgebiete in **einer** staatlichen **Instanz** zusammenwirken. Es ist deshalb keine Diffamierung, wenn Justiz „Klassenjustiz" genannt wird, was aber keineswegs bedeutet, daß in einer sozialistischen Gesellschaft auf die relative Autonomie der Justiz verzichtet hätte werden können.

Der Staat ist also keine ideologische Institution wie etwa Kirchen, Schulen, Familie, Justiz, Parteien, Medien usw. Würde er die Funktion jener ideologischen Apparate (Althusser 1976, S. 80ff.) übernehmen, würde er sehr ineffektiv werden und müßte ständig auf die Ausübung unmittelbarer Gewalt zurückgreifen. Der Staat repräsentiert das **zwingende** Moment einer Gesellschaftstruktur. Die Verinnerlichung selber wird durch die ideologischen Apparate besorgt. Sie sind aber keineswegs nur ideologische Apparate **des Staates**, wie Althusser zu suggerieren scheint, sondern sie haben ihre eigene, relativ autonome Rolle zu spielen. In unseren Tagen übt sich gar der Staat in Bescheidenheit; „weniger Staat" ist die Parole. Weniger heißt hier Konzentration auf ihr Gewaltmonopol, Reduzierung ihrer Fürsorgerolle. Aber wie dem auch sei: keine Klassengesellschaft ohne Staat, und wo der Staat fehlt, gibt es auch keine ausgeprägten Klassenverhältnisse, d.h. gibt es keine Gruppe, die aus eigener Machtvollkommenheit, wie auch immer legitimiert, über das Mehrprodukt verfügt.[1]

Akzeptanz durch Verinnerlichung ist das Geschäft der Ideologie. Soweit die Ideologie die **universale** Akzeptanz besorgen muß, ist sie immer „religiös". Denn diese **universale** Akzeptanz richtet sich auf die Gesellschaftsstruktur als solche, nicht auf Teilbereiche. Sie muß also das Geschäft einer **absoluten** Verinnerlichung besorgen. Jede Gesellschaft verlangt von **allen** Mitgliedern, daß sie eine bestimmte Grundstruktur akzeptieren, ohne sie zu hinterfragen. Wer sich daran nicht hält, stellt sich außerhalb der Gesellschaft. Wie die Ideologie diese Grundstruktur benennt, ist eine andere Sache; aber sie beansprucht absolute Gefolgschaft, sie hat die Funktion „Gott". Und deswegen ist „Gottlosigkeit" immer noch eine unverzeihliche Sünde.

Nun wird dieses Absolute in unserer Gesellschaftsstruktur nicht länger „Gott" genannt; es heißt „Freiheit", oder „Demokratie" oder sonstwie, aber es heißt nicht „Gott". In den Zeiten, in denen unsere Texte verfaßt wurden, hieß das Absolute „Gott" oder „Götter". Das heißt: das Absolute wurde selber zu einer handlungsfähigen und ansprechbaren Instanz. Der **Staat** als übergeordnete Instanz über alle gegensätzlichen Interessen ist daher das **Absolute** in der Gestalt der Gewalt (nackten, physischen Gewalt, aber auch der sog. Staatsgewalt der Exekutive); „Gott" ist die Funktion der **absoluten** Verinnerlichung der Gesellschaftsstruktur. Zwischen der Gottheit und dem Staat gab es daher immer eine intime Beziehung: beide zeugen in der ihnen je eigentümlichen Weise ein einziges Kind: Verinnerlichung von Dominanz. Staat aber ist relativ monoton: in den antiken, von Agrarproduktion direkt abhängigen Gesellschaften nahm er immer wieder die Form absoluter Königsgewalt an und demonstrierte dort das intime Verhältnis zwischen „Erde" und „Himmel". Auch „Gott" war monoton: er war immer erdrückend himmlisch oder naturhaft. Aber die Kleider der Gottheit

1. Es gibt Fälle, in denen Staat nicht mehr existiert, Libanon 1976–1990. De facto aber zerfiel dort der Staat in Teilstaaten oder Gruppen, die sich staatliche Kompetenz anmaßten. Die Klassenstruktur der Gesellschaft blieb davon als solche unberührt.

waren bunt und abwechslungsreich. Trockener gesagt: die Formen, deren sich die Ideologie bedient, um die Verinnerlichung der Akzeptanz herzustellen, sind weder vorhersagbar noch ableitbar. Vom ägyptischen Totenkult bis zu Buddahs Nirwana ist alles möglich. Deswegen ist die Untersuchung der jeweils konkreten ideologischen Apparate nur „synchron“ möglich und sie können nicht als „Entwicklung“ einer Grundform dargestellt werden.

In unseren Texten tritt das Element „Staat“ nur bei Daniel in den Vordergrund. Bei Ijjob ist er als selbstverständlich vorausgesetzt, aber bildet nicht das Hauptproblem. In der Person Nechemjas handelt der persische Staat sehr eindrucksvoll und eindeutig als eine Instanz, die die Dominanz lokaler Eliten einschränkt: Staat als „Hintergrundgewalt“. Im Buch Leviticus und im Deuteronomium, überhaupt in der Thora, haben wir aber eine **Gesellschaft ohne Staat** im Entwurf. Was dort als Staat vorkommt, ist „Ägypten“, und ist gerade zu überwinden. Wir werden diese Texte noch einmal auf dem Hintergrund des oben Gesagten befragen.

2.2. Ein Experiment

Über die sogenannte Landnahme, die sich am Ende des zweiten Jahrtausends ereignet haben soll, wissen wir, trotz Albrecht Alt, gar nichts. Denn was uns Alt in seinen berühmten Artikeln aus den Jahren 1925 und 1939 lehrt, ist nicht mehr als dies, daß im Rahmen einer allgemeinen aramäischen Völkerwanderung am Ende des zweiten Jahrtausends v.u.Z. auch einige Gruppen ins palästinensische Bergland eingewandert und die die Vorfahren der späteren Israeliter gewesen sein sollen. Was wir daraus lernen, ist, daß die Geschichte der Landnahme, wie sie Thora und Propheten erzählen, so nicht stattgefunden haben kann. Und was Alt dann im nicht weniger berühmten Artikel über „den Gott der Väter“ schreibt, ist weitgehend gelehrte Spekulation, die aber verbreitet Folgen hatte. Es wurde nämlich Mode, sich „Israel“ vorzustellen als ein Nomadenvolk, das mit einem Grundstock an eigenständiger Religion in Kanaan einzog, wobei es dann sogleich, wie uns von Rad glaubhaft machen wollte, zu „einer Krise durch die Landnahme“ kam (von Rad 1962[4], S.28). Das hat mit Theologie und mit Geschichtswissenschaft nichts zu tun. Wir wissen über dieses „Israel“ nichts, was solche Spekulationen erlaubt. Ich habe früher geschrieben: „Wenn das erste Licht der Geschichte auf den Gott Israels fällt, ist er der Tempelgott Salomos, ist er ... ein Baal“ (1983, S.322). Ich präzisiere: „Wenn das erste Licht der Geschichte auf Israel fällt, ist es eine ganz normale altorientalische Monarchie.". Von da an wissen wir etwas mehr, weil auch dann die Archäologie ergiebiger wird.

Aber was wir ziemlich genau wissen und was oben mehrfach angedacht wurde, ist dies: ein ungeheurer Zufall hat es nach der Zerschlagung Jehudas durch Babel der im Lande verbliebenen Unterschicht eines Volkes erlaubt, ihre Angelegenheiten ohne nennenswerte Intervention staatlicher Instanzen selber zu regeln. Der Zufall bestand, wie oben angedeutet (§II, 1.1), darin, daß die Ordnung, die die abziehenden babylonischen Eroberer nach der Zerstörung Jerusalems und dem Massaker vor allem an den Eliten, 587 v.u.Z., durch die Ernennung eines *pagid,* des Bezirksgouverneurs Gedaljahu, hinterlassen hatten, nach dessen Ermordung zusammenbrach, wobei die letzten Angehörigen der traditionellen Oberschicht das Land Richtung Ägypten verließen und die Babylonier sich um diesen abgelegenen Bezirk nicht allzusehr gekümmert haben. Zumindest wurde, gegen sonstige Gepflogenheiten, eine neue Oberschicht nicht angesiedelt. Da Ägypten bis 562 v.u.Z. unter inneren Unruhen und Bürgerkriegen litt und der letzte große Pharao, Amasis (562–526 v.u.Z.), eine Politik der Freundschaft mit Babel verfolgte, konnte auch von dieser Seite keine Ordnung der Verhältnisse in Jehuda erfolgen. Diese zufällige Konstellation eines Machtvakuums einerseits und der Zerschlagung Babels durch Kourosch, den Perser, andererseits, ist die materielle Grundlage für das Experiment einer Gesellschaft ohne Staat, das gleichzeitig als völlig unverhoffter und unverdienter Neuanfang empfunden wurde.

Dies machte eine völlig neue Lektüre von Geschichte notwendig und möglich. *Notwendig,* weil nun nicht mehr die Chronik der Tage der Könige, wie überall in der Antike, das Ausschlaggebende war – die Könige sind verschwunden. Die Zukunft der Gruppe, die das Deuteronomium verfaßte, konnte nicht „staatlich" sein, weil „Staat" gerade so gründlich versagt hatte. Und somit war auch nicht der Staat oder König das eigentliche an der Vergangenheit, sondern die Stimme der Propheten, die das Volk auf seinen Wegen und Abwegen begleitet hatte: sie war das, was zu bewahren war und was alles Vergangene normiert und wertet. Nicht die Zeitstruktur, sondern die Struktur des Weges (in der Zeit und Ort die Koordinaten sind) bestimmt das Denken und Planen dieser Menschen. Und dieser Weg beginnt „bei den Tagen der Anfänge, die vor dir waren, vom Tag an, da Gott Menschheit schuf auf der Erde" (Dtn 4,32). Und sie führt ins Sklavenhaus, aus dem Sklavenhaus hinaus in die Wüste zum Berg des Bundes, zum Berg der Thora und von dort, in endlosen Kreisen (Dtn 2,1f.), zu „diesem

Jordan". *Möglich*, weil dann ein Experiment beginnen kann. Diese Erzählung ist nicht der Stoff, aus dem die alten Volkslieder sind, sondern so sehr geschaffen, konstruiert, strukturiert für eine absolut einmalige Situation, daß wir aus ihr kaum etwas „Historisches" über diese Zeit der sog. Landnahme erfahren, sondern darüber unterrichtet werden, daß Israel jenseits jeder Hoffnung, jenseits jeder eigenen Leistung neu anfangen kann.

Im Deuteronomium ist der EWIGE der, der aus Ägypten herausgeführt hat – und wir wissen jetzt, was die Schrift mit Ägypten meint, Gen 47,13ff.! –, und derjenige, der „nur Stimme ist, das Zehnwort redend", 4,12. Der Befreiende, der sein Volk in die „Pflicht" *(jisser*, 4,36) eben dieser Freiheit von ägyptischen Verhältnissen nimmt. „Gott" ist für die Leute des Deuteronomiums der aus ägyptischen Verhältnissen Befreiende und der zur Freiheit von ägyptischen Verhältnissen Verpflichtende. Die Pole der Struktur, oder die Hauptstationen auf dem Weg, sind das Schilfmeer und der Berg der Thora, Choreb. Ägypten war in den Augen des Deuteronomiums ja wohl auch das königliche Jerusalem, das es in 1 Kö 2–11 wie eine pharaonische Monarchie beschreibt. Die Leute, die zurückgeblieben waren, hatten ja von einer Wiederherstellung der Monarchie nichts, aber dann auch gar nichts zu erwarten. Ein Angehöriger der Jerusalemer Oberschicht, der Priestersohn Jechezq'el, der im Kap. 34 radikal abrechnet mit dem Königtum in Jerusalem/Jehuda/Israel, teilt diese Ansicht. Die im Lande Verbliebenen trugen aus offensichtlich traditionellen Volkserzählungen die Elemente der Ideologie einer neuen Gesellschaftsordnung zusammen, in der es einer freigestellten, nichtarbeitenden Führung, die die Abgabe des Mehrprodukts erzwingen kann, nicht bedarf. Jirmejahu hatte es noch unternommen, die Monarchie zu reformieren. Er scheiterte grausam und er – ausgerechnet er! – landete in Ägypten, verschleppt durch die Leute, die, wenn das Blatt sich wendet, sofort das alte Heft wieder in die Hände nehmen werden, Militär und Angehörige der Königsfamilie. Das Deuteronomium ist also zunächst dies: „so etwas, dieses ‚Ägypten', diese freiwillig nach Ägypten ausgewichenen Möchtegernkönige, nie wieder!" Das Deuteronomium verarbeitet die Erfahrung derer, die durch die Babylonier im Lande zurückbehalten wurden, um die Produktion aufrechtzuerhalten, die *dal ha`am*, die Volksarmut, Jer 39,10. Es „alphabetisiert" (im politischen Sinn des Wortes) die Leute durch die große Erzählung der Befreiung, es will eine von Grund auf neue Gesellschaft.

Das Deuteronomium ist ein absolut kompromißloses Buch. Es will die absolute Abschottung von Verhältnissen, die mit der Freiheit vom Sklavenhaus nicht zu vereinbaren sind. „Die Chitti, die Girgarschi, die Amori, die Kanaani, die Prizzi, die Chiwwi und die Jbussi, sieben Volksmächte, größer und knochenhärter als du [Israel], sind weggestreift“, Dtn 7,1. Die sieben Völker der Vorzeit sind zwar keine real existierenden Völker, sie repräsentieren aber durchaus eine reale Gefahr. Die „Greuel“ die sie betrieben haben, werden selten spezifiziert, aber am Ende des 12. Kapitels wird die Möglichkeit erörtert, ob Israel seinem Gott so dienen soll wie jene Völker ihren Göttern, dann heißt es, 12,31:

> Nicht so sollst du tun dem EWIGEN, deinem Gott,
> denn alles, was dem EWIGEN Greuel sind,
> was er haßt,
> taten sie ihren Göttern,
> denn sogar ihre Söhne und ihre Töchter verbrannten sie im Feuer
> ihren Göttern.

Wir wissen, daß Kinderopfer in der Zeit der letzten Könige Jerusalems und in der babylonischen Zeit weit verbreitet waren. Es ist die Zukunft der Menschen, die hier den gegenwärtigen Verhältnissen und Interessen geopfert werden, und dies ist, was der EWIGE „haßt“. Am Beginn jener allgemeinen Thora Lev 18,1 – 26,2, die die Kritik „Heiligkeitsgesetz“ genannt hat, hören wir, 18,3f.:

> Nach den Machwerken des Landes Ägypten, wo ihr wohnet:
> Macht's nicht.
> Nach den Machwerken des Landes Kanaan, wohin ich euch
> kommen ließ:
> Macht's nicht,
> nach ihren Gesetzen geht nicht.
> Meine Rechtsordnung sollt ihr tun,
> meine Gesetze sollt ihr wahren,
> nach ihnen gehen.

Zwischen dieser Anschauung und der des Deuteronomiums gibt es keinen Unterschied. Das Deuteronomium macht einmalig klar, wie einzigartig das kommende Experiment im Lande sein wird. Es soll alles ganz anders werden, als es überall gang und gäbe ist. Überall herrschen Menschen über Menschen, herrschen Könige, herrscht der Staat, herrschen Götter, es gibt herrschende Verhältnisse. In Israel herrscht nur und wirklich nur der Befreiende aus dem Sklavenhaus, Herrschaftshaus, herrscht nur, wirklich nur, der zur Freiheit Verpflichtende. Und Israel soll nur *`am* sein, Volk. Wir führen an dieser Stelle einen Begriff ein, der in den Jugendschriften von Marx und Engels als Gegenbegriff zur Klassengesellschaft gedacht war, Assoziation (vgl. Labica/Bensussan 1982, S.112f.); Israel sollte im Lande das Leben einer Assoziation befreiter, freier und zur Freiheit verpflichteter Produzenten leben. So in etwa könnte man in unseren Begriffen das Projekt des Deuteronomiums umschreiben. Und Leviticus will die gleiche Gesellschaftsordnung, aber dann „durchorganisiert!". Von dort her läßt sich ein Begriff verstehen, der im Deuteronomium auftaucht, aber vor allem in Lev 18,1ff. Epoche macht, *`am qodesch*, „heiliges Volk, heilige Assoziation". Es handelt sich um ein Volk der Absonderung, ein Volk, das einen völlig anderen Weg geht. Heilig, so sahen wir bei der Besprechung von Daniel 7, ist ja auf's engste verbunden mit jenen Orten, von denen die Befreiung ihren Ausgangspunkt nahm, dem brennenden Dornbusch und dem Ort vor Jericho, wo Jehoschua mit dem Boten sprach. Deswegen soll man alle Kultorte jener sieben Völker, wo deren Herrschaftsverhältnisse feierlich besiegelt wurden, vernichten; deswegen auch das Verbot der Exogamie, Dtn 7,3–5. Synonym mit *qodesch* wird das Wort *segulah* gebraucht. Diese Assoziation ist in besonderer einmaliger Weise „Besitz" seines Gottes, 7,6. Der Text unternimmt große Anstrengungen, jede Analogie zu vermeiden. Das Verhältnis Israel/Israels Gott kann nicht verglichen werden mit dem Verhältnis Goj/Götter der Gojim, deswegen die Wörter *qodesch* und *segulah*. Es ist **strukturell** anders, weil es sich um **strukturell** andere Gesellschaften handelt.

Die neue Gesellschaftsordnung ist aber nicht das Ergebnis einer klugen und lange durchgehaltenen politischen Strategie einer Widerstandsbewegung, sondern in erster Linie das völlig unverhoffte Resultat der historischen Kontingenz, des Zusammenbruchs eines Staates, des Zusammenbruches provisorischer staatlicher Ordnung im 6. Jahrhundert in Jehuda. Der Text (vgl. Lehmann, 1991) stellt das dar als eine „Erwählung (*bachar*)" ohne irgendeine Vorleistung oder Qualität des Erwählten, 7,7:

7 Nicht deswegen, weil ihr etwa mehr wart als alle Völker,
hat sich der EWIGE an euch gehangen, hat euch erwählt,
denn ihr wart das Mindere von allen Völkern.
8 Nein, aus Liebe des EWIGEN zu euch,
und weil er wahrte den Eid, den er euren Vätern zuschwor,
hat der EWIGE euch hinausgeführt mit starker Hand,
euch ausgelöst aus dem Haus des Sklaventums,
aus der Hand Pharaos, Königs von Ägypten.

Liebe bedarf keinerlei Begründung als nur sich selber, das ist der eine „Grund"; und die Treue zu den Vätern Israels, das ist der andere. Irgendeine Qualität Israels selber ist nicht im Spiel, erst gar nicht irgendeine historische „Größe". Damit wird das völlig Unverhoffte an der neuen Zukunftsmöglichkeit dieses Volkes zum Ausdruck gebracht. Deuteronomium hat die große Erzählung der Befreiung wohl nicht frei erfunden. Sie war ja schon vor ihm da und entfaltete ihre Sprengkraft in den einschneidenden Sozialreformen Joschijahus; von ihr lebte der Prophet Jirmejahu. Man darf sogar spekulieren, daß die levitischen Priester, die nicht verschleppt wurden und offenbar nicht zum jerusalemer-jehudischen Establishment gehörten, die Traditionen der prophetischen Bewegung des 9. und 8. Jh. v.u.Z. über die assyrische Zeit hinweg bewahrt und mit dieser Tradition die „Volksarmut" politisch alphabetisiert haben. Aber die Erzählung gewann nun gerade in jener Zeit des großen Machtvakuums eine völlig neue politische Schubkraft und regte an, eine Gesellschaftsform jenseits der staatlich regulierten Gesellschaftsform der Antike zu denken, Gesellschaft ohne Staat, ohne Herrschaft und ohne Religion, autonom und egalitär. Die Erkenntnis, die das Volk gewinnen soll, ist dieser, 7,9:

> Erkennen sollst du,
> daß der EWIGE, dein Gott,
> er, der Gott ist,
> getreue Gottheit,
> bewahrend Bund und Huld
> den ihn Liebenden,
> den seine Gebote Wahrenden,
> ins tausendste Geschlecht.

Das ist die eine Seite; die andere aber, 7,10:

> Heimzahlend aber den ihn Hassenden ins Gesicht,
> sie zum Verschwinden bringend,
> nicht zögerlich ist er seinem Hasser,
> ins Gesicht zahlt er es ihm heim.

Das heißt: wenn Israel seinen „Gott" (das, was es zu diesem Israel macht) haßt, muß es verschwinden. Anders gesagt, wenn Israel seiner eigenen Gesellschaftsordnung überdrüssig wird und seine Rechtsordnung so sein soll wie bei allen anderen Volksmächten auch (*kekol-haggojim*, 1Sam 8,5!), dann wird es sich nicht als **dieses** Volk halten können.

In diesen wenigen Versen des 7. Kapitels zeigt das Deuteronomium, wie sehr es sich der Einmaligkeit der Lage bewußt und wie gefährdet das Experiment ist. Es hat nur Bestand, wenn Israel die Thora wahrt, das heißt die Gebote, die Gesetze, die Rechtsverordnungen des Mosche, 7,11.

Von dieser Einmaligkeit her können wir nun auch, und das ist das letzte, was wir hier zu sagen haben, die absolute Einheit Gottes denken, 6,4:

> Höre, Israel,
> der EWIGE, dein Gott,
> der EWIGE, EINER.

Der NAME, der Anspruch hat auf deine ganze Gefolgschaft (dein „Gott"), dieser NAME ist EINER, es ist nichts an ihm, was widersprüchlich, mehrdeutig wäre. Das „Gott"sein des NAMENS wird nun so beschrieben 6,5:

> Lieben sollst du den EWIGEN, deinen Gott,
> mit deinem ganzen Herzen, mit deiner ganzen Seele, mit deiner ganzen Leidenschaft.

Die Gefolgschaft soll dem EINEN entsprechen und „ganz" sein, ungeteilt. Das merkwürdige Substantiv *me`od* kommt nur zweimal vor, hier und in der eindeutig von diesem Vers abhängigen Stelle 2Kö 23,25; sonst kommt es ausschließlich (298mal!) als Adverb vor und bedeutet „sehr". „Sehrheit" also, Leidenschaft ist eine Umschreibung. Es soll dem Sohn eingeschärft werden, Tag und Nacht, zu Hause und auf der Straße soll es jedem Mitglied der befreiten Assoziation gegenwärtig sein, „zum Zeichen geknotet in der Hand, als Kopfband zwischen den Augen, als Aufschrift an den Pfosten der Häuser und der Pforten", 6,7–9.

Israel soll nur dem EINEN verpflichtet sein, der keine Gestalt hat, aber dafür den NAMEN JHWH: der aus dem Sklavenhaus Befreiende, der zu Freiheit Verpflichtende. Anders gesagt: die Freiheit vom Sklaventum und die Disziplin der Freiheit (Thora) sind das, was immer gelten soll, in jedem Gesetz, in jeder Verordnung, in der ganzen Rechts- und Gesellschaftsordnung. So hebt der NAME als „Gott" alles „Göttliche" auf. „Gott" ist hier also der absolute Gegensatz zu allem, was sonst als „Gott" funktionierte; die Gottheit ist nicht die Intimgenossin des Staates, weil es einen Staat gar nicht gibt. Sie ist zwar absolute Instanz, aber in der Gestalt der Aufhebung aller Herrschaft. Das ist nichts Mysteriöses, sondern ergibt sich zwingend aus dem Experiment, nunmehr Gesellschaft ohne Klassen, Gesellschaft ohne Staat, Assoziation von Freien, Ägypten Entronnenen zu sein.

Das Experiment verlangt gerade hier **kompromißlose Eindeutigkeit** – deswegen die alles andere ausschließende, nichts neben sich duldende

Exklusivität „Gottes“; es verlangt **eindeutige Kompromißlosigkeit** – deswegen das vorrangige Gebot, sich von allem anderen fernzuhalten. Das Experiment war nämlich keine Variation eines altorientalischen Themas, sondern es war eine völlig neue Zukunftsmusik, für Israels Umgebung und vor allem für Israel selber. Neu, was die Lösungsform des altorientalischen Problems betrifft; nicht neu, was das Problem selber betrifft. Das 6. Jh. v.u.Z. ist an vielen Orten die Zeit sozialer Experimente; denken wir an Solon in Athen; denken wir aber auch an die vielen Umschichtungen im ideologischen Bereich, die immer auf ungelöste soziale Grundprobleme hindeuten, der Buddhismus und Jinismus in Indien, Zarathustra auf den zentralasiatischen Hochebenen, Kung Chiu (Konfuzius) in China, alles im 6. Jh. v.u.Z. Das Experiment des Deuteronomiums hat nicht weniger weitgreifende Wirkungen erzielt als die großen süd- und ostasiatischen Religionsumschichtungen. Ohne dieses Experiment hätte es das Judentum nicht gegeben, Jehuda und Israel wären von der Bildfläche verschwunden wie die Brudervölker Edom, Amman, Moab; und ohne dieses Experiment hätte es das Christentum nicht gegeben. Freilich war das Experiment von jenen anderen wesentlich unterschieden: es brach mit der Struktur antiker Klassengesellschaft; jene anderen aber suchten sie zu reformieren.

2.2. Ein geordnetes Experiment

Der Entwurf 40 – 48, der meines Erachtens den Grundstein für den ersten wie auch für den zweiten Teil des Buches Leviticus, sowohl für die Kultvorschriften wie auch für das sogenannte Heiligkeitsgesetz gelegt hat, sieht zwar eine wesentlich „professionellere“ Verwaltung öffentlicher Ämter vor, begründet aber keinen Staat. Was wir Thorarepublik genannt haben, war in der Grundtendenz kein Staat. Lev 10,8ff. sieht die Aufgabe der Priester wie folgt:

8 Der EWIGE redete zu Aharon, sprechend:
9 Wein und Rauschsaft trinke nicht,
du und dein Sohn mit dir,
wenn du kommst in das Zelt der Begegnung,
damit ihr nicht sterbt.
Weltzeitgesetz für eure Geschlechter.
10 Zu trennen zwischen dem Heiligen und dem Freigegebenen,
zwischen dem Unreinen und dem Reinen.
11 Zu unterweisen die Kinder Israels in allen Gesetzen,
die der EWIGE geredet hat durch die Hand Mosches.

Sie haben eine kultische Funktion und ein Lehramt. Der Kultauftrag ist ein doppelter (vgl. Ez 44,23), wo dieser zudem als Richteramt gesehen wird. Es ist auffällig, wie detailliert im Buch Leviticus, vor allem in den Kapiteln 11–15, über rein und unrein gesprochen wird. Das Leben war in jenen Tagen voller Tabus, und das Tabuisieren eines Menschen – im Krankheitsfalle, aber gerade auch bei Normalerscheinungen, wie Samenfluß, Menstruation und Geburt – konnte zu einem großen Fluch werden. Das wird hier reguliert; es war da, es konnte nicht aus der Welt geschafft werden; also mußte es gebändigt werden. Der Auftrag der Bändigung der Tabus wurde den Priestern gegeben. Die Trennung zwischen Heiligem und Freigegebenem bezieht sich darauf, zu trennen zwischen dem, was dem „Heiligen Ort" zugeweiht ist, und dem, was frei ist *(chol)*. Das Innere des Hauses Gottes ist umgeben von einer Mauer, um „das Heilige vom Freigegebenen zu trennen", Ez 42,20. Tempel waren ebenso wie die Paläste maßlos; sie neigten dazu, sich die ganze Umgebung einzuverleiben. Auch das ist streng zu regulieren. *Chol* kommt vom Verb *chalal*; diese Wurzel bedeutet beschmutzt, entehrt, wohl ursprünglich: für den Kult unbrauchbar sein. Die Kausativform *hechel* bedeutet aber auch einfach: beginnen. Das heißt: alles, was zum normalen, tagtäglichen Leben gehört, all das, womit man ohne viel Federlesens etwas anfangen kann, ist *chol*. Der Priester Achimelek wird von David, der mit seinen Leuten auf der Flucht ist, um Brot gebeten. Aber das Brot des Priesters ist nicht *chol*; also können die Männer nur davon essen, wenn sie rein sind, d.h. während der letzten Zeit nicht mit einer Frau geschlafen haben. Keine Sorge, erwidert David, die Männer seien so rein, als ob sie eine Pilgerfahrt machten, obwohl sie sich aber auf einer todnormalen Tour *(derek chol)* befinden. Das Trennen zwischen *qodesch* und *chol* dient daher der strengen Regulierung und Einschränkung der kultischen Vorbehalte.

Dennoch ist mit dieser ideologisch-sozialpsychologischen Aufgabe viel Macht verbunden. Gerade weil die Priester da das Monopol besitzen, wird ihre Tätigkeit rigide reguliert, damit nichts ausufert. Um eine herrschende Klasse zu werden, müßten die Priester die Gewalt über die Produktionsmittel erlangen; um eine staatliche Instanz zu werden, müßten die Priester in der Lage sein, unmittelbare Gewalt auszuüben. Wir wissen aber erstens, daß die Priester in zwei Fraktionen geteilt waren, den aharonitischen Priester und den Leviten; wir wissen auch, daß Nechemja zwar die kultischen Führungsfunktionen bei den Priestern beließ, die Polizeigewalt aber den Leviten übertrug (Neh 13,22); eine gemeinsame Kommission aus zwei

Priestern und zwei Leviten beauftragte er mit der Aufsicht über die Abgaben, 13,13. Noch wesentlicher aber ist, daß die Priester das Volk zu unterweisen hatten; das Verb hier ist *horah*, und von dieser Verbalform ist das Wort Thora abgeleitet. Dabei geht es um jene Thora, die der EWIGE „durch die Hand Mosches geredet hatte". Das ist nun aber die ganze Thora, auch das Deuteronomium. In der Thora ist von Staatsbildung nirgendwo die Rede; die einzige Stelle, an der ein König über Israel erwähnt wird, ist Dtn 17. Aber verglichen mit den alten Königen des Volkes, Leuten vom Schlage Schlomo oder Joschijahu oder Jerobam I und II von Israel, ist der König von Dtn 17 gar keiner und erst recht nicht, wenn man ihn vergleicht mit Nebukadnezar, Necho, Kourosch. Die Bindung der Priester an die Unterweisung, an die Thora, nimmt ihnen jede Möglichkeit, die Selbstentwicklung zu staatlicher Instanz ideologisch zu rechtfertigen; das Verbot, Eigentümer des Hauptproduktionsmittels zu werden, die Möglichkeit, zu einer herrschenden Klasse zu werden.

In einer Gesellschaft, in der **diese** Priester die professionell ideologische und politische Führung innehatten, kann Staat (noch) nicht entstehen. Erst wenn Klassengesellschaft entsteht, wird mit priesterlicher Thorarepublik **Staat** zu machen sein. Priester werden dann, was sie sonst immer schon waren und überall sonst noch sind, Ez 22,26:

26 Ihre Priester vergewaltigen meine Thora,
sie setzen das Heilige frei,
zwischen heilig und frei trennen sie nicht mehr,
zwischen rein und unrein machen sie nichts erkenntlich,
vor meinen Sabbaten schließen sie ihre Augen,
freigesetzt bin ich in ihrer Mitte.

Die zweite und die letzte Zeile verwenden das Verb *chalal*, von dem sich *chol* herleitet; *waechel bethokem*, der Gott Israel ist *chol* geworden, freigesetzt, so normal „Gott" zu sein, wie „Gott" in der Antike seit Menschengedenken war, zusammenfassende Chiffre der Klassengesellschaft, absoluter Verinnerlichungsmechanismus, himmliche Akzeptanz irdischen Elends.

3. „Du hast Dich verwandelt in Grausames mir"

3.1. Die Verwandlung

Wir haben bei der Auslegung der Ijjob- und Danieltexte sowie in der theoretischen Einleitung Gelegenheit gehabt, über die Verwandlung der altorientalischen Gesellschaft in der hellenistischen Zeit zu reden. Das soll hier nicht wiederholt werden, wir wollen nur das Wichtigste zusammenfassen.

Die Modelle des Deuteronomiums und die priesterlichen Modelle hatten eine offene Flanke. Die Autonomie war nicht vollständig, es handelt sich nicht um geschlossene Volkswirtschaften. Durch den Tribut an die jeweilige Oberherrschaft floß ein Teil des Mehrprodukts ab. Der Tribut beeinflußt die Einkommensgleichheit negativ, durch den Mechanismus der Verschuldung und die „Zins"nahme erhöht sich die Ungleichheit. Am Ende gibt es eine mit der Oberherrschaft eng zusammenarbeitende Schicht von Gesellschaftsmitgliedern, die einen Großteil der Produktionsmittel kontrollieren und andere entweder als Sklaven und Tagelöhner oder als abhängige Pächter für sich arbeiten lassen. Der Mechanismus, durch den die immer wieder entstehende Ungleichheit periodisch ausgeglichen wird, scheint nur in engen Verwandtschaftskreisen durch die Institution der *ge'ulah*, nicht aber in der Gesellschaft als solche wirksam gewesen zu sein. So müssen wir annehmen, daß die Thorarepublik von einer relativ egalitären und relativ autonomen Gesellschaft zu einer fremdbestimmten Klassengesellschaft geworden ist.

Der heftige Kampf um die Großpriesterwürde zwischen den einzelnen Familien der traditionellen Eliten der zadoqitischen Priester ist unverständlich, wenn mit diesem leitenden Amt nicht auch Macht, und zwar Macht zur Selbstbereicherung, verbunden gewesen wäre. Die Emporkömmlinge des Tobijjadenclans, die die Steuerhoheit in der Provinz an sich gebracht hatten, mischten sich in diese Kämpfe ein, wohl auch kaum nur der Ehre und der frommen Sache wegen. Die führende Priesterschaft war längst zu einer Agentur des jeweiligen Großreiches und so zu einer staatlichen Instanz geworden.

Wir erfahren nichts über Aufstände oder soziale Unruhen in der Zeit zwischen Nechemja und der makkabäischen Revolution, zumindest nicht direkt und datiert (dunkle Passagen aus dem sog. Deuterosacharja [Sach 9-12] könnten sich darauf beziehen). Erst am Vorabend der makkabäischen Zeit werden die Überlieferungen etwas zahlreicher (Flav. Jos. Ant.Jud., XII). Nach den Übergriffen des Anthiochos IV brach der Aufstand vom Land her aus. So etwas fällt nur für die Herrschenden vom heiteren Himmel; unterhalb der Ebene jener Herrschaften, die so ineinander verkeilt waren, daß sie den Kontakt zur sozialen Wirklichkeit längst verloren hatten, mußte sich schon seit einigen Generationen etwas zusammengebraut haben. Wir haben das Buch Ijjob als Dokument dieses Prozesses betrachtet.

Die Verwandlung kann man also folgendermaßen beschreiben: die Wegstrecke verlief von einer Gesellschaft weitgehend ohne Klassen und ohne Staat (Deuteronomium und Leviticus) über eine Gesellschaft, die auf Grund ihrer Einbindung in ein übergreifendes staatliches Gebilde einen „staatlichen" Sektor hatte, der aber bemüht war, die Prozesse so zu regulieren, daß Ausgleichsmechanismen der Thora wirksam werden können (Nechemja), zu einer Gesellschaft, in der die gesellschaftlichen Leitbilder der Thora nur noch Hohlformel waren, die mit dem aktuellen Zustand und den Tendenzen der Innenpolitik nichts mehr zu tun hatten. Armut, Gleichheit, Gerechtigkeit waren keine Themen mehr. Gleichwohl hatten die Priester immer noch das Lehramt inne. Sie trieben eine Politik, die ihrer Lehre weitgehend widersprach, und zwar beides in und mit dem NAMEN des Gottes der Thora. Die Thora wurde von der Verfassung eines Gemeinwesens zum erbaulichen Gedönse. „Gott" ist nicht mehr „Gott", weil das, was in der Gesellschaft des späten dritten Jahrhunderts v.u.Z. in Jehuda absolute Gefolgschaft für sich in Anspruch nahm, etwas ganz anderes war als der aus dem Sklavenhaus Befreiende und zur Freiheit vom Sklaventum Verpflichtende. Aber der NAME blieb. Der NAME wurde weitgehend zur Etikette. Hier mag der eigentliche und tiefere Grund dafür gelegen haben, daß man ihn nicht mehr aussprechen konnte, da die, die seine Heiligkeit zu hüten hatten, ihn in sein Gegenteil verkehrten. Die Verwandlung führt in ein nahezu unentwirrbares ideologisches Durcheinander. Hier setzt das Buch Ijjob an, denn in diesem Buch geht es um „Gott" und um nichts anders.

3.2. Der neue „Gott"

Ijjob sucht sein Recht und findet kein Recht. Denn der „Gott", den er um Recht angeht, kann, aber muß nicht rechtmäßig handeln. Das ist sein Fazit. Die anderen finden das entweder in Ordnung, oder sie versuchen, wie Elihu, aus dem Unrecht doch noch Recht zu machen.

Wie bei der Auslegung der Texte gezeigt, lebt die Struktur der Sprache von der Figur der „Umkehrung". Ijjob ist eine Umkehrung des Noach, der Satan kehrt die Ordnung der Schrift um, nach der das Hören auf die Thora zum Segen, das Vergessen der Thora zum Fluch führt, und Gott selber verschlingt einen Menschen *chinnam*, umsonst, und das heißt, daß er seinen Bund mit ihm ins Gegenteil verkehrt. Eliphaz verkehrt die Lehre des Jechezq'el in eine böse Karikatur und „Gott" von einer genau ermeßbaren Instanz in ein unberechenbares Monstrum der Willkür (das sich dann wohl eines Tages wieder von seiner angenehmeren Seite zeigen werde). Elihu, diese Karikatur des Propheten Elijahu, verneint zwar die Willkür, schreibt aber der grausamen Behandlung Ijjobs durch seinen Gott pädagogische Absichten zu. Wenn dann Gott selber zu Wort kommt, wird die Schöpfung zur Natur denaturiert und Israel zwischen beiden Großmächten allein gelassen. Was der Höhepunkt hätte sein müssen, wird, letzte und grausamste Umkehrung, der absolute Tiefpunkt des Buches.

Ebenfalls haben wir unsere große Verwunderung darüber zum Ausdruck gebracht, daß es sich die Theologie zur Aufgabe gemacht hat, „Gott" gegen jeden Vorwurf in Schutz zu nehmen. Gerhard von Rad gelingen z.B. folgende Sätze: „Nun läßt sich freilich der Glaube nicht von jeder Anfechtung erschüttern oder gar zerbrechen. Er weiß, daß man der Freiheit Gottes auch viel Unerrechenbares einräumen muß (von Rad 1970, S. 257)." Er zitiert dann den Satz: „Wer darf fragen. Was tust du da?" und führt vier Belegstellen an, ohne sich die Mühe zu machen, sie aus deren Kontext heraus zu verstehen. Denn es gibt einen großen Unterschied zwischen der Resignation Davids (2Sam 16,10), der Wut Ijjobs (9,12), der Belehrung des Großkönigs (Dan 4,32) und der theologischen Metaphysik (Sap.Sal. 12,12 – übrigens nicht zufällig kein Schrifttext!). Aber von Rad hat noch weitere verblüffende Einsichten mitzuteilen: „Es liegen Anzeichen vor, daß etwa von der letzten Königszeit an die Undurchsichtigkeit der individuellen Lebensführung dem Glauben an Jahwe immer größere Rätsel aufgab (a.a.O., S. 267)..." In diesem Satz ist so gut wie alles falsch. Erstens gibt es, wenn überhaupt, eine individuelle Lebensführung erst seit dem bürgerlichen Zeitalter; zweitens war diese Lebensführung nicht undurchsichtig: die Leute wußten ziemlich genau, was gespielt wurde; drittens gab es keinen „Glauben an Jahwe", weil dieser Ausdruck suggeriert, es handele sich im Bund zwischen dem Gott Israels und den Menschen Israels um so etwas wie eine bürgerliche Konfession; viertens war gerade die letzte Königszeit gekennzeichnet durch eine deutliche Alternative: Leben nach den Rechtsvorschriften des „Buches des Bundes", das das Grunddokument für die einschneidenden Reformen des Joschijahu gewesen war, oder das politische Chaos und das ideologische Durcheinander unter dessen Söhnen. Von Rad selber ist nicht wohl bei der Sache, und er macht dann auch auf der gleichen Seite einen Rückzieher, was die „gewisse Verselbständigung des Einzelnen in der Kultgemeinde" betrifft, die „man" meint feststellen zu müssen. Die „Krise", die es hier gegeben haben solle, sei „nicht ins allgemeine Bewußtsein" getreten, „denn jeder dieser, wie gesagt, zahlreichen Texte steht durchaus auf einsamen Posten (a.a.O., S. 267)."

Auf dieser Grundlage argumentiert auch Crüsemann. Wir zitierten ihn bereits in § II, 4.1.1. Auch er hebt die „Undurchschaubarkeit" und „das wirtschaftliche Ergehen des Einzelnen" hervor. So sozialgeschichtlich der Ansatz Crüsemanns auch sein mag – und das ist gewiß ein Fortschritt –, sosehr bleibt er doch dem bürgerlichen Gesichtskreis der Fakultätsexegese verhaftet. Es gibt keinen „Einzelnen" in der Schrift. Es gibt meinetwegen „persönliche Erfahrungen", aber jede Person repräsentiert auf ihre einzigartige Weise das Ganze, eben Israel. Die Anfechtung besteht nicht darin, daß die theologischen Schemata nicht für jedes Individuum zu gelten scheinen, im großen und ganzen ihre Gültigkeit behalten. Die Anfechtung besteht darin, daß dieser Gott Israels ganz Israel zugrunde gehen läßt, ohne auch nur mit der Wimper zu zucken. Die irdische Verelendung Ijjobs ist die irdische Verelendung eines ganzen Volkes. Und die Antwort der nunmehr herrschenden Theologie (Eliphaz, Bildad, Zophar, Elihu, „Jahweh") ist nicht die Antwort der Schrift, sondern die Antwort **eines völlig anderen Gottes**, **dem sich zu beugen Ijjob** nicht gewillt ist. Nur wegen dieser Verweigerung ist das Buch Ijjob ein Schrifttext. Es geht hier tatsächlich um „Gott" und nur um „Gott" und nicht um das bedauerliche Schicksal eines „Einzelnen", der seine Habe, Gut, Kinder und Gesundheit verliert. Gerade weil dieser „Einzelne" in einem von Steuerpächtern bis auf die Knochen abgenagten Volkskörper kein „Einzelner", sondern längst der Normalfall war, ist das Leben nicht undurchschaubar, sondern unerträglich geworden. Es hebt ja gerade die Zeit an, in der überall in der Antike Menschen nicht vereinzelt, sondern millionenfach auseinandergerissen und wie Vieh verfrachtet und verkauft werden, die Zeit der umfassenden Sklavenwirtschaft Roms, die in den beiden Jahrhunderten um die Zeitwende in großen Gebieten zur dominanten Produktionsweise wurde. „Und Gott setzt es nicht als widerlich an" (Hi 24,12), das ist Ijjobs entsetzte und entsetzliche Schlußfolgerung! Und daraus folgt: also ist etwas anderes „Gott" geworden ... in Israel.

Das wird bestätigt durch die gut belegte Durchhellenisierung der führenden Priesterschicht. Das Problem liegt in dem Kontinuum des NAMENS, also im Etikettenschwindel. Ihn durchschaut Ijjob nicht, denn für ihn handelt es sich um eine unbegreifliche Verwandlung eines und desselben Gottes. Er ist übrigens in bester Gesellschaft, denn nicht einmal Karl Barth durchschaut dies: auch für ihn tritt der Gott **Israels**, sei es auch in „Fremdgestalt", Ijjob gegenüber. Die Frage ist, ob das überhaupt in Übereinstimmung mit der Schrift ist. Denn der Gott der Schrift ist gestaltlos, grundsätzlich. Tritt er in einer solchen Fremdgestalt auf, können wir ziemlich sicher sein, daß wir es mit einem Götzen zu tun haben und nicht mit dem aus dem Sklavenhaus Befreienden und zu Freiheit Verpflichtenden. Tatsächlich funktioniert das Versklavende, das Menschenvernichtende, Menschenverachtende als „Gott", und so hat es Ijjob nicht mit dem Gott **Israels**, sondern mit dem **Ba`al** zu tun, auch wenn er das mehr vermutet als durchschaut. Er spricht Gott tatsächlich das Recht ab, sich in einen Ba`al zu verwandeln. Und somit hat Elihu recht, wenn er Ijjob vorwirft, er meine wohl, seine Wahrheit sei bewährter als die „Gottes". Ijjobs stolzer Satz: „ich weiß, daß ich bewährt bin", impliziert **dann** tatsächlich, daß „Gott" sich **nicht** „bewährt" hat, weil „Gott" eben nicht „Gott", sondern Ba`al ist.

Wir werden uns am Schluß unserer Betrachtungen die Frage zu stellen haben, wie denn überhaupt noch von Gott die Rede sein kann – oder anders gesagt, ob Theologie überhaupt möglich oder sinnvoll ist. Ijjob bezweifelt das; er bezweifelt, ob in einer Welt von Verbrechern und voller Verbrecher, in der sich „Gott" in den absoluten Gegensatz zu sich selbst verwandeln kann, noch von „Gott" die Rede sein kann, ohne sich selber zum Komplizen dieser Verbrechen, dieses himmlischen Verbrechers, zu machen.

Er schweigt lieber. Aber er beugt sich nicht.

3.3 Der Kampf

Daniel schließlich spitzt die Sache endgültig zu. Zwischen dem Bilde aus Gold und dem Fortgeschrittenen an Tagen, zwischen der Knechtung durch das Geld und der Gestalt eines Menschheitskindes gibt es keine Vermittlung. Hier nutzt keine Dialektik, hier stehen sich die Gegensätze unvermittelt und unversöhnlich gegenüber. Was bei Ijjob noch durcheinandergeht, ist hier zu einem antagonistischen Widerspruch entwickelt. Auch hier geht es um die „Vernichtung des Baal"; nur hat der Ba`al hier keine gottmenschliche Hülle mehr, er ist nichts als ein tierisches Monstrum des Entsetzens, „schrecklich, grauenvoll, kraftstrotzend, Dan 7,7". Die Sprache ist bei Daniel schon so weit dechiffriert, daß er das politische System genau benennen kann, das in unversöhnlichem Widerspruch zu den gesellschaftlichen Vorstellungen der Thora steht. Ging es beim prophetischen Kampf vom 9. bis zum 6. Jh. v.u.Z., von Elijahu/Elischa bis Jirmejahu, darum, die Monarchie in den Dienst des NAMENS zu stellen, und beschränkte die prophetische

Strategie sich dabei auf das Auswechseln der Träger der Königsmacht oder auf dessen Belehrung mit Thora, so mußte bei Daniel das politische System als solches beseitigt werden. Elijahu/Elischa hatten das Experiment des Bundes noch vor sich, Daniel hatte es hinter sich. Jene konnten sich beschränken auf das kleine Königreich von Samaria, das sich zwar mächtige Feinde, aber immerhin doch nicht qualitativ andersartige Feinde vom Halse schaffen mußte. Auch wenn dann ab Jescha'jahu die Weltreiche ins Blickfeld geraten und auf Israel ganz neue Herausforderungen zukamen, so waren diese Weltreiche Instrumente des Gottes Israels (Jes 8,17). Daniel aber sah sich völlig neuartigen Weltreichen gegenübergestellt. Früher konnte die Lösung noch eine lokale sein, jetzt mußte sie universale, weltumspannende Dimensionen haben. Aram von Damaskus und sein König Ben Hadad war ein Feind und ein Potentat allenfalls regionaler Bedeutung; Anthiochos IV Epiphanes war ein Weltbeherrscher, zwar ein verhinderter Weltbeherrscher, aber immerhin einer, der diese Aspirationen hatte. Er, der Ägypten besiegte, sich anschickte, den Völkern vom Iran bis an das Jonische Meer seine Ordnung aufzuerlegen, der per Dekret eine universale Kultordnung verlangte, war ein qualitativ anderer Gegner, als Ben Hadad oder Mesa von Moab es für König Jehu und König Joachaz gewesen waren. Die vier Windgeiste des Himmels, die das Meer aufwühlen, stecken die Dimensionen ab: die ganze Erde, soweit sie in Daniels Gesichtskreis sein konnte. Gerade der Höchste unter den Menschen, der bei Daniel Nebukadnezar heißt, muß erkennen lernen, daß „der Höchste [des Himmels] über dem menschlichen Königtum schaltet" (Dan 4,22). Die, die diese Botschaft hören, wissen, daß jene „Höchsten der Menschen", die sich für die Lieblinge der Götter halten, zu dieser Erkenntnis nur gezwungen werden können, indem man ihnen das Königtum wegnimmt und sie aus der Menschheit vertreibt, wie Daniel 4 bezüglich alle „Nebukadnezar" weiter erzählt. Der König, der schließlich zu der Erkenntnis kommt, daß es kein Königtum gibt, es sei denn das Königtum des Gottes Israels, ist reine, absolute Zukunftsmusik, bis auf den heutigen Tag. Er ist ein König, der sich in den Dienst der absoluten Alternative zu allem Königtum von Menschen über Menschen stellt, in den Dienst DESSEN, „dessen Verwaltungen ganz Wahrheit, dessen Wege Gerechtigkeit sind". Und der, das gehört immer wieder dazu, „die in Erhabenheit sich ergehen, zu erniedrigen vermag" (Dan 4,34). Wie letzteres geschieht, erzählt Dan 7.

Die tierische Herrschaft soll einer menschlichen Verwaltung weichen, denn das Königtum wird dem Volk der Heiligsten übertragen, das seinem ältesten Namen, *ben-adam*, aramäisch *bar-'enosch*, Menschheitskind (Gen 5,1) gerecht werden muß. Das ist der Einsatz des Kampfes, wie ihn Daniel sieht, wie ihn aber nicht unbedingt die makkabäischen Protagonisten aus Modiim gesehen haben. Hat er damit den makkabäischen Kampf überfordert? Möglicherweise. Aber wie denn sonst? Kann es eine Nische im universalen Herrschaftsanspruch geben? Die Art der hellenistischen Geldwirtschaft und erst recht ihrer logischen Konsequenz, der römischen Weltwirtschaft, erlaubt solche Nischen nicht. Wir haben zu zeigen versucht, wie der Tribut allein schon, aber erst recht seine Geldform, überall traditionelle Strukturen auslöscht (§ I,4.; I,6.). Daniel sieht, daß der Konservatismus, dem er verpflichtet ist, allein nicht weiterhilft. Es muß ein Rechtsspruch her, der das Ganze ins Auge faßt.

Von Daniel aus lassen sich relativ einfache Linien bis in die Zeit Jesu ziehen. Die Verwandlung „Gottes" ist bei Daniel und bei jenen späteren Nachfahren nur scheinbar zurückgenommen. Vielmehr ist die „Fremdgestalt" nunmehr klar als Feind und „Anti-Gott" oder „Anti-Messias" erkannt, als entsetzliches Tier, als Hure Babylon. Das, was jetzt in Israel absolute Gefolgschaft für sich in Anspruch nimmt, tut dies in der ganzen „Welt"; aufgehoben kann dieser „Gott" nur werden durch das, was für eben diese ganze Welt eine Alternative ist.

3.4. Von der Ökonomie zur Politik und Ideologie

Es findet zwar keine „Entwicklung" statt, aber es findet doch eine Verschiebung in den Schwerpunkten des Kampfes statt. Steht anfangs die Ökonomie im Vordergrund, so ist bei Daniel der Kampf zunächst ein politisch-ideologischer. Und dies gilt erst recht für die evangelischen Schriften (besser bekannt unter dem Etikett „Neues Testament"). Die Ideologie ist die Verinnerlichung der Dominanz und der politischen Form, in der diese Dominanz wirksam wird. Wenn nun aber das Leben wirtschaftlich unerträglich wird – und daß dies in den Zeiten Daniels und Jesu so war, kann nicht ernsthaft bezweifelt werden –, bedarf es eines starken, eben ideologischen Mechanismus, um diese Verinnerlichung wieder aufzubrechen. Der Messianismus war ein solcher Mechanismus und er hatte alle Kennzeichen des Fanatischen, Überschwenglichen, Phantastischen, das alle radikalen Aufstände gegen eine bestehende Unordnung von Gewalt und Rechtlosigkeit für die kleinen Leute kennzeichnet. Der Streit zwischen Martin Hengel (1961) und Heinz Kreissig (1970), ob nun politische bzw. religiöse Faktoren oder aber sozial-ökonomische Faktoren bei den judäischen Kriegen und Bürgerkriegen ausschlaggebend waren, ist weitgehend ein Streit um des Kaisers Bart. Menschen kommen nicht in Bewegung, wenn die Verinnerlichung ihrer Not und der Herrschaftsstrukturen nicht aufgebrochen wird. Eine Perspektive muß es zwar geben, aber die muß ja keine positive sein, kein detailliertes sozial-ökonomisches Programm beinhalten. Vielmehr scheint für den Ausbruch der Bewegung die Negation ausschlaggebend zu sein. Der Schah mußte weg, und die Negation des Schahs war Khomeini, den nur wenige kannten und von dem kaum jemand wußte, was er eigentlich vorhatte.

Solche Negationen kennzeichnen sehr oft Bewegungen, die nicht über die Machtmittel oder über die Vorstellungen verfügen, einem übermächtigen gegnerischen System (was z.B. bei Johannes und Paulus *kosmos*, „Welt", genannt wird) eine reale Alternative gegenüberzusetzen. „Gott" wird daher immer mehr zu einer Chiffre der Politik und der Ideologie, und zwar im Sinne einer reinen, absoluten Negation von „Welt" und das kann die Gestalt des unmittelbaren militärischen Aufstandes gegen das „System", aber auch der kultisch-mystischen Versuche annehmen, sich aus der „Welt" überhaupt zu verabschieden. Bei Daniel treten Position des traditionellen Rechts und Negation des Systems noch nicht auseinander; ich habe an anderer Stelle versucht, nachzuweisen, daß dies auch bei Johannes noch nicht der Fall ist (Veerkamp 1989; 1991), wie dies Jankowski für Paulus getan hat (Jankowski 1988; 1990). Die Positivität der Chiffre, die sich in einem klaren, detailliert formulierten Rechtswillen, in „positivem Recht" (Thora) äußert, kann zugunsten dieser Negation so sehr zurücktreten, daß unter Umständen die Bindung zwischen Positivität und Negativität ganz und gar verlorengeht. Eine derartig losgelöste Negation kann dann aber unvermittelt in die feierlichste Bestätigung des Systems umschlagen. Aber zunächst geschieht diese Negation im Namen des traditionellen Rechts (Thora), das durch das System vernichtet wurde, zunächst ist also die Bindung an die Tradition vorhanden.

Eine Verschiebung von der Ökonomie weg zur Politik/Ideologie hin ist in unseren Texten unverkennbar. Genau diese Verschiebung macht aber auch deutlich, daß das Problem der Autonomie und somit auch das Problem der Egalität nicht mehr in traditioneller Weise gelöst werden kann, weil die Bedingungen für eine Lösung Dimensionen angenommen haben, die viel größer als das Land und seine Bevölkerung sind. Es ist das Problem, vor das ein Weltwirtschaftsystem jede darin eingebundene lokale Ökonomie stellt, auch dies bis auf den heutigen Tag. Oder anders gesagt:

in Daniels Tagen ist das volkswirtschaftliche Modell nicht länger ein geschlossenes, das durch das „Leck“ des Tributs zwar Verluste nach außen erleiden muß, aber doch wesentliche Elemente seiner Autonomie behalten und somit sein eigenes Sozialgefüge ziemlich egalitär gestalten kann; vielmehr ist es zu einem winzigen Teil eines übergreifenden Ganzen geworden. Ohne daß „man“ (ein „Fortgeschrittener an Tagen“, „Gott“, aber was für ein „Gott“?) das Ganze in den Griff bekommt, kann das einzelne Elementchen nicht gerettet werden, meint er. Jes 40–48 und das Deuteronomium sahen eine neue und reale Chance lokaler Autonomie vor sich; diese bietet sich Daniel oder dem „Lehrer der Gerechtigkeit“ aus Qumran, oder Johannes dem Täufer oder Jesus nicht mehr. Ohne Sturz der Hure Babylon, ohne Vernichtung Roms, „das die Völker besoffen macht“ (Offb 18,3), gibt es keine Lösung mehr, meint jener andere „Daniel“, der das Buch der Offenbarung verfaßt hatte.

Auch bei Daniel ist also eine Verwandlung „Gottes“ feststellbar. Formal besteht sie in jener Verschiebung zum Politisch-Ideologischen hin. Materiell aber in der Tatsache, daß dieser „Gott“ nur noch als „Negation“ darstellbar ist, d.h., daß die Verhältnisse, in denen er absolute Gefolgschaft für sich in Anspruch nimmt, also was tatsächlich als „Gott“ funktioniert, aufgehoben sind, „Gott“ ist auch hier nicht mehr „Gott“.

3.5. Exkurs: die sogenannte „asiatische Produktionsweise“

Ein ebenso berühmtes wie trauriges Kapitel der marxistischen Diskussion ist die Debatte um die „asiatische Produktionsweise“. Sie wurde vorwiegend in den zwanziger und den sechziger/siebziger Jahren geführt. Die Debatte hatte in der ersten Periode vor allem mit der Beurteilung der chinesischen Revolution zu tun. Es ging um die Frage, ob eine feudale Gesellschaft, wie sie die chinesische gewesen sein sollte, unmittelbar in eine sozialistische Gesellschaft umgewandelt werden kann, ohne das Stadium der bürgerlichen Revolution durchlaufen zu müssen. Stalin beendete die Debatte ex cathedra; er dekretierte: es gebe die festgelegte Reihenfolge Urkommunismus – Sklavenhaltergesellschaft – Feudalismus – Kapitalismus – Sozialismus/Kommunismus, basta. Die Protagonisten einer eigenständigen „asiatischen“ Formation bekehrten sich oder verschwanden ohne je wiederzukehren im Nebel des stalinschen Terrors. In den sechziger/siebziger Jahren wurde im Zuge der Dekolonisierung und des Aufkommens sozial-revolutionärer Befreiungsbewegungen im Süden die Diskussion hauptsächlich von Kommunisten außerhalb des direkten sowjetischen

Kontrollbereichs geführt, obwohl sich sowjetische Gelehrte – meistens im orthodoxen Sinne – an der Diskussion beteiligten. In Deutschland waren es Rabehl(1972), Dutschke (1974) und Bahro (1977), die das Thema zur Diskussion stellten. Hier war das erkenntnisleitende Interesse der Versuch, die tyrannische Eigenart des sowjetischen Sozialismus aus einer „asiatischen" Herkunft zu verstehen, was der zu westlichen Idealen bekehrte Wittfogel schon in den fünfziger Jahren versucht hatte (1957). Ein berühmter, leider nur in französischer Sprache vorliegender Sammelband erschien 1966 in Paris bei der Edition Sociales. Dort kommen auch nichteuropäische Forscher zu Wort. Britische Theoretiker, vor allem aus der trotzkistischen Ecke, widmeten sich der Thematik ebenfalls. Seit den achtziger Jahren ist die Debatte verstummt. Das hängt wohl hauptsächlich damit zusammen, daß die Befreiungsbewegungen in eine epochale Krise gerieten und daß das Scheitern der nachholenden Modernisierung nicht mehr geleugnet werden konnte.

Das Konzept „asiatische" oder „orientalische Produktionsweise" stammt aus einer Bemerkung von Marx im Vorwort zur Kritik der politischen Ökonomie (MEW 13,S.9), wo er nebenbei eine Abfolge „asiatischer, antiker, feudaler und moderner bürgerlicher Produktionsweisen" meint konstatieren zu können. Marx hat sich immer nur „nebenbei" mit diesem Thema beschäftigt, was Lawrence Krader in seinem „The Asiatic Mode of Production" zeigt (1975). Für uns ist das Thema insofern wichtig, als es uns ein Konzept an die Hand geben könnte, mit dem wir den Kontext unserer Texte oder ihren Charakter als Diskurs in einem bestimmten sozialen Prozeß (Kristeva) theoretisch hantierbar machen können, Fernando Belo hat in der Einleitung zur „materialistischen Lektüre des Markus Evangeliums" (²1975) dieses Konzept in abgewandelter Form angewendet. Es scheint jedoch, daß es nicht gelingt, den Begriff „asiatische Produktionsweise" so präzise zu fassen, daß er zu einem hantierbaren theoretischen Instrument wird. Theoretisch wird dies durch Hindess und Hirst begründet, und W. F. Wertheim hat gezeigt, daß die Vorstellungen, die bei Marx und Engels zur Annahme einer „orientalischen" oder „asiatischen Produktionsweise" führten, auf tendenziösen Informationen europäischer Kolonialbeamter basierten, die ein Interesse daran hatten, den kollektiven Landbesitz mit dem Fürsten als Nominaleigentümer herauszustreichen, damit die Kolonialbehörde als Rechtsnachfolgerin der Fürsten Eigentümerin, aber jetzt in europäisch-bürgerlichem Sinne des Wortes, des Landes wurde (Wertheim 1970, S.34f.). Eine Produktionsweise ist als Begriff definiert durch die Produktivkräfte einerseits und die diesen **notwendig** entsprechenden Produktionsverhältnisse. Produktivkräfte sind z.B. Boden und Instrumente, mit denen man ihn bearbeitet, der Fluß, mit dem man ihn in ariden Gebieten bewässert; Produktionsverhältnisse sind die Kooperationsstrukturen, in der die Produktion organisiert ist. „Asiatisch" wäre z.B. die Produktionsweise, in der die überwiegend agrarische Produktion durch „Basisgemeinschaften" in relativer Autonomie organisiert ist, ihr Mehrprodukt durch eine von diesen Gemeinschaften losgelöste „Übergemeinschaft" angeeignet wird (Godelier 1974, S.64). Die Frage ist nur, ob diese soziale Struktur notwendig durch den Stand der Produktivkräfte vorgeschrieben ist? Die Antwort auf diese Frage ist negativ. Die „Produktionsverhältnisse" in den großen asiatischen Flußkulturen vom Nil bis zum Jangtsekiang sind so unterschiedlich, daß man von einer festgefügten „asiatischen" oder gar, mit Wittfogel, „hydraulischen" Produktionsweise nicht wohl reden kann. Es gibt eben eine Fülle von „vorkapitalistischen" Gesellschaften, die bald feudale, bald Sklavenhaltermerkmale aufweisen, bald sich auch wieder erheblich von diesen beiden klassischen Typen abheben, daß ein „System" bzw. eine „Entwicklung" nicht erkennbar ist. Straff zentralisierte Ausbeutungstypen mit durchorganisierter, tributärer Abschöpfung wechseln sich in einer Region mit feudal aufgesplitterten Ausbeutungstypen ab. Der Übergang vom einen in den anderen Typ ist in keiner Weise „systematisch", anders gesagt: eine „Entwicklung" findet nicht statt. Die Entstehung eines auf unbezahlter Lohnarbeit beruhenden Ausbeutungstyps, also der „kapitalistischen Produktionsweise" ist nicht notwendig in den Gang der Menschheit eingeschrieben. Im Kalifat von Bagdad, wo es eine ausgeprägte „Modernität" des seefahrenden Handelskapitals, der Akkumulation, der Wissenschaft usw. gab, entstand er nicht; er entstand aber sechs Jahrhunderte später im westlichen Europa, das „wissenschaftlich-technisch" kaum auf höherem Niveau als Bagdad stand und dessen Seefahrer kaum erfolgreicher waren als Sindbad und seine Kollegen. Hindess und Hirst schreiben m.E. völlig zu Recht: „Geschichte ist keine Einheit mit einer Wesensstruktur; sie hat kein Ziel und es gibt keine privilegierten Regionen oder Völker (S.203)". Ist aber der Kapitalismus einmal entstanden und hat er ein genügend großes Terrain für sich erobert, zwingt er alle vorhandenen Strukturen dazu, sich kapitalistisch penetrieren zu lassen, so **erscheint** dann der Kapitalismus als „Ziel" der Geschichte. Dies ist der objektive Grund des europäischen Rassismus: die teleologische Konstruktion von Geschichte. „Rom" war aber nicht das „Ziel" der vorderasiatischen Geschichte; Rom war ein Zufallsprodukt wie der Kapitalismus auch, wie Menschheit, Leben, Materie überhaupt. „Gedacht" hat sich keiner etwas dabei, erst recht kein „Gott", und Entwicklung, d.h. eine auf ein Endziel orientierte Bewegung, fand nie statt.

Die Vorstellung eines absoluten Raums der Geschichte ist restlos aufzugeben. So wie der Äther, jene Vorstellung, mit der die Physik im 19. Jahrhundert viele Erscheinungen gut erklären konnte, an der Mauer der absoluten Konstanz der Lichtgeschwindigkeit im Vakuum zerschellte, so erweist sich die Vorstellung einer Universalgeschichte als nutzlose Konstruktion. Es gibt weder definitive Probleme noch definitive Lösungen. Nur Menschen gibt es, Geschlecht für Geschlecht, die leben wollen, solange es die Sonne zuläßt, und es sind immer wieder Verhältnisse zu schaffen, in denen das Leben für alle Menschen möglich ist und bleibt. Das ist alles, das ist die einzige Konstanz des „Geistes". Aber die Menschen organisieren ihr Leben nicht rein willkürlich; sondern das, was sie an organisiertem Leben, an Gesellschaft, hervorbringen und hervorbringen müssen, hat überall menschliche Strukturen, die wir als solche erkennen können. Nur sind diese Orte keine Inertialsysteme des Geistes, wo überall die gleichen Gesetze herrschen; so menschlich gleich die Strukturen auch sind, so verschieden sind sie auch. Es gibt nur keine hierarchische Ordnung unter ihnen, denn dann gäbe es einen Zielpunkt. Oder umgekehrt: gäbe es einen Zielpunkt, dann gäbe es Hierarchie der Orte und Zeiten der Menschheit. Vielmehr ist die bloße Vorstellung von Zielgerichtetheit, Hierarchie, Ordnung durchsichtige Rechtfertigung der Dominanz eines Ortes über alle anderen Orte. Der eigentliche Gegner ist hier Hegel; er lebte nicht nur fort in der marxistischen Geschichtsphilosphie, sondern er treibt sein Unwesen gerade in bewußtlos hantierten Vorstellungen wie „Entwicklungspolitik". Wollen wir überhaupt noch von „Gott" reden, müssen wir endlich die Rolle dieses größten Nachlaßverwalters des Christentums begreifen, endlich aus seinem Schatten in das barmherzige Licht der Relativität alles menschlichen Lebens hervortreten.

So müssen wir sowohl den Marxismus wie auch die Theologie entteleogisieren. „Gott" kann keine absolute und homogene Vorstellung mehr sein. Wird ihr als absolute und homogene Vorstellung hantiert, hat dies etwas mit Dominanz eines Ortes und einer Zeit über andere Orte und andere Zeiten zu tun. Wir wollen dies am Werk zweier berühmter Philosophen nachzuzeichnen versuchen.

IV. Rede von „Gott“

1. Intermezzo: einige Abenteuer der Vokabel Gott

Mit der Vokabel „Gott“ läßt sich einiges anstellen. Wir haben gehört, was die Schrift meint, wenn sie die von ihr nicht erfundene, sondern vorgefundene Vokabel verwendet, und in welche entsetzlichen Schwierigkeiten sie dabei geriet. Wir haben im dritten Abschnitt von der Funktionalität dieser Vokabel geredet. Wir wollen, bevor wir uns die Frage stellen, ob und wie Rede von „Gott“ für uns möglich sei, zwei Versuche vorstellen, in denen Menschen sich diese Frage gestellt und beantwortet haben. Nicht irgendwelche; zwei Menschen, von denen der eine am Anfang, der andere am Ende einer Epoche lebte, von denen der eine der Vokabel einen neuen Inhalt gab, der andere sie, samt ihrem traditionellen Inhalt, mit Zentralvokabeln eines anderen Diskurses kombinierte, im verzweifelten Versuch, eine Epoche und ihr Projekt zu retten.

1.1. Aristoteles: „Denn dieses ist also Gott“

Als er geboren wurde, zerbrach Griechenland nach einem halben Jahrhundert unaufhörlicher Kriege. Als er starb, gab es ein neues Weltreich unter mazedonischer Führung. 384 v.u.Z. kam Aristoteles als Sohn eines königlichen Hofarztes in Stageiros auf der Halbinsel Chaldikidi auf die Welt. Er starb, von den Athenern wegen Gottlosigkeit angeklagt, als Flüchtling in Euböa, 321 v.u.Z. Seine Philosophie reflektiert den radikalen Umbruch der mediterranen Antike. Als Siebzehnjähriger kam er nach Athen, um bei Plato zu lernen; zwanzig Jahre blieb er dessen Lehrling; dann ging er eigene Wege. Er hatte die große Gelehrsamkeit dieses Mannes in sich aufgenommen und gelernt, die ganze Welt des griechischen Wissens von seinen mythischen Anfängen bis eben zu Plato zu überblikken. Und mit diesem Wissen blickte er nach vorne und das hieß damals: nach Makedonien. Wie Plato in Syrakus, hatte auch er sich als Gesetzgeber versucht, im kleinasiatischen Atarnea; aber die Sache endete in einer Katastrophe, weil die Perser den als unbotmäßig eingeschätzten Herrscher Atarneas, einen gewissen Hermias, festnehmen und kreuzigen ließen. Philosophie war damals keine weltabgewandte Spekulation, sondern eine auf Erkenntnis und Gestaltung der Welt gerichtete Wissenschaft. Er war ein universaler Gelehrter und als solcher ein politischer Mensch. Die alten Verbindungen zum makedonischen Hof wurden aufgefrischt und Aristoteles wurde „Hauslehrer“ des jungen Prinzen Alexander. Er hatte die Verfassungen Griechenlands beschrieben und miteinander verglichen. Er sieht, wie jeder griechische Mensch, in der Politik die Bestimmung des Menschen; von ihm stammt die Definition, der Mensch sei ein *zóon politikon,* ein durch seine Polis bestimmtes Lebewesen, das aber zugleich *noètikon* ist, denkend. Ein blind der Herrschaft gehorchender Mensch war für jeden Griechen entweder ein Sklave oder ein Barbar. Gleichwohl erkennt Aristoteles, daß die Zeit der einzelnen kleinen Gemeinwesen, der klassischen *poleis,* vorbei ist. Das Problem war alt: Athen wollte beides sein: Stadtstaat auf einem sehr kleinen Territorium und imperiale Großmacht, die auch den eigenen griechischen Volksleuten gegenüber nicht zimperlich war, wenn sie unbotmäßig wurden. Das mußten die Bewohner der Insel Delos erfahren, die von athenischen Soldaten massakriert wurden. Das war nicht Willkür. Athen war auf Importe von Nahrungsmitteln angewiesen, die seine freien Bauern nicht in ausreichendem Umfang produzieren konnten, soweit sie überhaupt produzierten und nicht gerade irgendwo Krieg führten. Es war auf Import von Arbeitskraft in der Form von Sklaven angewiesen. Es mußte seine Handelswege schützen. Seine Macht, entstanden im Kampf um die griechische Freiheit gegen die Perser, wurde zu einer Bedrohung der gleichen Freiheit. Es mußte an dieser doppelten Überforderung zerbrechen, wie nach ihm Sparta und Theben. Aristoteles wußte nun, daß keine der klassischen *poleis* die sowohl wirtschaftlich wie auch politisch notwendige Einheit schaffen konnte; es mußte von außen her geschehen, aber es mußte gleichzeitig auf griechische Weise geschehen. Dazu mußten die alten Loyalitäten aufgebrochen werden. Das hatten ja schon die Sophisten gesehen, die enfants terribles der griechischen Philosophie, die nicht länger die Naturphilosophie, sondern die Menschen und ihre Gesellschaft in das Zentrum der theoretischen Anstrengung stellten. In dieser Hinsicht war Sokrates der größte aller Sophisten und gleichzeitig ihr Ende. Den ionischen Naturphilosophen ging es um jenes **eine** Prinzip, aus dem die Naturdinge hergeleitet werden, was bald als Feuer, bald als Luft, bald als Haß- und -Liebe, bald als das formale Eine, bald wiederum als das ewige Werden, bald auch als nur mathematisch beschreibbare Harmonie gedacht wurde. Darin steckte schon genug Sprengkraft unter der zusammenhangslosen Buntheit der griechischen Welt, aber die Spekulation war nicht praktisch genug. Erst die Sophisten machten daraus politische Wissenschaft, und politische Wissenschaft ist seither die griechische Philosophie geblieben.

Die Menschen mußten also auf neue Loyalität eingestimmt werden. Das war das Werk der großen drei, Sokrates, Plato und Aristoteles. Aristoteles unternimmt es ausdrücklich, die Beschreibung der neuen, einigenden Loyalität als „theologisches“ Problem abzuhandeln, und zwar in seiner Metaphysik. Und er begründet dies ebenso unverhüllt wie präzise politisch, wie wir sehen werden. Die Metaphysik ist Bewegungslehre, keine „Mechanik“, sondern eine Philosophie aller Bewegung, also aller Veränderung. Aber sie ist sogleich die Wissenschaft der Wissenschaft, die „erste Philosophie“. Es ist die Wissenschaft der „ersten Prinzipien“ und der „Ursprünge“. Woher Veränderung kommt, auf was sie gerichtet ist, und zwar **letztendlich**, ist die Frage, die Aristoteles zu beantworten sucht. Denn Unendlichkeit, Unbegrenztheit, Maßlosigkeit kann es für die alten Griechen nicht geben: alles hat sein Maß. Und so gibt es keine unendlichen Reihen, weder nach hinten, was den Ursprung, noch nach vorne, was das Ziel betrifft. „Der, der Vernunft hat, handelt immer um etwas willen; das ist die Grenze. Denn das Ziel ist die Grenze“, sagt er (Met. 994b). Es gibt auch für Aristoteles eine ganze Reihe von klassischen Problemen, die diese Wissenschaft zu lösen hat; sie muß sich aber erst über ihre Methode, also über den „Satz vom Widerspruch“ und den sich daraus ergebenden „Satz vom ausgeschlossenen Dritten“ verständigen sowie die klassischen philosophischen Kategorien eindeutig bestimmen. Diese erste Wissenschaft handelt vom „Wesen“ der Dinge, vom „Wesen“ überhaupt, von der *ousia*. Das „Wesen“ ist zugleich ein Seiendes und ein Werdendes. Es ist zugleich das Vermögen, die Veranlagung (*dynamis*), zu seiner Wirklichkeit (*energeia*) zu finden, wie es in diesem Werden, in diesem Übergang vom Vermögen zu seiner Wirklichkeit, diese Wirklichkeit bereits ist. Diese Wirklichkeit ist daher der steuernde Impuls, Erstes, Prinzip (*prooton*). Die wahrnehmbaren Dinge realisieren ihre Veranlagung, indem die Materie (*hylè*), aus der sie sind, eine Form (*morphè*) annimmt und so zu Gestalt (*eidos*) wird. Nach einer Betrachtung über das Eine und das Viele, über Gegensatz und Widerspruch kommt Aristoteles im zwölften Buch zur Sache. Es geht darum, daß Bewegung, Ortsveränderung, Veränderung überhaupt Ursachen und Ursprünge haben müssen. Diese Ursachen und Ursprünge liegen im Bereich des sinnlich Wahrnehmbaren. Aber es gibt die immerwährende Kreisbewegung, vor allem der Himmelskörper; obwohl diese Bewegung strikt gleichförmig ist, ist sie doch Veränderung. Veränderung wird nicht nur verursacht, sondern auch normiert durch einen Zielpunkt. Dieses Ziel ist ebenso Ursprung wie der die Bewegung verursachende Impuls. Eine immerwährende Bewegung muß einen immerwährenden Ursprung wie ein immerwährendes Ziel haben. Dieser Ursprung und dieses Ziel dürfen selber nicht bewegt sein, sonst kämen wir in eine unbegrenzte Reihe. Es muß also ein „erstes Bewegendes-Unbewegtes" geben. Anders gesagt, da alles, wie Heraklit gesagt hat, ein unaufhörliches Werden, sichverändern ist, da aber alles ebenso durch eine unerschütterliche Einheit des Seins geprägt ist, wie Parmenides sagte, so ist alles von einer Wirklichkeit her und auf eine Wirklichkeit zu, die weder nichtrealisierte Veranlagung noch Materie hat, sondern unabänderliche und vollkommene Realität ist, die sich in dem sich ewig ändernden All bewährt.

Die Frage ist, was man sich darunter vorstellen muß. Dieses Prinzip muß „substantiell" sein, wesenhaft. Als Quelle aller tätigen Veränderung muß es reine Tätigkeit sein, in der alles Potentielle realisiert ist, sonst wäre es selber Objekt von Veränderung, und wir hätten wieder die unendliche Reihe, die es nicht geben darf. Es muß immerwährend und ewig sein, sonst wäre es vergänglich, also veränderlich. Dieses Prinzip ist absolute Vernunft.

> ... das Empfangende für das Gedachte und das Substantielle hat Tätigkeit;
> so daß jenes (das Gedachte) in höherem Maße das ist, wovon man meinte es enthalte Göttliches, die Vernunft.
> Und die spekulative Betrachtung ist das angenehmste und beste.
> (1072b)

Das spekulative Denken ist die höchste Aktivität. Sie ist die eigentliche „Liturgie" in Aristoteles' Frömmigkeit. Und die Identität des Denkens mit sich selber ist die Vorstellung, die Aristoteles von jenem absoluten Prinzip hat: „Sich selber denkt sie [die Vernunft], soweit sie das vortrefflichste ist, Gedanke des Gedankens ist der Gedanke (1074b)." Zuvor hat sich Aristoteles gefragt, ob dieses Prinzip eins sei, oder ob es viele solcher Ursprünge gebe. Seinen astronomischen Vorstellungen entsprechend, gibt es eine endliche Zahl von Sphären, in denen sich die Himmelskörper bewegen. Das Prinzip ihrer Bewegung muß eine dieser Zahl der Sphären entsprechende Zahl von solchen Prinzipien sein: „Es ist nun offensichtlich, daß solche Substanzen ihrer Natur nach notwendig ewig und unbewegt an sich und ohne Ausdehnung (aus dem erwähnten Grund) sind (1073a.b.)." Es gibt zwar viele Sphären, aber nur einen Himmel. Aus diesem Grund ist Ursprung und Ziel aller Bewegung eins; gäbe es mehrere Himmel (und damit meint Aristoteles Weltall), dann wäre der Himmel an sich nur eine Realisierungsmöglichkeit des Alls und somit stofflich, Potenz, und das Problem stellte sich von neuem.

> Das erste „sein-was-ist“ [Wesen] hat aber keine Materie;
> eins ist also, dem Begriffe wie der Zahl nach, das erste unbewegte Bewegende;
> und das, was bewegt wird, ist immerwährend und gleichmäßig:
> es gibt also nur einen Himmel allein (1073b).

Dieses Prinzip, die eine unbewegte, bewegende, mit sich selber identische, von Leben und Tätigkeit erfüllte Vernunft, leitet Aristoteles streng aus der Analyse von Bewegung und Veränderung ab. Er nennt es göttlich, weil das Prinzip tätiges Leben ist:

> Die Wirklichkeit der Vernunft ist Leben,
> [Gott] nun ist Tätigkeit.
> Wirklichkeit an sich ist das höchste und ewige Leben.
> Wir sagen nun, daß Gott das ewige und höchste Leben ist,
> so daß Leben und ebenmäßige und ewige Dauer Gott zukommt.
> Denn **dieses** ist also Gott (1072b).

„Wir sagen“. Dieses „Wir“ ist so etwas wie communis opinio über „Gott“. Aristoteles definiert „Gott“, indem er eine Kette konstruiert. „Gott“ heißt landläufig ewiges und höchstes Leben. Das erste Prinzip ist Tätigkeit an sich, also Leben an sich, also ewiges und höchstes Leben. **Dies** (d.h. das erste Prinzip, das erste unbewegte Bewegende, die sich selbst denkende Vernunft) **ist also Gott**. Aristoteles füllt also die nominale Hülse „Gott“ mit einem neuen Inhalt. Und das tut er durch das Denken. Denken ist daher nicht nur das edelste, was man tun kann, sondern es ist ein Genuß (deswegen stoßen wir in diesem Zusammenhang so oft auf das Wort *hèdys* oder *hèdonè*, genußvoll und Genuß). Denken ist eine Leidenschaft, genußvolles, edeles Leben, denkende Betrachtung, *theooria*: das ist das höchste Ziel und Prinzip für die Menschen. Und deswegen ist der Gedanke, der nur noch sich selber als Gegenstand hat, der alleredelste Genuß, das höchste Leben: „und dies ist Gott“. Das alles lenkende Prinzip der Gesellschaft des Aristoteles ist das Befürfnis der Elite, freigestellt zu sein für diesen Genuß. Wissenschaft kann sich nur entwickeln, wo man Muße hat: „Deswegen entstand zuerst in Ägypten die mathematische Kunst, da man dort die Gruppe der Priester freigestellt hatte (981b).“

Aristoteles ist sich dessen bewußt, daß er eine „Neuerung“ in der Bedeutung der Vokabel „Gott“ vornimmt, wenn er darauf zu sprechen kommt, welcher Wahrheitskern in der Tatsache zu finden ist, daß die Leute die Gestirne als „Götter“ betrachteten:

> Es wurde seitens der Ersten und Altvordern überliefert,
> im Rahmen einer Dichtung als Nachlaß für die Späteren,
> daß diese Götter seien,
> und daß das Göttliche die ganze Natur umfaßt.
> Das übrige ist dichterlich hinzugekommen,
> die vielen zu überzeugen,
> den Gesetzen und dem Gemeinwohl zum Nutzen.
> Sie sagen, Sie seien menschförmig oder anderen Lebewesen ähnlich,
> oder anders, dem Besagten ähnlich mit ihm zusammenhängend.
> Dies aber nun ausgrenzend, möge man das Prinzip selber aufnehmen,
> daß sie nämlich der Ansicht waren, die ersten Substanzen seien Götter,
> das möge man also als eine gottgemäße Aussage bestimmen.
> Da aber wahrscheinlich und möglicherweise jede Kunst und jede Wissenschaft mehrmals erfunden wurde und wieder verweste,
> sind jene Meinungen Reste, die sich hinübergerettet haben bis jetzt.
> Nur insofern sind uns die vorväterlichen und ersten Meinungen diesbezüglich klar (1074b).

Die alten Meinungen wurden *mythou schèma*, im Rahmen einer Dichtung, vorgetragen. Das sei alles auch sehr nützlich gewesen. Aber man möge nun doch nur das Prinzip dieser Erzählung annehmen, nämlich daß die ersten Substanzen oder Wesen (*ousiai*) Götter sind. Hier liegt der Trick. Denn was sich diese Leute aus den alten Zeiten als „Gott" dachten, wissen wir nicht genau; wir wissen aber, was sich Aristoteles dabei denkt. Die Leute, will Aristoteles uns glauben machen, sollten im *schèma mythou* „prinzipiell" das gemeint haben, was er denkend entfaltet hat. Ihre Kunst und Wissenschaft sind vergangen, in der Dichtung haben wir dann noch Reste, die, richtig interpretiert, für uns noch einen Sinn haben können. Aber die Leute dachten sich die olympischen Götter und Heroen, die sich am Himmel bewegten, wohl eher als ewige himmlische Gesellschaft, Spiegelbild einer irdischen, mit ähnlichen Tugenden und vor allem Untugenden behafteten Herrschaft, wodurch alles verhängt ist, Schicksal unentrinnbar. Sie „meinten" keineswegs *proota kinounta akinèta*, erste unbewegte Beweger, und sie meinten erst recht nicht das Eine Ewige Prinzip. Marshal McLuhan hatte einmal über das Fernsehen gesagt: „The medium is the message" (McLuhan 1965, S. 9), das Medium ist die Botschaft; dieses Wort gilt nicht nur fürs Fernsehen, sondern auch für die alte Dichtung, für Ilias und Odysseia, und für die Tragödien. Dies hat Aristoteles ebensowenig wie sein späterer Nachahmer Bultmann begriffen. In der alten Zeit herrschte eine andere Ordnung. Folglich war damals etwas anderes „Gott". Wir können also nicht einfach das „Prinzip" daraus isolieren *(laboi monon to prooton)*, und die Gestalt *(eidos)* genauso, wie das Wesen bagatellisieren. Die Alten waren andere und ihre Götter waren **prinzipiell** andere. Aristoteles war **die** Moderne in der Geschichte der griechischen Ideologie. Und diese Modernität war sehr politisch.

Das zwölfte Buch der Metaphysik endet so:

> Die aber sagen, die mathematische Zahl sei das Prinzip,
> und so immer wieder eine andere Substanz annehmen,
> und jeweils einen anderen Ursprung,
> machen das Wesen des Alls strukturlos...
> der Ursprünge viele.
> Die Seienden aber mögen nicht schlecht regiert sein:
> ‚Nicht gut ist die Vielherrschaft; Herrscher sei einer!'

Der letzte Satz ist ein Iliaszitat (II 204). Und damit kommt der Welteroberer Alexander ins Spiel der Metaphysik und läßt Aristoteles die Katze aus dem Sack. Maßgeblich sei das Eine als Prinzip und somit die politische Herrschaft des Einen in den vielen griechischen Poleis. Das ist ja nun genau die Umkehrung von Dtn 6,4, wo der NAME der Eine ist. Dieser NAME (das von Herrschaft Befreiende) ist das Maßgebliche und dieses Maßgebliche (nur dieses, keines sonst) sollte das EINE sein. In Griechenland, unter der Hegemonie Makedoniens, sollte das Eine das Maßgebliche sein. Die Vokabel „Gott" ist bei Aristoteles nichts als eine Konzession an die Tradition, denn mit den „Göttern" der Väter hat der „Ursprung der Veränderung" wenig zu tun; erst recht nicht mit den Göttern der großen Tragiker Aischylos und Sophokles. Das EINE ist „Gott" bedeutet praktisch: der EINE König ist Gott; diese Anschauung ist eine der Wurzeln für die spätere „Göttlichkeit" hellenistischer Könige und römischer Kaiser. Das Eine Unbewegte, sich selber Denkende ist die Chiffre für die Macht, die sich Selbst zum Ziel hat, und diese Macht ist also Gott.

1.2. Thomas von Aquin und die zwei Diskurse

Der Bettelmönch hatte andere Sorgen als Aristoteles. Er stammte aus dem Süden Italiens, wo sich die Träume des Mittelalters länger hielten als anderswo in Europa. Dort hatte der Stauffer Friedrich II. versucht, das Heilige Römische Reich zu erneuern, was ihn in einen Konflikt mit dem eigentlichen Garanten dieses Reiches trieb, dem Papst. Aber es handelte sich um konkurrierende Geschäftsführer in einem Geschäft, dem „Heiligen Römischen Reich“, wobei „heilig“ dieses Gebilde vom klassischen „römischen Reich“ unterscheiden sollte. In Frankreich war aber, nach dem verwüstenden Bürgerkrieg, den wir „Albigenzerkrieg“ nennen, die Einheit der Nation entstanden, und Frankreichs neue Könige waren keine Konkurrenten der Kaiser und der Päpste, sondern Initiatoren und Förderer eines ganz neuen Projektes: des europäischen Nationalstaates. Thomas entstammte einer Familie, die zum Hofadel des Stauffers gehörte. Er vertrat das alte Projekt, das „Heilige Römische Reich“, jenes pyramidal strukturierte Feudalgebilde, das sich als legitimer Rechtsnachfolger des alten, durch die Völkerwanderungen der letzten Hälfte des 1.Jahrtausends unseres Zeitalters zerstörten Reiches in West und Ost begriff; aber er vertrat es auf durchaus „moderne“ Art und Weise.

Der Wiederaufbau des alten Reiches mit dem neuen Mittel der Arbeitsteilung in der Geschäftsführung war das Bestreben vom Papst (für die *pax*, das übergeordnete Konfliktmanagement im Reich zuständig) und vom Kaiser (für die *justitia*, das reibungslose Funktionieren der feudalen Sozialordnung, zuständig). Der Schwerpunkt lag im Süden. Das Mittelmeer war wieder zum *mare nostrum*, zu „unserem Meer“, zu machen, wie seit den punischen Kriegen des alten Roms. Der Handel im zentralen und westlichen Mittelmeerraum wurde ab ung. 800 von den westlichen Kollegen Sindbads, den islamischen Sarazenen, kontrolliert. Diese gelten bis heute als Seeräuber. Aber die Waren wurden ordentlich feilgeboten bzw. getauscht gegen andere Waren. Die Sarazenen wären dann aber genauso Seeräuber wie die Kapitäne der niederländischen oder britischen ostindischen Kompagnien des 17. Jahrhunderts; niemand fragte nach der Art und Weise, wie die Waren in den Besitz der Kapitäne und Reeder gerieten; es interessierte nur der Preis, und der wurde in Amsterdam oder London gemacht. „Man weiß“, sagt der berühmte Mediävist Henri Pirenne, „daß die Piraterie die erste Phase des Handels ist (Pirenne 1969, S.19)“. Um ung. 1000 machten nun Normannen, notdürftig christianisiert, den Sarazenen Konkurrenz, vertrieben sie aus Sizilien und Süditalien und fingen an, den Handel im zentralen Becken des Mittelmeeres unter ihre Kontrolle zu bringen. Auf der iberischen Halbinsel wurde der Islam vom Norden her zurückgedrängt. Im Osten war der Handel, trotz aller Wirren, nie wirklich gestört worden. Byzanz und seine Vorposten auf der adriatischen Küste Italiens (vor allem Venedig) trieben Handel mit den klassischen Gebieten der Levante bis nach Ägypten. Eine neue Lage entstand, als im 11. Jahrhundert die Dynastie der Fatimiden in Ägypten und die politische Reorganisation Syriens und Anatoliens durch die türkischen Seldschuken die Machtverhältnisse zuungunsten Byzanz und Venedigs, aber auch des Papstes änderten. In diesem Milieu „wollte Gott" (*deus lo volt*, war der Schlachtruf des ersten Kreuzzuges) die „Befreiung" der „heiligen Städte" in Palästina. Das Projekt der Kreuzzüge war nun gerade im 13. Jahrhundert in eine Sackgasse geraten. Damit war die ökonomische Basis eines neuen, vor allem mediterranen römischen Reiches hinfällig. Der Handel blühte trotzdem, aber seine Promotoren waren nunmehr Patrizierfamilien einiger italienischer Städte, vor allem im Norden. Die letzten beiden Kreuzzüge fanden unter französischer Führung statt und richteten sich vor allem gegen Nordafrika. Beide Unternehmungen des Königs Louis IX. (des „Heiligen"!) scheiterten kläglich, und der fromme Räuber kam 1270 bei Tunis ums Leben. Erst am Ende des 18. Jahrhunderts sollten die Franzosen ihre Expansion nach Nordafrika wieder aufnehmen. Aus „Reichsprojekten" stiegen sie nach der Pleite des heiligen Louis endgültig aus.

Die großen ideologischen Auseinandersetzungen und Ketzereien des 13. Jahrhunderts reflektieren diesen Prozeß des Übergangs. Er war keine „Entwicklung"; es gibt keinen gesetzmäßigen Übergang vom Feudalismus zum Kapitalismus, schon aus dem Grunde nicht, weil es kein einheitliches universales Gebilde „Feudalismus" gibt. Philippe Auguste (1180–1223) nennt sich zum ersten Mal nicht länger König der Franken, sondern König Frankreichs, ist nicht der Führer eines ihm grundsätzlich gleichrangigen Gefolges, sondern ist der absolute Herr über ein Gebiet und dessen Bewohner, bei allen Rücksichten, die er noch nehmen mußte. Unter Louis IX. (1226–1270) wird Frankreich zur „grande nation" und ist es bis heute. Thomas von Aquin lebte von 1225-1274, davon 16 Jahre lang in Paris!

Große Philosophen wittern solche Prozesse und versuchen, sie zu begreifen. Dabei sind sie immer Partei. Thomas, der 1323 heilig gesprochen wurde, lebte für das universale Projekt; politisch für das „Heilige Römische Reich" und theologisch für den Katholizismus. Und Louis IX., der 1297 heilig gesprochen wurde, bevor der große Krach seines Enkels Philippe le Beau mit dem Papst Bonifaz VIII. anfing, lebte für die Nation. Ist dann die Geschichte doch das Werk „großer Männer?„ Absit. Aber sie ist ebensowenig das Werk der Vernunft.

Islamische Gelehrte hatten es ein, zwei Generationen vor Thomas von Aquin in Spanien ausgesprochen: was man weiß, ist die eine, was man glaubt, die andere Sache. Ibn Ruschd (Averroës), in guter, von den damaligen Mullahs im Islam beargwöhnter aristotelischer Tradition, betonte die relative Autonomie der Vernunft, klug Gebrauch machend von der Großzügigkeit, mit der die islamischen Herrscher Spaniens islamischen, wie jenem Ibn Ruschd, und jüdischen Gelehrten, wie Ibn Gabirol (Avicebron) oder Ben Maimon, Raum zum Denken gewährten, bis die Katastrophe des Christentums über die iberische Halbinsel kam. Ibn Ruschd und seinen späteren Pariser Bewunderern wurde praktisch Zynismus vorgeworfen: es gebe nach ihnen, so sagte man, eine Wahrheit des Glaubens für die einfachen Leute, und es gebe die Wahrheit, die nur aus absoluter und notwendiger Gewißheit der wissenschaftlichen Argumentation entsteht. Das war eine Verleumdung. So wie die lateinischen „Averroïsten", Kollegen des Thomas, wie Siger von Brabant und Boëthius von Dacien, gute Christen waren, so war Ibn Ruschd ein überzeugter Muslim. Aber er meinte, um es in uns geläufigeren Begriffen zu sagen, daß Wissenschaft und Glaube zwei verschiedene Diskurse sind, die nicht beide jedermanns Sache sein müssen, die ihre eigenen Gesetze haben und die man nicht durcheinander bringen sollte.

Von Spanien her kam der neue Weg wissenschaftlichen Denkens über das christliche Abendland. Die Aristoteleskommentare des Ibn Ruschd wurden zu „Rennern" unter der Intelligenz an der jungen Pariser Universität. Und Thomas von Aquin stellte sich der Herausforderung. Er sah durch das Auseinanderdriften von Staat und Kirche, von Denken und Wissen eine ganze Gesellschaftsformation gefährdet. Er wußte, daß man das Denken nicht einfach zur Dienstmagd der Glaubenswissenschaft machen konnte. Vielmehr meinte er vorführen zu können, wie man, streng philosophisch argumentierend, zur Bestätigung der Wahrheiten des Glaubens und der Wirklichkeit der abendländischen Feudalgesellschaft kommen kann und kommen muß. Kein besserer Aristoteliker als er; keiner, der sich in den Werken der großen islamischen Philosophen so gut auskannte, wie er. Einfach hat er es sich nicht gemacht. Und so geriet er selber in den Verdacht der Ketzerei. Sein Orden, der die Inquisition erfunden hatte, war geboren worden während der Albigenserkriege, stand auf seiten der Orthodoxie und der Pariser Könige. Der Orden war ein Bettelorden, d.h., er bestritt den Lebensunterhalt seiner Mitglieder nicht aus Vermögen (Grundbesitz), sondern aus Sach- und vor allem Geldspenden. Dadurch war er mobil, universal einsetzbar, vor allem in den Städten, wo sie das Universalprojekt an der Stelle eines vielfach in örtlichen Machtstrukturen eingebundenen und korrupten Säkularklerus durchzusetzen hatten. So konnten junge, begabte

Ordensgelehrte an die Universitäten geschickt werden, um sich dort in das Gemenge der ideologischen Kämpfe zu stürzen. Thomas' Orden schickte ihn nach Paris, um ihn dem Zugriff seiner Familie zu entziehen, die vom Aussteigergehabe des Adelssprosses nicht sehr erbaut war: wenn Mönch, dann in einer ordentlichen Abtei, wie die Monte Casinos. Aber Thomas stieg aus und schloß sich dem Bettelorden der Predigtbrüder an, in den Augen seiner Leute nichts als ein Haufen von Pennern. In Paris lebte er, wie gesagt, insgesamt 16 Jahre (1245-1248; 1252-1259; 1268–1274).

Thomas von Aquin hat sich dem Problem der zwei Diskurse stellen müssen. Denn die beginnende Expansion des Abendlandes brachte die Christenheit in Kontakt mit den „Mohammedanern" und den „Heiden" (vor allem in der Rückbesinnung auf die vorchristlichen Anfänge der Wissenschaft). „Gegen die Juden", so Thomas, „können wir mit dem Alten Testament disputieren, gegen die Ketzer mit dem Neuen Testamtent, diese aber [die Mohammedaner und Heiden] akzeptieren keins von beiden. Daher ist es notwendig, zur natürlichen Vernunft unsere Zuflucht zu nehmen, der alle zuzustimmen gezwungen sind (Summa contra Gentiles I,2)." Es gibt aber nicht zwei Wahrheiten, was Gott betrifft, sondern zwei Diskurse (*duplex veritatis modus*, doppelte Art der Wahrheit): „Einige Dinge sind bezüglich Gott wahr, die über das ganze Vermögen der menschlichen Vernunft hinausgehen, etwa, daß Gott dreifach und eins sei. Andere aber gibt es, die die natürliche Vernunft erreichen kann, wie etwa, daß Gott eins sei und anderes desgleichen. Dieses haben auch die Philosophen bezüglich Gott gezeigt und bewiesen, geführt durch das Licht des natürlichen Verstandes (Summa contra Gentiles I,3)."

Die Frage ist nur, wie man das, was man glaubt, weil es „über das ganze Vermögen des natürlichen Verstandes hinausgeht", mit dem, was man mit jenem natürlichen Verstand erkennt, kombiniert. Thomas führt dies in der Summa theologiae auf fünf Wegen vor. Durch eine rein philosophische Analyse gelangt Thomas zu fünf Prinzipien; diese sind:

1. Ein erster Beweger, der nicht selber bewegt wird. Frage ich, woher Bewegung entsteht, muß ich immer auf einen Beweger rekurrieren. Dabei muß ich auf ein erstes Prinzip schließen, von dem alles bewegt wird, ohne daß es selber bewegt wird (*primum movens, quod a nullo movetur*).
2. Eine allererste Werkursache, die selber nicht verursacht ist. Dieser Weg, auf dem nach Ursachen gesucht wird, ist der Weg der Produk-

tion. Alles ist irgendwie Wirkung oder Produkt. Auch hier muß ich auf eine erste Werkursache (*causa efficiens prima*) schließen.

3. Ein in sich Notwendiges, dessen Sein alles Sein ermöglicht. Das Mögliche (was sein kann, aber nicht muß, also auch nicht sein kann) setzt das Notwendige (was nicht nicht-sein kann, also sein muß), voraus. Dies ist der Weg der Logik, vom bedingt-Seienden zum unbedingt-Seienden. Bedingt ist etwas, wenn die Beziehung erfüllt ist: „wenn A, dann notwendig B". Die bedingte Notwendigkeit setzt logisch zwingend die unbedingte Notwendigkeit voraus: ein A, das ohne jedes B sein kann. Also müssen wir ein unbedingt-Notwendiges (*per se necessarium*) voraussetzen.

4. Ein absolut Vollkommenes, das alle Vollkommenheit der Seienden normiert. Der Weg der Normen geht von der Tatsache aus, daß es bei allen Qualifikationen (*perfectiones*) ein „mehr" oder „weniger" gibt. Dabei muß es aber ein Maximum geben, das als Norm zur Feststellung dieser Qualität funktioniert, dem sie sich mehr oder weniger annähert. Alle Vollkommenheit ist Vollkommenheit des Seins. Daraus ergibt sich dann die Notwendigkeit, irgend etwas vorauszusetzen, das Ursache des Seins für alle Seienden ist und aller seiner Qualifikationen (*omnibus entibus causa esse*).

5. Ein absolutes Ziel, das alles Streben der Seienden orientiert. Der Weg der Orientierung geht von der Tatsache aus, daß alles, was ist, nach irgendeinem Zustand strebt, der dieses Streben zur Ruhe kommen läßt. Dabei sind die nicht-bewußt handelnden Wesen orientiert durch die bewußt Handelnden, wie der Pfeil seinem Ziel entgegenstrebt durch den Schützen. Also gibt es ein vernünftig-Seiendes, durch das alles Seiende auf sein Ziel hin orientiert ist (*aliquid intelligens et ordinans ad finem).*

Thomas beschließt nun diese Analysen mit folgenden Sätzen:

1. Darunter verstehen alle Gott.
2. Was alle mit dem Nomen Gott bezeichnen.
3. Was alle Gott nennen.
4. Und das nennen wir Gott.
5. Und das nennen wir Gott.

Thomas stützt sich in der Bewegungslehre und in der Lehre der Ursachen auf die Einsicht des Aristoteles, daß ein „Fortschreiten ins Unbegrenzte" nichts nutzt. Das ist eine logische Aussage: will man Folgen aus ihren Ursachen erklären, muß es, wenn eine Erklärung überhaupt möglich und erwünscht ist, irgendwo einen Nullpunkt der Bewegung geben. Dieser Nullpunkt kann rein hypothetischer Natur sein. So erklärt man in unseren Tagen die Ausdehnung des Universums (d.h. die Bewegung der extra-galaktischen Systeme) mit dem „Urknall"; daß es „so etwas" gegeben haben muß, stützt sich nicht nur auf rein theoretische Überlegungen, sondern auf die empirische Wahrnehmung der sog. 3°-Kelvin Reststrahlung, die in gleicher Intensität aus allen Richtungen einfällt und sozusagen das letzte Echo dieses Urknalls sein soll. Theoretisch gelingt es, **fast** zum Augenblick Null vorzustoßen, aber eben nur **fast**. Es bleibt eine unvorstellbar winzige Zeitspanne, die für uns unüberschaubar und undurchschaubar bleibt; wir wissen nicht, was sich in dieser Zeitspanne „ereignete". Trotzdem halten wir fest an der Hypothese „0" und am Zustand der „Singularität", in der alles, was einmal Materie und Strahlung in der uns vertrauten Form werden sollte, an einem Punkt ohne Ausdehnung beisammen war, auch wenn wir uns darunter prinzipiell nichts vorstellen, ja, es nicht einmal mathematisch beschreiben können. In diesem gängigen kosmologischen Modell unterscheidet sich das Postulat der Singularität logisch-strukturell nicht von den Postulaten des Aristoteles oder Thomas. Das gilt sogar für die Natur der „ersten Ursache": wie wir nicht wissen, was „Gott" dazu bewegt, Schöpfer von „nicht-Gott" zu sein, so wissen wir nicht, warum die Materie „am Anfang" im Zustand der Singularität ist und warum sie von diesem Zustand überhaupt in den Zustand der differenzierten Elementarteilchen übergeht. Es gelingt uns eben nicht, jene unvorstellbar kurze Zeitspanne zwischen „nicht-Null" und „Null" zu überbrücken. Die kosmologische „Null"-Zeit ist wie der kosmologische „Gott" ein reines Postulat, das nur durch die logische Struktur unseres Denkens gefordert wird. Mehr nicht. Weniger auch nicht. Die Vorstellung eines Urknalls ist vermutlich strukturell einer kosmologischen „Schöpfer-Gott"-Vorstellung ähnlicher als manche möchten, nämlich eine logisch zwingend vorgeschriebene Denkfigur.

Das, was uns aber von Thomas von Aquin unterscheidet, ist nicht, oder erst in zweiter Linie, die Analyse, die Entdeckung dessen, was wir bezeichnen wollen, sondern die Bezeichnung selber, die „Signifikationspraxis". Wenige würden den Urknall oder das, was ihn verursacht, durch den alles verursacht wurde, „Gott" nennen. Thomas aber nennt es nicht nur Gott, sondern er behauptet: „alle" nennen es „Gott", „wir" nennen es „Gott". Was geschieht hier?

Wir haben von Julia Kristeva gelernt, daß Signifikationspraxis eine gesellschaftliche Praxis ist. Thomas greift mit dieser Praxis des Benennes *(intelligere, nominare, dicere)* in den gesellschaftlichen Prozeß ein. Fangen wir mit dem Subjekt „wir" bzw. „alle" an; die beiden Vokabeln sind austauschbar: wir dürfen dort, wo „alle" steht, „wir" schreiben, und umgekehrt, ohne daß wir die Aussage ändern. „Wir" sind „alle" und „alle" sind „wir".

Der Akt des Benennens ist ein Akt des Verbindens. Das Subjekt „alle/wir" verbindet ein Objekt mit einem anderen Objekt, denn die Verben, die hier gebraucht werden, haben den doppelten Akkusativ. Dieses Verbinden ist ein zweiter Akt, der sich vom ersten Akt unterscheidet und ihm nachgeordnet ist: erst die Analyse, dann die Signifikation. Das eine Objekt ist uns bekannt; es ist das Objekt des „ersten Prinzips"; das andere Objekt ist „Gott", und „Gott" ist für Thomas ohne jeden Zweifel der Gott der Bibel und der kirchlichen Überlieferung. Im Unterschied zu Aristoteles sagt er also nicht, daß die per *schèma mythou*, durch Dichtung/Schrift überlieferten Erzählungen primitive Vorformen dessen sind, was die philosophische Argumentation zu Ende führt; denn bei Aristoteles findet keine Identifizierung statt; man kann dies erste Prinzip Gott nennen, wenn man Gott gut definiert, d.h. nach dem Maßstab der aristotelischen Philosophie. Thomas dagegen **identifiziert** beide Objekte miteinander, und zwar **a posteriori**. Versuchen wir zu verstehen, was dieses a posteriori bedeutet.

„Sein" gehört zur Definition Gottes (zu dem was Gott „in sich ist"), denn würde eine spezifische Seinsdifferenzierung zur Definition der Gottheit gehören, wäre diese nicht vollkommen, absolut. „Wenn das Sein selber eines Dinges anders ist als dessen Wesen, muß notwendig das Sein des Dinges verursacht sein, entweder von etwas ihm Äußeren oder von Wesensprinzipien dieses Dinges selber." In beiden Fällen wäre das Sein verursacht durch etwas anderes als es selber ist und das könne man von Gott nicht sagen, (Q.III, Art.4). Die ist natürlich keine Theologie, sondern Logik. Ist eine Definition Gottes gegeben, folgt die Identität von Sein und Wesen Gottes unmittelbar und notwendig aus dieser Definition. Wir haben hier also ein rein analytisches Urteil, keinen Fortschritt, sondern nur Präzision unserer Erkenntnis: „das Prädikat ist identisch mit dem Subjekt", heißt es. Aber nun sagt Thomas an gleicher Stelle weiter:

> Da **wir** nun aber keine Kenntnis darüber haben, **was** Gott ist,
> ist er uns nicht aus sich selber bekannt,
> sondern muß nachgewiesen werden durch die Dinge,
> die mehr bekannt sind, was uns betrifft,

> und weniger bekannt, was ihre Natur betrifft,
> d.h. durch die Wirkungen.
> (Q.II, A.1.).

„Irgendeine allgemeine Kenntnis Gottes" sei mit unserer Natur gegeben; wir hätten alle irgendeine vage Idee darüber, was „Seligkeit" sei. Aber:

> dies ist nicht einfach erkennen, daß **Gott** sei;
> so ist erkennen, **daß** jemand kommt,
> nicht dasselbe, wie erkennen, daß **Petrus** kommt,
> obwohl es Petrus ist, der kommt.

Wie nun? Das Subjekt ist mit dem Prädikat identisch, Gott ist sein Sein. Und nun soll das Subjekt doch nicht identisch mit dem Prädikat sein? Es geht also nicht um die Frage, ob Gott sei, ob Gottes Sein nachweisbar sei und wie es nachgewiesen werden könne, sondern um die Frage, **wer** oder **was** Gott sei. Es geht nicht um die Existenz irgendeines abstrakten absoluten Prinzips, sondern um die Existenz des Gottes, dem Thomas dient, dem die katholische Kirche zu dienen vorgibt. Es geht nicht darum, zu erkennen, daß irgendeiner kommt, sondern daß Petrus kommt! Und genau das ist uns nicht ohne weiteres bekannt, das ergibt sich nicht „automatisch" (simpliciter) aus der Tatsache, daß „Gott sein eigenes Sein sei", aus dessen Definition; hier muß kombiniert werden, hier kann es nur ein synthetisches Urteil geben. Wir haben hier immer wieder die merkwürdige Konfusion zwischen „Gott" und „Gott", zwischen dem logischen Prinzip, dem logischen „Urknall", einerseits, und dem Gott der Schrift andererseits. Beide sind für Thomas identisch, aber nicht unmittelbar. Die Tragödie besteht nun darin, daß man auf den fünf Wegen des Thomas immer nur zu diesem Prinzip, nicht aber zum Gott der Schrift kommen kann; es wird nicht gelingen, die beiden Diskurse zu verbinden in einem „duplex modus (unius) veritatis", wie die Entwicklung der abendländischen Kultur nach Thomas zeigen wird. Er schließt:

> Daß Gott sei, ist uns daher nicht ohne weiteres bekannt,
> sondern ist nachweisbar durch die uns bekannten Wirkungen [dieses göttlichen Seins] (I, Q.I, A.2.).

Das führt er uns nun vor im berühmten dritten Artikel dieser zweiten Quaestio, den wir oben zusammengefaßt haben: auf fünf Wegen fünf synthetische Urteile, die von „uns", d.h. von „allen" gebildet werden. Was hier um die Mitte des 13. Jahrhunderts geschieht, läßt sich besser verstehen, wenn wir es vergleichen mit der Vorgehensweise des Anselm von Canterbury, 150 Jahre früher.

Anselm von Canterbury geht aus vom törichten Menschen des 14. Psalmes, der in seinem Herz sagt, daß kein Gott sei. Er argumentiert:

> Also kann der Tor überführt werden,
> daß „Etwas, über dem nichts Größeres gedacht werden kann" in seiner Erkenntnis da ist.
> denn, wenn er das hört, erkennt er es;
> und was erkannt wird, ist in der Erkenntnis.
> Und sicher kann „Das, über dem ein Größeres nicht gedacht werden kann", nicht nur in der Erkenntnis sein.
> Wenn es nämlich nur in der Erkenntnis da ist, kann es als auch in der Gegenständlichkeit daseiend gedacht werden,
> was ein Größeres ist.
> Wenn also „Das, über dem ein Größeres nicht gedacht werden kann", nur in der Erkenntnist da ist, dann ist „Das, über dem ein Größeres **nicht** gedacht werden kann, ein solches, über dem ein Größeres [nun doch] gedacht werden kann".
> Das kann es aber sicher nicht sein.
> [Übersetzung Karl Barth]

Gott ist das, über was hinaus nichts Größeres gedacht werden kann. Anselm geht nie aus dem inneren Diskurs des Glaubens heraus; er fängt mit einem Gebet an: „Also, Herr, der zu dem Glauben Erkenntnis schenkst, gib mir, daß ich in dem Maß, als Du es für gut hältst, erkenne, daß Du da bist, wie wir glauben, und das bist, was wir glauben." Thomas ist nicht weniger fromm, aber er will, er **muß** anderen, die nicht glauben, die aber nicht nur die „insipientes" von Psalm 14 sind, sondern vernunftbegabte Menschen, verständlich machen, was er glaubt. Anselm sagt: **credo ut untelligam**, ich glaube, damit ich verstehe. Thomas scheint zu sagen: **„credens arguo sicut non credens, ut non credentes argumento convicti intelligentes credant"**: glaubend argumentiere ich als nicht-Glaubender, damit nicht-Glaubende, durch das Argument überzeugt, verstehend glauben.

Thomas widerlegt daher:

> Vielleicht begreift der, der diese Vokabel „Gott" hört, nicht,
> daß damit etwas bezeichnet wird, über dem ein Größeres nicht gedacht werden kann,
> da manche glauben, Gott sei ein Körper (S.Th.II,1; ScG.I,10).

Damit zerstört Thomas die allgemeine Gültigkeit der Definition Gottes. Zwischen ihm und seinem berühmten Vorgänger liegt die Epoche, in der das christliche Abendland zur Expansion übergegangen war, durch die es mit anderen, mit nicht-Christen, in Berührung kam; gleichzeitig beeinflußte die

Philosophie der nicht-Christen das abendländische Denken. Anselm starb 1109, 13 Jahre nach dem Beginn des ersten Kreuzzuges; Thomas starb 1274, als das Unternehmen zwar militärisch gescheitert war, das christliche Abendland aber endgültig seine jahrhundertealte Isolierung durchbrochen hatte. Das „Wir", das „alle" sind, ist eben doch nicht so universal, wie es noch in Anselms Zeiten war, da jene „manche", die „glauben", Gott sei ein Körper, für Thomas eine gesellschaftliche Realität darstellten. Also, der Hauptsatz der Argumentation Anselms kann, aus sozialgeschichtlichen Gründen, nicht ohne weiteres stehen bleiben. Der Untersatz, nach dem das größer sei, was sowohl in der Vernunft wie in der Wirklichkeit ist, aber auch nicht:

> Auch wenn gegeben sei, daß jeder Beliebige begreift, daß mit der Vokabel „Gott" das bezeichnet wird, was gesagt wird,
> nämlich, „das, über dem ein Größeres nicht gedacht werden kann",
> so folgt deswegen doch nicht, daß er das, was durch die Vokabel bezeichnet wird,
> auch als unter den Dingen der Natur existierend begreift,
> sondern nur im Begriff der Vernunft allein (a.a.O.).

Was in der gläubigen Vernunft ist, ist auch für Thomas objektiv existent; aber das folgt aus dem Akt des Glaubens und nicht notwendig aus dem Argument selber. Daß Thomas so denkt, geht aus dem Schlußsatz seiner Erwiderung hervor:

> Auch kann man nicht argumentieren, daß es in der Wirklichkeit sei,
> es sei denn, daß die Tatsache, daß etwas in der Wirklichkeit sei,
> über dem etwas Größeres nicht gedacht werden kann, gegeben sei.
> Aber das ist nicht gegeben durch die, die setzen, Gott sei nicht.
> (a.a.O.).

Wenn nun aber Gott für irgend jemanden unwirklich (etwa unwirksam, wie für Ijjob) sei, dann kann er denken, was er will, Gott wird dadurch nicht wirklicher (oder wirksamer). Wir finden hier also einen Hinweis auf den gravierenden Unterschied: der Theologe Thomas, Bettelmönch, lebend in der Stadt, in Auseinandersetzung mit der autonomen Vernunft der Philosophen, befindet sich in einer anderen Lage als der kontemplative Mönch Anselm, lebend in einem Kloster, dem, als Seelsorger, der Unglaube allenfalls in der praktischen Gestalt der moralisch unvollkommenen Mitglieder der Gemeinde begegnet. Thomas' Widerspruch ist von anderer Art als der des Mönches Gaunilo, der gesagt hatte, man könne sich zwar eine Insel der Glückseligen denken, das müsse aber noch lange nicht bedeuten, daß es eine solche gäbe. Also könne etwas im Verstand sein, ohne in der Wirklichkeit zu sein. Das ist eine Platitüde. Thomas scheint zu sagen, er könne nicht so argumentieren, da er mit Leuten zu tun hat, bei denen er nicht das voraussetzen kann, was Anselm noch voraussetzen konnte. Diese Leute führt er zweimal in seiner Widerrede auf. Inhaltlich antwortet er dem Anselm mit den fünf Wegen: Gott ist die Quelle allen Lebens und aller Veränderung, die tiefste Ursache, das absolute Notwendige, das höchste Sein, Zielpunkt allen Strebens, kurz: „das, über dem Größeres nicht gedacht werden kann". Woher weiß er das? Nicht indem er die Definition zerlegt und dann wieder zusammenfügt. Sondern indem er feststellt, daß die Struktur des erkennbaren, wahrnehmbaren, denkbaren Seins notwendig auf diese Definitionen, diese Prinzipien schließen läßt. Und diese nennt er „Gott". Thomas muß den inneren Diskurs des Glaubens verlassen. Er postuliert die „eine Wahrheit" in zwei Durchführungen. Nur auf Grund dieses nicht beweisbaren Postulats kann er diesen Weg gehen. Dieses Postulat wird sich weder praktisch noch theoretisch halten lassen.

Daß diese Kommunikation der zwei Diskurse nicht nur gelingen kann, sondern legitim ist, steht aber für Thomas fest:

> Die Kenntnis der Prinzipien, die natürlicherweise bekannt sind,
> sind uns von Gott her eingegeben,
> denn Gott ist Urheber *[auctor]* unserer Natur.
> Die Heilige Schrift beinhaltet also auch diese Prinzipien.
> Was also solcherart Prinzipien entgegengesetzt ist,
> kann also nicht von Gott sein.
> Deswegen kann das, was aus göttlicher Offenbarung herrührt,
> und im Glauben gehalten wird,
> nicht der natürlichen Vernunft entgegengesetzt sein
> (ScG. I,7).

Damit bestätigt Thomas, daß, bei aller Autonomie der einzelnen Diskurse, die Wahrheit nur einheitlich sein kann, weil Natur und Offenbarung beide von Gott stammen. Aber diese Einheit wird **a posteriori** hergestellt. Damit ist sie also **a priori** nicht oder nur im Glauben gegeben. Wieder stoßen wir auf die Differenz zwischen der frühen Scholastik und der Hochscholastik. Die Einheit des Abendlandes war in Thomas' Tagen bereits untergegangen; sie muß daher **im Nachhinein** beansprucht werden. Aristoteles sah der Einheit entgegen; Anselm lebte wie selbstverständlich in ihr; Thomas trauerte ihr nach. Eigentlich ist seine Philosophie eine große Trauerarbeit um den Untergang des feudalen Abendlandes, das kurz vor seiner Geburt, unter dem Papst Innozenz III. (1198 – 1216), seinen Höhepunkt erreicht hatte. Daß es ihm um die Erhaltung der ideologischen und sozialen Einheit des feudalen Abendlandes zu tun ist, scheint mir deutlich zu sein. Auch für ihn ist „Gott“ die zusammenfassende Chiffre der hieratischen Gesamtstruktur, Konvergenz aller Loyalität. Dazu einige Bemerkungen zu diesbezüglichen Questiones des Dritten Bandes der Summa Theologiae.

Thomas unterscheidet, wenn er auf den Unglauben zu sprechen kommt, zwischen zwei Formen des Unglaubens. Es gibt den Unglauben in der Gestalt der reinen Negation: „wie bei jenen, die nicht vom Glauben gehört haben“. Und es gibt den Unglauben aus Widerspruch, „wenn etwa jemandem das Hören des Glaubens zuwider ist oder er ihn sogar verachtet (II,II, Q.10,A.1)“. Dementsprechend sind die Ungläubigen auch anders zu behandeln. Er sieht die schlimmste Form des Unglaubens bei jenen, die vom Glauben abgefallen sind, und bei den Ketzern; weniger schlimm sei er bei den Juden, denn sie haben das Evangelium nie empfangen, obwohl sie seine Gestalt bereits im „alten Gesetz“ hätten; am wenigsten sündig sind die Heiden, die in keiner Weise das Evangelium haben erkennen können (Q.10,A.6). Aus dem Grund darf man Juden oder Heiden nicht zum Glauben zwingen, weil „glauben eine Angelegenheit des Willens ist“. Gemeinschaft mit Heiden und Juden ist daher möglich, denn „es ist über sie nicht mit einem geistigen Urteilsspruch zu urteilen [sie fallen nicht unter die kirchliche Gerichtsbarkeit], sondern nur mit einem zeitlichen, z.B. in dem Fall, in dem sie, unter Christen verweilend, ein Verbrechen begehen und deswegen von den Gläubigen in zeitlicher Hinsicht bestraft werden [für sie gilt das normale Zivil- und Strafrecht wie für alle anderen auch], Q.10.A.9.“ Anders steht es mit den Ketzern. Hier zeigt sich bei Thomas die ganze Grausamkeit einer geschlossenen Gesellschaft, die ihren inneren Zusammenhang bedroht sieht: „Wenn er aber hartnäckig befunden wird, muß sich die Kirche um das Heil der anderen kümmern, wenn es keine Hoffnung auf seine Bekehrung mehr gibt: durch die Trennung von der Kirche durch die Verurteilung zur Exkommunikation; weiter überlasse sie ihn dem weltlichen Gericht, um ihn aus der Welt durch den Tod auszurotten (Q.11,A.3).“

„Gott“ ist, so haben wir definiert, das, dem alle letzten Endes zu folgen genötigt sind. Hier also die Spitze jener Loyalitätspyramide, durch die man die Struktur der abendländischen Feudalgesellschaft beschreiben kann. Thomas hatte dies so formuliert:

> So wie die Handlungen der natürlichen Dinge aus ihrem natürlichen
> Vermögen hervorgehen,

so entstehen die Werke der Menschen aus dem menschlichen
Willen.
So gehört es sich also im Bereich der natürlichen Dinge,
daß das Höhere das Niedrigere zu deren Handlungen anleitet
durch den Vorzug der natürlichen Kraft, ihnen von Gott verliehen.
Daher gehört es sich auch in menschlichen Dingen,
daß die Höheren die Niedrigeren durch ihren Willen anleiten,
kraft der Autorität, ihnen von Gott her verordnet.
Und deswegen, so wie in der Naturordnung, von Gott her
eingerichtet, notwendig die niedrigeren Dinge der Bewegung der
höheren untergeben sind,
so sind auch in den menschlichen Dingen,
durch die Ordnung des Natur- und des göttlichen Rechts,
die Niedrigeren gehalten, ihren Oberen zu gehorchen.
(II,II, Q.104, A.1).

Deutlicher geht es nicht. Deutlicher kann auch nicht gesagt werden, was denn für Thomas letztlich „Gott" war: nicht die Prinzipien der Philosophen, nicht der Gott der Heiligen Schrift, sondern eben diese Ordnung des Natur- und des göttlichen Rechtes, das feudale Abendland also, das Thomas zu erhalten sucht. Das ist der wahre Grund, weswegen die Kombination der zwei Diskurse bei ihm gelingt: „Gott" ist nicht nur eingebunden in die hierarchische Struktur, er **ist** sie. Und auch der Gott der Heiligen Schrift kann und darf nicht etwas anderes sein, denn **dies** wäre die Ketzerei, **dies** wäre bedrohlicher als die Existenz des nicht-Glaubens in der Gestalt der Juden und „Mohammedaner". Der Hauptvorwurf gegen die Philosophie des Thomas ist also der, daß Gott bei ihm Gestalt hat und diese **Gestalt** wird als „ewig" und „unveränderlich" bewiesen. **Diese** Identität zwischen dem Gott jener Feudalordnung und dem Gott der Heiligen Schrift steht bei Thomas niemals zur Debatte. Judentum und Islam und die Wirkung ihrer großen Philosophen auf die Wissenschaftler, auf die Theologie, auf das Projekt des europäischen Mittelalters, war nicht Anselms Problem; es war Thomas' Problem: dort liegt der Unterschied. Es ist daher deutlich, weswegen Karl Barth Anselm favorisiert. Barth kehrt in seinem Kampf gegen die bürgerliche Theologie zurück zum Diskurs des Glaubens, ohne sich dem nicht-Glauben gegenüber rechtfertigen zu wollen. Es ging ihm um die Zerschlagung der faktischen Identität des modernen protestantischen Glaubens mit der bürgerlichen Gesellschaftsordnung. Barths Theologie, so will mir scheinen, war nichts mehr und vor allem nichts weniger als das Recht des Glaubensdiskurses auf seinen eigenen autonomen Vollzug. Gleichwohl macht er es sich in seinem Anselmbuch mit Thomas zu einfach, indem er ihn in einer Fußnote abfertigt (Barth 1931, S.176f.); Barth liest rein „strukturalistisch" und sieht nicht, was sich in der Zeit von 1100 bis 1250 getan hat.

Fassen wir zusammen. Gott wird bei Thomas „formalisiert" und in dieser Formalität erhält er Gestalt als Prinzip der *ordo juris naturalis ac divini.* Durch die Formalität wird der Gott des feudalen Abendlandes dem Zugriff des Vergänglichen entrückt. Durch die göttliche Gestalt wird die herrschende Ordnung gerettet und perpetuiert.

Der Legende nach soll Thomas von Aquin seinem Freund und Sekretär Reginald von Piperno gesagt haben: „Alles, was ich geschrieben habe, kommt mir vor wie Stroh ... verglichen mit dem, was ich geschaut habe." Josef Pieper interpretiert das so: „Thomas [sei] nicht nur ein philosophischer und theologischer Denker, nicht nur ein Universitätsprofessor gewesen, sondern auch ein mystisch Schauender, ein Heiliger" (Pieper 1986, S.30). Ohne letzteres in Abrede zu stellen, kann es aber sehr wohl sein, daß Thomas letztendlich gesehen hat, daß sein Mühen vergebens gewesen war. Aus zwei Gründen wäre dann sein Werk „Stroh". Erstens waren die gesellschaftlichen Kräfte, die die feudale abendländische Gesellschaft aufspalten sollten, durch den Kraftakt eines der größten Philosophen unserer Kultur nicht aufzuhalten. Es sind im allgemeinen nicht die Philosophen, die die Welt verändern. Zweitens findet eine Versöhnung statt, die auf Kosten beider Parteien gehen muß. Ein wissenschaftliches Prinzip, das mit „Gott" – und zwar mit dem Gott der europäischen Feudalordnung – identifiziert wird, kann sich nicht autonom als wissenschaftliches Prinzip entwickeln. Und ein „Gott", der eben als „Gott" dieser Ordnung identisch mit deren Urprinzip sein soll, muß sich zufriedengeben mit der Rolle des Verursachers und der Normierung dieser Ordnung; mit ihr ist auch er dem Untergang preisgegeben.

Einstweilen siegt nach Thomas' Tod die Reaktion, die, trotz ihres ganzen Stumpfsinns, doch schärfer sah als er: ein emanzipiertes Dienstmädchen verdrängt schließlich ihre Herrschaft. Also ist die Dienstmagd zu entlassen! Nach Thomas kommt die finsterste Zeit unserer Kultur. Judenhatz, Hexenwahn, Ketzerjagd, Bauernaufstände, unaufhörliche (hundertjährige) Kriege, Seuchen und Hunger kennzeichnen die „Herbstzeit des Mittelalters", wie der große Huizinga diese Epoche nannte. Im 14. Jahrhundert war die Zahl der Menschen um mehr als die Hälfte zurückgegangen, in England und Skandinavien sogar um 60%. Als die abendländische Feudalgesellschaft unter der Wucht der Reformation einerseits und der bürgerlichen Revolutionen andererseits endgültig zerbrach, nannte niemand mehr „Gott", was einmal Thomas „Gott" nannte. Die grandiose philosophisch-theologische Synthese war schnell verbrannt, wie eben „Stroh". Genauso verbrannte jene andere, vorläufig letzte Synthese des Abendlandes, die Hegelsche, nach weniger als zwei Jahrzehnten im Feuer des Klassenkampfes. Hegel hatte gewußt, wie Thomas: wenn die Eule der Weisheit zu fliegen beginnt, ist der Tag der Aufklärung vorbei ... Alles wurde zum Stroh. Aber Stroh war einmal eine grüne, blühende, fruchttragende Pflanze!

2. Von der Brauchbarkeit „Gottes"

2.1. Standortbeschreibung

Wir erleben „postmoderne Zeiten", die „Moderne" sei vorbei, kann man zwar nicht auf den Wirtschaftsseiten, aber doch in den Feuilletons angesehener Gazetten der Bourgeoisie des Nordens lesen. Niemand kann genau sagen, was das für Zeiten sind, da sie aber doch anders sind als noch vor etwas mehr als einem Jahrzehnt, das ja ein sehr „modernes" war, haben wir eben die „Postmoderne". Diese „Postmoderne" ist ein leeres, beliebig auffüllbares Etwas, das „nach der Moderne" kommt. Sie ist nicht das Land, in das sich Charlie Chaplin mit Paulette Goddard am Ende des Films „Moderne Zeiten" begibt. Denn typisch für die „Postmoderne" ist die Absage an die Zukunft; sie ist *futurum exactum*, vollendet-künftige Zeit. Und sie ist Mode, Ausdruck der Langeweile einer Schicht, die sich fürs Geschäftemachen eigentlich zu schade findet, ohne ihr Geschäft aber nicht auskommt und diesen Widerspruch auf geschmackvolle Weise aufzuheben sucht, wie der alternde Thomas Buddenbrook bei Schopenhauer Trost fand. Schopenhauer, Nietzsche, Hermann Hesse, Baghwan/Bahro und wie sie alle heißen, „postmodern" ging es bei der reputierlich gewordenen Bourgeoisie schon immer zu. Auf der Straße kommt der Kick schneller und tödlicher. Die Kirchen und ihr Gott profitieren davon indessen nicht; was sie zu bieten haben, trifft die „postmoderne" Geschmackslage eben nicht. Dazu sind sie nicht zynisch genug.

So hohl das Wort „Postmoderne" immer sein mag, das aus dem Französischen zu uns kam und zunächst für eine Stilrichtung in der Architektur gebraucht wurde, so wenig kann man abstreiten, daß seit dem Ende der siebziger Jahre mehr als eine Episode zu Ende gegangen ist. Ein anderes Modewort, „Paradigmawechsel", versucht dieser grundlegenden Änderung gerecht zu werten. Das Grundmuster einer Struktur, und damit die Struktur selber, wird ausgewechselt. Wir wollen nun etwas genauer fragen, was denn anders geworden sei. Vorab ist zu sagen, daß ein solcher Paradigmawechsel natürlich nicht stattfindet: die Produktionsweise bleibt kapitalistisch, die Gesellschaft bürgerlich. Da es nun auch in besseren Wohnvierteln zu stinken beginnt und Tschernobyl auch Blankenese nicht verschonte, fängt man an, einiges etwas reservierter zu sehen. Grundsätzlich aber ändert sich nichts in den Hirnen der Bourgeoisie; Arbeit ist wie Umwelt ein Kostenfaktor und letztere wird allenfalls als externer Kostenfaktor hingenommen und auf das Gemeinwohl abgewälzt. „Akkumuliert, akkumuliert, das ist Moses und die Propheten", so charakterisierte Marx die Geistesverfassung des Kapitals 1867 (MEW 23, S.621). Das gilt auch anderthalb Jahrhunderte später uneingeschränkt. Akkumulationsprobleme, aber keineswegs Abschied von der Akkumulation des Kapitals. Auf der Ebene der „Regulierung" aber kann man schon eher von Paradigmawechsel reden. „Regulierung" ist nichts anderes als der bewußt unternommene Versuch, Verinnerlichung von Herrschaft zu organisieren. Weder an der Herrschaft noch an den Hauptwidersprüchen hat sich etwas geändert, so daß hier die Präposition „post" fehl am Platze ist. Aber es wurde eine andere „Regulierung" notwendig.

Nach der gelungenen Integration und gesellschaftlichen Emanzipation der Arbeiterklasse ist tatsächlich eine Epoche zu Ende gegangen, eine Epoche, die bestimmt wurde durch die Fragen, die die Arbeiterbewegung stellte. Facharbeiter und Angestellte sind aber ihrem Bewußtsein nach keine Ausbeutungsobjekte mehr und verstehen sich auch nicht mehr als „Arbeiter", obwohl sie Mehrwert produzieren und nur sehr bescheiden über dessen Verwendung bestimmen. Nach dem zweiten Weltkrieg hatte die Arbeiterklasse allmählich gelernt, sich als Konsument zu sehen. d.h., zu begreifen, daß sie im Wirtschaftssystem auch noch eine ganz andere Rolle spielt als nur die des Produzenten von Mehrwert, dessen Mehrarbeit unbezahlt bleibt. Dies hatte auch, von John Maynard Keynes auf die Sprünge gebracht, die Bourgeoisie gesehen: was betriebswirtschaftlich als durchaus vernünftig erschien, Gewinnmaximierung durch (Lohn-)Kostenminimierung, könnte sich unter bestimmten Umständen volkswirtschaftlich als verhängnisvoll erweisen und somit für die einzelnen Betriebe mittel- bzw. langfristig schädlich sein. Keynes lehrte die Einzelkapitalisten, „gesamtkapitalistisch" zu denken und so die „einzelwirtschaftliche Borniertheit der Lohnkostenperspektive" (Zinn 1986 S. 57) zeitweise zu überwinden. Zur

Sicherung der „effektiven Nachfrage" wurden Gewinnzuwächse aus gesteigerter Arbeitsproduktivität an die Produzenten des Mehrwertes weitergegeben, in der realistischen Erwartung, daß diese sie in eine erweiterte Nachfrage nach den von ihnen selber produzierten Gütern und Diensten umsetzen. Dazu mußten zunächst einmal alle auch wirklich arbeiten. Das volkswirtschaftliche Primärziel war daher die Vollbeschäftigung, die nur unter Wachstumsbedingungen erreichbar war und mit außenwirtschaftlichem Gleichgewicht und Geldwertstabilität einhergehen sollte. Die Arbeiterklasse bestand also nicht länger nur aus Auszubeutenden, sondern auch aus Kunden, ihre Angehörigen waren nicht nur Träger der verkäuflichen Arbeitskraft, sondern stellten als Warenkäufer auch unverzichtbare Wachstumspotentiale dar. Man ließ also die reale Kaufkraft ihrer Löhne zunehmen, und zwar in einem vom Staat wesentlich mitbestimmten Tempo. „Fordistische Regulierung" heißt dies im einschlägigen Politologenjargon. So schien der Gegensatz zwischen „Kapital" und „Arbeit", der ein Gegensatz zwischen den Eigentümern der Produktionsmittel und den Produzenten war, aufgehoben in eine Partnerschaft; und tatsächlich entwickelte sich die vom Staat erzwungene Kooperation zu einer Tarifautonomie, durch die die „Tarifpartner" kollektiv (d.h. für ganze Branchen auf einmal) die Lohnhöhe aushandelten. Die Arbeiterklasse stieg also auf. Als Konsumenten wurde ihren Angehörigen die Domäne privilegierter Existenz zugänglich gemacht: der Ferntourismus, das Auto und damit der Schein uneinschränkbarer Beweglichkeit; mochten die elitären Schichten noch so viel auf weitere Fernen und bessere Autos ausweichen, die Massenkonsumenten folgten ihnen auf dem Fuß und sollten dies auch tun, weil sonst die Eliten ja nicht Eliten sein konnten: eine Jet-Set-Existenz kostet etwas, und dieses Geld muß erst einmal in der realen Produktion verdient sein. Ohne Massenkonsum keine Mehrwertrealisierung, ohne diese kein Jet-Set. So verschwand endgültig, was als Klassenbewußtsein vormals dagewesen war.

Damit verschwand aber auch einer jener drei Hauptfaktoren, die den modernen Wohlfahrtsstaat konstituiert hatten. Diese drei Hauptfaktoren waren:

– die Arbeiterbewegung als Machtfaktor;

– die Systemkonkurrenz mit dem Staatssozialismus;

– die dadurch erleichterte Bereitschaft der Bourgeoisie, aus der Krise der 30er Jahre zu lernen, sich auf neue Regulierungen einzulassen und die Arbeiterklasse als Konsumenten und so als Geschäftspartner zu begreifen.

Diese Einbindung der Arbeiterklasse in das System ihrer Ausbeutung während der 50er bzw. 60er Jahre sowie die Einbindung des Staatssozialismus in ein System globaler Kooperation in den 70er Jahren schwächte die Wirkung der ersten beiden Faktoren ab. Gleichzeitig wurde deutlich, daß das Kapital sich neu zu strukturieren hatte, da es sonst seinen Wesenszweck, Verwertung und Akkumulation, nicht mehr erreichen konnte. Eine weitere Kapitalakkumulation über die Steigerung der Nachfrage war nicht möglich, da die Märkte im Norden Sättigungstendenzen aufwiesen und die im Süden sich nicht im Sinne einer Massennachfrage entwickelten. Vielmehr mußten Marktanteile über Kostenminimierung verteidigt werden; wo eine lineare Lohnsenkung weder möglich noch wünschenswert war, mußte dies über weitere Rationalisierung erreicht werden, denn die wunderbare Geldvermehrung der 70er Jahre schlug wie ein Bumerang in der Gestalt einer nicht mehr kontrollierbaren Inflation auf die Verursacher (Regierungen und **beide** Tarifpartner) zurück. Die neuen Technologien machten die Neuformierung des Kapitals während der 70er Jahre in einer völlig neuen Dimension möglich.

Die Arbeiterklasse war als sozialer und politischer Machtfaktor verschwunden; die Konkurrenz, die vom Staatssozialismus ausgegangen war, wurde eliminiert, weil er von der historischen Bühne, auf der er mehr als siebzig Jahre lang eine Hauptrolle gespielt hatte, abzutreten gezwungen wurde. Das Primärziel der Vollbeschäftigung und die Regulierung der Kapitalakkumulation durch steigende Nachfrage wurde aufgegeben: alle drei Hauptfaktoren, die zum Nachkriegswohlstand geführt hatten, hörten auf, ihren Einfluß auszuüben. Aus diesen Gründen wurde es sozialpolitisch möglich, seit der zweiten Hälfte der siebziger Jahre die notwendig gewordene Restaurierung des Kapitals außerhalb des gesellschaftlichen Konsenses der Nachkriegszeit vorzunehmen. Insofern war diese Nachkriegszeit, sozialpolitisch gesprochen, schon Ende der 70er Jahre zu Ende. Der neue Regulierungsmodus wurde, ganz unabhängig von der traditionellen Parteienlandschaft, in ganz Europa durchgesetzt, wenn auch nicht überall so rabiat wie in England. Die Aushöhlung kollektiver Tarifvereinbarungen, die wir aus Großbritanien und den USA nur zu gut kennen, ist ein untrügliches Zeichen der „neuen" Regulierung: zurück in die Biedermeierzeit. Der Ausdruck „Postfordismus", geprägt von Hirsch/Roth (1983), versucht die Änderung auf sozial-ökonomischem Gebiet zusammenzufassen. Der Ausdruck ist irreführend. Denn der „Fordismus" existiert natürlich weiter, weil die massenhafte Herstellung langlebiger Konsumgüter weitergeht und weitergehen muß; ohne sie ist eine Kapitalverwertung und eine Kapitalakkumulation nicht möglich. Die rein spekulativ erzielten Gewinne auf den Finanzhandelsplätzen sind keine; hier ist der Verlust der einen der Gewinn der anderen abgerechnet. Reale Gewinne, d.h. reale Zuwächse an Reichtum sind nur in der Produktion erzielbar. Die Produktion wird aber durch die neuen Technologien und neue Fertigungsprozesse („lean production") kapitalintensiver. Das Neue ist nun, daß die durch die neuen Technologien drastisch gestiegene Arbeitsproduktivität nicht mehr allen zugute kommt, sondern daß ein Teil der Leute „freigesetzt", d.h., aus dem gesellschaftlichen Prozeß entlassen wird; die durch „lean production" gestiegene Kapitalproduktivität führt nicht zu Akkumulation durch Realinvestition, sondern zum größten Teil nur zu mehr Spekulation – Arbeitsplätze entstehen nicht. Die, die ihre Arbeit behalten, werden nach wie vor als gut zu entlohnende Partner und Partnerinnen begriffen. Die, die nicht mehr in diesem Prozeß funktionieren, werden „abgekoppelt". „Entkoppelung" war das Wort, mit dem in den Niederlanden die Politik bezeichnet wurde, nach der die nominalen Sozialeinkommen in einem weit geringeren Tempo steigen sollten, als die Wirtschaftseinkommen. Es ist mitnichten so, wie Hirsch/Roth uns glauben machen wollen, daß die sog. „neuen sozialen Bewegungen" in einer „postfordistischen" Gesellschaft die Rolle der Arbeiterbewegung übernehmen können. Erstens ist es in letzter Zeit arg still um sie geworden; zweitens haben sie keine gesellschaftlichen Universalkonzepte: es geht ihnen kaum um die Gesellschaft als solche. Es findet aber eine bewußte Marginalisierung freigesetzter Arbeitskraft bzw. nicht genutzter, weil vom Kapital nicht mehr verwertbarer Arbeitskraft statt. Der Teil der Gesellschaft, der von dieser Politik betroffen ist, also alle Bezieher von Sozialeinkommen, ist überall in den westlichen Industrieländern im Wachsen begriffen. Die Transferbereitschaft der Funktionsgesellschaft, Teile der erwirtschafteten Einkommen über den Mechanismus der Einkommenssteuer bzw. der Sozialabgaben umverteilen zu lassen, wird ständig niedriger. Die Folgen sind für uns alle sichtbar: die Flutwelle des Rassismus, die steigende Kriminalität, die Brutalisierung des ganzen Lebens. Durch das Verschwinden jener drei Faktoren werden die Karten im ganzen Gesellschaftsspiel neu gemischt. Die Kategorie „Postfordismus" erweist sich dabei als genauso hohl wie „Postmoderne". Die „neue" soziale Frage entzündet sich nicht am Gegensatz zwischen Arbeitskraft und Kapital. Dieser Widerspruch besteht zwar als der eigentliche Hauptwiderspruch fort, ohne dessen Aufhebung kein Problem auf Dauer gelöst werden kann, er artikuliert sich aber heute vor allem in einem Prozeß, der massenweise Menschen aus der Gesellschaft herausdrängt. Das Kapital, das die traditionellen Strukturen zerstörte und Menschen an den Rand der Städte trieb, hatte sie im Laufe des 19. und 20 Jh. weitgehend durch den gesellschaftlichen Prozeß, der kapitalistischen Verwertung von Sach- und „Human"kapital, absorbiert. Die tiefste Krise der Moderne entstand in den dreißiger Jahren, als dieser Absorbtionsprozeß nicht nur vorübergehend ins Stocken zu geraten drohte. Die Leute wurden beschäftigungslos, und Kapital konnte sich nicht länger verwerten. Daraus hat die Bourgeoisie gelernt, nachdem Keynes in den 30ger Jahren die Krise in für sie einigermaßen verständlichen Kategorien beschrieben und Lösungswege vorgeschlagen hatte. Ganz anders die heutige Krise. Die Zahl derjenigen, die an den Rand gedrängt werden, übersteigt vielerorts die Zahlen der dreißiger Jahre, aber die Rekonstruktion des Kapitals erfolgt diesmal ohne neue Vollbeschäftigung. Der Verlust für die Arbeitslosen besteht sowohl in der Verringerung ihrer Geldeinkommen als auch im Verlust der gesellschaftlichen Dimension ihrer Existenz überhaupt: gesellschaftlich ist der neue Sozialhilfeempfänger, um ein Bild von Herbert Marcuse zu variieren, „nulldimensional". Es gibt keine „neue Arbeiterbewegung", die Widerstand gegen diesen Prozeß organisieren könnte, weil die übergroße Mehrheit der Beschäftigten keinen Grund hat, sich einem solchen Widerstand anzuschließen. Die Linke hatte aufgehört zu funktionieren, weil es sie nur solange gibt, wie es eine Arbeiterbewegung gibt. Deswegen schwenkte nahezu die ganze französische Intelligenz ab Mitte der 70er Jahre in das Lager der ehemaligen Gegner ab; ihre Standesgenossen und -genossinnen in den anderen Ländern folgten ihnen. Sozialethik, kirchliche zumal, predigt nun eine neue Verteilunggerechtigkeit: „Arbeit" solle „gerechter" verteilt werden. Solche Appelle gehen an der Wirklichkeit vorbei. Denn der gleiche Prozeß, der eine Mehrheit zu relativ hohen Löhnen beschäftigt und, zwecks Absatz, beschäftigen muß, setzt eine wachsende Minderheit frei, die man vergessen soll. Denn die relative Lohnhöhe sichert ein hohes Nachfrageniveau. Lohnnivellierung würde auch bei Beschäftigungsausweitung zu Nachfrageeinbußen vor allem bei den „fordistischen" langlebigen Konsumgütern und Konsumdiensten (Touristik) führen. Zwei Angestellte, die beide DM 1500,– monatlich verdienen, können keine Ferienreise auf die kanarischen Inseln buchen; ein Angestellter, der DM 3000,– monatlich verdient, kann dies sehr wohl. Die „Freigesetzten" sichern also durch ihre „Freisetzung" das hohe Lohnniveau der noch Beschäftigten. Und die, die noch beschäftigt werden, bleiben beschäftigt, weil die Rationalisierung ihre Arbeitsplätze **vorerst** sichert, indem sie ihre Betriebe wettbewerbsfähig hält. Ökonomisch kann es daher keine Solidarität zwischen Beschäftigten und Freigesetzten geben. Und damit entfällt die materiellle Basis für Verteilungsgerechtigkeit in Sachen Arbeit: nur der Egoist überlebt als gesellschaftliches Individuum. Sozialethik, die nur ein bißchen Moral bei der Verteilung von Arbeit walten lassen will, bestätigt die neue Ordnung als grundsätzlich „in Ordnung". Entsolidarisierung ist die „Tugend", die aus dieser Not geboren wird. Der erbarmungslose Kampf gegen alles Schwache reflektiert das, was ökonomisch in dieser Produktionsweise vor sich geht, ebenso wie der neue Rassismus. Es kann eben nicht geteilt werden: Geld nicht, Arbeit nicht, nichts! Es fragt sich, wieso die „Re-Moralisierung der Wirklichkeit, die Anwendung ethischer Prinzipien bei der Allokation und Verteilung von Ressourcen unausweichlich sein" soll, wie Altvater verlangt (1991, S.346). Weil „erst das Fressen und dann die Moral" kommt, oder nicht die Moral, sondern die Macht entscheidet, könnte die „Re-Moralisierung" nur geschehen, wenn die, die davon profitieren sollen, über die Macht verfügen, sie auch durchzusetzen. Es regiert sie aber die eigene Ohnmacht, die brutale Macht der Gegner. Die Arbeiterklasse hatte diese Macht. Deswegen konnte sie eine völlig unmoralische Bourgeoisie „mores lehren". Wie unmoralisch die Macht der Bourgeoisie von Anfang an war, gerade weil sie nicht durch Gegenmacht beschränkt wurde, kann man vorzüglich bei Balzac in Erfahrung bringen; unsere Welt ist eine, in der Jacques Vautrin alias Jacques Collin alias Carlos Herrera die Macht erobert hat. Da nutzt wohl keine Ethik.

Wir können jetzt inventarisieren, was der Inhalt jener „Postmoderne" sein könnte, die so groß in Mode gekommen ist: der Wegfall der Arbeiterbewegung, des sozialpolitischen Nachkriegskonsenses und der Systemkonkurrenz; das Zerfließen der Linken, die gesellschaftliche Marginalisierung bzw. Bagatellisierung der „neuen Armut", die durchgehende Desolidarisierung. „Es ist dabei offensichtlich, daß, während einer Zeit, in der die Menschen ohne gemeinsame Macht, die sie unter Kontrolle hält, leben, sie sich in einem Zustand befinden, der Krieg genannt wird, und dieser Krieg ist der Krieg eines jeden Menschen gegen jeden Menschen (Hobbes [1651] 1958, S.106)": so beschrieb Thomas Hobbes den Zustand der entstehenden bürgerlichen Gesellschaft in England. Das Ende der Nachkriegszeit erscheint auch als das Ende einer Zivilisation und ihre Rückkehr in den Urzustand: *bellum omnium contra omnes*. Die „Postmoderne" ist wesentlich Dekadenz. Sie geht einher mit der Abkoppelung von Menschen und von riesigen Menschengruppen, von der lokalen und regionalen Ebene bis zu ganzen Kontinenten. Es gibt nicht nur keine Konzepte für deren Integration in die „neue Weltordnung“, es gibt vielmehr eine zunehmende Zahl von Stimmen, die uns glauben machen wollen, daß die Erde diese Zahl von Menschen ohnehin nicht verkraftet; gemeint sind die Menschen im Süden.

Diese Menschen im Süden scheinen im wahrsten Sinne des Wortes „überflüssig“ (Hinkelammert 1990) geworden, d.h., sie haben keine Funktion mehr in der dominierenden wirtschaftlichen und politischen und ideologischen Weltordnung, nicht einmal als Ausbeutungsobjekte. Binnenwirtschaftlich äußert sich das im Ausufern des sogenannten „informellen Sektors“. Informelle Sektoren sind Bereiche, in denen die Menschen arbeiten, ohne daß dies gesamtgesellschaftlich eine Wirkung hätte. Die Produkte tauchen kaum auf formellen Märkten auf. Mit „Schwarzarbeit“ in Industrieländern hat dies nicht viel zu tun. Die Dachdecker, die am Wochenende „schwarz“ ein Dach reparieren, verdienen damit ein zusätzliches Einkommen, das zwar nicht erfaßt wird und somit nicht ins Bruttosozialprodukt eingeht, aber als Nachfrage wieder ganz in den Wirtschaftskreislauf einfließt. Diese Dachdecker werden mit formellem Geld aus dem Einkommen des Auftraggebers bezahlt, das dieser wiederum mit formeller Arbeit verdient hat: gesellschaftliche Arbeit tauscht sich gegen gesellschaftliche Arbeit. Es wird lediglich die Beteiligung an den sozialen Kosten verweigert. Ganz anders der informelle Sektor. Abgesehen davon, daß die Werktätigen dort ohne den geringsten Schutz einer Arbeitsgesetzgebung arbeiten und nicht weniger übel ausgebeutet werden als die Arbeiterklasse im frühen 19. Jahrhundert (Kinderarbeit, überlange Arbeitstage, Entlohnung unter einem lebenssichernden Niveau, keine Vorkehrungen bei Unfällen oder Krankheit usw.), sind im Kernbereich des informellen Sektors die Tätigkeiten nicht verknüpft mit der Ökonomie der formellen Wirtschaft. Es gibt fließende Übergangszonen, so daß es nicht einfach ist, den informellen Sektor genau zu definieren. Wir definieren behelfsmäßig: der informelle Sektor ist ein geschlossenener Wirtschaftskreis und das städtische Pendant zur Subsistenzwirtschaft auf dem Lande. Müllverwertung, Slumprostitution, Verkauf von Pfennigwaren oder Pfennigdienstleistungen tragen in keiner Weise zur Kapitalakkumulation bei und erhöhen den durchschnittlichen Wohlstand nicht. Sie sind allenfalls geringfügige und sporadische Einkommenstransfers aus dem formellen in den informellen Sektor. Es wird in manchen Fällen Mehrwert geschaffen, aber dieser wird in aller Regel konsumtiv verbraucht. Der informelle Sektor muß vom illegalen Sektor unterschieden werden. Zwar gibt es informelle Tätigkeiten, die illegal sind, aber der Drogensektor ist z.B. ein formeller, wenn auch illegaler Bereich. Hier wird

Mehrwert geschaffen und verwertet und dieser trägt zur Kapitalakkumulation bei, zum größten Teil in den Industrieländern; denn dorthin wird der Dollarertrag nach „Waschung“ transferiert. Die Drogenwirtschaft wird nach allen Regeln der Marktwirtschaft betrieben und die staatliche Bekämpfung findet unter Anwendung „marktregulierender“ Maßnahmen statt (indem etwa das Risiko des Vertriebes und somit die Kosten des Verbrauchs gesteigert werden (Choon Poh Tan 1990).

Die Weltbank schätzt, daß in vielen Ländern Afrikas südlich der Sahara 75% der urbanen Beschäftigung „informell“ ist; für Pakistan soll diese Zahl bei 85% liegen. In der Elfenbeinküste ist die Zahl der absolut Armen der informellen Sektor dreimal höher als im formellen Sektor (Weltbank 1990, S.63). Dieser Sektor spielt neuerdings eine wachsende Rolle in den Überlegungen der Entwicklungsstrategen. Man könne in ihm ein Übergangsphänomen sehen. Beginnende Industrialisierung ziehe die Leute vom Lande in die Stadt. Durch wachsende Industrialisierung wird eine zunehmende Zahl dieser Menschen im formellen Sektor absorbiert. Es ist aber sehr fraglich, ob diese Annahmen realistisch sind, auch wenn es einige wenige Beispiele dafür gibt, daß die Absorbierung gelingt (Taiwan, Südkorea [teilweise], Singapore, Teile der VR China). Vielmehr hat das Absinken in die Informalität in den letzten Jahren stark zugenommen und dies geht einher mit einer Abkopplung jener Länder von der Weltwirtschaft. Andere sehen in ihr, wie in der Subsistenzwirtschaft auf dem Lande, den bevorzugten Adressaten für Entwicklungshilfe. Es kann bezweifelt werden, ob Hilfe dort mehr als Hilfe zum (schlechten) Überleben sein kann, wenn sie überhaupt etwas bewirkt. Vielmehr scheint es einen direkten Zusammenhang zwischen der Informalisierung einerseits und der Anpassung formeller und moderner Sektoren andererseits an die Erfordernisse des Weltmarktes zu geben, anders gesagt: immer schmalere Segmente der Wirtschaft werden integriert und absorbiert, immer größere werden informalisiert und ausgeschieden. Die „Dollarisierung“ der Volkswirtschaften in den Ländern des Südens zeigt den Prozeß von einer anderen Seite. Der schmale formelle Sektor wickelt seine Geschäfte in Weltgeld ab, und die Binnenwährung wird mehr und mehr zu einem Tauschmittel im informellen Sektor (vgl. Klein-Montano 1991). Diese Binnenwährung erfüllt kaum die Rolle des Geldes, (knappes) Anzeigemittel für knappe Ressourcen zu sein. Die in fieberhaften Schüben immer wieder davongaloppierende Inflation ist offenbar in den meisten von der Informalisierung betroffenen Ländern, trotz immer wieder neuer Versuche, nicht in den Griff zu bekommen. Es gibt dafür eine ganze Reihe von Gründen, zu denen auch die Auslandsverschuldung gehört. Aber es gibt keine Mittel gegen sie, es sei denn, man ließe eben zwei Drittel der Bevölkerung verhungern.

So werden durch den Prozeß der Informalisierung, der ja gleichzeitig eine großflächige Demonetisierung der (informellen) Wirtschaft bedeutet (denn Geld ist kaum noch Geld), immer mehr Menschen gesellschaftlich ausgeschieden. Aber diese Ausscheidung gelingt nicht so, wie der reiche Mann es möchte: Lazarus bleibt vor seiner Tür liegen, im Gegensatz zu Lukas 16,20ff. Es gibt zwar offenbar zwei Welten, die immer weiter auseinander driften und zwischen denen es keinen Austausch mehr gibt; aber es gibt nur eine, relativ kleine Erde. Am besten wäre es, die meisten Leute gäbe es überhaupt nicht. Altvater zitiert den angesehen Ökonomen Friedrich A. von Hayek: „Für eine Welt, die auf egalitäre Ideen gegründet ist, ist das Problem der Überbevölkerung unlösbar. Wenn wir garantieren, daß jeder am Leben erhalten wird, der erst einmal geboren ist, werden wir sehr bald nicht mehr in der Lage sein, dieses Versprechen zu erfüllen. Gegen die Überbevölkerung gibt es nur eine Bremse, nämlich daß sich nur die Völker erhalten und vermehren, die sich selbst ernähren" (Altvater 1991, S. 346). Diese Sätze eines Mannes, der als konservativer Theoretiker die ökonomische Theoriebildung erst in Europa und, nach den 30er Jahren, vor allem in den USA beeinflußt hat, zeitigen Wirkung. Von Hayek wollte immer den Faschismus mit dem ungehemmten Liberalismus bekämpfen; mit diesen Sätzen liefert er die Rechtfertigung für eine rassistische „Regulierung" der Probleme. Das Ganze verkleidet sich in vornehmen, postmodernen Kreisen meistens ökologisch: das Ökosystem des Planeten Erde verkrafte leider nicht soviel Menschen. Der brutale Rassismus für den „kleinen Mann" des Nordens, der vornehme Ökorassismus für die postmodernen Leute, die ebenfalls meinen, daß man die Lehre der Egalität nicht länger für bare Münze nehmen sollte. Drei Milliarden Menschen dürften aber etwas dagegen haben, wenn man hinter vorgehaltener Hand von Hayek nachplappert, die Lösung der Probleme könne man mit deren Eliminierung herbeiführen.

Einstweilen gibt es zwei Welten; in jedem Land gibt es zwei Welten; nur ist das quantitative Verhältnis zwischen ihnen im Norden das Umgekehrte jenes Verhältnisses im Süden. Aus dem Grund ist der Norden eine andere Welt als der Süden, obwohl beide ihre Vorposten auf dem Gebiet des jeweils anderen haben. Zwischen diesen Welten gibt es keinen Austausch, wie wir an der Inkonvertibilität des jeweiligen Geldes sehen konnten.

Dies ist ein „theologisches" Buch. Unser Problem ist, wie überhaupt in einer solchen Situation die „Rede von Gott" ist bzw. sein kann. Wenn wir uns Illusionen über unsere Situation machen, versündigen wir uns mit unserer Theologie, wie so oft in unserer Tradition, an den Menschen. Deswegen war diese Standortbeschreibung notwendig. Unversehens taucht nun aber das alte Problem der zwei Diskurse auf, mit dem, wie wir sahen, Thomas von Aquin so tapfer und so vergebens gekämpft hatte. Wir schwenken also wieder ein in das Gebiet der Ideologie.

2.2. Der Mujahed und die Kalaschnikow

Die Frage nach der Relevanz unseres „Redens von Gott", also unserer Theologie, können wir auch so stellen: wie greifen wir mit „Rede von Gott" in den gesellschaftlichen Prozeß ein, der uns hervorbringt und den wir hervorbringen? Till Wilsdorf hat einmal den theologischen Diskurs eine „Binnenwährung" genannt (Wilsdorf 1990, S.24ff.). Das heißt, daß wir uns mit diesem Diskurs in einem geschlossenen Kreis von Menschen in einer Sprache verständigen, die Menschen außerhalb dieses Kreises unverständlich sein muß. Um nun in Wilsdorfs Bild zu bleiben, kann man fragen: wie wird die Theologie „konvertibel"? Anders gesagt: wie bringt sie die Kommunikation mit dem herrschenden Diskurs zustande? Weiter gefragt: soll sie überhaupt „konvertibel" werden, d.h. universelles Verständigungsmittel sein, oder soll gerade auf diese Universalität verzichtet werden? Unsere kirchlichen Interventionen versuchen ihre gesellschaftliche Relevanz, ihre „Konvertibilität" also, meistens über die Clearingstelle „Sozialethik" zu erreichen. Sie bemühen die „besondere Verantwortung für die Armen", wie man überall hören kann. Sozialethik stellt Verhaltenskodizes auf und hat damit Erfolg, wenn die andere Seite erkennt, daß solche Kodizes Reibungsverluste verringern und somit kostendämmend wirken können. Diese Art von Interventionen hat aber das Ganze als solches (eben „Gott") selten im Blick; „Gott" oder die Totalität des herrschenden Diskurses wird kaum hinterfragt. Geschieht dies – wie zumindest ansatzweise in der Barmer Erklärung –, so ist gesellschaftliche Relevanz sofort da. Die „einzige wirklich herrschende Ökumene" unserer Zeit (Wilsdorf 1983, S.44), der Weltmarkt, erhöht mit den sozialethischen hochkirchlichen Interventionen seine moralische Kreditwürdigkeit und kann seine Anpassungsprogramme politisch etwas besser „verkaufen", wie sich der Leiter der Schuldenabteilung der Weltbank, David Bock, auf dem Ökumenischen Hearing zur Schuldenkrise 1988 auszudrücken beliebte (Duchrow u.a. 1989, S.42); diese ökonomistische Ausdrucksweise ist kein Lapsus linguae, sondern zeigt die Einverleibung der Sozialethik ins Geschäft jener herrschenden Ökumene an. Das ethische Clearingverfahren ist daher nichts als Schwarzmarktumtausch der Binnenwährung in die Leitwährung, anders gesagt, ist die blinde Überführung des einen – theologischen – Diskurses in den anderen – politischen – Diskurs. Damit fiele dieser theologische Diskurs weit hinter Thomas von Aquin zurück, der das Problem nicht nur gesehen, sondern auch zu lösen versucht und es sich dabei nicht leicht gemacht hat.

Die Theologie meint immer noch mit Thomas, daß es keine „zwei Wahrheiten" geben kann, sondern allenfalls einen *duplex modus veritatis*, zwei Diskurse einer einzigen Wahrheit. Was wir wollen und denken, wollen und denken wir für eine Welt und nicht für zwei, denn der Himmel kann nur ein Himmel in einer Welt sein. Damit erhebt die Theologie weiterhin Anspruch auf universelle Geltung, sie hat **alle** Völker (Mt 28,19) im Blick. Aber diese Stelle, die den missionarischen Auftrag der Kirche begründet, setzt voraus, daß „alle Völker" in „einer Welt" leben. Das mag schon damals eine Illusion gewesen sein; auch im Römischen Reich gab es zwei Welten, und das Christentum war zunächst weitgehend die Religion einer Unterwelt. Wir haben aber oben, in der Standortbeschreibung, festgestellt, daß die Völker **auf einer Erde in zwei Welten leben, die unter den herrschenden Umständen nicht versöhnbar sind**. Es gilt daher der krasse „Averroïsmus": es gibt zwei Wirklichkeiten und es gibt demzufolge auch zwei Wahrheiten. Zwischen dem **herrschenden Diskurs** und dem **Diskurs der Marginalisierten** gab es bereits damals, in der Zeit des Daniel und Matthäus, und gibt es offenbar auch heute keine Vermittlung. Hier ist das Bild der „Binnenwährung" mehr als nur ein oberflächlicher Vergleich. Die Banknoten des Südens sind kein „Geld" im weltwirtschaftlichen Sinne des Wortes; sie sind es in den „dollarisierten" Volkswirtschaften etwa Lateinamerikas oder zunehmend in den „deutschmarkisierten" Volkswirtschaften des Ostens nicht einmal binnenwirtschaftlich, da für sie selbst auf Binnenmärkten kaum etwas zu haben ist. Das Geld verschwindet aus den Sektoren, die von der Dollarisierung nicht berührt werden, sie werden „demonetisiert". Die Demonetisierung auf der einen, die Dollarisierung auf der anderen Seite zeigen nur an, daß die Gesellschaft selber in zwei Segmente auseinander gefallen ist, zwischen denen es kaum noch einen ökonomischen Austausch und so auch kaum eine ideologische Kommunikation gibt. Deswegen stimmt das Paradigma der Ausbeutung und somit des Widerstandes gegen die Ausbeutung nur noch sehr eingeschränkt, nämlich nur noch dort, wo fremde Arbeit unbezahlt angeeignet wird. Der „Klassenkampf" ist Kommunikation zwischen Kontrahenten, die aufeinander angewiesen sind, solange kapitalistisch gewirtschaftet wird. Aber heute sind die meisten Menschen aus der real existierenden Welt der Wirtschaft, der Politik und der Ideologie ausgeschieden. Sie leben in einer anderen Welt.

So gibt es eine zunehmende Kommunikationsstörung, eine Verfremdung aller Sprachen, eine immer tiefer werdende Kluft zwischen der Rationalität der Geldwirtschaft (also Dollarwirtschaft) und Rationalität der Sektoren, die man „informell" nennt, daß heißt, daß sie außerhalb der formalen, nördlichen „Zivilisation", außerhalb der sog. „civil society" existieren. Der Preis, der für die Etablierung eben jener „civil society" im Osten zu zahlen ist, besteht in der Informalisierung großer Segmente der Gesellschaft, also eben in der Vernichtung dieser „civil society". Diese Kluft kann, von wenigen Ausnahmen abgesehen, durch keine Anpassungsstrategie überbrückt werden. Wir wiederholen: hier gibt es nicht länger einen *duplex modus* **unius** *veritatis*, hier entstehen *duae veritates*, zwei Wahrheiten, weil es zwei Wirklichkeiten gibt. Diese Störung ist viel wesentlicher als die Sprachstörung der Theologie in ihrer eigenen, nördlichen Welt.

Wie tief dieser Prozeß der Verfremdung sich schon in den Körper der Menschheit eingefressen hat, zeigt das, was man „Fundamentalismus" nennt. Die Vokabel stammt aus den USA, wo sich konservative Theologen verzweifelt gegen den Siegeszug der „modernen Wissenschaft" und der Unterminierung buchstäblich aufgefaßter christlicher Lehrmeinungen auflehnten (Schöpfung in sieben Tagen versus Evolutionslehre). Im islamischen Raum hat es immer Versuche gegeben, den Islam mit der Modernität zu versöhnen, aber ebenso immer wieder erbitterten Widerstand gegen solche Versuche. Es kommt daher zu einem andauernden Pendeln zwischen islamischen Modernismen und der Rückkehr zur reinen Lehre, mit zahlreichen Versuchen, Islam und modernen Kapitalismus sowie Islam und Sozialismus zu versöhnen, wie Maxime Rodinson kritisch beschreibt (1986; vgl. dazu Tibi 1971, Afaf Lufti 1971). Das erinnert an den Streit im Katholizismus zwischen „Integralismus" und „Modernismus" am Anfang dieses Jahrhunderts. Weltbekannt wurde der Fundamentalismus durch die schiitisch-islamische Revolution im Iran. Sie brach mit völlig unerwarteter, elementarer Gewalt ausgerechnet im Herbst 1978 aus. Die mit Ölmilliarden finanzierte Modernisierung des Landes durch das Pahleviregime hatte die ländlichen Regionen entvölkert, ohne die städtischen Gebiete im genügenden Umfang zu industrialisieren. Der von den Modernisten abgehalfterte schiitische Klerus war die einzige Kraft, die die Unzufriedenheit organisieren konnte. Ähnlich verlief der Gang der Dinge in Afghanistan, wo die östliche Variante der Moderne über eine überwiegend ländliche, teilweise nomadisierende Bevölkerung kam, die von ihr nur Nachteile hatte. Auch hier kam es im Jahr 1978 zur islamischen Reaktion, diesmal vorwiegend sunnitisch.

Im Norden war das Jahr 1979 der Augenblick einer Kehrtwende in Regulierung. Im Süden aber bedeutete die Zeit um das Jahr 1979 vor allem ein Ende der „Revolution der steigenden Erwartungen". Der nationale Aufbruch bei der Überwindung des Kolonialismus war in Afrika und Asien Mitte der sechziger Jahr in eine Sackgasse geraten. Überall brach der postkoloniale, nationale Konsens auseinander, überall, von Indonesien bis nach Chile, entstanden Militärdiktaturen, die keine andere Aufgaben hatten, als das Abdriften jener Länder ins östliche Lager zu verhindern. Diese Diktaturen begannen nach 1978 zu wanken; sie hatten es mit wenigen ostasiatischen Ausnahmen nicht vermocht, Modernisierung zu organisieren und kapitalakkumulativ abzusichern. Die Linke scheiterte in diesen Ländern auf der ganzen Linie. Das Volk, von ihr im Stich gelassen, von seinen Herrschern ausgeplündert, wendete sich überallhin um Rettung, soweit es nicht im tagtäglichen blutigen Kampf ums nackte Überleben völlig abstumpfte. Es war nur selten die Enttäuschung, daß es mit dem Konsum nicht voranging. Diese Art von „Verzweiflung" gibt es auch, aber die ist vor allem im Norden beheimatet. Im Süden hat die Verzweiflung andere Dimensionen und andere Ursachen. Indianische Bewegungen im Osten Lateinamerikas, charismatische Sekten in dessen Städten, ja, in gewisser Hinsicht auch die Befreiungstheologie sind Äußerungen jener Verzweiflung. Die Eruption eines überwunden geglaubten Nationalismus in Ost-und Südosteuropa gehört ebenfalls hierher. Altvater (a.a.O., S.348ff.) sieht sechs gemeinsame Kennzeichen solcher Bewegungen. Sie sind:

- antiaufklärerisch;
- autoritär strukturiert;
- antiuniversalistisch mit dem Anspruch universeller Geltung;
- Lebenssinn stiftend jenseits der international kommunizierten Standards des angenehmen Lebens;
- rückwärts gewendet und
- sie haben in der informellen Wirtschaft ihre Basis.

Wenn ich richtig sehe, so ist ihnen außerdem allen gemeinsam, daß sie keine **reale Alternative** entwickeln und daß sie, wenn sie die Macht erobert haben, alle vor die Notwendigkeit gestellt scheinen, sich dem Modernisierungsdruck anzupassen. Das zeigt das Regime des Muammer Ghadafi ebenso wie das des Khomeininachfolgers Rafzandjani. Altvater nennt dies die „Inkonsistenz“ des Fundamentalismus (a.a.O., S.352). Der junge Marx hatte einmal von der Religion als vom „Opium des Volkes“ gesprochen. Aber Marx nannte die Religion in einem Atem auch „Seufzer der bedrängten Kreatur“ (MEW 1, S.378). Der Fundamentalismus ist der unartikulierte Aufschrei jener Menschen, die täglich um ihr Leben kämpfen müssen und die sich nicht mit dem Status, nur noch Problem zu sein, mit ihrer „Nulldimensionalität“ abfinden. Der Fundamentalismus, oder vielmehr dieser Aufschrei, setzt die offizielle Politik unter ständigen Druck und insofern ist er politikmächtig. In welche Richtung das geht, ist ungewiß. Da es wohl nicht gelingen wird, die Verbreitung von Massenvernichtungswaffen wirksam zu verhindern, kann dieser Druck sich in der Selbstvernichtung der Menschheit entladen. Diskutiert man dieses Phänomen mit Menschen aus dem Süden, so wird erstaunlicherweise, bei aller grundsätzlichen Ablehnung, immer wieder auch Verständnis geäußert: es sei kein Wunder, wenn „das Volk“ auf die andauernde Demütigung des „Westens“ so reagiere und seine Kultur, seine Tradition gegen die restlose Zerstörung verteidige. Dabei stehen Frauen, aus naheliegenden Gründen, diesen Fundamentalisten viel ablehnender gegenüber als Männer, Menschen aus gehobenen Schichten sind hier verständnisloser als solche aus unteren gesellschaftlichen Schichten.

Für uns ist der Diskurs jener Menschen nur irrational. Ich glaube, daß diese Sichtweise, die auch hinter Altvaters Merkmalen steht, der Realität nicht ganz gerecht wird. Hinter und im Fundamentalismus steckt eine andere Rationalität, die Rationalität der Verzweiflung; er ist nicht irrational, sondern heterorational. Wir verstehen ihn nicht. Wir sehen die verzerrten Gesichtszüge dieser Ratio, wir sehen die Grausamkeiten. Uns überfällt ein ähnliches Entsetzen wie den judäischen Kommandanten und späteren Romanhänger Flavius Josephus, der den Messianismus als Krankheit sah: „Die Entzündung flammte auf wie in einem kranken Körper (Bell.Jud. II, 264).“ Der Messianismus der römischen Zeit war eine Bewegung der Verzweifelten. Sie erwarteten alles von einem, von etwas, das kommen mußte, weil die Gegenwart unerträglich geworden war. Sie erwarteten von der Gegenwart nichts mehr, sondern alles von einer Zukunft, die nicht schnell genug kommen und nicht radikal genug mit allem Bestehenden aufräumen konnte. Dieser Messianismus führte regelmäßig seine Anhänger ins Verderben und schließlich das judäische Volk in die Doppelkatastrophe von 70 und 135 u.Z. Es hat wenig Sinn, über diese Menschen und ihre Verzweiflung den Stab zu brechen. Das einzige, was uns bleibt, ist zu fragen, was die Menschen dazu treibt, ihre Ausweglosigkeit zu einer Religion zu verdichten.

Das Entsetzen jenes amerikanischen Journalisten, der im Januar 1980 am Kyberpaß ein Gespräch mit einem afghanischen Mujahed zu führen versuchte, zeigt besser als viele Bücher, wie unüberbrückbar die Kluft zwischen uns und jener Welt der Verzweifelten ist. Er ließ ihn durch einen Dolmetscher fragen, wie er die Chancen seines Widerstandes sehe, wer der Feind sei, was nach dem Krieg geschehen solle. Jedesmal schrie der Mann, mit seiner Kalaschnikow herumfuchtelnd, „allahu akbar, Gott ist mächtig". Dieser Mujahed flößt uns nur Angst ein. Wir verstehen nicht, daß ihm sein „mächtiger Gott" eine Würde zu verleihen **scheint**, die ihm **unsere** Welt beharrlich verweigert. Nach dem gescheiterten Turmbau der Modernisierung folgt unweigerlich die Sprachverwirrung.

Wir können natürlich die Wahrheit des herrschenden Diskurses auf Kosten jener **anderen Wahrheit**, die in einer anderen Welt auf der einen Erde lebt, versuchen durchzusetzen. Das machen die Institute, die bedingungslose Anpassung an ihr Projekt und dessen Diskurs verlangen. Das ist im Grunde genommen das Verfahren des Aristoteles: wir konstatieren die **eine**, **herrschende** Wirklichkeit und erklären sie zur **einzigen Wirklichkeit**: „Dies ist also Gott." Wahrer Gottesdienst, *vera religio*, wäre so die Anpassung an diesen Diskurs, Anpassungsverweigerung wäre „Gottlosigkeit". Im Clearingverfahren der Sozialethik geschieht also folgendes: indem der herrschende Diskurs zur Mäßigung aufgefordert wird, damit die Anpassungskosten für die Betroffenen niedriger ausfallen, wird die Anpassung erleichtert. Es wird den Betroffenen also ein bequemerer Einstieg in die *vera religio* geboten. Damit wird der „Gott" der einen Welt als „einziger" gegen die andere Welt bestätigt. Diese kann sich dann nur noch mit einem eigenen „Gott" wehren.

Fassen wir zusammen: In einer Welt, in der unter den herrschenden Umständen eine gemeinsame Perspektive für alle Menschen nicht mehr herstellbar ist, gibt es also nicht länger zwei Diskurse als *duplex modus veritatis*, sondern es gibt *duae veritates*, zwei Wahrheiten. Denn es gibt zwei Wirklichkeiten, zwei völlig verschiedene Welten. Wer einen Teil der Menschheit als „Nur-Problem" sieht, zerstört jede Möglichkeit der Kommunikation mit ihm.

Fragen wir also, wie wir mit den Zeichen und Texten unserer Theologie in den ideologischen Prozeß eingreifen. Encanailliert sie sich ethisch oder wissenschaftstheoretisch oder sonstwie mit dem herrschenden Diskurs, dann sagt sie, vom Kirchenvater Aristoteles belehrt, über diesen Diskurs aus: „dies ist also Gott". In unseren Gegenden macht sie bald die Erfahrung, daß sie nicht gebraucht wird; die Kanaille ist hier so zahlreich, daß sie auf weitere Gesellschaft verzichten kann, und fünf Minuten Werbefernsehen sind ohnehin für die Legitimation des herrschenden Diskurses wirkungsvoller als jeder Gottesdienst und jede Predigt. Nichts macht die Verzweiflung und die Lächerlichkeit der Theologie deutlicher als ihre Präsenz in den Medien. Hier findet also kein Eingriff statt. Aber dort, wo die Kanaille kaum an den Humanausschuß, den sie produziert, herankommt, kann eine encanaillierte Theologie jedweder religiöser Provenienz hin und wieder gute Dienste erweisen. Und dort, wo „fundamentalistisch" regiert und anschließend doch Anpassung produziert wird, wie von den sog. „gemäßigten Mullahs" Irans vorexerziert, erweist sie sich als Betrug der Massen, als Religion, wie sie leibt und lebt.

Es fragt sich, ob es einen anderen Weg gibt, einen Weg, auf dem grundsätzliche Anpassung an den herrschenden Diskurs verweigert wird, auf dem die Menschen dem Abgrund des reinen Amoklaufes zur rechten Seite ebenso wie den schroffen Felsen der Religion zur linken Seite erfolgreich ausweichen können. Anders gefragt: gibt es eine Theologie, die angesichts der Verunstaltung von Adam-Menschheit nicht notwendig gotteslästerlich sein muß?

Wir hören ein letztes Mal die Thora Israels.

2.3. Nur Stimme

Es heißt, Dtn 4:

1 Und jetzt Israel,
hӧre auf die Gesetze und auf die Rechtsverordnungen,
die ich euch lehrte, zu tun,
damit ihr überlebt, hinkommt, erbt das Land,
das der EWIGE, der Gott eurer Väter, euch gibt.
2 Fügt der Rede nichts hinzu,
die ich euch gebiete,
verringert sie auch nicht;
zu wahren sind die Gebote des EWIGEN, eures Gottes,
die ich euch gebiete.

Nach allem, was geschehen ist, ergeht diese Aufforderung: zu **hören**. Es gibt viele starke Geräusche, gerade im Augenblick des Sieges des Goldes. Aber das Hören gilt nur dem, was von dieser Rede her „gesetzt" und für „Recht" erklärt wurde, das, was wir uns mit den Begriffen „Autonomie" und „Egalität" näherzubringen versucht haben. Dem ist nichts hinzufügen. Von dem ist auch nichts zurückzunehmen. Es besteht nirgendwo und niemals auch nur der geringste Anlaß, gerade jetzt dies für obsolet zu erklären. Wie das konkret in jeder Generation auszusehen hat, daß ist „Lehre", eben *talmud*, von *limmed*, lehren. Der Lehrer ist Mosche. Was nach ihm Lehre, *talmud*, ist, kann nie etwas anderes sein als Diskussion: Rabbi A sagt dies, Rabbi B sagt jenes... Aus der Lehre entsteht nie Dogma; gerade deswegen ist sie autoritativ, eben *mizwah*, Gebot, das Gegenteil von autoritär.

3 Eure Augen haben gesehen,
was der EWIGE in Ba`al p`or tat,
denn jedermann, der hinter dem Ba`al p`or her ging,
hat der EWIGE, dein Gott, weggetilgt aus deiner Mitte.
4 Aber ihr hieltet zum EWIGEN, eurem Gott
bliebt am Leben, allesamt, heuttags.

Es geht auch anders. Man kann hinter dem Ba`al hergehen. In den Begriffen dieses Paragraphen: man kann auch auf den herrschenden Diskurs hören. Die Folge ist der Untergang. Mosche verweist hier auf eine der grausamsten Erzählungen der Thora, Num 25. In der Steppe Moabs warfen die Kinder Israels sich dem Gott dieses Volkes hin. Der Priester Pinchas statuiert ein Exempel, indem er einen Mann mit seiner Lanze durchbohrt. Der Hinweis soll hier einschärfen, daß es keinerlei Kompromiß in dieser Sache geben kann. Alle Details sind immer verhandelbar, „Gott" aber ist in keiner Gesellschaft verhandelbar, denn er ist die Konvergenz aller Loyalität und Autorität. Das gilt für die eine wie für die andere Seite. Es gibt eben keine Koexistenz zwischen der Rechtsordnung oder „Gott" derer, die die Mittel verlieren, womit sie ihr Leben und das ihrer Angehörigen sichern, und der Rechtsordnung oder „Gott" derer, die sich diese Mittel mit legaler oder illegaler Gewalt aneignen. Entweder geht der eine oder der andern „Gott" zugrunde.

5 Sehe es ein,
ich lehre euch Gesetze und Rechtsverordnungen,
wie mich gebietet der EWIGE, mein Gott,
so zu tun im Innern des Landes,
wohin ihr kommt, es zu erben.

6 Wahrt sie, tut sie,
denn das ist eure Weisheit und eure Vernunft
vor den Augen der Völker;
denn diese haben von all diesen Gesetzen gehört
und sprechen:
„sicher, ein weises und vernünftiges Volk ist diese große
Volksmacht".
7 Denn welche große Volksmacht, die einen Gott hat in ihrer Mitte,
wie der EWIGE, unser Gott,
wann immer wir zu ihm rufen!
8 Und welche große Volksmacht, die Gesetze hat und
Rechtsverordnungen, bewährte,
wie diese ganze Thora,
die ich euch vorgebe, heute!

Die Augen Israels haben gesehen, was in Ba`al p`or geschah. Jetzt muß Israel einsehen, daß es eine Lehre besitzt, die es auszeichnet vor den Augen der Völker. Indem Israel tut, was es zu tun hat, bleibt es, was es ist. Tut es dies nicht, verschwindet der Unterschied und verschwindet das Volk. Die Weisheit Israels, seine Vernunft und seine Größe ist nicht das, was normal als Weisheit und Klugheit und Größe angesehen wird, die Weisheit der Staatskunst, die Größe der Herrscher, sondern die Weisheit Israels ist diese Thora, die mit einem absoluten Minimum an „Staats"kunst und ganz und gar ohne Herrscher auskommt.

Was für ein „Gott"? Ein besserer oder schönerer als der „Gott" anderer Völker? Nein. Israel wurde befreit und die Disziplin seiner Freiheit ist „diese ganze Thora"! Damit ist nichts gegen diese anderen Völker gesagt, nicht einmal gegen ihre Götter, zumindest nicht hier; die Völker sind an sich keine Gefahr und so sind ihre Götter belanglos. Belang hat nur die **eigene** Vernunft, die **eigene** Weisheit, die **eigene** Größe, die **eigene** Thora, die **Autonomie**, die notwendige Form für die **Egalität**, der Inhalt der Thora. Nur: das kann ja verdinglicht, fundamentalistisch zu einem Dogma, einem Fetisch gemacht werden. Deswegen ist hier eindringlich zu warnen:

9 Nur hüte dich, hüte deine Seele sehr,
daß du nicht vergißt die Reden, die deine Augen gesehen haben,
daß sie aus deinem Herzen weichen
alle Tage deines Lebens.
10 Der Tag, als du standst vor dem Antlitz des EWIGEN, deines Gottes,
am Choreb,
als der EWIGE zu mir sprach:

„versammle mir das Volk,
und ich werde sie meine Reden hören lassen,
daß sie lernen Ehrfurcht vor dir zu haben,
alle Tage, die sie leben werden auf dem Boden,
und ihre Söhne sollen sie belehren..."

Mosche hat die Menschen Israels aufgefordert, zu hören auf die Gesetze, Rechtsverordnungen, die er geboten hatte, er hat versucht, ihnen klarzumachen, daß eben jene Rechtsordnung sie auszeichnet unter den Völkern und sie deswegen von den Völkern geachtet werden als eine weise Volksmacht, Dtn 4,1-8. **Alle Tage** sollen bestimmt sein von jenem **einen Tag**, „der Tag, als du standst..." Mosche redet zu Israel, dem einen Volk – das ein Du ist –, und zu allen Menschen dieses Volkes – die ein „Ihr" sind –; deswegen geht hier dauernd „du" und „ihr" durcheinander. Und dieser eine Tag ist selber ermöglicht durch die **Reden**, die die Augen des Volkes **gesehen** hatten. Ex 14,30ff.:

Der EWIGE befreite an jenem Tag Israel aus der Hand Ägyptens.
Und Israel **sah** Ägypten tot am Ufer des Meeres.
Und Israel **sah** die große Hand, die der EWIGE Ägypten angetan hatte.
Und sie hatten, das Volk, Ehrfurcht vor dem EWIGEN,
und sie vertrauten dem EWIGEN und Mosche, seinem Diener.

Die Befreiung ist das, was zu sehen ist, nach den **Reden** (*debarim*), die das Volk **gesehen** hat, muß es **Reden hören**, die gesprochen werden. Die Reden, die es gesehen hat, darf es nicht vergessen: wehe dem Volk, das seine erkämpfte Freiheit mutwillig verspielt. Damit es diese **gesehenen** Reden nicht vergißt, muß es die **gesprochenen** Reden hören. Die Reden, die das Volk gesehen hat, sind die großen Taten seines Befreiers in Ägypten, am Schilfmeer, in der Wüste. Dieses Sehen könnten wir mit unserem Wort „Erfahrung" umschreiben, das Volk hat „erfahren", wie es aus dem Sklavenhaus befreit wurde. Diese Befreiungserfahrung zeichnet es aus; dies aber nicht in dem Sinne, daß damit anderen Völkern solche Befreiungserfahrungen abgesprochen werden; sondern in dem Sinne, daß es mitten unter den Völkern, die alle versklavt sind, die alle in irgendeiner Form in altorientalischen Despotien leben müssen, selber frei sein kann und frei sein soll. Mit dieser **Erfahrung** der Freiheit oder mit der Erfahrung **dieser** Freiheit tritt es unter die Völker. Also eben nicht mit irgendeiner „religiösen" Erfahrung: **das** nun eben nicht!

11 Ihr kamt näher, ihr standet unter dem Berg,
der Berg brennend vor Feuer bis ans Herz des Himmels,
Finsternis, Wolken, Gewitterdunkel.
12 Und der EWIGE redete mit euch mitten aus dem Feuer,
Stimme von Reden wart ihr Hörende,
Gestalt wart ihr keineswegs Sehende,
nur STIMME.
13 Und er meldete euch seinen Bund,
den er euch gebot, zu tun,
zehn Reden,
schrieb sie auf zwei Steintafeln.
14 Und mich gebot der EWIGE in jener Zeit,
euch zu lehren Gesetze, Rechtsordnungen,
sie zu tun im Land, wohin ihr schreitet,
es zu beerben.
15 Bewahrt sehr eure Seelen davor –
denn nicht habt ihr gesehen irgendeine Gestalt,
am Tag, da der EWIGE mit euch redete,
am Choreb, mitten aus dem Feuer –:
16 daß ihr ja nicht vergeßt,
euch etwa ein Schnitzbild macht,
Gestalt aller Art,
Konstrukt, männlich oder weiblich;
17 Konstrukt von allerlei Vieh auf der Erde,
Konstrukt von allerlei Federgeflügel, was am Himmel fliegt,
18 Konstrukt von allerlei Geschmeiß auf dem Boden,
Konstrukt von allerlei Fisch im Wasser unter der Erde;
19 daß ihr ja nicht erhebt eure Augen himmelwärts –
ihr seht die Sonne, den Mond, die Gestirne, das ganze Himmelheer –,
daß ihr nicht abirrt,
euch vor ihnen hinwerft,
ihnen dient,
die sie der EWIGE zuteilte
allen Völkern unter dem Himmel all,
20 euch aber nahm der EWIGE,
führte euch aus dem eisernen Kessel, aus Ägypten,
ihm das eigene Volk zu werden,
wie an diesem Tag ...

Der Text macht durch die dreimalige Verwendung des Wortes *thmunah*, Gestalt (in Vs. 23.25 hören wir das Wort noch zweimal!) sehr deutlich, daß eins auf alle Fälle vermieden werden **muß**, wenn die Freiheit erhalten bleiben soll. Das Wort **min** bedeutet: Art, Eigenart, *species*; wir hören es siebenmal in Gen 1. Das abgeleitete Abstraktivum *thmunah* ist das, was diese Eigenart widerspiegelt, die typische Gestalt eines Wesens. Das Wort wird nun in Gen 1,26.27 vermieden; Adam, Menschheit, männlich, weiblich, ist geschaffen nach Gottes Gleichnis (*dmuth*) und mit seinem Bild (*zelem*), aber die Menschheit ist nicht **Gestalt** *(thmunah)* Gottes, sie widerspiegelt nicht die „Eigenart" Gottes. Sie verrät, wenn sie ist, wie sie geschaffen ist, die Hand ihres Schöpfers. Aber der unüberbrückbare Abstand zwischen Schöpfer und Geschöpf bleibt gewahrt. Wer es unternimmt, die *thmunah* Gottes festzulegen, meistens in einem *pesel*, Schnitzbild, versucht, eben Gott für seine Zwecke zu instrumentalisieren; diese Art von Gotteskonstruktion (*thabnith*) ist versuchte Manipulation. Das Wort ist ein Schlüsselwort, fünfmal hören wir es; in der Schrift kommt es überhaupt nur 19mal vor. In Ps 106,20 heißt es, in einer Anspielung auf den Zwischenfall mit dem goldenen Kalb:

> Sie tauschten ihre wuchtige Ehre ein
> für ein Konstrukt von Rind, krautfressendem,
> vergaßen Gottheit, die sie befreite,
> die Großes tat in Ägypten.

Wir wissen, welche Rolle dieses Rind gespielt hat: es ist das Insignium der Königsmacht in Israel, Israels Verderben. Es handelt sich um ein ideologisches Konstrukt, um eine Verfremdung des Befreiers. Konstrukt ist eine behelfsmäßige Übersetzung; das Wort stammt aus der Sphäre der Architektur; Buber hat schlicht „Bau". In 1Chron 28,11ff. übergibt David seinem Sohn Schlomo den Bauplan (*thabnith*) für das Haus Gottes. Es handelt sich um einen Entwurf von Gott für Menschen. Ein Entwurf von Menschen für „Gott" ist immer Umkehrung dessen, was Gen 1,26ff. erzählt: es ist Gottesfabrikation, es ist Religion und es führt notwendigerweise nach Ägypten zurück.

Die Geschicke der Völker sind sterngeleitet; aber das Volk Israel hat keinen „star"; es hat nur den *dabar*, die Rede, die Tat ist, daß es genommen wurde aus dem eisernen Kessel Ägypten. So wird sich dieses Volk nichts und niemandem beugen, sei es überirdisch, sei es irdisch, sei es unterirdisch; Dtn 4,16-19 ist die ausführlichere Form von Ex 20,4. Indem so das Volk Eigentum des EWIGEN wird, ist es niemals das Eigentum irgendeines anderen Volkes oder Großkönigs, ist kein Mensch aus diesem Volk das Eigentum irgendeines anderen Menschen. Aber sobald dieser EWIGE verbildet wird, irgendeine irdische Realität widerspiegelt, bemächtigt sich diese Realität sofort dieses Volkes und bemächtigt sich der Mensch seines Bruders oder seiner Schwester.

Ein Judäer der Spätzeit hat dies begriffen.

> „Gott hat niemand je gesehen"

schreibt er und damit ruft er seiner Gemeinde Ex 20,3-5 und Dtn 4,12-19 ins Gedächtnis,

> „sind wir solidarisch miteinander
> bleibt Gott mit uns
> und seine Solidarität erreicht in uns ihr Ziel"

1Joh 4,12. Das „Bilderverbot", die Unerfahrbarkeit Gottes in der Erfahrung seiner Befreiungen, die Unmöglichkeit von Religion, konstituiert unsere Autonomie; und die Konsequenz daraus, die Solidarität (auf griechisch *agapè*), konstituiert die Egalität. Und das hieße umgekehrt, 4,8:

> „Wer ohne diese Solidarität ist,
> erkennt nicht Gott,
> denn Gott ist Solidarität."

Nun, Israel erkennt die Solidarität nicht daran, daß er „seinen einziggeborenen Sohn sendet", sondern im Bund: „er meldete euch seinen Bund". Liebe ist ein abgegriffenes Wort; was geschieht, wird vielleicht etwas deutlicher, wenn wir umschreiben: „Gott ist solidarisch mit seinem Volk." Und der Bund ist „das Gebotene, das zu tun ist, in den zehn Reden, in der Schriftform auf den beiden Steintafeln" (*miktab 'elohim*, Gottesschrift, nennt das Ex 32,16). Diese Reden das ist, was wir haben, explizit in Thora und Talmud, in „heiliger Lehre" die Zeiten hindurch (*l'olam*), Geschlecht für Geschlecht (*dorwdor*). Alles andere ist Beiwerk. Theologie kann nach **diesen** Reden nie Kolportage dessen sein, was wir uns vorstellen, was wir uns so gedacht haben, was wir als Visionen entwickeln. So ist es eine Illusion, daß die Verweiblichung „Gottes" irgend etwas an der Unterdrückung der Frauen ändern wird, sowenig, wie seine Vermännlichung Ursache des Patriarchats – was immer darunter zu verstehen ist – gewesen wäre. Vielmehr ist es ja umgekehrt: die Unterdrückung der Frauen fand ihren adäquaten Ausdruck in der Vermännlichung „Gottes" und post hoc festum virile konnte dann gepredigt werden, daß „frau" sich dem zu fügen habe. Erst **nach** dem Aufstand und der Auferstehung von Frauen, nicht nur der Mittelklassenfrauen, sondern auch gerade jener proletarischen Frauen, denen etwa Martin Anderson Nexö in seinem „Ditte, ein Menschenkind" ein

Denkmal gesetzt hat, und vor allem auch der millionenfach geschundenen Frauen auf den Müllhaufen und im Dreck der südlichen Megalopolen, erst nach ihrer erkämpften Befreiung auf den trostlosen Äckern des Südens, erweist sich, daß der „Gott" der Freiheit, trotz seines grammatikalischen masculinums, kein Mann ist, und *breschith*, vom Anfang an, nie ein Mann war. Es bedarf daher keiner neuen Bilder, es bedarf eines menschlichen Lebens, das diesen Namen verdient. Denn wäre „Gott" weiblich, sei es als *ruach* oder als *sophia*, wie sähe sie denn aus: wie Birgit Breuel oder Margaret Thatcher oder Indira Gandhi, oder wie eine dieser Geschundenen? Kein Mensch, ob Frau oder Mann, hätte etwas von der Neubelebung der Religion, in welcher Gestalt auch immer, das sagt uns Dtn 4,12ff. Eine Theologie, die an diesem Text des Buches **Reden Mosches** vorbeiginge, wäre alles mögliche, nur keine befreiende, denn sie transportierte Bilder der **Herr**schaft, ob männlich oder weiblich, tierisch, himmlisch. Oder wie der Rabbi Paulus, der gewiß nicht ohne „patriarchalische" Anschauungen war, Dtn 4,12ff. transportiert, Gal 3,28:

> weder darin Judäer, noch Grieche,
> weder darin Sklave, noch Freier,
> weder darin männlich, noch weiblich.
> Alle seid ihr nämlich eins im Messias Jeschua,
> wenn ihr des Messias seid,
> so seid ihr auch Samen Abrahams,
> Erben der Befreiung.

Die Rollen, die zu spielen jedem und jeder von uns auferlegt werden: unsere Zugehörigkeit zu einem Volk, zu einer gesellschaftlichen Klasse und letztlich, weil am allertiefsten eingeprägt, zu einem Sexus, sind ausgespielt, weil Messias derjenige ist, der als geschundene Menschheit verendete und an seiner Erwartung krepierte, weil nicht dessen Sexus, dessen gesellschaftlicher Status, dessen Volkszugehörigkeit, sondern dessen entsetzliches Ende als jüdischer Unterschichtler, als gegen die Verunstaltung von Adam-Menschheit sich auflehnender Gestaltloser uns befreit, Jes 53,1:

> ...
> Formlos war er,
> ohne Glanz:
> wir sahen ihn,
> aber kein Aussehen
> uns begehrlich...

Und unsere Tradition hat in diesem Knecht des NAMENS immer ein Vorbild des Messias Jeschua gesehen. So zumindest vom Zwang der Religion befreit, sagen wir: „es muß Schluß sein mit der Schändung von Adam-Menschheit, vom Bilde Gottes und dessen Gleichnis, und es ist Schluß... vielleicht, einmal ...". An dem Punkt war unsere Rede von „Gott" eigentlich schon erledigt. An dem Punkt wurde klar, daß wir uns über „Gott" nie wieder den Kopf zu zerbrechen haben, an dem Punkt, wo der zynische Scherge Pilatus jenes bösen Regimes, das Jeschua abzulösen bestrebt war, sagt, auf den verhöhnten, blutig geprügelten, für rohen Schabernack umgezogenen Jeschua zeigend: „da, die Menschheit" (Joh 19,5). Dies, geschundene Menschheit, ist das einzige Bild und das einzige Gleichnis „Gottes", das uns geblieben ist. „Gott" ist für uns nunmehr ohne jede Form und erst recht ohne jeden Glanz; nur dieser Gottheit haben wir zu dienen: geschundener Menschheit. Was sich anmaßend „Gott" nennt, was als „Gott" funktioniert, d.h., wer, was als Menschenschinder auftritt, das sollte uns trotzdem weiterhin lebhaft interessieren. Was uns so einbindet in Sachzwänge, daß kein Entrinnen mehr möglich ist, uns festnagelt auf Rollen, die uns dazu verdammen, Mitmenschen zu demütigen oder zu vernichten, mit dem sollten wir uns beschäftigen. „Theo"logie demaskiert „Götter" und „Göttinnen" mit dem praktischen Zweck, sie zum Schweigen zu bringen, wie uns Miskotte lehrte. Sie ist praktische Wissenschaft und sie ist fröhliche Wissenschaft, denn ein entlarvter „Gott" und eine entlarvte „Göttin" ist immer Anlaß zu Heiterkeit, so bitterernst die Sache auch immer ist.

Nichts ist vorstellbar, und so radikal soll die Gefahr, daß Freiheit zu einem Konstrukt gerinnt, ausgerottet werden, daß nicht einmal der Gesetzgeber ins Land Freiheit mitziehen sollte. Er, Mosche, der Gestalt war, sollte von der gestaltlosen STIMME **außerhalb** des Landes an einem geheimen Ort bestattet werden (Dtn 34). Denn er hatte es nicht vermocht, das Volk auf direktem Wege ins Land Freiheit zu führen, dessen unausrottbare Neigung nicht überwinden können, Freiheit preiszugeben wegen irgendwelcher nostalgischer Erinnerungen an die Sklaverei, an Ägypten, das in dieser Erinnerung kein eiserner Kessel, sondern Fleischtopf war.

21 Aber der EWIGE zürnte gegen mich eurer Reden halber,
er schwur, daß ich keineswegs über den Jordan
hinwegschreiten sollte,
daß ich keineswegs in das gute Land kommen werde,
daß der EWIGE, dein Gott, dir gibt als Eigentum.

22 Denn ich, ich werde sterben in diesem Land hier,
nicht überschreite ich den Jordan.
Ihr aber werdet hinüberschreiten,
ihr aber werdet jenes gute Land erben.
23 Hütet euch, daß ihr ja nicht vergeßt den Bund des EWIGEN,
euren Gott,
den er mit euch schloß,
daß ihr euch Schnitzbilder welcher Gestalt auch immer macht,
wie dir verbot der EWIGE, dein Gott.
24 Denn der EWIGE, dein Gott,
ein verzehrendes Feuer ist er,
Gottheit, eifersüchtig.

Mosche ist keineswegs *(liblthi)* Lenin; es gibt kein Mausoleum, es darf auch keins geben. Es ist schon seltsam, daß der, der Lehrer Israels war, er allein in einer Weise wie niemand mehr nach ihm, nicht ruhen soll im Lande, in das er das Volk führte, auf das er das Volk vorbereitete, daß er spurlos verschwinden sollte. Der Lehrer muß ganz, aber dann auch wirklich ganz, hinter die Lehre, hinter seinen Talmud, zurücktreten. Denn er erläuterte „Gottesschrift", nicht ein Menschenbuch. Nur die Reden der Lehre, immer wieder neu bedacht, bleiben; nicht als Fetisch, sondern als Gerücht von Freiheit, denn auch die Schrift kann zur *thabnith*, zum Konstrukt, und so zum Fetisch werden. Jede Generation wird ihre eigene Verantwortung haben, ohne sich auf den Erfahrungen vergangener Generationen ausruhen zu können. Die Reden sind der Bund. Der Bund, den der EWIGE schloß, besteht darin, daß er seine Stimme vernehmen ließ, ohne Gestalt anzunehmen. Wird das vergessen, dann ist alles verloren. Denn der EWIGE, die Stimme der Freiheit, kann nicht koexistieren mit Bildern der Herrschaft; Freiheit muß dann veröden:

25 Denn ihr werdet Söhne zeugen, Söhnessöhne,
ihr werdet alt werden im Land,
vergeßlich,
und ihr werdet euch Schnitzbild von allerlei Gestalt machen,
das Übel werdet ihr tun in den Augen des EWIGEN, deines Gottes,
ihm zum Verdruß.
26 Ich nehme zum Zeugen gegen euch heute,
den Himmel und die Erde,
daß ihr dann schwinden werdet, schwinden, jählings,
von dem Lande weg, wohin ihr schreitet, über den Jordan dort
hinweg, es zu beerben.

27 Zerstreuen wird euch der EWIGE unter den Völkern.
Als Rest werdet ihr übrigbleiben, gering an Zahl,
unter die Volksmächte, dorthin wird der EWIGE, euer Gott, euch vertreiben.
28 Dort werdet ihr dienen Göttern,
Machwerken von Menschenhand,
Holz und Stein,
die nicht sehen und nicht hören,
die nicht essen und nicht riechen.

Gibt man die eigene Autonomie auf, gehorcht nicht mehr den eigenen Gesetzen (was *autonomia* eigentlich heißt), dann fällt man unter die Gesetze der auswärtigen Mächte, dann gilt, was bei jenen gilt, dann herrschen deren „Götter". Dann muß „gedient" werden, und zwar der vielgestaltigen einen Gottheit der Weltreiche, Machwerken von sehr konkreten mächtigen Menschen, empfindungslosen, regungslosen, erbarmungslosen Chiffren der kalten Macht von Menschen über Menschen. Den Weg der Mitte gibt es nicht: entweder die Stimme der Freiheit oder die altorientalische und durchaus auch hebräische Normalität erbarmungsloser Herrschaft von Menschen über Menschen.

Der Himmel und die Erde werden zum Zeugen dessen, was hier angekündigt wird. Das ist eine sehr starke Einschwörung des Volkes gegen dessen eigene Vergeßlichkeit. Vom Himmel her hörte das Volk die gestaltlose STIMME, damit auf der Erde, auf diesem kleinen Stück Erde, das Israel bewohnt, *'erez israel*, und so auf der Erde überhaupt, so etwas wie Schöpfung wird, würdiges, menschenwürdiges Leben. Der Himmel, der das der Erde zuspricht, und die Erde, der das zugesprochen wird, sind die Zeugen. Versagt dieses Volk, gibt es für es business as usual, Untertanentum, religiöse Verrenkungen, keinen „aufrechten Gang", wie es heißt im Segensspruch Lev 26,13:

ICH bin der EWIGE, euer Gott,
der ich euch führte
hinweg aus dem Land Ägypten
hinweg von dessen Sklaven zu werden,
ich zerbrach den Stab eures Jochs,
machte euch gehen aufgerichtet!

Wird das vergessen, gibt es nur noch Dienerei, Ägypten. Das aber ist nie Schicksal. Hat sich die Stimme einmal vernehmen lassen, so wird sie immer wieder vernommen, bleibt sie unvergessen. Mosche ist trotz seines

Pessimismus (Dtn 32,1–43!) voller Zuversicht. Er weiß, daß sich zumindest einige auf die Suche nach der verlorenen Freiheit machen werden:

29 Von dort her werdet ihr den EWIGEN, Deinen Gott, suchen;
Du wirst ihn finden,
denn du wirst nach ihm forschen
mit deinem ganzen Herzen, mit deiner ganzen Seele,
30 in deiner Drangsal, wenn sich all diese Reden einfinden werden,
in den späten Tagen,
da wirst du umkehren zum EWIGEN, Deinem Gott;
da wirst du hören auf seine Stimme.
31 Denn erbarmende Gottheit ist der EWIGE, dein Gott,
er läßt nicht ab von dir, stürzt dich nicht ins Verderben,
er vergißt nicht den Bund deiner Väter,
den er ihnen geschworen hat.

Die Eifersucht und das Erbarmen sind zwei Seiten einer Wirklichkeit. Die Stimme der Freiheit ist „eifersüchtig", d.h., sie verträgt sich nicht mit Herrschaft, welcher Art auch immer. Aber sie läßt sich vernehmen, um aus den Verhältnissen der Herrschaft hinauszuführen. Sie ist vernehmliche Stimme. Alle werden suchen, einer wird den NAMEN aussprechen, erinnern an die Stimme von Anfang an. Alle singen die Klagelieder, rufen „Wehe", einer wird sich erinnern und die Erinnerung wird eine Nachfrage. Wie war es; was war, was war **eigentlich**?

32 Denn frage doch einmal nach bei den ersten Tagen,
die vor dir waren,
vom Tag an, da Gott Menschheit schuf auf Erden,
vom Rand des Himmels an bis zum Rand des Himmels:
ob etwas geschah, wie diese große Rede,
ob etwas gehört wurde wie dieses hier:
33 Hat je ein Volk gehört Stimme Gottes mitten aus dem Feuer redend,
wie ihr es hörtet und lebtet weiter?
34 Oder ob je ein Gott versucht hat, sich ein Volk zu nehmen
aus der Mitte eines Volkes,
mit Experimenten, Zeichen,
mit Wundern, mit Krieg,
mit starker Hand, mit ausgestrecktem Arm,
furchterregend, großartig,
gleich all dem, was der NAME, euer Gott, für euch tat,
in Ägypten, vor deinen Augen?

Israel vergleicht sich hier wie in Vs. 7–8 mit allen Völkern und zwar ohne irgendein Volk auszulassen; die Zeit (Tage) wird zurückverfolgt bis zu jenem Tag, wo Gott Menschheit schuf auf der Erde. Es ist das einzige Mal, daß wir das Wort *bara'*, schöpfen, im Buch „Reden" hören. Viele Völker haben viele Stimmen vieler „Götter" gehört, mit oder ohne Feuer, aber so **wie** es Israel hörte, ist es einmalig: eine Stimme, wegrufend aus dem Sklavenhaus, hinrufend zur Freiheit. Ist das so? Wir hatten genug Gelegenheit, über den Ort und die Zeit der Entstehung dieses Buches zu reden. Die Konstitution einer Gesellschaft ohne Staat in einer Völkerwelt, wo Staat die übermächtige und zermalmende Gestalt eines Gottkönigtums angenommen hatte, durchbricht altorientalische Normalität. In diesem Sinne ist die Einmaligkeit sogar ein historisches Faktum. Da nun das Buch alles daransetzt, zu verhindern, daß Israel zu jener altorientalischen Normalität zurückkehrt, muß seine Einmaligkeit verankert werden in der **EIN**maligkeit seines Gottes, Dtn 6,4, und diese **EIN**maligkeit ist die einmalige Tat der Befreiung. Wenn es Sinn hat, in den apostolischen Schriften von Einmaligkeit zu reden (griechisch *ephapax*), dann ist das hier zu verankern, sonst spielte man das eine „Einmalige" gegen das andere aus. Das Einmalige besteht also darin, daß Israel als einziges aller Völker aller Zeiten von einem Gott, dessen NAMEN Befreiung ist, von und aus „Ägypten", von und aus dem tributären Ausbeutungsstaat befreit wurde. Von und aus: aus dem Land Ägypten, von den eigenen Pharaonen vom Schlage Schlomo & Co.

35 Du wurdest sehend gemacht,
zu erkennen:
daß der NAME der Gott ist,
keiner sonst außer ihm allein.

Also doch eine Vision? Sicher: aber die Vision ist die Vision der Reden, die geschahen in Ägypten, in jedem Ägypten, in dem Israel fremd war – und auch fremd ging –: die Taten der Befreiung.

36 Vom Himmel her ließ er dich seine Stimme hören,
dich in die Pflicht zu nehmen;
und seine Reden hörtest du mitten sein großes Feuer,
und seine Reden hörtest du mitten aus dem Feuer.
37 Deswegen, daß er deine Väter liebte,
wählte er deren Samen nach ihnen,
führte Dich mit deinem Antlitz, mit seiner großen Kraft aus Ägypten,
38 Mächte zu enterben, größer und knochiger als du, von dir weg,
dich kommen zu lassen, dir zu geben, ihre Länder,
wie es heutzutage ist.

39 So erkenne heute,
laß es in dein Herz einkehren,
daß der EWIGE, er, der Gott ist,
im Himmel oben,
auf der Erde unten,
keiner sonst.

Die Stimme „nimmt das Volk in die Pflicht“ (*jisser*). Das Wort hat Bedeutungen, die von „ermahnen“ bis zu „züchtigen“ reichen. Der EWIGE ließ seine Stimme vernehmen – und zu sehen war dabei das große Feuer –, damit es in die „Disziplin der Freiheit“, wie man die Thora nennen könnte, eingewiesen wird und der Bund seine Verbindlichkeit von „Gott“ her, d.h. von dem her, was die befreite Gesellschaft fundiert, erhält. Das findet seinen Ausdruck in der Vertreibung jener Völker, die in der großmächtigen Normalität der orientalischen Antike lebten. Die wenigen tausend Menschen, die diese Texte hervorbrachten, redend und hörend, waren sicher nicht in der Lage, militärische Großtaten zu vollbringen. Übriggeblieben ist in diesem kleinen Gebiet, daß einige Jahrzehnte im Windschatten der altorientalischen Geschichte lag, ein kleines Volk mit seinem Traum von Autonomie und Egalität. Es walten nicht die Amasis, Kourosch, Nebukadnezar, es waltet jener „Gott“, der sich dieses winzige Volk von Armen und Machtlosen zu einem „Eigentumsvolk“ erwählte, so sehen sie es. Und in dieser Erkenntnis, daß nichts anderes „Gott“ sein darf, daß ihre Gesellschaft nie eine andere Fundierung haben kann als eben diese Befreiung, sollen sie leben; in dieser *mosar*, Disziplin, wollen sie leben.

40 Wahre also seine Gesetze und seine Gebote,
die ich euch heute geboten habe,
so daß es dir gut werde, deinen Söhnen nach dir,
damit deine Tage lang werden
auf dem Boden, den der EWIGE, dein Gott, dir gab,
alle Tage.

Es gibt nur die Stimme; und es gibt **ihre** Gesetze und Gebote. Mehr gibt es nicht. Gesetze und Gebote sind dann – aber **nur** dann – zu befolgen, wenn in ihnen die Stimme dieser Freiheit vernehmlich wird. Dieser „Gott“ ist ein fernes Gerücht, Gerücht jener Freiheit, die in Autonomie und Egalität besteht. Und deswegen wird immer wieder, durch die Zeiten (*l'olam*), Geschlecht für Geschlecht (*dor wdor*), über sie nachzudenken, zu diskutieren sein. Solange über die Disziplin der **Freiheit** nachgesonnen wird, geht es gut.

Die Vision Israels war nur dieses Feuer, und dieses Feuer war ein Gottesgerücht vom Himmel her, das man nur hören kann und das Feuer machte, daß die Reden sich ihnen ins Gehör hineinfraßen, nicht fromme und unverbindliche Redensarten blieben, sondern zur Verpflichtung wurden: „*ljasreka*, dich in die Pflicht zu nehmen". Und so sahen sie **ein**, d.h., sie kamen zur Erkenntnis, daß dieser NAME für sie das einzige war, womit sie die Pläne, die Modelle, die Konstrukte, die man ihnen anbot, beurteilen, verurteilen können, als Konstrukte, die nicht tragen, sondern trügen, nicht aus Ägypten hinausführten, sondern sie von Sklavenmarkt zu Sklavenmarkt peitschten. „Götter" sind diese Konstrukteure, denn sie dulden keinen Widerspruch. Die Reden bringen sie zum Schweigen, damit Menschheit lebt ... durch sie!

Zusammenfassung und Schlußfolgerungen

Ich versuche, die Aussagen dieses Buches in Thesen zusammenzufassen und daraus ebenfalls in Thesen einige Schlußfolgerungen zu ziehen.

1. In der Auslegung der Texte haben wir festgestellt, daß es sich bei der Thora um die Verfassung einer Gesellschaftsordnung handelt, die mit den Begriffen „Autonomie" und „Egalität" beschrieben werden kann. Das zeigte sich bei der Besprechung der Texte Dtn 14,22–15,18, Lev 25,1–26,2 und den Erläuterungen zum Buch Nechemja. Zwei Textkomplexe aus der dritten Abteilung der Schrift, in der die Gemeinde Israels nachsinnt über die Rede der Thora und der Propheten, zeigten, wie die Egalität und die Autonomie verlorenging und wie dies „Gott" in Mitleidenschaft zog.

2. Wir hatten im III. Kapitel die ideologische Funktion der Vokabel „Gott" beschrieben als Verinnerlichung von Herrschaftsstrukturen, als Formel für die gesellschaftliche Akzeptanz. Es geht also immer nur darum, festzustellen, was oder wer mit der Formel als Prädikat verknüpft wird. Eine Gesellschaft, in der mit der Vokabel „Gott" zwei sich diametral gegenüberstehende Subjekte verbunden werden, befindet sich in einem Zustande des latenten oder offenen Bürgerkriegs. Wir haben eine Lektüre des Buches Ijjob gegen den Hintergrund einer solchen „Verdoppelung Gottes" vorgestellt. In der Gesellschaft Ijjobs war eine **homogene** Theologie nicht möglich. Je nach gesellschaftlicher Position in einer solchen auseinanderfallenden Gesellschaft bedeutet das Prädikat „Gott" jeweils etwas grundsätzlich anderes, und zwar nicht in dem Sinne, daß es in der Inhaltspalette der Vokabel Akzentverschiebungen gibt oder daß sie mit anderen Elementen angereichert wird, sondern in dem Sinne, daß die jeweiligen inhaltlichen Komplexe sich gegenseitig ausschließen.

3. Wir haben weiter zwei historisch sehr folgenreiche „Redeweisen von Gott" kennengelernt. Aristoteles machte aus der Theologie einen philosophischen Zentralismus, der dem politischen Zentralismus der mazedonischen Könige angemessen sein sollte. Thomas von Aquin konstruierte einen *duplex modus [unius] veritatis;* der eine Modus arbeitet der philosophischen Wissenschaft in ihrer relativen Autonomie, der andere der Theologie in ihrem Führungsanspruch zu. So bewahrt dieser *duplex modus veritatis* die Gesellschaft davor, auseinanderzufallen. In beiden Fällen haben wir es mit einer „homogenisierten Rede von Gott" zu tun, die ausdrücklich einem politischen und politisch/sozialen Projekt dienstbar gemacht werden: der Alleinherrschaft im Griechenland der Makedonier bei

Aristoteles und der *ordo juris naturalis ac divini*, der Ordnung der abendländischen Feudalität, bei Thomas.

4. Wir haben uns alsdann unserer eigenen Situation zugewandt. Eine Standortbeschreibung – die ja notwendig mit der eigenen gesellschaftlichen und politischen Position zusammenhängt und deswegen immer subjektiv sein muß! – ließ die Vermutung aufkommen, daß die Welt in einem Zustand verkehrt, der ein homogenes Reden von „Gott" mit universeller Geltung auszuschließen scheint. Diese Vermutung wurde erhärtet, als wir den „Mujahed mit der Kalaschinikow" kennenlernten und über den Fundamentalismus in seinen verschiedenen Formen nachdachten.

5. Wir haben uns zum Schluß noch einmal der Thora zugewandt und festgestellt, daß die Eindeutigkeit des Rechtswillens jenes „Gottes" Israels ausdrücklich und sehr eindringlich verbunden wird mit der **Gestaltlosigkeit** der STIMME und mit dem NAMEN, der **unausprechlich** bleibt. Dadurch wird die jeweilige konkrete Gestaltung jener Rechtsordnung der „Autonomie" und der „Egalität" zu „nicht-Gott".

6. Angefangen hatten wir mit der Feststellung, daß die Texte, die wir auszulegen versuchen, in einer Sprache abgefaßt sind, die uns in jeder Hinsicht fremd ist. Diese Fremdheit ist nicht ohne weiteres reduzierbar zu einem allgemein Bekannten: es gibt keine einfachen hermeneutischen Kunstgriffe. Jedoch sind es Texte von Menschen mit Problemen, die Menschen aller Zeiten und Orte lösen müssen, um leben, überleben zu können. Wir können zu der Menschlichkeit dieser Texte nur gelangen, wenn wir die ihnen eigene Struktur unangetastet lassen. Und das bedeutet, daß wir die Schrift nicht als Touristen oder Eroberer, sondern nur als eingeladene Gäste verstehen können. Eine „Rede von Gott", die auf Bibeltouristik (Jahr mit der Bibel!) beruht, ist so lächerlich, wie Touristen es eben sind; eine „Rede von Gott", die auf Entwendung der Schrift beruht (also auf einer offenen oder subtil-versteckten, antijüdischen Lektüre), ist tendenziell mörderisch. Die Frage war, greift eine biblische Theologie, auch wenn sie diese Fehler vermeidet, überhaupt noch in den gesellschaftlichen Prozeß ein, oder ist sie belanglos?

7. Unserer Welt wird eine Struktur, eine Ordnung verordnet, die dazu führt, daß es zwischen einer homogenisierten Herrschaftssprache und dem unartikulierten Aufschrei der von ihr Unterdrückten keine Kommunikation mehr gibt. Von allen Menschen an allen Orten dieser Welt wird eine Strukturanpassung an die Bedürfnisse der dominanten Welt verlangt. Ein

Währungsexperte des Internationalen Währungsfonds plädierte neulich für die Freigabe aller Wechselkurse auf Grund der „internationalen Tendenzen zur Integration aller Fondsmitglieder zu einem Weltmarkt" (Quirk 1989). Und im Weltentwicklungsbericht 1987, wo die internationalen Finanzinstitute ihre zentrale Philosophie formulieren, lesen wir: „Telekommunikation machte es für multinationale Unternehmungen einfacher, Tochtergesellschaften in verschiedenen Ländern zu koordinieren. Die elektronischen Medien trugen dazu bei, einen Weltmarkt mit zunehmend gleichförmigem Verbrauchergeschmack zu schaffen" (World Bank 1987, S.43). In der Strategie der strukturellen Anpassung aller Völker und aller Weltgegenden nahezu zu jedem Preis und unter unsäglichen Opfern und nach dem Zusammenbruch jenes Systems, das lange der Versuch gewesen war, außerhalb dieser „oikoumenè" zu bleiben, haben wir zum ersten Male eine wirklich universale Weltreligion. Dies ist Wirtschaftsaristotelismus und daraus ergibt sich ein Gesamtsystem der homogenisierten Wirtschafts- und Sozialordnung, der Politik und Ideologie.

8. Es scheint daher, daß Rede von Gott nur noch als theologia negativa möglich ist. Theologia negativa ist hier aber nicht eine Aussage darüber, „was Gott nicht sei". Sie ist vielmehr erstens eine Aussage darüber, was real in dieser Welt als „Gott" funktioniert, und alsdann die Feststellung, daß „Gott" das absolute Gegenbild jenes unaussprechlichen NAMENS und jener gestaltlosen STIMME sei und dies wiederum auf zweierlei Art. Erstens funktioniert dieses Antibild überhaupt als „Gott", maßt sich absolute Ansprüche an. Und zweitens sind die Ordnungen, die es setzt, jeglicher möglichen Ordnung von „Autonomie" und „Egalität" entgegengesetzt. Die theologia negativa ist daher die Kampfansage an die faktisch herrschende Antitheologie, die Rede von dem, was dem NAMEN entgegengesetzt ist, dem, was die STIMME zum Schweigen zu bringen versucht.

9. Die „Antitheologie" des Antibildes (goldenen Bildes) ist, wie unter 7. gezeigt, universal und homogen. Sie unterscheidet sich darin grundsätzlich von jeglicher „Rede von Gott", die dem unaussprechlichen NAMEN die Ehre gibt. Diese Rede kann für die, die ihrer „Gottesbildlichkeit" und ihres „Gleichnisses Gottes" beraubt sind, nicht die gleiche Rede sein wie für die, die diesen Raub organisieren, dulden.

10. Unsere „Rede von Gott" muß diese Religion und ihre Antitheologie bestätigen, muß den Gott Israels gegen jene allmächtige ökonomische Gottheit eintauschen, solange sie sich in deren Universalität einzuklinken versucht. Das einzige Universale an ihr wäre ihr „Nein" zur Ordnung des „gol-

denen Bildes". Dieses Nein aber muß, will es kein leeres Gerede sein, in den zwei Teilen dieser Welt jeweils eine völlig andere Gestalt annehmen.

11. Tatsächlich geht es dann in beiden Teilen dieser Welt um das **Ganze**, um die **ganze Wirklichkeit** des menschlichen Lebens und um die **ganze Wahrheit** dieses Lebens, weil etwas **ganz und gar** nicht stimmt mit dieser Welt. Es geht um „**Gott**", im Buch Ijob und in unserem Leben. Aber „Gott": das ist dann **jeweils etwas ganz anderes** für den Teil der Menschheit, der seiner Würde beraubt, im Staub und auf dem Müllhaufen leben muß, für den anderen Teil der Menschheit, der nicht so zu leben braucht, ja, diesen Staub und diesen Dreck, in dem andere leben müssen, verursacht, billigend in Kauf oder mit dem Ausdruck lebhaftesten Bedauerns zur Kenntnis nimmt. Die Hungernden und die Satten, so ethisch bemüht letztere auch sein mögen, reden immer aneinander vorbei, wenn beide die Vokabel „Gott" bemühen.

12. Wir können im Norden – zumindest in dessen Wohlstandsbezirken – nur dann **wahrhaft** von „Gott" reden, wenn wir uns der Diskontinuität solcher Rede bewußt sind, **indem wir von ihm schweigen, wenn Ijjob redet**. Die Kommunikation kann nur dann zustande kommen, wenn wir uns selber die Konturen jenes Ba`al sichtbar machen, der unter der Etikette „Gott liebt alle" oder „Jesus Christus hat uns alle erlöst", meistens aber unter der Etikette „Menschenrechte", „Demokratie", oder „Marktwirtschaft" usw. als leibhafter, realexisistierender „Gott" funktioniert: das, was aus dieser Welt ein gigantisches *'erez mizraim* macht, ein Sklavenhaus „Ägypten". Theologie kann im Norden zur Zeit wenig mehr sein als Lügendetektor. Sie kann nur noch ein aufklärerisches Projekt sein.

13. Im sechsten Jahrhundert vor unserer Zeitrechnung rollten gigantische Mächte in Mesopotamien über einige verlorene Seelen hinweg. Sie setzten sich mit der Lehre von der Schöpfung gegen den fast unwiderstehlichen Anpassungsdruck, der von Babel ausging, zur Wehr und widersprachen mit ihr dem Zynismus ihrer eigenen Eliten, Jes 40,27ff.:

> Warum sprichst du, Ja`akob
> redest du, Israel,
> verborgen mein Weg vor dem EWIGEN,
> an meinem Gott schreitet mein Recht vorbei.
> Hast du etwa nicht erkannt,
> hast du etwa nicht gehört:
> Gott in Weltzeit,
> Schöpfer des Erdrandes,

ist nicht erschöpft,
ist nicht ermüdet,
unerschöpflich sein Aufmerken,
dem Erschöpften gibt er Kraft,
Ohnmächtigen Härte,
...

Diese Rede ist für jene Erschöpften und Ermatteten, die ihr Recht suchen; sie ist für die Machthabenden und ihre Komplizen nur, indem sie jenen **gegen** sie Kraft zuspricht und Härte. Hier waltet kein „lieber Vater überm Sternenzelt", kein homogener Greis. Hier spricht der Schöpfer der Ränder der Erde zu den Erschöpften und Ermüdeten, damit **sie** Kraft schöpfen und Härte (*ʿazmah*) erlangen.

14. Der Heilige Israels erweist seine Schöpfungsmacht nur, indem er Israel, stellvertretend für Adam-Menschheit, aus dem Sklavenhaus befreit. Mit der Hoffnung auf Befreiung ist die Erkenntnis, daß die Welt Schöpfung und kein *tohu wabohu* ist, unzertrennlich verbunden. Diese Befreiung richtet sich **gegen uns**, die wir, wenn auch nicht die Pharaonen selber, so doch dessen *sare-missim* sind, Aufpasser derer, die Frondienst leisten müssen. Die *sare-missim* werden vielleicht auch befreit, aber ihre Befreiung ist eine ganz andere als die der *ʿabdim*, der Dienstsklaven. Auch das „Heil", wie „Befreiung" hierzulande heißt, ist nicht das gleiche Heil für alle. Auch hier gibt es keine Homogenität.

15. Diese beiden Glaubensartikel der Schöpfung und der Befreiung werden zusammengeschweißt im dritten Artikel, dem Artikel vom Bund. Der Bund schwört das befreite Volk auf die Disziplin der Freiheit ein. Der Bund nimmt aber gleichzeitig den Schöpfer-und-Befreier beim Wort, daß *'erez israel* bewohnbarer Ort sein kann und nicht zu *'erez mizraim* werden muß, und so ist in uns die Hoffnung, daß Erde überhaupt ein bewohnbarer Ort sein kann, dieser Dreck und dieses Chaos nicht sein müssen und daß Freiheit kein leeres Wort ist. Der Bund Gottes für die, die mißhandelt werden, deren Recht gebeugt wird, die ausgeplündert und erschöpft auf die Müllhalden des Reichtums geschoben werden, ist zugleich der Zorn Gottes gegen uns, sofern wir es sind, die seine Menschen verunstalten. Der Zorn ist ein Verhältnis und dieses Verhältnis ist der negativ gewendete Bund. Auch hier besteht keine Homogenitität. das hat nichts mit einer „Verherrlichung" der Armen, mit einer Art von Proletkult zu tun; Armut stumpft ab und adelt nicht. Deswegen muß der Arme aus seiner Armut befreit, „aus dem Kot erhoben werden", um „zu sitzen neben den Edeln des Volkes",

wie Psalm 113 sagt; das geht nur, wenn im gleichen Atemzug „Mächtige vom Throne geschleift“ werden, wie das Mädchen Mirjam singt, Lk 1,51; biblische Theologie war nie homogen! Wir können nicht erwarten, heil (!) davonzukommen, wenn die Welt weiter in jenem atemberaubenden Tempo verelendet, das wir zur Zeit beobachten.

16. Die Wahrheit unseres Vertrauens auf Schöpfung und Befreiung, die Wahrheit des Bundes ist nicht homogen. Sie richtet sich gegen uns und an die anderen. Sie ist auch keine Doktrin, keine Parteilinie. Sie ist immer angefochten und sie ist immer wieder heftig umstritten. Denn die STIMME, die sie spricht, hat keine Gestalt. Wenn wir versucht haben, das, was die STIMME als Recht gesetzt hat, uns mit den Vokabeln „Autonomie“ und „Egalität“ begreiflich zu machen, dann sollen wir wissen, daß wir das immer nur für unsere Generation flüchtig benennen können. Es gibt in der biblischen Theologie keinen Platz für Mausoleen und unheilige Mumien in Pyramiden, auf Roten Plätzen oder sonstwo.

17. Für jenen weltbeherrschenden Norden heißt diese Wahrheit erst einmal, zu erkennen, daß unsere gloriöse Weltwirtschaftsordnung ein menschengemachtes Weltwirtschaftschaos (*tohu wabohu*) ist. Wahrheit ist ein Gehversuch. Bei uns ist die Voraussetzung dafür, überhaupt gehen zu können, daß wir befreit werden aus den Netzen der Lügen, die über uns geworfen sind. Geschieht das, wird auch für uns bewahrheitet, was den Erschöpften und Geschundenen gesagt wurde: *'olek ethkem qomemijjoth*, ich machte, daß ihr gehen konntet, aufgerichtet! (Lev 26,13).

18. Das *tohu wabohu*, in dem diese Welt gefangen ist, zwingt die Menschen, „Heilige“ zu werden. Heiligkeit ist nicht Frömmigkeit, meistens ihr Gegenteil, obwohl es hin und wieder Fromme gibt, die auch Heilige sind. Heiligkeit ist Beharrlichkeit, Heilige im Sinne der Thora Beharrliche, Unbeirrbare. Heiligkeit ist aber nicht homogen. Dort hat Heiligkeit zuweilen das zornige Antlitz des Camillo Torres, des Priesters mit dem Gewehr; hier vielleicht des schlichten Durchhaltens beim Dechiffrieren der Lüge. Wahrhaft heilig ist nur der EINE, der Befreiende, und wahrhafte Heiligkeit ist nur jene Freiheit, zu der die gestaltlose STIMME ruft: es heißt, Lev 19,2:

Heilige werdet	qedoschim tihju
denn heilig bin ICH;	kiqadosch 'ani
der EWIGE, euer Gott.	JHWH 'elohekem

Literaturverzeichnis

Albertz, Rainer: Der sozialgeschichtliche Hintergrund des Hiobbuches und der „Babylonischen Theodizee", in: Die Botschaft und die Boten, Festschrift für H.W. Wolff, Neukirchen-Vlyun 1981, S.349ff.

Alt, Abrecht: Die Heimat des Deuteronomiums, in: Kleine Schriften II, S.250ff, München 1968.

ders.: Der Anteil des Königtums an der sozialen Entwicklung in den Reichen Israel und Juda, in: Kleine Schriften III, S. 348ff.

Althusser, Louis: Positions, Paris 1976.

Altvater, Elmar: Die Zukunft des Marktes, Osnabrück 1991.

Aristoteles: Metaphysica, Oxford University Press, 1957.

Aurelius Augustinus: De Civitate Dei, Ed. Hoffmann, Wien 1899.

Bahro, Rudolf: Die Alternative, Frankfurt/Main 1977.

Barth, Karl: Fides quaerus intellectum, Anselms Beweis von der Existenz Gottes, München 1931.

ders.: Kirchliche Dogmatik IV, 3, Zürich 1952.

ders.: Rudolf Bultmann – ein Versuch ihn zu verstehn, Theol. Studien 34, Zollikon–Zürich 1952.

Belo, Fernando: Lecture matérialiste de L'Évangile de Marc, Paris 1975.

Bickermann, Elias: From Ezra to the last of the Maccabees, New York 1975.

Bloch, Ernst: Atheismus im Christentum, Frankfurt/Main 1968.

Breukelman, Frans: Psalm 113, in: Om het levende Woord 2, Amsterdam o.J.; deutsch: Texte & Kontexte 15 (1992), Nr.53.

Bultmann, Rudolf: Neues Testament und Mythologie, (1941), Tübingen 1960, S.15ff.

ders.: Das Urchristentum im Rahmen der antiken Religionen, Marburg o.J.

Choon Poh Tan: Ökonomische Aspekte der Drogenpolitik, Dipl. Arbeit FU Berlin 1990.

Crüsemann, Frank: Die unveränderliche Welt, in: Der Gott der kleinen Leute, München/Gelenhausen, 1979.

Duchrow, Ulrich/Füllkrug-Weitzel, Cornelia/Weitzel, Reiner (Hg): Geld für wen oder Leben für alle, Oberursel 1989.

Dutschke, Rudi: Versuch, Lenin auf die Füße zu stellen, Berlin 1974.

Eddy, Samuel K.: Gründe für den Widerstand gegen den Hellenismus in Asien [1961], in: Kippenberg: Die Entstehung der antiken Klassengesellschaft, Frankfurt 1977, S. 328ff.

Eisenberg, Josy/Wiesel, Eli: Job un Dieu dans la Tempête, Paris 1986.

Finley, M.I.: The Ancient Economy, London 1973.

Flavius Josephus: Jüdische Alterthümer, Übersetzt von H. Clementz, Wiesbaden 1901.

ders.: Bellum Judaicum, Cambridge (Mass)/London 1967.

Gesenius-Kautzsch: Hebrew Grammar, Oxford [14]1978.

Granow, Bettina und Volker: Orientalische Despotie, Diskussionstand in der DDR, Deutschlandarchiv 14 (1981).

Godelier, Maurice: La notion de „mode de production asiatique et les schémas marxistes d' évolution des sociétés, in: Sur le mode des production asiatique, Paris 1974.

Habel, Norman C.: The Book of Job, A Commentary, London 1985.
Hegel, Georg Wilhelm Friedrich: Die Vernunft in der Geschichte, Hamburg [5]1955.
Hengel, Martin: Die Zeloten, Leiden 1961.
Henning, Max/Rudolph, Karl/Werner, Ernst,: Der Koran, Übersetzung/Einleitung/ Anmerkungen, Leipzig 1970.
Hindess, Barry/Hirst, Paul C.: Q., London, Henley, Bosten, 1977.
Hirsch, Joachim/Roth, Roland: Das neue Gesicht des Kapitalismus; Frankfurt/Main 1986.
Hobbes, Thomas: The Leviathan (1651), New York 1957.

Jankowski, Gerhard: ER ließ aber Hiob Wiederkehr kehren, Texte & Kontexte 8 (1985), Nr. 26 S.4ff.
ders.: Lernen aus der Schrift, Thesen zu Paulus, 11 (1988) Texte & Kontexte Nr.38.
ders.: Freude über Gottes Israel, Paulus an die Galater, Texte & Kontexte 13 (1990) Nr. 47/48.

Keynes, John M.: The General Theory of Employment, Interest and Money Coll. Writings Vol. VII Cambridge 1986.
Kippenberg, Hans G.: Religion und Klassenbildung im antiken Judäa, Göttingen 1978.
Klein-Montano, Mauricio: Der US–Dollar als Landeswährung Panamas, Diplomarbeit, Berlin 1991.
Krader, Lawrence: The Asiatic Mode of Production, Assen 1975.
Kramer, Fritz: Die *social anrtrophology* und das Problem der Darstellung anderer Gesellschaft, in: Kramer sigrist: Gesellschaften ohne Staat, Frankfurt/Main 1978.
Kreissig, Heinz: Die sozialen Zusammenhänge des jüdischen Krieges, Berlin (DDR) 1970.
ders.: Zwei Produktionsweisen, „die der Kapitalistischen vorangehen" (Thesen), in: Ethn. Archäol. Zeitschrift (10) 1969, Berlin (DDR) S.361ff.
Krippendorf, Ekkehard: Politische Interpretation, Frankfurt/Main 1990.
Kristeva, Julia: Sèmeiotikè, Récherches pour une Sémanalyse, Paris 1969.
dies.: Pratique significante et mode de Production, in: Traversée des signes, Paris 1975 (a).
dies.: Remarque sur le „mode de Production antique", in: Traversée des signes 1975 (b).
Krader, Lawrence: The Asiatic Mode of Production, Assen 1975.

Labica, Georges/Bensussan, Gérard: Kritisches Wörterbuch des Marxismus, Berlin 1983ff.
Lamparter, Helmut: Das Buch der Anfechtung, Stuttgart 1951.
Lehmann, Klaus-Peter: Die Erwählung Israels und die Bannung der Götzendiener, in Texte & Kontexte 14 (1991) Nr. 50.
Lufti al Sayyid Marsot, Afaf: die Ostasiatische Welt, in: Fischer Weltgeschichte 15, S. 9–325ff.

Maier, Johann/Schubert, Kurt: Die Qumran–Essener, München/Basel 1973.
Marx, Karl/Engels, Friedrich: Werke 1–41, Berlin (DDR) 1961ff. (MEW).
McLuhan, Marshall: Understanding Media, New York 1965.

Onderwijzer, A.S.: Rashie's Pentateuch-Commentaa, Amsterdam 1895.

Parin, Charles: Protohistoire meditéranéenne et mode de production asiatique, in: Sur le mode du production asiatique, Paris 1974.
Pieper, Joseph: Thomas von Aquin, München 1986.
Pirenne, Henrié: Histoire économique et sociale du Moyen Age, Paris 1960.
Quirk, Peter J.: Gründe für offene Wechselkurssysteme, in: „Finazierung und Entwicklung 2/89, S. 30–33.

Rabehl, Bernd: Zur politischen Theorie der Veränderung der Produktionsverhältnisse in Rußland zwischen 1840 – 1921, Berlin 1972.
Rad, Gerhard von: Theologie des Alten Testaments, zwei Bände, München [4]1962.
ders.: Gesammelte Studien zum Alten Testament I, München 1965; II München 1973.
ders.: Weisheit in Israel, Neukirchen-Vluyn 1970.
Reeling-Brouwer, Rinse: Over kerkelijke dogmatiek en marxistische filosofie, Amsterdam 1988.
Riesler, Paul: Altjüdisches Schrifttum außerhalb der Bibel Freiburg/Heidelberg 1927, Nachdruck 1979.
Rodinson, Maxime: Islam und Kapitalismus, Frankfurt/Main 1986.
Romein, Jan: Aera van Europa, Leiden 1954.
Rostovtzeff, Michael: Geschichte der alten Welt, Leipzig 1941.

Schäfer, Peter: Geschichte der Juden in der Antike, Neukirchen/Stuttgart 1983.
Schottroff, Willy: Zur Sozialgeschichte Israels in der Perserzeit, in: Verkündigung und Forschung 1/1982.
Stern, M.: Aspects of Jewish Society, in: Compendium rerum judaicum ad novum testamentum, Assen 1976, S. 561ff.
Segert, Stanislaw: Altaramäische Grammatik, Leipzig [3]1986.

Tibi, Bassam: Nationalismus in der dritten Welt am arabischen Beispiel, Frankfurt/M. 1971.
Thompson, E.A.: Peasant Revolts in Late Roman Gaul and Spain, in: Finley, Ed.: Studies in Ancient Society, London, Henley, Boston, 1978.
Thomas von Aquin: Summa theologiae, Ed. Marietti, Rom-Turin 1897.
ders.: De veritate catholicae fidei contra gentiles, Ed. Paris 1886.

Veerkamp, Ton: Die Vernichtung des Baal, Stuttgart 1983.
ders.: Der Priester, der Büttel und der Narr, Texte & Kontexte 12 (1989) Nr. 41.
ders.: Auf Leben und Tod, Texte & Kontexte 14 (1991) Nr. 49.

Weiser, Arthur: Das Buch Hiob, ATD 13, Göttingen 1956.
Wertheim, W.F.: Evolutie en Revolutie, Amsterdam 1972.
Will, Édouard: Überlegungen und Hypothesen zur Entstehung des Münzgeldes [1955], in: Kippenberg, Entstehung der antiken Klassengesellschaften, Frankfurt/Main 1977, S.100ff.
Wilsdorf, Till: Der diskrete Charme der kirchlichen Bürokratie, Stuttgart 1991.
ders.: Der Versuch einer exegetischen Zeitschrift außerhalb des commen sence, in: Texte & Kontexte 6 (1983) Nr. 20.
Wittfogel, Karl August: Wirtschaft und Gesellschaft Chinas, Leipzig 1931.
Worldbank: Weltentwicklungsbericht, Bonn-Washington 1986.

Zinn, Karl Georg: Arbeit, Kapital, Akkumulation, Hamburg 1986.

Bitte
beachten Sie
die folgenden
Seiten!

Ton Veerkamp

Die Vernichtung des Baal

Auslegung der Königsbücher 1

Könige 17 – 2 Könige 11

358 S. Pb. DM 24,80

Die Vernichtung des Baal ist ein imponierender Versuch in die Schrift einzudringen und die Schrift von der Schrift her auszulegen. Zugleich führt Ton Veerkamp, seine exegetische Methode exemplarisch vor und zeigt ihre Bedeutung für die heutige Exegese auf. Dieses Buch ist ein Zwischenbericht, in dem der Autor auf 13 Jahre exegetischer Arbeit zurückblickt.

Ausgehend von einer detaillierten Auslegung des Textes, wird der Widerspruch zwischen dem Baal und dem Gott Israels als ein absoluter Widerspruch zwischen Herrschaft/Unterjochung und Befreiung dargestellt.

Die Erzählungen, die der Verfasser auszulegen versucht, sind die eines blutigen Kampfes, des Hungers und der Verzweiflung, des Raubes und Mordes, auch blutiger Rache. Die Entscheidung gegen den Baal und für den Gott Israels war nicht eine Entscheidung für eine bestimmte gegen eine andere Kultform, sie war eine Grundsatzentscheidung: gegen die Herrschaft der Könige, gegen die Herrschaft von Menschen über Menschen und für die Befreiung aus dem Sklavenhaus. Der zum Königsgott „funktionalisierte" Gott Israels wurde im Kampf der Propheten wieder an die Seite der Opfer gestellt.

Alektor-Verlag · Nazarethkirchstraße 50 · Berlin 13347